O Mundo ao Nosso Redor

Reflexões Sobre a Vida

Radha Burnier

O Mundo ao Nosso Redor

Reflexões Sobre a Vida

Artigos de *The Theosophist* de 1980-2007

Tradução: Edvaldo Batista de Souza

The Theosophical Publishing House,
Adyar, India, 1ª edição, 2009

SIG Quadra 6, Lote 1235
70.610-460 – Brasília-DF – Brasil Tel.: (61) 3322.7843
E-mail: editorateosofica@editorateosofica.com.br
Site: www.editorateosofica.com.br
Instagram: @editorateosofica
Whatsapp: 61 98613 4906

B 963 Burnier, Radha

O mundo ao nosso redor – reflexões sobre a vida. Radha Burnier.
Tradução Edvaldo Batista. Brasília-DF: Editora Teosófica, 2023.
612 p.

ISBN 978-85-7922-241-2

1. Teosofia. 2. Espiritualidade
I. Edvaldo Batista (Trad.) II. Título

CDU 141.332

Revisão: Zeneida Cereja da Silva
Diagramação: Ana Paula Cichelero
Capa: Usha Velasco

Sumário

Seção II

Seção III

Seção IV

Seção V

Seção VI

Seção IX

Prefácio da Edição Brasileira

A Dra. Radha Burnier (Adyar, Chennai [Madras], Índia, 15/11/1923 – Adyar, Chennai, Índia, 31/10/2013) foi a sétima presidente internacional da Sociedade Teosófica, tendo permanecido mais tempo no cargo, por meio de sucessivas reeleições, desde 1980 até 2013. Era filha de N. Sri Ram, ex-presidente internacional da Sociedade Teosófica, e nasceu e faleceu em sua sede mundial. Conviveu em sua infância com a Dra. Annie Besant e o Bispo C.W. Leadbeater que também influenciaram a sua educação. Era grande amiga de Jiddu Krishnamurti, compreendendo e seguindo seus ensinamentos com maestria, fazendo parte, por assim dizer, de uma quarta geração de autores teosóficos. Dessa forma, ela aplicou-se em conciliar, harmônica e sabiamente, a mensagem das três gerações anteriores. Ela escreveu, entre outras, algumas obras escolhidas e publicadas pela Editora Teosófica: *Aprendendo a Viver a Teosofia*, *Não Há outro Caminho a Seguir*, *O Caminho do Autoconhecimento*, *Regeneração Humana*. Nesta última, a autora chega a afirmar que "Fraternidade Universal [é a] consecução de uma mente na qual não há qualquer preconceito, nenhuma barreira..." (*op. cit.*, 1992, p. 31).

Nesse mesmo espírito, em *O Mundo ao Nosso Redor*, a autora desenvolve temas contemporâneos com a sábia imparcialidade e a profundidade que a caracterizam. Tal obra é constituída pela compilação de seus artigos publicados na revista internacional *The Theosophist*, órgão oficial da Sociedade Teosófica, desde 1980 até 2007, na sua coluna editorial "On the Watch Tower" ("Na Torre de Vigia"). Alguns artigos são visivelmente motivados por eventos da época, como

"J. Krishnamurti (Mar. 1986)", publicado imediatamente após a morte de Jiddu Krishnamurti (Madanapale, Índia, 12/05/1895 – Ojai, E.U.A., 17/02/1986); outros são atemporais como a supremacia da espiritualidade sobre o materialismo: "Consumismo é Crime (Nov. 2006)"; "Ideologia Social sem Religião Corrompe (Set. 1980)", "Meditação é Renúncia (Abr. 1989)". Outros ainda, são atualíssimos, como aqueles derivados das dificuldades éticas da tecnologia da medicina moderna e o significado da vida: "O Dilema do Médico (Fev. 1988)", entre outros, "O Direito de Viver (Dez. 1983)", "O Direito de Morrer (Dez. 1983)", "As Mulheres e os Direitos Humanos (Maio 1996)". Outro tema que merece destaque em sua obra é a defesa do bem estar dos animais, como no artigo "O Direito dos Animais (Jun. 1985)". Enfim, destacar artigos poderia produzir alguma injustiça pela incomparável profundidade de outros. Convida-se, portanto, o leitor a deleitar-se com sua leitura tão inspiradora e fazer suas próprias reflexões a partir da imensa variedade de temas que o livro abrange, tendo assim os artigos sido agrupados por capítulos de temáticas afins.

Dra. Radha Burnier obteve seu Mestrado em sânscrito pela Universidade hindu de Benares e, posteriormente, seu Doutorado em Letras foi concedido *Honoris Causa* pela Universidade Nagarjuna, em 1984, em reconhecimento por sua "distinta contribuição no avanço do aprendizado e promoção dos valores humanos." A autora tinha marcantes características de compaixão e retidão, costumava mencionar que "as regras existem para ser cumpridas", e era indiferente aos elogios ou às críticas que pudesse receber.

É oportuno mencionar que as referências dos livros clássicos da Editora Teosófica que foram citadas pela autora foram feitas a partir das Edições de Bolso, embora existam também na versão de Edição de Luxo.

Agradecimentos são devidos a todos aqueles que de alguma forma contribuíram para esta publicação.

Brasília, 2 de dezembro de 2023.

+ Ricardo Lindemann, Dr.

Diretor da Editora Teosófica

Ex- Presidente da Sociedade Teosófica no Brasil

Prefácio da Edição em Inglês

Este livro há muito esperado é derivado da série de artigos "On the Watch-Tower" da Dra. Radha Burnier, presidente da Sociedade Teosófica, que foram publicados em *The Theosophist*, a revista internacional da Sociedade, entre 1980 e 2007. A validade e os ensinamentos destes artigos continuam assim apreciados por muitos membros da Sociedade Teosófica ao redor do mundo. É minha experiência pessoal que eles apelam ao senso do que é certo e do que é errado.

Os artigos foram compilados e reunidos segundo o tema, em dez seções que parcialmente se sobrepõem. Portanto a categorização não deve ser considerada como final ou completa. Um resumo do conteúdo é fornecido, e no início de cada seção conteúdos mais detalhados são apresentados. Além disso, é fornecido o ano de publicação de cada artigo.

Como Líder de uma instituição espiritual, a autora reúne sua considerável experiência que está refletida nesta obra. Talvez poucas pessoas no mundo pudessem sintetizar tantos *insights* de várias áreas, combinados com uma profunda compreensão da natureza humana e suas muitas possibilidades. Todos os artigos são apresentados de um modo vivo e inteligível. Este livro é uma compilação gratificante, tanto agradável quanto instrutiva para a mente aprendiz.

Eu desejo expressar minha sincera gratidão à Sra. Radha Burnier que gentilmente me permitiu compilar e preparar este material sob a forma de livro. Meus profundos agradecimentos também vão para a Editora Teosófica, a Biblioteca de Adyar e o Centro de Pesquisa, e o Escritório Editorial da Sociedade Teosófica.

C. A. SHINDE

Capítulo 1

Teosofia e a Sociedade Teosófica

1. Teosofia (Nov. 2000)

A Teosofia não é *uma* religião, ela é a religião *per se*; a Teosofia é a Religião-Sabedoria no âmago de todas as religiões, encontrada quando todas as incrustações, interpretações e superstições são afastadas; a verdadeira religião e a Teosofia devem oferecer a solução de cada problema; a Sociedade Teosófica foi escolhida como a pedra angular, o alicerce das futuras religiões da humanidade. Estas declarações são conhecidas de todos os estudantes da literatura teosófica e dos membros sérios da ST. Mas sua implicação para o trabalho da Sociedade, especialmente para o papel da Sociedade no futuro, não é compreendida pela maioria dos membros. Obviamente o nome "Sociedade Teosófica" não foi escolhido em vão nem involuntariamente. Ele define a ligação entre o grupo de pessoas que compõem a Sociedade e aquele conhecimento transcendental que é a Religião-Sabedoria, e o modo de vida propiciatório que abre a alma para o Eterno, e a prepara para ser uma servidora compassiva e sábia de um mundo enfermo.

A falta dessa compreensão resulta numa tendência a considerar a Sociedade como uma associação comum de homens e mulheres, no todo bem-intencionados e idealistas, e nada mais. Às vezes surgem reclamações a respeito de como é difícil atrair novas pessoas para a Sociedade porque muitos outros grupos "ocultos" e "esotéricos" pegaram informação emprestada na Sociedade e apresentam-na de uma maneira distorcida e mesmo sensacionalista para chamar a atenção. Tal é o caso com relação ao conceito dos Mestres de Sabedoria e da Hierarquia Oculta de Seres Perfeitos. Porém, não há justificativa para ficar desanimado. A ST tem pela frente uma renovação da energia e uma futura era de trabalho esplêndido, desde que os membros não fiquem estagnados nos níveis de ideias e informações. Este é o momento para a ST irradiar mentes receptivas com um espírito revigorante, universal, religioso, e estar à altura das sublimes implicações do nome dado à Sociedade.

O primeiro objetivo da Sociedade é a filantropia. O verdadeiro teósofo, é um filantropo que "não vive para si, mas para o mundo"... Isto, e filosofia – a correta compreensão da vida e de seus mistérios – darão "a base necessária" e mostrarão o verdadeiro caminho a seguir.

Este conselho do Mahatma é seguido de um comentário seu de que a necessidade absoluta é que a doutrina do coração se oponha à doutrina do olho. Somente isto pode ajudar a resgatar o mundo de seus sofrimentos morais e espirituais.

Muita coisa está implícita nos Objetivos da Sociedade: a autoabnegação, que é a base de uma verdadeira consciência religiosa; um espírito dinâmico, altruísta dedicado a descobrir a reta solução para os sofrimentos morais e espirituais da humanidade; e o comprometimento de fazer os sacrifícios necessários para penetrar os mistérios da vida, particularmente a natureza do eu. Atualmente os Objetivos da ST são praticados superficialmente porque os membros raramente estão cientes de que estão unidos à fermentação da mente humana através de uma orientação religiosa e mesmo de um fervor religioso – no sentido mais amplo da palavra "religioso".

O materialismo grassa nos dias de hoje, embora um tanto diferentemente do materialismo do tempo de H.P.B., pois não é apoiado pela onda avançada do pensamento científico. Porém, o sucesso da tecnologia – que mima os instintos de busca de prazer, aquisição e egoísmo – hipnotiza as pessoas fazendo-as acreditar que as irrealidades a que se agarram são reais, e dignas de serem possuídas.

Ao encherem os mercados com mercadorias tentadoras e usando técnicas eficientes para lavar o cérebro de milhões de pessoas fazendo-as comprar cada vez mais, a tecnologia intensifica a ganância. O consumismo não apenas prejudica o meio ambiente, como agrava a violência e o egoísmo do "homem animal".

Muitos exemplos poderiam ser dados de como as rápidas mudanças externas produzidas pela ingenuidade humana estão condicionando os seres humanos a esquecer completamente suas próprias possibilidades divinas, fazendo-os andar em círculos, como idiotas em círculos de diversão, ambição e ilusão. Tanto o materialismo quanto a religião dogmática, que suprimem a investigação e a compreensão inteligente, estão privando a humanidade do contato com sua alma – isto é, com sua natureza mais elevada. "Quando o sal tiver perdido o sabor, com que se irá salgar?"

O que o mundo precisa desesperadamente é de religião no verdadeiro sentido – Teosofia – que seja vivida, que seja uma recordação e uma profunda percepção da vida como sendo um todo indivisível. Todos os nossos estudos e atividades devem levar à unidade "que é tão universal e oniabarcante que nenhum homem, como nenhuma partícula – de deuses e mortais até animais, uma folha de grama e um átomo – possam ficar fora de sua luz.

Para se tornar a pedra angular das religiões do mundo, a Sociedade Teosófica deve infundir tal espírito no seio humano, o que significa que os próprios membros devem ser inspirados a viver a Teosofia, não apenas estudar e professá-la. No nível externo, cada pessoa deve expressar-se de maneira individual, apropriada à energia criativa que flui a partir do interior. As formas que expressam sentimentos religiosos tais como reverência, aspiração e autoentrega estão propensas a variar. Mas as formas perdem a importância e deixam de dividir as pessoas quando se compreende que a verdadeira religião só existe no plano da consciência e que um coração puro, altruísta e aberto, uma mente não condicionada são o seu alicerce.

A consciência floresceu gradualmente durante o longo processo evolutivo, inicialmente com o desenvolvimento dos sentidos, depois das emoções e da mente, e posteriormente dos notáveis poderes intelectuais que os seres humanos exibem no estágio atual. Mas, funcionando como funciona sem a luz de *buddhi*, o intelecto é cego, tateando sem sucesso em busca de soluções para problemas sociais como a guerra, a pobreza e a imoralidade. Ele é incapaz de ver que a orientação espiritual é a única que libertará a humanidade de repetidamente cometer erros graves. Como menciona a *Bhagavad-Gitā*[1], a mente se espalha em muitas direções que se contradizem e consequentemente cria confusão e sofrimento. Mas *buddhi* é decisivo, porque é clareza de consciência, uma percepção que é holística e baseada na natureza unitária da existência.

O futuro bem-estar da humanidade jaz em dirigir a energia despertada de *buddhi*, às vezes chamada intuição. Intuição não é um pressentimento; não pode estar vivo enquanto o eu pessoal, que é o produto da mente separativa, estiver ativo e dominante. O eu pessoal deve morrer e ceder lugar a uma nova consciência, se é que deva haver verdadeiro progresso.

A "Escada de Ouro" que leva ao Templo da Sabedoria indica resumidamente o caminho para a percepção espiritual desvelada que iluminará o até agora distorcido intelecto e transformará seus objetivos e atividades. Estas diretrizes são essenciais para a compreensão de como os teósofos devem trabalhar e agir, e não devem ser negligenciadas. Cada frase deve ser investigada completamente quanto ao seu significado e posta em prática. Vejamos o exemplo da primeira frase, que parece tão simples a ponto de não precisar explicação ou esforço. Mas será realmente? O pleno significado de pureza em pensamento, palavra e ação só pode, de fato, despertar na pessoa após anos de uma

1 BESANT, Annie (Tradução). Brasília: Editora Teosófica, 2ª Ed. de Bolso Revisada, 2014. (Nota Ed. Bras.)

vida atenta, e a plena percepção de que estamos continuamente influenciando o mundo – beneficiando-o ou causando-lhe dano – pela pureza ou impureza das vibrações que emanam de cada parte de nós.

Uma vida limpa é caracterizada por absoluta integridade e uma atitude imutável de inofensividade para com todos os seres vivos, sem exigir para si mais do que seja essencial para viver simplesmente. Implica também um senso de igualdade e respeito para com tudo que pertença à Natureza, e prontidão para servir. Poucos, com a vida limpa, poderiam estimular muitos a viver corretamente; isto depende do nível de sinceridade e devoção daqueles que a praticam. Embora os membros da ST sejam relativamente poucos em número, se neles houver real seriedade, o mundo será auxiliado a mudar.

Uma mente aberta, um coração puro, um intelecto ardente – cada um destes passos deve ser ponderado, suas múltiplas implicações compreendidas e vividas diariamente. Este trabalho não deve ser irresoluto ou ocasionalmente lembrado e praticado. Deve ser determinante nas vidas dos membros. Com paciência e perseverança, devemos nos preparar para o despertar da luz de *buddhi* em nós e na humanidade. A Sociedade Teosófica é singularmente dotada para auxiliar o progresso nesta direção.

2. Um Arauto da ST (Ago. 2004)

O *Swami* Ramalinga, conhecido como Vallalār, viveu no sul da Índia no século XIX, e morreu antes de os Fundadores da ST chegarem à Índia; no entanto, ele foi um precursor da ST. Há registro de que ele profetizou a chegada à Índia de dois estrangeiros que promoveriam a Fraternidade Universal através de uma Sociedade que representa a unidade de toda a humanidade. Ele mesmo estivera defendendo a Fraternidade Universal de todos os seres, não apenas humanos, ao longo de sua vida. Seus escritos e discursos aproximavam-se muito dos ensinamentos teosóficos, mas ele defendia sua prática mais livremente, porque seu trabalho estava limitado à Índia, onde conceitos tais como reverência pela vida já existiam na consciência da maioria das pessoas, e consequentemente a vida compassiva e a prática do vegetarianismo eram parte da vida diária dos indianos.

A Sra. Blavatsky escreve claramente em *A Chave para a Teosofia*[2] a respeito do mérito de não se comer carne animal. Ela assinala que o magnetismo animal penetra o corpo humano quando a carne é consumida e afeta as vibrações do corpo, que então não são favoráveis para se viver a vida espiritual:

> Quando a carne de animais é assimilada pelo homem como alimento, ela transmite a ele, fisiologicamente, algumas das características do animal do qual proveio. Além disso, a ciência oculta ensina e prova esse fato a seus estudantes por demonstração ocular, mostrando também que este efeito "embrutecedor" ou "animalizante" sobre o homem é tanto maior quanto maior for o animal, menor quanto a aves, ainda menor quanto aos peixes e outros animais de sangue frio, e o menor de todos quando ele come apenas vegetais.

Ela escreveu também contra o consumo de álcool, declarando:[3]

> O uso do vinho e outras bebidas alcoólicas é somente menos destrutivo para o desenvolvimento dos poderes internos do que o uso habitual de haxixe, ópio e drogas semelhantes.

Mas H.P.B. jamais propôs que se exigisse dos membros da ST serem vegetarianos ou absterem-se de álcool e tabaco, talvez por causa das dificuldades nos países ocidentais de se ser vegetariano na época, ou porque a ST se destinava a atrair pessoas de todas as raças e culturas.

Vallalār, porém, deixou claro que o vegetarianismo era parte de seu ensinamento. Ele não pregava qualquer religião particular, nem louvava nenhum dos deuses hindus. Por meio de inúmeros versos

---

2 Brasília: Editora Teosófica, 7ª edição, 2020, p. 261. (Nota Ed. Bras.)

3 *Ibidem*, p. 226. (Nota Ed. Bras.)

místicos em tamil, ele ensinava que a Realidade Suprema é Luz e Graça. Não existe Ser Supremo separado da inteligência cósmica ou da luz que está em toda parte, abarcando tudo, perpassando tudo. O Swami Ramalinga era contra o uso de ídolos, e estabeleceu uma luz numa pequena cidade chamada Vadalur no sul da Índia, que queimava noite e dia como símbolo do Supremo. Isso está de acordo com a ideia teosófica apresentada nas *Carta dos Mahatmas* de que não existe Deus separado da vida universal.

O fanatismo religioso é ainda muito forte no mundo. Começa dotando deus de uma forma e nome particulares, e atribui a ele certos ditados escriturais. Cada grupo de fanáticos religiosos acredita que sua própria escritura e imagem favorita é a verdadeira. Vallalār negava tudo isso e dizia que religião é aspiração à luz suprema. Ele não defendia nenhum método particular para se alcançar a libertação, mas enfatizava a necessidade da autopurificação e da fraternidade universal.

Como disse recentemente o Dalai-Lama em termos inflexíveis, não é proveitoso para alguém buscar o *Nirvāna*, sem viver uma vida altruísta, e praticando a compaixão e o amor. O *Nirvāna* virá por si mesmo quando a mente for pura e altruísta. A reta conduta é o alicerce para a meditação e a clara percepção. Krishnamurti assinalava que quando a meditação se torna um novo tipo de ambição – por coisas superiores – não leva a lugar algum. A Sra. Blavatsky escreveu também que a aquisição de Sabedoria Divina depende de a pessoa se tornar altruísta.

> Nenhuma sabedoria do alto desce sobre alguém senão quando ele se libertou de todo átomo de egoísmo ou desejo por objetivos pessoais. A natureza só cede seus segredos mais recônditos e comunica a verdadeira sabedoria àquele que busca a verdade pela verdade e anseia o conhecimento com o objetivo de conferir benefícios a outros, não à sua própria personalidade sem importância.

Vallalār também ensinava a mesma verdade; ele exortava as pessoas a se purificarem, dando atenção tanto ao corpo quanto à mente. O corpo deve ser treinado por meio de uma dieta apropriada e o cuidado para se tornar sensível; o exercício apropriado é também necessário. Quando o corpo está purificado e responde a uma mente que é calma e pura, ele se torna luminoso, o que é visto como um brilho ao redor de pessoas santas. A Sra. Blavatsky escreve:

> Pelo treinamento do *Yoga*, o corpo torna-se puro como um invólucro de cristal, a alma é purgada de tudo que tem de grosseiro, e o espírito que, antes do início de seu curso de autopurificação e desenvolvimento, era para ele apenas um sonho, agora se tornou uma realidade.

Quando o corpo e a mente estão assim preparados, a compaixão reina nos relacionamentos com homem, fera e plantas. Muitas vezes as palavras de compaixão do *Swami* Ramalinga são citadas no sul da Índia declarando que seu coração murchava sempre que via plantas murcharem.

Outra figura reverenciada no sul da Índia foi Tiruvalluvar. Em sua célebre obra em tamil, há todo um capítulo de dez versos sobre abster-se de causar dano e de comer carne. O ensinamento chega a dizer que mesmo quando deliberadamente se faz mal a alguém, a busca da vingança leva a uma dor insuportável para a própria pessoa. É interessante que na Maçonaria há um ensinamento semelhante: não devemos tomar a justiça em nossas próprias mãos e praticar a vingança. Da justiça cuidam as grandes leis do Universo.

Quando a Fraternidade Universal e a compaixão para com todas as criaturas tornarem-se a lei de nossa vida, quando a autodisciplina purificar o corpo, a mente e toda a nossa natureza, e quando nossa vida diária expressar o supremo princípio da inofensividade, então descerá a graça. Ninguém precisa pedir graça, ela jorra sobre todos que vivem o reto modo de vida.

3. O Trabalho Teosófico (Abr. 1999)

O trabalho básico da Sociedade Teosófica é a regeneração espiritual do mundo pela regeneração dos indivíduos. Isto ocorre com o despertar a respeito do qual falamos, pois agimos de acordo com o que vemos, segundo aquilo que nos parece real e importante.

O estudo teosófico não se destina a ser um passatempo interessante, ou meramente um estímulo para o intelecto. Ele deve despertar a percepção das necessidades essenciais da humanidade, e ajudar a torná-la moral, psicológica e espiritualmente saudável. Certas Lojas da Sociedade e Grupos alegam a prerrogativa de ser ativos segundo alguma linha que os atrai, desatentos quanto àquilo que a organização como um todo representa. Há muitos temas que são interessantes para estudo, mas se não conduzem à libertação do pesado condicionamento de raça, tradição, ambiente, e assim por diante, não são teosóficos. Para serem teosóficos nossos programas devem estar relacionados direta ou sutilmente às necessidades que a humanidade tem para despertar.

4. A Teosofia na Índia (Jun. 1990)

Quando H.P.B. e HSO chegaram a Bombaim em 1879, trouxeram a Teosofia de volta à Índia sob uma forma mais nova, mais moderna. A Teosofia já era familiar à mente indiana, embora as percepções estivessem cobertas por um amálgama de crenças tradicionais e culturas tribais. Mas permaneceu adormecida no subconsciente, mesmo quando não conscientemente aceita pela maioria dos indianos influenciados pelo pensamento estrangeiro implantado no país. A mensagem que os Fundadores da Sociedade trouxeram, portanto, evocaram um tremendo entusiasmo e aclamação popular.

O Coronel Olcott descreve em *Old Diary Leaves*[4] (*Folhas de um Velho Diário*) o que ele e H.P.B. sentiram quando chegaram à Índia:

> Elefanta, à nossa frente, foi a primeira localidade que pedimos para nos ser mostrada, pois era o tipo e representante visível daquela Índia Antiga, aquela sagrada Bhāratavarsha, que nossos corações haviam desejado ver renascida na Índia de hoje. . . . Aqui estávamos finalmente em solo sagrado. Nosso passado estava esquecido, nossa perigosa e desagradável viagem marítima fora de nossas mentes, a agonia de esperanças há muito esquecidas substituídas pela emocionante alegria da presença na Terra dos *Rishis*, o país berço das religiões, o local de residência dos Mestres, o lar de nossos irmãos e irmãs morenos, com quem viver e morrer era tudo o que podíamos desejar.

Escrevendo na primeira edição de *The Theosophist* em outubro de 1879, H.P.B. disse:

> Aqueles que seriamente quiserem sondar as ciências psicológicas devem vir à Terra sagrada da antiga Āryavarta. Ninguém é mais velho do que ela em sabedoria e civilização esotéricas, por mais decaída que possa estar sua pobre sombra – a Índia moderna.

Os Fundadores conseguiram restaurar o senso de dignidade ao povo indiano e trouxeram a lembrança dos sublimes ensinamentos espirituais que eram sua herança. Os indianos pertencentes a muitas diferentes religiões – budistas, hindus, zoroastrianos e outros – encontraram inspiração a partir deles para ir à raiz de sua própria tradição e descobrir as pérolas da Sabedoria Antiga ocultas sob as camadas de costume desnecessário e interpretações ignorantes.

---

4 Livro publicado pela Editora Teosófica, com o título: *A História da Sociedade Teosófica*, Brasília: Editora Teosófica, 2020. Vol. I e II. (Nota Ed. Bras.) de autoria de Henry S. Olcott. Vol. I - 2019, Vol II - 2017 (publicado antes do volume I). Esta citação encontra-se no Vol. II, p. 29. (Nota da Ed. Bras.)

Annie Besant, seguindo os passos dos Fundadores, verteu sobre a Índia sua energia e inspiração, produzindo uma nova consciência em cada campo de atividade humana. Ela fixou residência em Varanasi durante muitos anos e dotou a Seção indiana da Sociedade Teosófica de sua bela sede naquela cidade sagrada. Seu notável trabalho pela liberdade política do país foi levado a cabo meramente como base para a consciência indiana elevar-se às suas originais alturas espirituais e disseminar a mensagem da Teosofia ou *Brahmavidyā* a todo o mundo. A Sociedade Teosófica desfruta de um prestígio mais elevado neste país do que talvez em qualquer outro lugar, por causa do papel dos teósofos em ressuscitar a consciência do Sagrado, e tentar tornar a Terra mais uma vez digna do nome Āryavarta, a Terra dos nobres.

Tal como o restante do mundo, este antigo local de nascimento da sabedoria espiritual está passando por tempos difíceis. Não é possível superar o perigo das preocupações materialistas que totalmente obscurecem a luz recebida de uma encanecida linhagem de videntes e *Rishis* que iluminaram o mundo. O sucesso do Ocidente na esfera material fascinou as mentes que não conseguem discernir, embora o próprio Ocidente esteja começando a questionar a sagacidade de uma busca distorcida de progresso material.

A Seção indiana da Sociedade Teosófica irá celebrar seu centenário este ano. Esta é uma oportunidade para chamar a atenção de seus membros quanto à nota dominante tocada pelos Fundadores e Annie Besant com relação à sua obrigação de manter acesa a herança perene da Sabedoria Antiga. Eles têm de afirmar que nenhuma prosperidade merece ser alcançada sem uma base moral, e estabelecer um exemplo de reto viver, iluminado por um *insight* quanto à unidade de toda a vida.

5. A Árdua Tarefa (Jun. 1994)

Vez por outra surge a pergunta: Por que a Sociedade Teosófica não consegue atrair um grande número de pessoas como fazem outras organizações e grupos que são, de certa forma, de caráter filosófico, religioso ou espiritual? Ocasionalmente a pergunta torna-se uma forma de disparate dito por pessoas fora da Sociedade; às vezes é uma expressão de decepção ou fracasso por parte de um membro da Sociedade. Na verdade, nenhuma das duas atitudes tem fundamento, o que ficará claro para alguém que examine as metas e o trabalho da Sociedade com objetividade.

Os dois principais objetivos da Sociedade são estabelecer um núcleo da fraternidade universal da humanidade sem quaisquer distinções e encorajar a busca pela verdade, como indicado no lema da Sociedade: "Não há Religião superior à Verdade". Um responde à desesperada necessidade da humanidade de se libertar da terrível e perene miséria produzida por conflito, desconfiança e egoísmo. O outro é essencial para que a humanidade cresça em maturidade moral e espiritual, para realizar uma grande amplitude e clareza de percepção, e penetrar nas profundezas misteriosas da Natureza. Os dois estão inter-relacionados porque ambos são intrínsecos à evolução humana.

Pode-se ver que a fraternidade de um certo tipo é facilmente estabelecida pela autoridade. Ela está então limitada àqueles que aceitam essa autoridade. A autoridade pode ser a de uma pessoa carismática, uma ideologia (religiosa, política ou física), um texto das escrituras, ou qualquer outra coisa. Lealdade à autoridade cria uma certa coesão entre os seguidores, que pode ser confundida com fraternidade. De qualquer maneira, essa fraternidade não é universal porque exclui todos que estão fora de seu âmbito, e frequentemente fomenta o ódio do renegado e do "pagão".

A crença cega numa autoridade e a repetição mecânica de qualquer conjunto de conceitos e palavras causam danos ao intelecto e reduzem o poder de discernimento. O caminho para a gnose, a experiência direta e imediata da verdade, está barrado para a mente que diz, "Eu já sei". O crente vive com a aparência da verdade traçada por palavras e conceitos, ou é enganado por ter escolhido um falso deus.

Na Sociedade Teosófica, portanto, não é prescrita a crença na autoridade. Não é desrespeito a um Buda ou a uma Blavatsky, pois não os consideramos como uma autoridade. O maior respeito que podemos mostrar a qualquer sábio e grande alma é explorarmos profundamente o que eles dizem, e, testando seus ensinamentos em nossas vidas, encontrarmos, por nós mesmos, como uma verdade experimentada, a sua própria exatidão.

Declarações verbais não têm poder transformador. A pessoa pode falar muito a respeito de fraternidade sem crescer em fraternidade e harmonia. Somente a experienciada verdade da sacralidade e da unidade da vida permite à pessoa ser verdadeira e universalmente fraterna – o que não significa ser apenas cortês, acomodada, ou um tipo de fraternidade diplomática, evitando fricção por razões pragmáticas ou como questão de conveniência. As verdades da vida são reveladas àquele que purifica e refina seu poder de percepção; elas não podem ser enclausuradas em conceitos.

O grande desafio encontrado pelos membros da Sociedade Teosófica é aprender o significado de fraternidade universal e pô-lo em prática sem a autoridade de uma escritura ou de um profeta para manter todas as pessoas alinhadas. Cada membro é livre para questionar, para considerar o que é razoável e verdadeiro para ele, pelo menos durante algum tempo. As diferenças devem ser apreciadas e a condição de cada indivíduo – seu estágio e modo de crescimento, seu temperamento e necessidade evolutiva – tratados com profundo respeito. A estrutura democrática da Sociedade, tão sabiamente elaborada pelo Coronel Olcott, está de acordo com essa perspectiva.

Seria fácil para a Sociedade atrair um grande número de pessoas se mudasse seus objetivos ou se os atenuasse para agradar um público desejoso de maneiras fáceis de realização e pronto para aceitar um líder que seja visto como um meio para recompensas não merecidas, de quem a verdade possa ser recebida como um cesto de frutos. Poucos já estão prontos para se tornar autossuficientes e realizar o árduo trabalho necessário para ter uma visão pura. As pessoas permanecem por um longo período de tempo no estágio de praticar a fraternidade somente quando há razões egoístas para fazê-lo, e se interessarem pela verdade quando parecer haver uma maneira fácil de alcançar seus benefícios. Portanto, a Sociedade Teosófica tem uma tarefa árdua. Seu trabalho é para pioneiros cujo espírito não seja desencorajado por obstáculos e aparente falta de sucesso.

6. O Fio da Navalha (Fev. 1994)

O vigor e a utilidade da Sociedade Teosófica para a humanidade dependem de quantos de seus membros busquem tornar-se teósofos. Não é fácil tornar-se um teósofo, embora H.P.B. diga que o é, pois antes de alcançar a sabedoria a mente deve livrar-se de seus preconceitos, noções fixas e tornar-se aberta e sensível. Somente crescendo em sabedoria a pessoa obtém o direito de ser chamada de teósofo no verdadeiro sentido. O caminho que o membro sério segue para se tornar um teósofo é o Caminho do Meio. É paradoxal, e, portanto, descrito como o fio da navalha. O caminho, certamente, refere-se a uma transformação que ocorre interiormente. De todo lado, o peregrino enfrenta tentações e obstáculos. Essas coisas são vencidas quando há um estado interno de equilíbrio. Qualquer boa qualidade levada ao extremo deixa de ser uma virtude; pode até mesmo tornar-se um obstáculo. Também as ações devem ser ativadas pela energia que esteja bem equilibrada.

O teósofo vive uma vida de serviço ao próximo. Obviamente ele deve ser altruísta, pois a essência da ignorância é o senso de separatividade, e sabedoria é sinônimo de se estar liberto de qualquer sentimento de separatividade. O serviço altruísta é a expressão natural de uma mente sábia, e caracterizará em medida sempre crescente qualquer um que se esforce para se tornar teósofo.

Mas devemos notar que todas as pessoas engajadas em atividades que pareçam ser filantrópicas não são teósofas. A pessoa comum precisa de ambição para estimulá-la à atividade. Sem autointeresse, um objetivo pessoal que deseje alcançar, ela seria vencida pela indolência, ou viveria num estado de presunçosa clausura. Sua filantropia tem, assim, um fundo de egoísmo.

Mas para se tornar teósofo, é essencial matar a ambição, que é "a forma mais simples de buscar recompensa", e ainda ser ativo e enérgico, mesmo infatigável em trabalhar pelo bem-estar geral. O pretenso teósofo "deve trabalhar como trabalham aqueles que são ambiciosos". Ele deve cuidadosamente observar se sua produção de energia é meramente um escape ao tédio e ao vazio interior, ou um impulso para obter algo para si próprio, emocional ou psicologicamente. Somente uma mente refinadamente equilibrada é capaz de usar a energia livremente, sem um traço de autoprojeção. Por outro lado, o fio da navalha são os abismos da ambição e da letargia egoísta.

O mesmo delicado equilíbrio é necessário na exploração da verdade. A verdade não está nas palavras ouvidas de uma outra pessoa ou num conjunto de conceitos. Ela jorra a partir do interior como parte da consciência pessoal, o que não se consegue fazer quando há uma barreira de ideias preconcebidas e descrições de segunda mão. Contudo, é preciso uma base de reto pensamento para prosseguir na vida, sem se tornar um destroço flutuando com qualquer correnteza. Cada pessoa séria tem alguns critérios com os quais trabalha, uma filosofia que está testando através das circunstâncias de sua vida.

Caminhar sobre o fio da navalha significa manter a mente sempre aberta, desapegada de quaisquer conceitos e descrições verbais, e ainda trabalhar com alguns critérios sensíveis, com uma visão de vida que por algum tempo provê o melhor plano de fundo para a ação. A chave para o equilíbrio interior é o desapego. Uma mente que não seja apegada não desce aos abismos da grosseria por um lado, ou do fanatismo e da rigidez, por outro. Uma mente assim está o tempo todo preparada para reexaminar seus pontos de vista, seguir em frente e aprender.

Descobrir o que é o Caminho do Meio, como caminhar com facilidade sobre o fio da navalha, é uma questão de acuidade e experimento individuais. Poderíamos aqui nos voltar para um outro aspecto da questão – o equilíbrio entre buscar externamente e buscar internamente. Voltar-se em demasia para o interior na busca do autoconhecimento poderia facilmente aumentar o egoísmo. A mente autopreocupada ignora o fato de que o eu que deseja entender deve ser estudado no relacionamento com o não eu. Por outro lado, voltar-se em demasia para fora significa escravização na inconsciência. Os objetos da percepção sensorial são como ímãs, que puxam a mente daqui para ali, e ela fica desnorteada. Um equilíbrio firme deve ser mantido, até que buscar fora e buscar dentro sejam parte de um só movimento.

Tornar-se teósofo é, portanto, um desabrochar em delicadeza de percepção, equilíbrio e desapego. O fio da navalha não é difícil para os pés daquele que não esteja preso em seus próprios preconceitos, noções e hábitos.

7. A Inspiração da Teosofia (Dez. 1991)

Este ano a Sociedade Maha Bodhi celebra seu aniversário. Os encontros estão ocorrendo em várias partes da Índia em homenagem àqueles que trouxeram o Budismo de volta a seu país de origem. Mas há uma tendência generalizada de ignorar ou esquecer o papel desempenhado pelos Fundadores da Sociedade Teosófica, particularmente o Coronel Olcott e outros teósofos em devolver ao Budismo um lugar de honra em vários países, especialmente no Sri Lanka (antigo Ceilão), e na Índia.

Os teósofos foram pioneiros em muitos campos. Após dar a inspiração inicial, quando o projeto decolava, eles se voltavam para outras questões. Em cada campo, à medida que outras pessoas chegavam ao centro de atividade e desempenhavam papéis importantes, as pessoas esqueciam de onde a inspiração viera originalmente e como os pioneiros trabalharam. A história da Sociedade Maha Bodhi ilustra este ponto. Seu enérgico Fundador Dharmapāla nasceu de família cristã no Sri Lanka, mas ainda jovem entrou em contato com H.P.B. e HSO. A viagem dos Fundadores através do país criou uma onda de entusiasmo, particularmente porque eles publicamente declararam sua reverência pelo Buda e seus ensinamentos, coisa que nenhum dos outros entre as raças conquistadoras fizeram no Sri Lanka. Dharmapāla filiou-se à Sociedade Teosófica em 1884, visitou Adyar, viajou com o Coronel Olcott e aprendeu com ele como organizar. Ele se interessou ativamente por todo trabalho feito por Olcott para reavivar o Budismo no Sri Lanka e em outros lugares. H.P.B. aconselhou-o a estudar páli e mergulhar profundamente na sagrada literatura budista. Após visitar Buda Gaya em 1891 e decidido restaurar sua preeminência como local budista sagrado, o Coronel Olcott foi escolhido como diretor e principal conselheiro da Sociedade Buda Gaya Maha Bodhi, estabelecida em Colombo, com o Venerável H. Sumangala como presidente e Dharmapāla como secretário-geral.

Inúmeros teósofos apoiaram os esforços de Dharmapāla para organizar a Sociedade Maha Bodhi, incluindo C. W. Leadbeater, *Babu* Neel Comal Mookerjee, com quem ele permaneceu em Calcutá, e o Sr. Narendra Nath Set, Editor do *Indian Mirror*. Infelizmente, depois, houve a tendência de imputar motivos indignos aos teósofos que apoiaram os primeiros esforços de Dharmapāla, porque eles não queriam promover exclusivamente a causa budista, sendo o ponto de vista teosófico que o ensino da Sabedoria existe nas profundezas de toda grande religião, e deve ser desenterrado.

Escrevendo para o quinquagésimo aniversário *Souvenir* da Sociedade Maha Bodhi, o eminente sábio Sunite Kumar Chatterjee afirmou, com relação ao despertar da consciência nacional no Sri Lanka que "Anagarika Dharmapāla foi o arauto deste novo Renascimento". O professor Chatterjee omite completamente toda referência ao trabalho feito durante vários anos por Olcott e seus colegas teósofos no Sri Lanka, despertando a consciência da população budista, dando-lhe novo entusiasmo e esperança com relação à sua religião, e inspirando Dharmapāla que era então um jovem, e ainda longe de defender a causa budista sozinho. Outro ilustre professor e erudito budista, K. Satchidānanda Murti, ignora de modo semelhante o apoio dado pelo presidente da Sociedade Teosófica e seus membros a Dharmapāla, e atribui o renascimento do Budismo na Índia unicamente a Anagarika Dharmapāla.

Como previamente mencionado, inúmeras atividades pioneiras derivaram seu impulso e inspiração originais dos teósofos. Pode-se fazer menção aqui a mais uma iniciativa por parte do Coronel Olcott, que ficou profundamente emocionado pela condição miserável dos "párias" da época. Como sabe a maioria dos membros da ST, ele começou um programa de educação para elevar essas pessoas desfavorecidas, e como resultado de seus esforços várias escolas vieram à existência para elas, incluindo a atual Olcott Memorial School em Adyar, Chennai (antiga Madras). Todas essas escolas, exceto a última mencionada, foram entregues a outras autoridades quando aumentou o interesse em educar e integrar os assim chamados párias ao restante da Sociedade. Poucos sabem, porém, que quando um comitê de harijans (como os párias posteriormente vieram a ser chamados) começou a pensar a respeito de se tornarem budistas, o Coronel Olcott foi aquele a quem se dirigiram para buscar conselho. Uma petição foi apresentada ao Coronel em 1898 e ele respondeu:

> Será para mim um grande prazer atender vosso pedido para vos ajudar a realizar vosso desejo de recobrar o que concebeis ter sido a

religião de vossos precursores, ou seja, o Buddha Dharma... Minha crença é que vós acertastes o melhor, o mais seguro e menos censurável plano para mudar vossa condição e elevar vossa comunidade.

Muito depois, após o Dr. Ambedkar mais uma vez dar o sinal às classes menos favorecidas para se tornarem budistas, o esforço inicial do Coronel Olcott jamais foi lembrado. Dificilmente alguém na Índia sabe de sua grande contribuição neste e em outros campos. Um outro comentário pode talvez ser mencionado neste contexto. Em 1898, quando, por meio dos bons serviços do Coronel, os harijans inscreveram-se para se tornar budistas, a resposta do Alto Sacerdote no Sri Lanka foi a seguinte:

> A primeira e única condição para a readmissão de vossa raça na grande família budista será: que deveis informar-vos a respeito dos ensinamentos fundamentais do nosso Senhor Buda, e sentir e expressar o desejo de os tornar o guia de vossas ações.

Infelizmente, em muitos casos, os convertidos de última hora ao Budismo não receberam ou não levaram a sério o conselho acima. A conversão foi em grande parte um movimento para elevação social, sem levar em conta a vida religiosa e ética ensinada pelo Senhor Buda.

8. Teosofia é Altruísmo (Ago. 1989)

O termo Teosofia é usado para indicar uma ampla gama de conhecimento referente ao Universo e ao homem. Por ser estimulante e revelador, o estudo da literatura teosófica torna-se às vezes um fim em si mesmo. Contudo, para o buscador da Verdade, o estudo da Teosofia, como qualquer outro estudo intelectual referente à natureza e ao destino do homem, deve ser nada mais do que um meio para alcançar e viver uma vida de compaixão universal e amor ilimitado para com todos os seres. O caminho que leva à Sabedoria deve ser trilhado não para satisfação pessoal, mas para que todas as pessoas possam encontrar a luz; nesse sentido a abordagem altruísta em si é o início da

Sabedoria. A senda do Bodhisattva, que é caracterizada pela renúncia da bem-aventurança pelo bem de todos os outros, é o ideal do verdadeiro teósofo. Como declara *A Voz do Silêncio*[5]: "Pode haver felicidade quando tudo que vive tem que sofrer? Quererás te salvar ouvindo todo o mundo chorar?"

Ocasionalmente se ouve até mesmo membros da Sociedade Teosófica questionando sobre a possibilidade de os seres humanos alcançarem um estado de puro altruísmo e abnegação. As rodas da Sociedade humana têm sido mantidas em movimento há tantas eras pelo egoísmo que, para a maioria das pessoas, ação sem um motivo pessoal ou egoísta parece ser impossível. Afirmações tais como a de Santo Agostinho "O deleite é a única fonte de ação" ou "A ação surge do amor" não transmitem nenhum significado a essas pessoas, porque a ausência de motivos pessoais é considerada sinônimo de inatividade e falta de perspectiva. O anseio de conseguir algo para si próprio, seja posse material, excelência num determinado campo ou mérito espiritual, é tudo que sabem. Portanto, a ação baseada na compaixão e no amor parece nada mais do que um sonho utópico que jamais se tornará realidade.

Faz pouco sentido ser membro da Sociedade Teosófica se a pessoa não está convencida de que os seres humanos não conseguem transformar-se de um estado de egoísmo para um estado de altruísmo, e é dado como certo que a Sociedade humana sempre será amaldiçoada com luta, guerra e ódio. Quando as portas da mente estão fechadas ela não consegue participar da mudança. Por outro lado, aqueles que têm visão não apenas compreendem que a Sociedade humana pode mudar, mas que existe uma inevitabilidade a respeito. Deve haver ou evolução para o altruísmo ou autodestruição através da obstinação egoísta. Será que os milênios de evolução na Terra terminam em nada

---

5 BLAVATSKY, Helena. Brasília: Editora Teosófica, 6ª Ed. de Bolso, 2023, p. 244 [aforismo 307].

ou o glorioso fim será inexoravelmente alcançado? O Cão de Caça dos céus está sempre nos calcanhares do homem. Será que não consegue alcançá-lo?

Aqueles para quem o altruísmo parece impraticável devem pelo menos compreender que o assim chamado caminho prático do mundo alimenta a ansiedade e a incerteza mais do que a tranquilidade e o equilíbrio. A mente é empurrada em todas as direções quando há muitos desejos a serem satisfeitos. Os objetivos e desejos da maioria das pessoas são contraditórios; poucas conseguem dizer que vivem sem conflito e estresse. Mas quando experimentam tensão, geralmente encontram causas externas; somente a auto-observação pode assinalar que o conflito está dentro da mente, resultado de objetivos e desejos diversos e inconsistentes.

Para o altruísta que nada busca para si próprio e vive para beneficiar a humanidade não há problemas internos. Quando existe apenas uma coisa a ser realizada, ou seja, o bem de todos, a mente permanece relaxada, harmoniosa e clara. Portanto, pode-se dizer tanto do altruísta quanto do iogue que ele está sempre contente. J. Krishnamurti falou também de se viver sem um único problema, referindo-se a uma mente que não transforma nada em problema.

Conflito e tensão internos sempre criam discórdia externamente. Até mesmo atos de caridades são viciados quando há perturbações na mente. Pelo contrário, a mente altruísta cura e beneficia a todos com quem entra em contato. O altruísta é, na verdade, o homem prático, e o altruísmo é o modo prático de a humanidade avançar.

9. Verdade *versus* Autoridade (Jul. 1985)

Quando há confiança na autoridade para saber o que é a verdade, não há nem busca nem esforço. É o modo de um homem preguiçoso. Ele lança a responsabilidade sobre outros e se abstém de usar a inteligência e outras faculdades para descobrir por si próprio. É encorajando tal atitude que a maioria das seitas e sistemas religiosos prosperam. Seu domínio sobre as pessoas e mesmo a riqueza de que desfrutam estaria em perigo se ensinassem cada homem a "caminhar na vida confiando em si próprio em vez de se apoiar numa muleta teológica, que por incontáveis idades foi a causa direta de quase toda a miséria humana".

Quando a autoridade se torna importante, perde-se a racionalidade; caso contrário, o crente veria que não existe uma, mas inúmeras autoridades, cada uma conflitando com as demais. A Bíblia, o Alcorão, os *Vedas*, etc. são a palavra final para diferentes grupos de pessoas, cada qual acreditando que sua fonte de conhecimento contém verdades incontestáveis, apesar das muitas inconsistências internas e ambiguidades nelas encontradas. As inúmeras interpretações da autoridade aceitas por diferentes seitas e grupos são a prova de que a "verdade" é vista através de muitas lentes coloridas e que o número de possíveis interpretações é imenso.

Qual destes inúmeros grupos possui toda a verdade? Nenhuma pessoa racional pode acreditar que um deles a possui, simplesmente porque por acaso nasceu nele ou formou preconceito a seu favor. Além disso, somente aquele que já conhece a verdade é capaz de reconhecê-la, e até que a pessoa conheça a verdade desta maneira ela não deve considerar nada como autoridade, antiga ou moderna. Àqueles para quem a verdade é a mais elevada religião, tudo que é dito ou escrito deve ser motivo para questionamento, investigação e estudo.

Aqueles que acreditam cegamente e aceitam autoridades inquestionáveis são culpados de construir o sectarismo, e consequentemente não pode haver tal autoridade dentro da Sociedade Teosófica. Deve haver vigilância constante para evitar que ela se transforme numa seita, tornando H.P.B. ou Besant, Leadbeater ou Judge, ou uma combinação dessas pessoas, autoridades últimas, sendo somente suas ideias e declarações equiparadas à Teosofia.

H.P.B. advertiu que toda tentativa desse tipo como a Sociedade Teosófica terminou em fracasso, porque as pessoas preferem a autoridade a inquirir, e dogmas à especulação inteligente. Ideias prontas são um abrigo conveniente para a mente. Todo instrutor verdadeiro encorajou a autoconfiança, e a investigação independente muitas vezes, após longa busca, leva à verdadeira experiência da Verdade. Escrevendo em *Lúcifer* (vol. 3 p. 72), H.P.B. diz: "É a doutrina perniciosa de sempre confiar em auxílio exógeno que leva ao colapso – físico, mental, moral e espiritual – de mentes bem-intencionadas, mas fracas e desequilibradas".

Sócrates também não encorajava a crença cega: "Você, porém, se for persuadido por mim, prestará pouca atenção a Sócrates, e muito mais à verdade, e se eu parecer dizer qualquer coisa verdadeira, consinta, mas se não, oponha-se com todo o seu poder, cuidando para que no meu zelo eu não decepcione a mim mesmo nem a você como uma abelha que parte deixando o ferrão para trás" (*Phaedo*). Isto faz eco às famosas palavras do Buda, "Sede lâmpadas para vós próprios", e seu conselho aos Kalamas para não serem levados pela tradição, pela autoridade de textos religiosos, pela lógica ou inferência, pela aparência e aparentes possibilidades ou mesmo pelo próprio Instrutor. Ele os instava a examinar por si próprios o que é saudável (*kusala*) e o que é prejudicial (*akusala*).

O que vem a seguir é parte de uma discussão entre o Buda e um grupo de brâmanes eruditos:

> "Venerável Gotama, existem antigas escrituras sagradas dos brâmanes passadas ao longo de linhagens pela ininterrupta tradição oral de textos. Com relação a elas, os brâmanes chegam à conclusão absolu-

ta: "Somente isso é a verdade e tudo mais é falso". Ora, o que diz o Venerável Gotama a este respeito?

O Buda perguntou: "Haverá algum único instrutor, ou instrutor de instrutores dos brâmanes desde a sétima geração, ou mesmo algum daqueles autores originais dessas escrituras, que alega conhecer e diz: "Somente isto é a verdade, e tudo mais é falso?"

"Não".

"Então, é como uma fila de homens cegos, cada um segurando no que está à sua frente; o primeiro não vê, o do meio também não vê, o último também não vê. Assim, parece-me que a condição dos brâmanes é como essa fila de homens cegos".

Então o Buda disse: "Não é apropriado para o homem sábio que afirma a verdade chegar à conclusão: "Somente isto é a verdade, e tudo mais é falso".

Onde há crença cega, há também uma desilusão correspondente. Muitas vezes, alguém, sem alegar infalibilidade, compartilha sua compreensão escrevendo ou falando, e outros fazem disso uma autoridade, e assim muitas pessoas que defendem a livre investigação tornam-se, ao longo do tempo, "autoridades" de quem cada palavra e afirmação deve ser considerada como verdade literal. As palavras da Dra. Annie Besant esclarecem o assunto:

> Existe uma perigosa tendência na Sociedade Teosófica de tornar livros de observações autoridades, em vez de usá-los como materiais para estudo. Não devemos contribuir para o número de crentes cegos que já existem, mas para o número de estudantes sensatos e sóbrios que pacientemente formam suas próprias opiniões e educam suas próprias famílias. Use seu julgamento em cada observação que lhe for submetida; examine-a tão cuidadosamente quanto possível; critique-a tanto quanto puder. É um serviço precário que vocês nos fazem quando transformam estudantes em papas, e como papagaios, repetem, como sendo confiáveis, afirmações que vocês não sabem

ser verdadeiras. Ademais, a crença cega é a estrada para o ceticismo igualmente cego; você coloca um estudante num pedestal e em voz alta proclama ser ele um profeta, apesar de seus protestos; e então, quando descobre que ele cometeu algum erro, como ele lhe avisou que seria provável, você vira as costas, empurra-o e o pisoteia. Você o ataca verbalmente quando deveria atacar sua própria cegueira, sua própria estupidez, sua própria ansiedade para acreditar.

Não seria hora de deixarmos de ser crianças, e começarmos a ser homens e mulheres, compreendendo a grandeza de nossas oportunidades e a insignificância de nossas realizações? Não seria hora de oferecer à Verdade a homenagem do estudo em vez daquela credulidade cega? Estejamos sempre prontos para corrigir uma impressão errônea ou uma observação imperfeita, para caminhar com olhos abertos e mente alerta, lembrando que o melhor serviço à Verdade é a avaliação. A Verdade é um sol, brilhando com sua própria luz; uma vez visto, não pode ser rejeitado. "Deixemos a Verdade e a falsidade lutarem; quem alguma vez viu a Verdade levar a pior num combate justo?" (*Revelação, Inspiração, Observação*[6]).

10. Teosofia e Fundamentalismo (Set. 1987)

Todos os grandes instrutores religiosos buscaram despertar as pessoas para a verdade, inspirá-las para descartarem objetivos e ideias irreais, e atingirem a compreensão da vida em sua profundeza e esplendor. Eles não ensinavam credos e dogmas, nem se ocupavam com superficialidades. Mesmo quando falavam com pessoas simples, era a respeito de questões de valor profundo.

Com o passar do tempo, as religiões foram construídas ao redor desses ensinamentos, com igrejas, textos confiáveis, intérpretes oficiais

6 Publicado em português como apêndice da obra *A Doutrina do Coração*, da Dra. Annie Besant, Brasília: Ed. Teosófica, 3ª edição, 2022, p. 93. (Nota Ed. Bras.)

da verdade, rituais e práticas supersticiosas. À medida que as interpretações e as formas externas proliferavam, davam origem a inúmeras seitas dentro de cada religião. As diferenças religiosas e sectárias e o dogmatismo causam miséria incalculável à Sociedade humana.

A abordagem teosófica às religiões é pôr de lado tudo que seja externo, as superficialidades e os credos que dividem as pessoas e promovem o ódio. Ela exige que se vá à essência, ao conhecimento das verdades eternas que unifica mentes e acende o amor. A Teosofia, na verdade, ocupa-se com os fundamentos, com a religião *per se*, não com as formalidades e os princípios que são em geral chamados de religião.

O fundamentalismo muçulmano, cristão, ou qualquer que seja, pelo contrário, está baseado não nos fundamentos, nas verdades eternas, mas em dogmas e crenças, que provocam luta sectária. Obviamente, aqueles que assumem o papel de profeta ou sacerdote sob qualquer dessas bandeiras têm muito a ganhar. Eles exercem o poder, obtendo o domínio sobre as mentes das pessoas, auxiliados hoje em dia pela mídia de massa, impondo crenças e temores, atiçando ódio e ilusões de superioridade. É pelo fato de o fundamentalismo confundir as pessoas a respeito do que é fundamental em termos de percepção religiosa, que é um conveniente instrumento político.

O âmago da Teosofia ou Religião-Sabedoria é "libertar a mente de sua consciência finita" levando à unidade com a Vida Infinita. Esta realização da unidade nada tem a ver com jogo de poder político, belicismo ou conquista. O grande Rei Ashoka proclamou que não há conquista maior do que a do *dharma*.

11. Por que a Sociedade Teosófica? (Jul. 1996)

Todo aquele que solicita adesão à ST deve estar em simpatia com os declarados Objetivos da Sociedade, como deixa claro o formulário de adesão. Pode-se certamente esperar que, quando alguém subscreve aos objetivos da Sociedade, mais especificamente à fraternidade universal que ela busca produzir no mundo, o postulante preste a atenção devida ao que a Sociedade representa, e que se filiar à Sociedade não seja um ato totalmente negligente ou insincero.

Portanto, é surpreendente quando, após alguns anos de filiação, alguém diz que se filiou à Sociedade não para apoiar os Objetivos, mas por alguma outra razão, motivo, ou pior ainda, tem a opinião de que os Objetivos devem ser diferentes do que são. Se os Objetivos fossem mudados, então a Sociedade não seria a Sociedade Teosófica, mas uma outra coisa. Em alguns países, mesmo o *status* legal da Sociedade seria seriamente afetado.

Os Fundadores Internos da Sociedade, os Instrutores de H.P. Blavatsky e H.S. Olcott, que os inspiraram e os aproximaram na América, foram muito claros a respeito do que a Sociedade representa, como evidenciado pelas cartas que graciosamente escreveram. Em 1880, dirigindo-se a Sinnett, KH escreveu[7]:

> Os *Chefes* querem o começo de uma "Fraternidade da Humanidade", de uma real Fraternidade Universal; uma instituição que seja conhecida em todo o mundo e chame a atenção das mentes mais elevadas.

A intenção deles teve de ser repetidamente enfatizada porque o correspondente era incapaz de apreender a importância da coisa e queria obter conhecimento dos Instrutores, pois o conhecimento obtido traz uma certa satisfação imediata, enquanto lutar pela fraternidade universal é difícil e aparentemente menos compensador. A busca do conhecimento pode tornar-se um empreendimento egoísta, daí a nota de advertência do Mestre Morya:[8]

---

7 Brasília: Editora Teosófica, *Cartas dos Mahatmas para A. P. Sinnett*, Vol I, 3ª Ed. , Carta nº 12, 2021, p. 88. (Nota Ed. Bras.)

8 Brasília: Editora Teosófica, *Cartas dos Mahatmas para A. P. Sinnett*, 3ª Ed., Vol. I, Carta nº 33, 2021, p. 173. (Nota Ed. Bras.)

"Só aquele que tem amor à humanidade em seu coração, que é capaz de compreender completamente a ideia de fraternidade prática e regeneradora, tem o direito à posse dos nossos segredos.

Pelo fato de as palavras do Mahatma não terem encontrado eco, H.P.B. lembrou Sinnett:[9] "Você não pode ter esquecido o que eu lhe disse repetidamente em Simla e que o Mestre KH escreveu ele próprio a você, isto é, que a ST é acima de tudo uma Fraternidade universal. . ."

É muito provável que para aqueles que tenham visão clarividente, e para quem passado, presente e futuro são como um livro aberto, o posterior declínio da humanidade moral e espiritualmente já era conhecido. Eles podem ter previsto que conflitos amargos e atividades implacavelmente egoístas perturbariam o mundo durante um longo período de tempo. A ênfase sobre a fraternidade não podia deixar de ser considerada como o potente remédio que queriam administrar à humanidade em massa, a qual declararam ser sua preocupação fundamental.

A humanidade hoje está acuada. Ela ou sobreviverá compreendendo que fraternidade e cooperação são normas inevitáveis para o crescimento humano, ou a civilização perecerá como resultado do progresso que inclui a posse de armas mortíferas, envenenamento do meio ambiente, e outros atos irresponsáveis. À medida que os recursos da Terra diminuem e a competição se torna mais intensa, o egoísmo tanto individual quanto grupal torna-se mais agressivo do que nunca, e uma filosofia distorcida está sendo desenvolvida para apoiar objetivos egoístas.

Recentemente foram publicados alguns livros promovendo ideias racistas sob o disfarce de ciência. A engenharia genética é uma ferramenta que estes "cientistas racistas" poderiam pôr em uso para realizar seus desígnios. Testes de QI estão também sendo convenientemente

---

9 Brasília: Editora Teosófica, *Cartas dos Mahatmas para A. P. Sinnett*, Vol. II, Carta nº 135, p. 303. (Nota Ed. Bras.)

manipulados para provar suas teorias a respeito de superioridade racial. Mas a questão básica é: "O que é a verdadeira inteligência? Aqueles que acreditam que compaixão, empatia e autossacrifício nada têm a ver com o viver inteligente poderiam ser considerados como deficientes em QI, se esta questão for examinada e definida sem preconceito. Estarão as pessoas com QI elevado criando um mundo melhor, ou o mundo está piorando? Será que inteligência consiste em gerar violência, corrupção e insegurança generalizadas, que está acontecendo em toda parte hoje em dia?

A Anistia Internacional informa que o século atual ultrapassou todas as outras eras em tortura de pessoas. Um relatório do *The Guardian Weekly* (2 de junho de "96) diz que o orçamento dos Estados Unidos para criar prisões cresceu de 2 para 10 por cento. De cada 100 mil americanos, 565 estão atrás das grades. Administrar prisões tornou-se um tipo de indústria, com consultores e companhias privadas envolvidas na organização e supervisionamento. Isso logo poderá acontecer em muitos outros lugares.

Portanto, trabalhar pela cooperação, pela confiança e por relações fraternas no nível individual, nacional e todos os outros níveis é vital para a humanidade. A Sociedade Teosófica de modo algum tem um objetivo obsoleto. Ela deve propagar a Fraternidade Universal sem distinção de raça, religião, etc., e também mostrar, por meio do exemplo, que o egoísmo pode ser substituído por confiança e empatia para grande vantagem de todos. Os argumentos a favor da unidade são óbvios. Mesmo as pessoas comuns podem ver agora que se continuarmos no atual caminho de cruel egoísmo, haverá crescentes dificuldades. Mentes progressivas estão visualizando a vida como um todo. No atual contexto não é preciso adquirir um profundo *insight* filosófico, muito menos sabedoria, para entender que a fraternidade é o único caminho sadio e que não há outra alternativa.

12. Teosofia Experimental (Out. 1996)

A Teosofia não é algum tipo de filosofia vazia, nem uma nova seita ou religião, mas tem a ver com o aprendizado sobre a vida, e a compreensão de sua beleza e significado. Cada um que assim faz torna-se uma luz, irradiando amizade e harmonia, gentileza e ação compassiva para todos. Se aquilo que estudamos não traz uma mudança assim na qualidade de nossos relacionamentos e atitudes, então há alguma deficiência na nossa compreensão da Teosofia.

Certos conceitos básicos são universalmente reconhecidos como verdadeiros por todos os teósofos (não necessariamente por todos os membros da Sociedade Teosófica), não porque não tenham sido declarados como doutrina, mas porque quando vividos provam que estão certos. A experimentação mostra a cada estudante sério onde está a verdade. Pode-se começar, por exemplo, com a suposição fundamental da Teosofia – de que toda a vida é una, e que toda a vida tem santidade. As pessoas podem dizer: "Como você sabe que isto é verdade? Isso é teoria". Mas qualquer um que a aceite como postulado, e seriamente tente vivê-la, pode descobrir se nela existe ou não verdade. Todos que experimentaram sabem que a pessoa se sente mais feliz e profundamente enriquecida por ser amorosa, amistosa, gentil. Vamos tentar viver dessa maneira durante alguns meses e começar a testar o que é dito na Teosofia. Quando não somos amorosos, quando estamos zangados ou temos pensamentos desagradáveis, precisamos compreender que isso não está de acordo com o ensinamento essencial da unidade, e que estamos no curso de uma experiência de vida. Ao parar e verificar como proceder, uma atitude diferente vem à existência. Se continuarmos com assiduidade e cuidado, poderemos descobrir por nós mesmos, pelo menos até certo ponto, que existe verdade por trás desta afirmação a respeito da unidade, e também que quando somos amistosos e amorosos crescemos internamente, porque somos verdadeiros à nossa própria natureza, e à natureza da própria vida, pois ela é uma unidade.

Quando agimos contra a Natureza, obviamente machucaremos a nós mesmos. Ninguém pode dizer, por exemplo, "Sei que as pessoas falam a respeito da gravidade, mas eu não acredito nisso. Vou pular do último andar". Uma pessoa assim só vai se machucar. Ninguém é mais poderoso do que o Universo. Sendo assim, se é um fato na Natureza, como propõe a Teosofia, que tudo é parte de um todo indivisível, a ação que contradiga esse fato não pode nos tornar felizes ou nos beneficiar de algum modo. Por que não testamos? Não é verdade que nos sentimos desconfortáveis, infelizes, quando estamos atrapalhados nos nossos relacionamentos? Qualquer pessoa sensível que aja asperamente se sente desconfortável depois. Aqueles que são tão insensíveis a ponto de não sentirem o impacto no momento, mais cedo ou mais tarde sentirão dor. Nesta visão de curto prazo, um modo de vida egoísta pode parecer que traz vantagens; a longo prazo, todos são levados a reconhecer a tolice de agir contra a Natureza, que é uma unidade.

Quando permitirmos que o amor altruísta aumente, não apenas pelos seres humanos, mas para com todas as criaturas vivas, veremos que a soma de felicidade nas nossas vidas é muito maior. E o amor aumenta à medida que os preconceitos na mente são abolidos e as barreiras que erigimos, ou qualquer que tenha sido a educação inculcada em nós, caem por terra. Tudo isso pode ser testado. Somente quando compreendemos que o bem-estar de todas as criaturas vivas é tão importante quanto o nosso próprio bem-estar, existe uma base para o nosso próprio bem-estar. Quando trabalhamos para nós mesmos, quando promovemos nossos próprios interesses, estamos causando grande dano a nós mesmos e aos outros.

13. O Trabalho da Loja (Jul. 1996)

Algumas Lojas da ST, especialmente aquelas que estão em áreas teosoficamente remotas, tendem a centrar o trabalho no que quer que seu pequeno número de membros acha interessante. Lojas e Grupos dentro da ST têm de fato a liberdade para trabalhar temas que lhes sejam de interesse particular, e desempenhar atividades de que gostem, mas a liberdade deve ser exercida dentro do enquadramento do caráter e da estrutura da Sociedade. Se cada unidade funcionasse sem consideração para com o todo, a Sociedade não existiria como uma organização mundial, uma família de membros com mente harmoniosa espalhada pelo mundo.

Por trás de cada ato tolo dos seres humanos está um tipo de suposição filosófica. As atitudes agressivas, competitivas, que prevalecem atualmente, têm raízes na suposição de que não existe nada além do mundo material e, como as coisas materiais parecem estar separadas umas das outras, a filosofia subjacente encoraja a promoção do interesse do particular à custa do todo.

Portanto, os membros devem sondar profundamente e descobrir como a mente humana fragmenta a vida e produz desigualdade e luta contínua; também que a única filosofia que ilumina todo o campo da atividade humana, inundando-o de felicidade, é a atividade holística. Usar palavras como unidade ou totalidade é uma coisa, mas para aprender seu significado profundo, e saber como aplicar as perspectivas recém-adquiridas aos diferentes aspectos da condição humana, precisamos não apenas de uma atitude atenciosa, mas fraterna.

Lembremos que embora possamos ter entrado para a Sociedade por uma variedade de razões, não devemos permanecer nela sem nos aplicarmos numa direção que irá mudar o pensamento mundial ao varrer para longe as teias do preconceito e da suspeição.

14. Centros Teosóficos (Ago.1997)

Existem vários Centros Teosóficos no mundo – Adyar na Índia, o Manor na Austrália, Krotona e "Olcott" nos Estados Unidos, o centro Naarden na Europa e alguns outros. Esses Centros têm um papel importante a desempenhar na elevação da consciência do mundo.

Antes de mais nada, uma comunidade de teósofos - não meros membros da ST, mas pessoas que sejam sérias a respeito de viver teosoficamente - pode demonstrar ao mundo, por meio do exemplo, que fraternidade e altruísmo não são meros chavões, mas valores que são distintamente benéficos para um viver prático. Grande número de pessoas tende a considerar estas coisas como ideais que são bons em teoria, mas impraticáveis nas circunstâncias da vida comum. As comunidades teosóficas podem, e devem, ajudar a demolir tal ceticismo e provar de modo convincente os benéficos efeitos dos princípios espirituais postos em ação. Quando a harmonia prevalece e os membros da comunidade trabalham e vivem juntos em confiança e afeição mútuas, influências superiores afluem, e além disso refinam a atmosfera do Centro.

Os Centros são todos vias para o trabalho conjunto e o pensamento profundo, atraindo buscadores de áreas adjacentes, e mesmo de locais distantes para visitar e participar do trabalho durante algum tempo. Se o estudo estimula *insights* mais profundos quanto à verdade, o ambiente psíquico das áreas circundantes se beneficiarão das vibrações emitidas. Os estudantes estão familiarizados com as palavras seguintes do ensaio sobre o "*Karma*":

> Dizem que um pouco de atenção ao Ocultismo produz grandes resultados *kármicos*. Isso porque é impossível prestar alguma atenção ao Ocultismo sem fazer uma escolha definitiva entre o que é familiarmente chamado de bom e mau . . . A multidão de homens caminha vacilante, incerta quanto à meta que almeja alcançar; seu padrão de vida é indefinido, consequentemente seu *Karma* opera de maneira confusa. Mas assim que o limiar do conhecimento é atingido, a confusão começa a diminuir, e consequentemente os resultados *kármicos* aumentam enormemente, porque todos estão agindo na mesma direção em todos os diferentes planos.

O verdadeiro Ocultismo, certamente, nada tem a ver com as práticas bizarras que frequentemente recebem esse nome. Ocultismo é a habilidade para perceber e entender os aspectos mais profundos da existência. É *insight*, ver o interior, não apenas a superfície. Quando isso acontece, a direção na qual se segue torna-se mais clara e todas as ações pessoais têm mais poder. Quando toda uma comunidade se dedica a desenvolver a visão clara, seu poder para o bem é grande no nível invisível, senão no visível.

É difícil para pessoas isoladas combaterem as forças moral e espiritualmente degradantes que estão atingindo o apogeu durante o *Kaliyuga*. Mas tal como um forte feixe feito de gravetos, uma comunidade de teósofos, altruisticamente preocupada e unida, pode fortalecer e ajudar a "aliviar o pesado *Karma* do mundo".

15. O Segundo Objetivo (Dez. 1990)

Num artigo que chama a atenção dos leitores para algumas questões importantes a respeito da relação da ciência com o Segundo Objetivo da ST, o Dr. Murdock sugere que um estudo sintético de religião, filosofia e ciência equivale a estudar Teosofia, uma palavra que não é encontrada na declaração dos três Objetivos da ST. O artigo do Dr. Murdock que originalmente apareceu na *Newsletter* no Grupo de Teosofia-Ciência, na Austrália, e desde então tem sido reeditado no *The Theosophical Journal* da Seção inglesa, merece também a consideração de todos os membros. O fato de que *A Doutrina Secreta* teve como subtítulo "A Síntese de Ciência, Religião e Filosofia", por sua autora, serviria para corroborar o ponto de vista apresentado pelo Dr. Murdock. Ele também se refere à interpretação do Segundo Objetivo feita por pelo Sr. Félix Layton, sugerindo que nosso objetivo não é tanto conseguir o mistério dos detalhes destes grandes campos do conhecimento, mas a compreensão das verdades subjacentes para onde todos os três caminhos levam. Como mencionei na última edição de *The Theosophist*, o Segundo Objetivo é um chamado para embarcar numa viagem rumo a nada menos do que à Verdade.

A verdade da religião não pode ser diferente da verdade da ciência ou da filosofia. Como escreveu H.P.B. em *Is Theosophy a Religion?* (*A Teosofia é uma Religião?*):

> A verdade é una, mesmo se procurada ou buscada em duas extremidades diferentes. Por essa razão, a Teosofia busca reconciliar as duas inimigas [religião e ciência] . . . Os ensinamentos das duas são incompatíveis, e não podem entrar em acordo enquanto tanto a filosofia religiosa quanto a ciência da natureza física e externa (em filosofia, *falsa*), insistirem na infalibilidade de suas respectivas quimeras . . . Contudo, elas podem ser reconciliadas com a condição de que ambas limparão suas casas, uma da escória humana das idades, a outra da horrível excrescência do materialismo e ateísmo modernos . . . Se a Teosofia não fizer mais do que apontar e seriamente atrair a atenção do mundo para o fato de que a *suposta* discordância entre religião e ciência está condicionada, por um lado pelos materialistas inteligentes que com razão chutam os absurdos dogmas humanos, e por outro por fanáticos e clérigos cegos que, em vez de defenderem as almas da humanidade, simplesmente lutam encarniçadamente por seu pão, manteiga e autoridade - porque, mesmo então, a Teosofia provará ser a salvadora da humanidade.

Não podemos senão concordar que há agora uma grande oportunidade perante a ST para oferecer um pano de fundo profundo, holístico e filosófico ao conhecimento. Há cerca de um século, o mestre KH[10] escreveu:

> Há - mesmo entre os cientistas ingleses - aqueles que já estão preparados para perceber que os nossos ensinamentos se harmonizam com os resultados e progressos das suas próprias pesquisas, e que não são indiferentes à aplicação destes ensinamentos às necessidades

10 Brasília: Editora Teosófica, *Cartas dos Mahatmas para A. P. Sinnett*, 2ª Ed., 2017, Vol. II, Carta A, p. 333. (Nota Ed. Bras.)

espirituais da humanidade em geral. Pode ser sua tarefa lançar entre eles as sementes da Verdade e apontar o caminho.

Desde então a ciência fez grandes avanços, não apenas em seu próprio território, mas na área da filosofia, aproximando-se vez por outra do que se pode chamar apenas de percepção religiosa.

As proposições e os princípios fundamentais teosóficos não surgiram de repente no século passado, mas foram a base de todas as religiões e ensinamentos filosóficos ao longo das idades. Se forem corretamente apresentados, podem ajudar a iluminar as mentes confusas de hoje e mostrar que a verdade nasce da confluência das percepções científica, religiosa e filosófica.

Existem, como indica o Dr. Murdock, crenças bizarras na "periferia dos assim chamados movimentos da Nova Era". Tendo sido afastadas da religião ortodoxa pela ciência, as pessoas permaneceram insatisfeitas, e frequentemente caem em novas formas de crença irracional. O trabalho da ST não é ser identificado ou alinhar-se aos cultos e às atividades triviais porque são chamados de "Nova Era". Ele deve estar voltado a alcançar um nível mais profundo de compreensão e à descoberta da Realidade Una, que é o substrato de todos os acontecimentos fenomenais. Esta é a meta última de toda a busca pela verdade, e o âmago do trabalho da ST.

16. A Eleição de um Presidente (Ago. 1994)

A Constituição e as Regras da Sociedade Teosófica fornecem-lhe uma forte estrutura democrática. Permitem a adequada liberdade de ação para as Sociedades Nacionais e Lojas, como também ao presidente internacional e funcionários, permitindo-lhes agir de modo útil em suas próprias esferas, tomando iniciativas que desenvolverão o trabalho. Todas as Lojas elegem seus próprios dirigentes, como o fazem os membros das Sociedades Nacionais e Associações Regionais, e o presidente internacional só toma posse após votação de todos os membros em todo o mundo.

O procedimento para a eleição do presidente internacional começa com as indicações feitas pelos membros do Conselho Geral, que é grande parte composto de representantes eleitos de Sociedades Nacionais, ou seja, seus secretários-gerais. As nomeações destinam-se a seguir a consulta com os respectivos órgãos dirigentes, cujos membros devem ter em mente a natureza do trabalho e as responsabilidades que o cargo de presidente implica. Assim, muitos trabalhadores experientes da Sociedade em todo mundo aplicam-se à tarefa de encontrar as pessoas mais adequadas para serem candidatas quando há vacância do cargo de presidente. Após a lista de votação ser preparada com base nas nomeações, é feita a eleição global. Todo o procedimento dura nove meses, porque a todos os membros em todo o mundo é dada a oportunidade de fazer sua escolha.

No caso de haver apenas um candidato a ser votado, uma eleição é ainda realizada em todo o mundo, e todos os membros em dia com suas obrigações durante os últimos vinte e quatro meses imediatamente antes da votação, a não ser que sejam menores, têm o direito de votar. Assim, os membros podem opinar não apenas na escolha dos membros de sua Loja e na do principal executivo de sua própria Seção, mas também na do presidente internacional. Eles podem rejeitar o candidato a presidente por maioria simples se houver apenas um na lista de votação. Muitas vezes aconteceram votação "a favor" ou "contra" na história da Sociedade, mas sua importância não parece ter sido sempre compreendida.

Para alguns parece ser perda de energia e dinheiro passar por todo o procedimento se apenas um nome foi apresentado. Mas existe um sábio propósito, que deve ser assinalado, por trás da incorporação da votação "a favor" ou "contra" nas Regras; ele autoriza os membros em todo o mundo a exercer o veto se preciso for.

O Conselho Geral da Sociedade, como acima mencionado, consiste em grande parte de representantes eleitos das Sociedades Nacionais, com uns poucos membros adicionais. O número do total de membros do Conselho é inevitavelmente uma pequena proporção da totalidade dos membros da Sociedade. Portanto, a eventualidade de a totalidade de membros da Sociedade não estar de acordo com a escolha do Conselho não pode ser descartada. A eles é dada a responsabilidade de dizer "não" à eleição do candidato escolhido pelo Conselho, ou expressar sua confiança e apoio à pessoa. O apoio moral dos membros e a afeição por eles mostrada fortalece muito a posição do presidente e facilita o trabalho da Sociedade.

Como assinalado em outras ocasiões, o presidente internacional não tem o poder constitucional de impor qualquer política ou programa numa Sociedade Nacional ou num outro órgão dentro da Sociedade. A Sociedade tem-se mantido notavelmente bem todos estes anos, não tanto pelas regras e mecanismos externos, mas por causa de um forte senso de fraternidade, consideração mútua e confiança. O presidente é um elo importante entre as diferentes partes do mundo, e o valor de um tal cargo repousa no fato de ele ou ela ter sido eleito por todos os membros e desfrutar de sua confiança. O valor de um voto "a favor" ou "contra" não deve ser julgado em termos de dinheiro e tempo despendidos; é uma expressão óbvia de um relacionamento interno de confiança mútua.

17. O Centenário da Biblioteca de Adyar (Ago. 1985)

Entre as realizações mais notáveis do Coronel Olcott estava a criação da Biblioteca de Adyar. Embora começasse de uma maneira modesta como uma "coleção de várias pequenas livrarias", ele já a tinha previsto como uma obra de grande importância. Na décima Convenção Anual em 1885, ele defendeu com vigor a criação de uma Biblioteca Oriental na Sede, "mostrando como havíamos ajudado no renascimento do aprendizado do sânscrito na Índia e na abertura de escolas de sânscrito", cujo trabalho trouxe muita apreciação da imprensa indiana, pois foi considerado um serviço nacional. O Coronel planejava atrair para Adyar os mais eruditos *pandits* brâmanes como também orientalistas ocidentais. Ele disse: "Se nós e nossos sucessores fizermos todo o nosso trabalho, esta pode se tornar uma segunda Alexandria, e sobre estes belos terrenos um novo Serapião pode surgir . . . pode parecer estranho estarmos mencionando esses augustos nomes com relação ao nosso novo movimento teosófico, mas, cavalheiros, esperem vinte anos e verão em que isto irá se tornar".

Como foram proféticas aquelas palavras! Não havia manuscritos antigos então, somente algumas centenas de livros ou coisa assim; dentro de um ano havia vários milhares de volumes. O entusiasmo do Coronel era tão grande que logo após a Convenção, em janeiro de 1886, ele próprio se tornou a primeira pessoa a favor da Biblioteca e do Museu de sânscrito. "O impulso de fazê-lo veio com tanta força – após delimitar o terreno para o prédio – que não chamei nenhuma das outras pessoas na casa". Ele registrou no seu diário que era um evento muito simples sem discursos, música ou procissões – "apenas um verdadeiro início do que se pretende ser uma grande obra". O prédio, que formava uma ala adicional à Sede, veio a ser conhecido de milhares de outros membros que jamais visitaram Adyar, por causa da ideia do Coronel de decorar a parede externa com uma fileira de cabeças de elefantes, símbolo da sabedoria. Ao mesmo tempo, ele recebeu do juiz P. Shrenevas o manuscrito do *Catecismo Dvaita*, que foi a primeira de uma série de publicações que iriam contribuir para o brilho e fama da Biblioteca.

Próximo ao final do ano – em 28 de dezembro de 1886 – a Biblioteca de Adyar foi oficialmente aberta. Foi um dos dias mais felizes na vida do Coronel Olcott. Ele convidou um *pandit* brâmane, dois *Mobeds* pársis, um *Maulvi* muçulmano e um *Bikku* budista para invocar bençãos e prosperidade à empreitada. Meninos da escola de sânscrito recitaram versos dos *Vedas*. Em seu discurso, que foi publicado nos jornais, o Coronel disse que a Biblioteca de Adyar não se destinava a ser um enorme depósito de livros; destinava-se a um propósito definido ligado aos objetivos da Sociedade Teosófica. "Nossa Sociedade é um agente de paz e iluminação e, na fundação desta Biblioteca, ela está apenas levando a cabo sua política de boa vontade universal . . . não desejamos abarrotar nossas prateleiras com toneladas de especulações casuísticas que não tragam benefício, mas reunir os melhores ensinamentos religiosos, morais, práticos e filosóficos dos sábios antigos".

Assim a Biblioteca de Adyar foi fundada e o prédio aberto. Desde então, certamente, muitas mudanças ocorreram. As publicações da Biblioteca são agora mais de cento e dez. A coleção de livros e manuscritos cresceu tanto que em 1967 a Biblioteca mudou de seu local original no prédio da Sede para novas instalações dentro da propriedade. Gerações de estudiosos e estudantes peregrinaram até a Biblioteca e contribuíram para o estoque do aprendizado humano. No próximo ano será o centésimo aniversário desta grande instituição, que sempre permanecerá como um memorial esplêndido à perspicácia, ao dinamismo e espírito filantrópico do Coronel Olcott.

Embora muita coisa tenha sido realizada durante os últimos noventa anos, ainda há muito a ser feito. O trabalho da Biblioteca é continuamente dificultado por falta de dinheiro, que, entre outras coisas, torna difícil contratar os serviços de estudiosos adequados e fazer acréscimos às produções. Em vista disto teve início um Fundo de Dotação Orçamentária à Biblioteca de Adyar e espera-se que os membros da Sociedade e aqueles de mente filantrópica se apresentem para dar apoio a este grande projeto do nosso presidente-fundador.

Capítulo 2

A Escola de Sabedoria e Adyar

1. A Escola de Sabedoria (Fev. 1990)

A Escola de Sabedoria é uma das atividades mais importantes em Adyar, importante não apenas para este local, mas para o trabalho da Sociedade Teosófica como um todo, porque busca aprofundar o nível de consciência dos participantes. Os membros da Sociedade que permanecem no nível superficial, com interesses superficiais, não conseguem ser eficazes em levar a cabo os objetivos da Sociedade. Consequentemente, a Escola de Sabedoria busca auxiliar os estudantes a alcançarem a profundeza em si mesmos. Ela não se destina a oferecer satisfação pessoal, ajudando os alunos a progredir em seus estudos, mas tem um propósito mais amplo. Adyar, nossa Sede Internacional, sendo um local único, em virtude de sua beleza, sua história, tradição e atmosfera, oferece uma experiência engrandecedora para aqueles que vêm com reto propósito e o coração aberto. A Escola de Sabedoria não pode ter um local melhor para seu trabalho do que Adyar.

Embora o assunto possa ter sido discutido previamente, no início de cada sessão da Escola de Sabedoria, vale a pena para os estudantes refletirem sobre a natureza da sabedoria e o caminho que leva a ela. O conhecimento é bastante fácil de se obter, pois há muitos livros que fornecem informações a qualquer um que seja razoavelmente inteligente. As pessoas falam de vários aspectos da Teosofia, contudo as verdades da Sabedoria Antiga não penetram seus corações transformando-as, e sabedoria é transformação.

Nils Bohr é famoso por ter começado suas palestras dizendo a seus alunos, "Cada frase que eu digo deve ser considerada por vocês não como uma afirmação, mas como um questionamento". Para o aspirante espiritual esta é também a maneira de proceder. Quando a Senhora Blavatsky deu início à Escola Esotérica de Teosofia, disse a seus alunos que eles não deviam dirigir-se a ela para que respondesse às suas perguntas. Foram aconselhados a encontrar as respostas tanto quanto possível por si mesmos antes de se dirigirem a ela. Foi esta também a recomendação de Krishnamurti; ele disse que aquele que sabe fazer as perguntas certas encontrará as respostas por si mesmo. Para fazer uma pergunta sensível, uma pergunta que tenha implicações profundas, deve-se ouvir cuidadosamente e depois meditar sobre o assunto ainda mais cuidadosamente. A tradição indiana diz que não se pode meditar sem aprender a ouvir e pensar profundamente sobre o que foi ouvido. Este pensar profundamente implica questionar – Por que é assim? Qual é o pleno significado? Que aspecto subjacente eu perdi? Muitas de tais sondagens devem ocorrer. É como cavar um poço, cada vez mais profundo, removendo da mente tudo que seja irrelevante, tudo que seja inútil, até chegar à questão vital, aquele estado de clareza do qual emanam as perguntas corretas e que libera as respostas corretas.

A Escola de Sabedoria visa criar uma atmosfera na qual o estudante faça uso de seus próprios recursos internos. Recursos imensos jazem dentro de cada um, sendo sua própria consciência o berço da verdade. Mas ele deve ir suficientemente fundo em sua própria consciência para alcançar a fonte da verdade. O diretor e os palestrantes estão lá apenas para ajudar o estudante a se valer de si próprio, descobrir os significados por si próprio. Esta é a base da Sabedoria. Conhecimento equivale apenas a lembrar onde foi dito algo, ou reunir informação e criar um mosaico.

O conhecimento pode deixar a pessoa estagnada, estéril, ou mesmo produzir várias formas de tolice. Mas sabedoria é sinônimo de transformação.

A *Bíblia* diz que a Sabedoria é mais preciosa do que rubis.

> A Sabedoria alcança de uma extremidade do mundo a outra; poderosa e docemente ela ordena todas as coisas. A Sabedoria é a rosa de Sharon; e o lírio do vale. Ela é a mãe do amor justo; da paciência e da perseverança, e da sagrada esperança.

Com sabedoria, toda a nossa vida torna-se diferente, trazemos um toque de cura, salvando tudo com que entramos em contato. O sábio não tem que encontrar discípulos. Aqueles que o fazem, que fazem grandes esforços e põem anúncios para atrair discípulos não são sábios. Sábios são aqueles a quem as pessoas buscam naturalmente, como a abelha busca o mel. Sabedoria é transformação num reino de dignidade, beleza e iluminação, e naturalmente atrai outros à sua luz.

Encontrar a sabedoria envolve também harmonia. A atmosfera de um lugar como Adyar, a beleza e a paz deste *ashram*, realça e fortalece a harmonia inata no estudante. Harmonia significa não apenas ser amistoso no nível externo, mas experimentar profunda paz interior. A Senhora Blavatsky diz em *Ocultismo Prático*[11]:

> A não ser que reine a maior harmonia entre os aprendizes, nenhum sucesso é possível! . . . Sabe-se que chelas promissores e aptos para receberem a verdade tiveram de esperar durante anos devido a seus temperamentos e à impossibilidade que sentiam em se afinar com seus companheiros.

Os colegas devem ser como os dedos de uma mão, como as cordas de uma harpa delicadamente afinada. Essa harmonia mútua é um meio para descobrir conjuntamente mais do que podemos descobrir

---

11 Brasília: Editora Teosófica, 5ª Ed. de Bolso, 2020, p. 125-127. (Nota Ed. Bras.)

individualmente. Quando um grupo de estudantes está sintonizado, a mente de cada um se amplia, e a mente unificada do grupo é um canal mais puro para a verdade do que as mentes individuais. Assim, os aspirantes à verdade devem esforçar-se para preservar a harmonia todo o tempo entre si e com o ambiente ao seu redor.

Experiências tais como harmonia e felicidade, amor e paz, são conhecidas em diferentes níveis. A realização profunda de harmonia, paz e amor equivale a descobrir a natureza mais profunda em todas as pessoas e coisas. Onde existe um relacionamento entre almas, não um relacionamento mental, físico, existe um profundo senso de harmonia ou *shānti*. Mãe e filho às vezes conhecem esse tipo de relacionamento por instinto. O amor de mãe tem sido muito louvado por causa do elemento de altruísmo que possui. Ela conhece a verdadeira preocupação mesmo quando o filho não a sinta, pois ela entra em contato com algo da alma do filho. Portanto, ela pode gentilmente fazer vista grossa mesmo à grosseria que o filho lhe possa fazer. O relacionamento entre almas, aquele que não é no nível mental, nem no nível emocional de apego ou sentimentalismo, deve ser o que une os estudantes que aprendem e trabalham juntos. Na tradição oriental, diz-se que os estudantes de um instrutor espiritual estão mais próximos entre si do que irmãos de sangue. Eles se tocam num nível diferente, não no nível material, mas no nível mais profundo da aspiração espiritual. Assim, na Escola de Sabedoria crescemos na atmosfera de ouvir, pensar profundamente, questionar, unidos pela lei da harmonia.

2. A Escola de Sabedoria (Nov. 1991)

A Escola de Sabedoria é uma das atividades mais importantes na nossa Sede Internacional. Pois ser um verdadeiro teósofo, e não apenas um membro registrado da Sociedade, significa engajar-se na busca pela Sabedoria. A Sabedoria não é encontrada meramente através de palavras, conceitos ou muita leitura. Falar a respeito de fraternidade e discuti-la em termos intelectuais é bem diferente de vivê-la; somente a vivência leva à Sabedoria. Sabedoria implica muitas coisas, tais como não causar danos a nenhuma criatura viva, e ser ativo no auxílio aos outros da melhor maneira possível, não de uma maneira tola. Muita coisa também está implícita em fraternidade. Às vezes tendemos a considerar o primeiro Objetivo da Sociedade Teosófica informalmente, mas na verdade ele tem um significado muito profundo, implica uma grande mudança de coração que faz toda a diferença entre o sábio e o homem comum. A sabedoria permite à pessoa praticar a fraternidade que surge da compreensão da indivisibilidade da vida; enquanto o esforço sério para viver a fraternidade leva à Sabedoria. Os dois são aspectos complementares do trabalho teosófico.

A Escola de Sabedoria é importante porque busca reunir pessoas que se ocupam da Sabedoria. Sem isto, imaginar que alguém esteja trabalhando para a Sociedade Teosófica não é significativo. Tal trabalho carece de poder. Esta é uma das fraquezas nas Lojas onde a fraternidade existe apenas como um objetivo superficial. Por outro lado, em toda Loja que haja um vibrante centro de fraternidade, com os membros buscando seriamente a verdade, existe um poder dinâmico para o bem. As aulas da Escola de Sabedoria não são destinadas meramente a reunir idcias, o que pode muito bem ser feito através de livros. Nessa Escola, o estudante não deve apenas acumular informação ou lembrar o que alguém disse. Ninguém - nem mesmo as pessoas mais sábias - consegue instilar Sabedoria em outra. Tudo que se pode fazer é encorajar os outros que estejam prontos e ansiosos para desenterrar a preciosa joia da Sabedoria por seus próprios esforços.

À medida que ganhamos Sabedoria, criamos um mundo diferente. A palavra criatividade está comumente associada a criar objetos, produzir música e assim por diante. A verdadeira criatividade, porém, é indescritível. Alguns filósofos assinalaram que a beleza não jaz na forma ou nas palavras, mas é uma percepção silenciosa que é criativa, e que pode expressar-se em palavras, canções ou apenas silêncio. Essa qualidade da consciência é também a qualidade da Sabedoria. É isto que consegue criar um mundo nobre, um mundo sem luta e dor, um mundo de verdadeira harmonia, no qual a verdadeira evolução da humanidade irá começar.

No ponto onde estamos, dificilmente se pode dizer que a evolução humana começou, porque a natureza animal não chegou ao fim. A atividade humana é agora em grande parte natureza animal instigada por uma mente não iluminada. Os seres humanos, exceto aqueles que vivem em favelas e nas ruas, não têm de se "preservar". Contudo são cegamente guiados pelo impulso de tornar-se melhores do que os outros, de seguir em frente, possuir, lutar e dominar. O mundo que conhecemos é predominado pela atividade animal piorada pelo cérebro humano. A evolução humana começa quando começamos a compreender que tais impulsos cegos, descontrolados, não nos devem guiar; e isto é o início da sabedoria.

A Teosofia ensina como cada ser humano comum pode aperfeiçoar-se e livrar-se das paixões e compulsões. A sabedoria jaz em proceder nesta direção, que é evolução humana. Caso contrário é apenas evolução mental, um desenvolvimento da capacidade pensante que mesmo os animais possuem em forma rudimentar. Senão exploramos tudo isso, e deixamos que a verdade sature nossa consciência, permanecemos com teoria vazia, e não há mudança em nós nem na Sociedade. O trabalho na Escola de Sabedoria deve ser "pioneiro" para cada estudante, abrindo sua mente para cenários em eterna expansão.

3. A Escola de Sabedoria (Jun. 2005)

Em 1922, foi feita uma proposta para a criação de uma Escola em Adyar, cujos programas tentariam desenvolver uma síntese dinâmica de todos os aspectos de filosofia, religião, ciência, literatura e arte. Annie Besant orientou que o trabalho deveria estar baseado no princípio central de que toda atividade humana é uma expressão da evolução da Vida Una. Estudantes oriundos de diferentes países teriam a oportunidade de ouvir peritos sobre esses assuntos, estudar na Biblioteca de Adyar, contribuir com trabalhos e participar das discussões. A Escola foi chamada Brahmavidyā Āshrama, um nome que significa praticamente o mesmo que Escola de Sabedoria, com a palavra *āshrama* sugerindo que os estudantes via de regra residiriam em Adyar. A Escola foi aberta em 1926 com a expectativa de que rapazes e moças cultos, ansiosos por conhecimento e preparados para levar uma vida simples, viriam de todas as Seções da ST no mundo. Os programas continuaram com sucesso durante algum tempo e depois diminuíram.

Em 1926, foi também publicado em *The Theosophist* um relatório do secretário-geral da Seção alemã, Sr. Axel von Fielitz-Coniar, a respeito de uma Escola de Sabedoria conduzida em Darmstadt, Alemanha, em 1921, na presença de Rabindranath Tagore, e interpretada pelo Conde Hermann Keyserling. Dizia o relatório que tão grande foi o efeito das palestras que muitas pessoas que viram umas às outras pela primeira vez imediatamente descobriram parentesco de alma; e que era impossível compreender o que a Escola de Sabedoria significou para a vida espiritual da Alemanha. O Conde Keyserling declarou: "Não pretendo educar um grupo de discípulos para mim mesmo, mas pelo contrário, meu desejo é treinar cada um para ser seu próprio líder e guia".

A atual Escola de Sabedoria em Adyar sucedeu aos esforços acima mencionados, e foi ressuscitada sob a orientação do então presidente da ST, Sr. C. Jinarajadasa. Preferiu-se a nomenclatura inglesa, mas os objetivos e ideais eram os mesmos que antes. Quando falou sobre este assunto da Escola em 1926, Annie Besant apontou várias questões que ainda são relevantes atualmente. Primeiro de tudo, ela esclareceu o propósito dos estudos a serem empreendidos. O que os estudantes estariam buscando? A resposta é sugerida pelo próprio nome da Escola. A Sabedoria vem àqueles que buscam o Eterno e captam um vislumbre do Plano Divino, pois ele "ilumina todo o campo do desabrochar da Divindade" através dos processos da manifestação. Consta em *Aos*

Pés do Mestre[12]: "Quando o homem o tiver visto uma vez, e realmente o conhecer, não poderá deixar de cooperar com ele, tornando-se uno com ele, por ser tão glorioso e tão belo".

Somente à luz do Eterno, fenômenos e eventos aparentemente desconectados e fragmentados podem ser verdadeiramente entendidos. Mas como o Plano Divino não pode ser analisado e avaliado pela mente finita, ele tem que irromper de sua própria periferia. A Dra. Besant atraiu a atenção para o ensinamento antigo de que todo conhecimento que pode ser ensinado é um conhecimento menor ou *aparā vidyā*, aprendido através da mediação de mente e intelecto. O instrutor pode ter um papel a desempenhar neste nível. O conhecimento superior ou *parā vidyā* é a luz que ilumina o campo inferior do conhecimento. Ele não pode ser ensinado e só é adquirido quando o conhecimento é agregado ao abandono de um eu separado, implícito na virtude da devoção. Então a luz irradia a partir do interior.

O estudante que aspira à Sabedoria precisa cultivar o talento para buscar internamente, e não como um estranho. Isso significa desenvolver uma faculdade superior que vê a partir do interior e que, portanto, é chamada intuição, ou *buddhi*. A mente comum olha de fora para todo o movimento da vida como "objetos", e consequentemente carece da compreensão necessária para a síntese e reconciliação dos elementos aparentemente discordantes numa Unidade. A Teosofia declara que a força vital atua de dentro para fora, dos níveis tanto individual quanto superior. Toda ação externa tem raízes numa condição interna. Os estudos na Escola de Sabedoria devem ter por objetivo estimular a faculdade latente da percepção intuitiva que percebe o relacionamento profundo do interno como o externo, dos muitos com o Uno.

A Escola de Sabedoria destina-se a ser um berçário do qual surgiriam gerações de comunicadores teosóficos, combinando em si

12 KRISHNAMURTI, J. , Brasília: Editora Teosófica, 8ª Ed. de Bolso, 2023, p.16. (Nota Ed. Bras.)

mesmos as melhores qualidades de mente e coração. Eles então ganhariam o respeito, ou pelo menos a atenção do mundo. Tais mensageiros, estando dotados de uma mente aberta, abster-se-iam de qualquer controvérsia, meramente apresentando o que entendem como a base para ulterior discurso por homens e mulheres inteligentes.

Os estudantes que deixavam a escola eram encorajados a formar miniescolas em suas próprias áreas ou mesmo em suas Lojas. Uma expansão assim ocorreu até um certo ponto. A Federação Europeia conduz uma Escola de Sabedoria na Holanda, no Centro Teosófico em Naarden. A Seção da África Ocidental também tem conduzido uma miniescola de Sabedoria em Acra, Gana. Em Krotona, Califórnia, e no Centro Springbrook na Austrália há Escolas de Teosofia, que é outra palavra para Sabedoria. Embora geograficamente possam estar distantes entre si, seus objetivos compartilhados e a abordagem aos estudos conseguem integrá-las em espírito: estímulo da percepção intuitiva que relaciona o interno com o externo; um ponto de vista que abarque os acontecimentos no mundo temporal numa síntese que atraia sustentação da abertura à esfera do Eterno; e comunicar a energia que combina conhecimento com devoção e busca não criar controvérsia, mas engendrar a investigação e a capacidade para encontrar iluminação a partir do interior – estes são os objetivos compartilhados.

4. Nossa Propriedade em Adyar (Mar. 2002)

O Paraíso que H. P. Blavatsky e H. S. Olcott descobriram e descreveram quando vieram para Adyar não era então parte da cidade de Chennai (antiga Madras). O centro de Chennai, uma área populosa que era chamada de "George Town" pelos ingleses, fica a cerca de sete milhas ao norte de Adyar. Entretanto, não havia uma grande população e a cidade tinha o toque de uma aldeia muito espaçosa, agradável, que consistia de casas intercaladas com espaços abertos, pequenos lagos, bosques de árvores frutíferas e jardins, os quais ficavam ao norte do tranquilo Rio Adyar, abrindo-se para a Baía de Bengala num grande estuário. Os Fundadores compraram uma propriedade de cerca de vinte e sete acres na margem sul do Rio Adyar, com uma maravilhosa vista para o mar e o estuário, sobre os quais o sol e a lua nascem e se põem em esplendor na tranquilidade da manhã e da noite. Não havia automóveis, telefone, eletricidade nem outras conveniências modernas para atrair as pessoas, criar confusão, e tornar a presença humana insistente demais para deixar o Paraíso permanecer puro.

Quando Annie Besant tornou-se presidente sucedendo a HSO em 1907, ela adquiriu para a Sociedade toda a terra a leste e ao sul da propriedade original que forma parte do atual campus da Sede em Adyar, incluindo a grande Figueira e outros tesouros naturais. Essa extensão deu à ST a beira-mar e o espaço para proteger contra intrusão a sua atmosfera e qualidade magnética. Mesmo hoje em dia, envolvida pela crescente metrópole que é Chennai, muitas vezes abalada pelo barulho do trânsito e o retumbar de alto-falantes, esse Paraíso está razoavelmente de posse de suas inescrutáveis atrações.

O campus desempenha papel importante na manutenção da saúde e da herança cultural dos cidadãos de Chennai. Serve como um precioso pulmão verde de grande importância ambiental; suas áreas arborizadas naturais e sombreadas ajudam a manter e recarregar o lençol freático, que corre o risco de se esgotar pelo indiscriminado bombeamento e o pobre planejamento da cidade. A poluição atmosférica fora de nosso oásis tem alcançado níveis perigosos, e está transformando a bela e antiga Chennai (antiga Madras) na imagem venenosa de muitas outras incontroláveis agregações urbanas que estão produzindo mudanças desastrosas nos padrões de temperatura e de índice pluviométrico, e deteriorando a beleza da terra.

Pesquisadores documentaram mais de quatrocentas espécies de plantas no nosso campus, incluindo muitas espécies exóticas, como também uma diversidade de mamíferos, répteis, pássaros e insetos vivendo em paz e harmonia, com os residentes e membros que vêm de toda parte do mundo para experimentar a santidade e nossa Sede. O complexo é um refúgio para pássaros. Cerca de duzentas espécies foram vistas nos terrenos e arredores, onde se alimentam, fazem ninho ou visitam, no acaso das migratórias. Há décadas, o estuário de Adyar e as vias adjacentes à propriedade foram declaradas pelo governo um santuário onde não é permitido colocar armadilhas, ciladas, atirar ou mesmo remover ovos. O Governo de Chennai (antiga Madras) conferiu à ST o privilégio de proteger a vida animal contra caçadores e outros grupos ignorantes e destrutivos como alguns ciganos, na nossa propriedade e seu entorno. Estamos felizes de assumir essa responsabilidade tanto quanto possível, pois ela se harmoniza com a nossa filosofia de considerar toda a vida una, tudo igualmente sagrado e digno de reverência.

Na capa da revista *The Theosophist*, expusemos algumas plantas e flores requintadas que embelezam o campus. Mais recentemente foram fotografados e mostrados uns poucos belos pássaros que também contribuem para a propriedade com o seu canto, cor e encanto. Essas coisas, esperamos, darão aos leitores um gosto das belezas no nível físico que refletem a glória espiritual da Natureza, tão palpável aqui, e do Poder sustentador da Natureza. Dizem que a Natureza é a vestimenta de Deus, a vestimenta mais externa do Inefável, que os *Upanishades* chamam "Aquilo", e Krishnamurti chamou o "Outro". Quando nos voltarmos para Aquilo, como o girassol se volta para os raios do sol, possivelmente as ilusões começarão a se dispersar e a luz nascerá nos nossos corações. Nossa propriedade em Adyar tem essa peculiar atmosfera elevadora de um local ao qual milhares de pessoas têm vindo num espírito de autoentrega e reverência.

5. A Convenção em Adyar (Fev. 2005)

As Convenções Internacionais em Adyar têm sido eventos históricos e foram presididos nos seus primeiros dias pelo nosso presidente-fundador, o Coronel Olcott, e posteriormente pelos presidentes que o sucederam. Elas continuam a reunir um número muito maior de membros de todas as partes do mundo do que qualquer outro Congresso ou Convenção da Sociedade Teosófica. Em 1925 e 1975, o número passou de 2000.

Ano após anos os membros são atraídos a Adyar para este evento de muitas maneiras, muito embora tenham de sofrer as inconveniências de viagem, de compartilhamento de aposentos, filas para as refeições e assim por diante. A singular atmosfera que perpassa o belo campus de nossa Sede Internacional é como um forte imã cujo poder é sentido pelas pessoas, muito embora elas mesmas estejam inconscientes da natureza da atração da Convenção de Adyar. Essa atração não é meramente nas palestras e nos eventos, nos contatos mundiais feitos, na beleza das árvores e dos arbustos; algo intangível move e eleva os participantes. Um maior grau de compreensão é experimentado. Como disse o antigo presidente, Sr. N. Sri Ram: "mais da essência da Teosofia" é compreendida, juntamente com um senso mais profundo de fraternidade universal e comprometimento com um viver altruísta.

Escrevendo em seu diário em 1882, o Coronel Olcott disse: "Fomos levados a Adyar, e à primeira vista soubemos que nosso futuro lar fora encontrado". Rapidamente algumas alterações foram feitas no prédio principal e H.P.B. ocupou um amplo aposento no primeiro andar, próximo ao qual eles frequentemente se sentavam sob o telhado do terraço aberto, como o chamavam, onde delicadas brisas tornavam até mesmo o verão agradável para eles. O Coronel eloquentemente expressou seus sentimentos assim: "Visitei muitas terras, mas não me lembro de visão mais bela do que aquela sobre a qual meus olhos repousam a partir do terraço, seja à luz do dia, das estrelas ou da lua. A beleza de Adyar revela-se agora com aspecto mudado, mas encanta do mesmo jeito os membros e visitantes como quando os Fundadores souberam à primeira vista que este seria o seu lar.

Em *Old Diary Leaves*[13] (*Folhas de um Velho Diário*) e outros relatos, lemos a respeito de ocasiões quando os Mahatmas, que estavam por trás da fundação da Sociedade, abençoaram Adyar com sua presença. Muitos membros dedicados continuam a descobrir que conseguem ter pensamentos mais nobres e obter *insights* mais profundos em Adyar do que em qualquer outro lugar. O amor, a devoção e o espírito de sacrifício e serviço Deles constantemente fortalecem a atmosfera intangível aqui, nutrindo os instintos espirituais daqueles que são receptivos.

A Convenção deste ano começou enquanto um tsunami varria a costa Sul da Índia e a água subiu no Rio Adyar, deixando destroços, mas não destruição. A calma e a paz reinaram em nossos procedimentos, mesmo enquanto se faziam planos para levar alívio às comunidades vizinhas. Vários membros exprimiram seu sentimento de que nossa Sede em Adyar é protegida e permanecerá segura, enquanto o espírito de dedicação à promoção da fraternidade universal e uma busca altruísta pela sabedoria for fundamental para as vidas e o trabalho dos membros.

O conselho do Senhor Buda, – traduzido como: "Sê uma lâmpada para ti mesmo" – contém uma palavra páli que poderia significar lâmpada (*dipa*) ou ilha (*dvipa*). No último caso, a referência é uma profunda estabilidade interior, inabalada por eventos externos, metaforicamente descrita como a condição de uma ilha no meio do oceano. A consciência espiritual é sempre inabalada, porque tem raízes no relacionamento universalmente amoroso com todos; aliás, no elemento imortal ou no *Ātmā* interior. Então a mente permanece não perturbada por impulsos de mundanismo ou pelo impacto de "calamidade" externos. Uma ilha assim em meio às águas flutuantes ou a lâmpada que jamais tremula são símbolos da "mente além da mente" que sabe que o mundo fenomenal e seus acontecimentos são apenas tão reais

13 Brasília: Editora Teosófica, *A História da Sociedade Teosófica*, 2020, Vol. I, 2019 e Vol. II, 2017. (Nota Ed. Bras.)

quanto sombras. Os membros que vêm para a Convenção de Adyar recebem às vezes o toque desse sentido interno de paz e segurança, e experimentam a alegria profunda do contato com um mundo que está além do tempo.

Cada vez que a consciência alcança um nível mais elevado de paz, bondade e harmonia ocorre alguma transformação da qual o indivíduo pode estar perceptivo ou não. A consciência começa a responder a vibrações mais sutis sem oferecer resistência, até que finalmente as vibrações mais grosseiras não mais conseguem penetrá-la. Como diz um antigo verso sânscrito: Aquele que contacta o Divino torna-se mais puro interna e externamente, qualquer que seja a sua condição atual.

6. O Espírito da Convenção (Jun. 1985)

As palavras a seguir foram proferidas no encerramento da Convenção Internacional em (31 de dezembro de 1984):

Eu formalmente encerro nossa Convenção esta manhã, mas em espírito iremos apenas adiá-la, significando com isso que devemos levar conosco o tempo todo um presente que será de benefício não apenas para nós, mas para todos com quem entrarmos em contato até que nos encontremos novamente. Um verso de um hino diz: "Deus esteja convosco até que nos encontremos novamente". "Deus" é aquilo que é supremamente bom, abençoado e benéfico; possa Deus verdadeiramente estar conosco até que nos encontremos novamente. Se acontecer, teremos lucrado imensamente por termos estado nesta Convenção, e tornaremos nosso trabalho para a Sociedade, onde quer que estejamos, uma atividade enobrecedora.

A vida é variada e cheia de mudanças. Uma árvore cresce a partir de uma única semente e se multiplica em muitos ramos e incontáveis folhas. Mas é uma única árvore, da raiz ao topo. Sua ramificação não a separa em partes, e a mesma seiva flui através de cada parte.

Exatamente da mesma maneira, a seiva da vida flui através de todas as coisas vivas, nutrindo e unindo tudo num todo. Aquele que compreende isso está imbuído de um espírito de respeito e empatia que não é exclusivo de pessoas particulares. Seu respeito se irradia para tudo – para seres humanos, para cada forma de vida, para a própria terra e o ar à sua volta. É então que ele fala uma linguagem universal e se comunica com todas as pessoas muito embora possa não falar com elas nas palavras de sua própria língua. De coração para coração, de mente para mente e de ser para ser existe comunicação quando há respeito em sua mente e coração. Esta é a essência da Teosofia.

Na conhecida oração budista existem as palavras *dhammam saranam gacchāmi*. A palavra *dharma* ou *dhamma* refere-se, entre outras coisas, à Boa Lei que invisivelmente une tudo que existe. No nível mais profundo tudo está unido; no nível externo existe a aparência de separatividade. Quando o aparentemente separado é visto como tendo raízes no Uno, a Lei é compreendida. Aqueles que se tornam perceptivos dessa Lei e nela se refugiam não podem deixar de ser inundados até transbordarem de empatia e respeito.

Existem muitas formas de aprender: algumas pertinentes *apenas* ao cérebro tornam a pessoa fria e estéril. Mas aquele que aprende a verdade do Universo está repleto de seu brilho; sua vida é dar, e não tomar e possuir.

Aquele que dá, recebe o melhor; aquele que pede pouco, ganha muito. Isto é verdade mesmo no sentido mundano. Há pessoas que tentam ganhar o respeito exigindo que as outras pessoas comportam-se com relação a elas de uma maneira particular. Mas aqueles que ganham o verdadeiro respeito não são aqueles que exigem, mas aqueles que são felizes e bons em si mesmos e que não precisam pedir nada de fora. Nosso ex-presidente, N. Sri Ram, era universalmente amado, não porque ele se considerava superior, mas porque corporificava o espírito de humildade e modesta sabedoria. O respeito chegava até ele porque ele não o exigia. Cada pessoa pode receber muito, desde que aprenda a não ser insistente, agressiva ou exigente, mas amorosa, simpática e atenciosa com os outros.

A Convenção é muitas vezes fisicamente inconveniente: os aposentos e os banheiros têm de ser compartilhados, há barulho, e à pessoa é servido alimento ao qual não está acostumada, mas o que isto importa? Será que não conseguimos por um instante pelo menos esquecermos os desconfortos e estarmos em paz, receptivos, atenciosos com os outros e com o trabalho como um todo? Este é um valioso tipo de treinamento. A vida oferece muitas de tais oportunidades para aprendermos a "terminar com as excrescências" e desistirmos do desejo de conforto, de autoimportância, de sermos donos da verdade, e experienciarmos uma nova qualidade de mente.

Ser teósofo significa agir de acordo com a grande Lei por meio da qual tudo está inextricavelmente relacionado, intrinsecamente, a tudo mais. Sem aprender isso, como pode alguém ensinar Teosofia? Nós viemos à Convenção para aprendermos, e esse aprendizado não deve terminar. O espírito da Convenção continua, sua inspiração permanece, ensinando a todos nós a vivermos de uma maneira diferente e ajudarmos a criar um mundo novo.

7. A Sede da ST em Adyar (Dez. 1982)

A Sede da Sociedade Teosófica em Adyar tem sido e é muitas coisas para muitas pessoas. É um local de paz; um centro sagrado para abrigar aqueles que estão fazendo a peregrinação ao "santuário" no interior de seus corações; é um símbolo vivo de amizade que transcende as barreiras criadas pela mente; é um jardim e uma ermida onde a Natureza desvela segredos àqueles que são sensíveis; um local de encontro para estudantes de filosofia e de tradição religiosa; um paraíso para crianças que estão crescendo; e muita mais. O Coronel Olcott escreveu a respeito de Adyar no seu diário: "Nenhuma grande sociedade poderia pedir uma Sede executiva melhor do que a nossa. . . . Quando

H.P.B. e eu a vimos pela primeira vez, encheu-nos de entusiasmo, e o amor dela por Adyar durou até o fim".

O amor jorrou em Adyar por gerações de membros, e o trabalho que foi feito em suas fronteiras dotou-a de uma qualidade de beleza e de um poder para elevar que até mesmo milhares de visitantes e transeuntes casuais têm sentido. Há quase um século, HSO escreveu que Adyar tornara-se "um forte núcleo das nobres aspirações dos Fundadores da Sociedade e seus colegas de trabalho". Hoje em dia, esse núcleo de aspirações está mais forte e mais amplo, brilhando com o que os membros da Sociedade em todo o mundo lhe deram durante um século.

Adyar é principalmente um local de trabalho. Sua atmosfera tranquila é "enlouquecedora para aqueles cujo nervos estiveram sempre ressoando na agitação de uma cidade ocidental", para citar mais uma vez o Coronel Olcott. Mas sob este exterior sereno, o trabalho continua fluindo como as fortes correntes de um rio cuja superfície parece tranquila.

Para a mente permanentemente condicionada ao que é material, trabalho é sinônimo de alvoroço externo, organização de eventos, respingo de publicidade e o movimento das pessoas. Do ponto de vista teosófico, trabalho implica libertar a mente da escuridão e elevá-la a um estado de percepção moral e *insight* espiritual. Momentos tranquilos de introspecção e ponderação à beira-mar ou na margem do rio, na biblioteca ou numa sessão de estudo, podem realizar mais do que as formas mais espetaculares de atividade que facilmente atraem a atenção, mas não produzem mudança na condição da mente humana.

A função de Adyar está natural e intimamente ligada ao objetivo fundamental da Sociedade Teosófica, que é produzir a regeneração espiritual do homem. Os imensos problemas de relacionamento humano e da sociedade humana têm origens na mente humana, que é um campo de batalha cheio de contradições que são geralmente ignoradas ou estão ocultas. A Sociedade Teosófica busca produzir uma mudança radical na sociedade humana e estabelecer relacionamentos de harmonia e compreensão, em vez de luta e desconfiança. Isso só pode ser feito se as pessoas começarem a honestamente ver o que está acontecendo no interior de suas próprias mentes e como a condição mental é refletida nas tensões e eventos externos.

O trabalho da Sociedade Teosófica, portanto, envolve um modo de vida que leva ao autoconhecimento e ao conhecimento das leis da existência. Somente quando o homem começa a agir, pensar, sentir e "estar" de acordo com as leis permanentes e imutáveis que perpassam e regulam todas as coisas tanto nos mundos visíveis quanto nos invisíveis, é que sua psique permite que a energia espiritual flua de suas profundezas ocultas. Tanto a regeneração espiritual quanto o real reordenamento da sociedade humana, de tal modo que a harmonia, a liberdade e a criatividade floresçam, dependem da descoberta do reto modo de vida.

Os antigos *āshramas* eram geralmente orientados por homens sábios e sagrados cuja presença e influência, e não apenas seus ensinamentos, traziam a convicção de que é possível viver de modo diferente. A função de Adyar é promover tal modo de vida.

A corrente de mundanismo é geralmente tão forte em toda parte que nas mentes da maioria das pessoas há uma dúvida subjacente. Por um lado, elas aceitam que uma mudança nas atitudes, nos pensamentos e nos relacionamentos é necessária para criar um mundo pacífico e feliz; por outro, existe o sentimento de que o egoísmo é necessário para a segurança e que sem ambição e a adoção de normas e padrões mundanos a pessoa submergirá na luta para avançar. A maioria das pessoas não consegue pensar em energia senão na da ambição como um estímulo à atividade e mesmo ao viver rotineiro. O antigo condicionamento (*samskāra*) do qual emana o pensamento iguala-se à ambição, leve ou agressiva, de viver e progredir. O egoísmo (pois a ambição é essencialmente egoísta) é a filosofia de fundo da média dos seres humanos que no geral são decentes e gentis, e mesmo daqueles que estão tentando viver uma vida espiritual. *Luz no Caminho*[14] assinala que "os vícios do homem vulgar passam por uma transformação sutil e reaparecem com aspecto modificado no coração do discípulo". Este fundo de egoísmo e ambição não é erradicado enquanto persistir a dúvida sobre se existe um futuro para a pessoa sem ela, e o medo de que toda a energia diminuirá juntamente com o seu desaparecimento.

Adyar provou ser um verdadeiro *āshrama*, pois no seu interior sempre existiu a presença, o exemplo e a instrução para dissipar a dúvida e o medo. Sua atmosfera dá estabilidade àqueles movimentos internos no indivíduo que o aproximam da realização da paz e da liberdade. Existe algo da atmosfera do eterno em sua tranquilidade. Aqui é mais fácil do que na maioria dos outros lugares para entender o que significa viver nos níveis de pensamento que afastam impulsos egoístas e ambições pessoais.

A função de Adyar como Sede mundial da Sociedade Teosófica está inextricavelmente unida ao seu papel como um centro para a vida espiritual. Tal como as palavras proferidas e as palestras ministradas por alguém destituído de sinceridade e profundeza caem por terra e não conseguem motivar, igualmente o ímpeto e a inspiração que emanam da Sede da Sociedade diminuiriam se o centro não estivesse carregado de energia interna. Adyar está destinada a ser não apenas um complexo administrativo, mas o coração magnético e vital da Sociedade, continuamente purificando e reabastecendo a organização em todo o mundo.

O trabalho de Adyar é realizado não apenas pelos poucos que têm o grande privilégio de aí viver, durante períodos mais curtos ou mais longos, mas por todos os membros da Sociedade que têm Adyar em seus corações e compreendem seu papel. Durante cem anos, ela foi estimada e apoiada por um grande número de membros que jamais a

14 COLLINS, Mabel. Brasília: Editora Teosófica, 7ª Ed. de Bolso, 2020, p. 33. (Nota Ed. Bras.)

viram fisicamente, mas que internamente a conhecem e são parte dela. É como deve ser, pois ela prenuncia uma era quando homens e mulheres, em locais distantes, jamais se tendo visto ou encontrado, ainda assim estarão unidos em coração e mente por interesses compartilhados e uma causa comum. Uma tal unidade interior superará todos os obstáculos aparentes no relacionamento e será um forte alicerce para a federação mundial cantada por Tennyson.

É comparativamente fácil para as pessoas unirem-se numa irmandade com objetivos restritos ou sectários. O vínculo com interesses nacionais, raciais, religiosos e comunitários pode ser anulado pela paixão por uma causa que seja igualmente danosa, por que é divisiva. O atrativo da Sociedade Teosófica e de seu coração espiritual jaz no fato de que ela introduziu o esfacelamento do egoísmo e a unificação de homens e mulheres nos elos inquebráveis e construtivos de uma universalidade sem divisão.

8. O Centenário de Adyar (Fev. 1982)

Estamos no início do ano de 1982, quando os membros em todo o mundo estarão pensando em Adyar, porque é o centésimo aniversário da Sede neste local. A Convenção no final do ano será grande, uma vez que muito mais membros do exterior estão planejando vir.

Em seu livro *Old Diary Leaves*[15] (*Folhas de um Velho Diário*), o Coronel Olcott fala-nos como ele procurou uma Sede permanente em inúmeros lugares. Muitas propriedades foram mostradas a ele e a H.P.B. – grandes bangalôs situados em belos ambientes – mas talvez a atmosfera psíquica não fosse a certa em nenhum deles. Finalmente chegaram a Chennai (antiga Madras) e alguém falou a respeito de Huddleston Gardens, como este local era chamado naquela época.

---

15 Brasília: Editora Teosófica: *A História da Sociedade Teosófica*, 2020, Vol. I, 2019 e Vol. II, 2017. (Nota Ed. Bras.)

Eles vieram vê-lo e "num único relance", para usar suas próprias palavras, "sabíamos que nosso futuro lar fora encontrado.

Infelizmente, algumas pessoas fora da Índia – e talvez também dentro da Índia – falavam livremente a respeito de a Sede estar situada em algum outro lugar. O fato de que houvera uma greve, ou porque há três ou quatro anos houve algumas dificuldades financeiras, não é razão suficiente para se pensar em mudar. O primeiro problema trabalhista aqui foi em 1931, quando Annie Besant era a presidente, mas jamais houve qualquer pensamento então de abandonar Adyar. Adyar teve a sua cota de altos e baixos. Nos primórdios, quando H.P.B. ainda estava aqui, houve muitas tempestades, incluindo o traiçoeiro caso Coulomb que trouxe calúnia contra H.P.B. e a Sociedade em toda parte. E houve problemas financeiros também. Se somos instados a nos retirar por causa das dificuldades, não esqueçamos de que na época de H.P.B. houve problemas piores que precisaram ser enfrentados. Não há lugar na Terra onde não haja dificuldades. Na verdade, sempre que um local se torna foco para influências espirituais, as forças contrárias provavelmente se estabelecem. Esta é a ordem normal das coisas. A existência de obstáculos não é razão para abandonarmos o trabalho, nem o local no qual ele está sendo realizado. Sendo assim, somente a partir de um ponto de vista muito superficial é que alguns dizem: há problemas em Adyar, ou no país – em que país não há problemas? – e, portanto, este é o fim da Sede lá.

Antes de tudo, não creio que seja prático mudar a Sede para outro local. Mas esta é uma razão menor. A verdadeira razão está contida nas palavras do Coronel Olcott. Ele foi um grande viajante e visitou muitos belos locais na América, Europa e Japão, mas disse que não havia um único lugar como este. Talvez isso ainda seja verdade. Nenhum *āshrama*, acredito, pode se comparar com Adyar por sua influência espiritual. É um local sagrado, santificado pelas vidas e trabalho de numerosos trabalhadores dedicados. Lendo a história da Sociedade Teosófica, que nos seus primórdios estava confinada quase que inteiramente à Índia e centrada em torno de Adyar, não conseguimos deixar de ficar profundamente comovidos pelos eventos que aqui ocorreram. Adyar ainda é o mesmo centro espiritual que era então, e ainda representa as mesmas qualidades e ideais. Pois Adyar não é somente a Sede da Sociedade Teosófica. Há uma placa fora do quarto da Dra. Besant na qual está escrito, "Trabalho para Adyar, o Lar dos Mestres". O Lar dos Mestres não significa algo material. Significa que Adyar deve ser o local para a influência Deles, a partir de onde o brilho Deles pode se irradiar.

Adyar não é uma comunidade comum onde as pessoas cooperam – ou não – por uma variedade de propósitos ulteriores. Aqueles que vivem num local como Adyar, se realmente querem torná-lo e mantê-lo como deve ser, devem ter um espírito de doação, de contribuir para sua riqueza espiritual interior em vez de receberem vantagens para si mesmos. Toda pessoa deve estar lá para dar algo de si mesma.

Beleza é uma das qualidades que todo *āshrama* deve ter – a beleza dos prédios não menos do que da Natureza. Não devemos nos satisfazer com o que seja meramente passável. Tudo deve ser o melhor – não luxuoso, mas o melhor, o mais belo. Se este é verdadeiramente o Lar dos Mestres, não deve ser sempre assim?

Há uma afirmação nas *Cartas dos Mahatmas para A.P. Sinnett* segundo a qual as influências superiores só podem ser canalizadas através da mente tranquila. Se Adyar deve ser um canal de influências espirituais, aqueles que lá vivem devem produzir uma condição de paz, vivendo vidas pacíficas, o que não é, pode-se acrescentar, a mesma coisa que viver vidas monótonas.

Um *āshrama* é um local de aprendizado. Antigamente na Índia os discípulos reuniam-se em torno de uma pessoa sagrada. Nós não temos isso; na verdade reunimo-nos em torno de uma orientação espiritual, um caminho, um ensinamento, que talvez seja melhor do que reunir-se em torno de uma personalidade.

Se existe a reta condição dentro de nós, então podemos verdadeiramente nos beneficiar de estarmos num *āshrama* como este e, por nossa vez, somarmos a ele nossa própria força. A paz que experimentamos num *āshrama* não é nem plácida nem monótona. A paz não é inconsistente com o anseio do intelecto. Assim, um *āshrama*, como eu disse, é também um local de aprendizado; e aprender exige receptividade, um intelecto alerta, uma ânsia de encontrar a verdade. Desta forma, se estamos interessados em que Adyar deva continuar a ser um verdadeiro centro de espiritualidade, devemos levar até lá esse espírito de investigação, aquela preocupação com a verdade que se estende a descobrir o significado mais profundo da vida. Espero que nosso Centro de Estudos se torne um centro especial de aprendizado para benefício daqueles que são estudantes e buscadores zelosos. Mas esse espírito de zelo não é apenas pela sala de aula. Não apenas cada um deve ter o lazer necessário para o estudo e a meditação, para se sentar tranquilamente sob uma árvore ou à beira-mar e se tornar internamente perceptivo, mas cada um de nós deve fazer a sua parte no trabalho que lhe é designado.

A Índia, como o resto do mundo, foi invadida pelo conhecimento moderno. O conhecimento moderno realizou coisas maravilhosas na erradicação da doença; em tornar a vida mais fácil. Mas esse conhecimento está voltado para fora, pois a mente sempre questiona. Se Adyar deve ser um centro de regeneração, então todos nós que aqui trabalhamos devemos desabrochar nossa capacidade para a ação a partir de nosso ser interno. Isto significa que devemos aprender a mergulhar profundamente dentro de nós mesmos. Isso é parte da vida num *āshrama*; a investigação com o intelecto deve estar equilibrada com o mergulho interior pela realização. A palavra realização tem sido tão usada que perdeu o significado para muitas pessoas. Ela significa tornar real. A habilidade de falar a respeito de algo, de especular a respeito, não significa que a coisa seja real para nós. Podemos falar a respeito de afeição, cooperação e fraternidade, mas isso não é realização para nós até que comecemos a *verdadeiramente* ser afetuosos, fraternos e cooperativos. A realização de uma qualidade significa que ela se tornou parte de nossa própria natureza, e agir a partir desse tipo de realização, até certo ponto agir com ele, é parte de viver num *āshrama*.

É tão fácil comemorar centenários. Eu pessoalmente não gosto da palavra "comemorar" com relação ao centenário de Adyar. Mas se puder ser um ano de rededicação, um ano de fortalecimento de nossa vida espiritual, de renovação de nosso senso de inspiração – então terá algum significado. Já existe tanta coisa aqui. Façamos uso delas para continuarmos a progredir.

Eu menciono essas coisas aqui porque sinto que devemos ter clareza a respeito do que Adyar é, e o que representa. Estamos todos conscientes dos milhares de membros em todo o mundo que procuram Adyar – que admiram Adyar – estamos também perceptivos de nosso senso de responsabilidade para com eles. Os poucos de nós que temos o privilégio de viver aqui estamos cada vez mais conscientes do nosso dever de mantê-lo como um verdadeiro centro espiritual.

Capítulo 3

Teósofos Notáveis e Outras Personalidades

H. P. Blavatsky

1. Upasika (Dez. 1981)

Esta edição é uma publicação especial em memória de H.P. Blavatsky que nasceu em 1831, há cento e cinquenta anos. Ela escolheu como símbolo, para a capa de sua revista, a figura do portador da Luz, Lúcifer. Posteriormente, depois que Nicholas Roerich pintou o quadro que agora está pendurado no Museu de Adyar, para muitos membros as palavras "portador da luz" evocava a memória da própria H.P.B.. O poderoso impacto que ela causou ao mudar o pensamento mundial jamais pode ser esquecido, e sem dúvida ela será respeitada por muitas gerações futuras como uma iluminadora de mentes e como uma força que destruiu formas e superstições desgastados.

Havia um outro lado de H.P.B., aquele que lhe fez conquistar o cativante apelido de Upasika. Todo seu vigor e força eram dedicados com total submissão aos grandes instrutores que ela conhecia. Ela era capaz de extremo sacrifício pela causa deles. De todas as maneiras ela provou ser uma discípula de confiança e verdadeira – uma verdadeira Upasika.

2. H.P.B. e Sua Obra (Dez. 1988)

A verdade tem seu próprio poder; ela pode suportar qualquer número de assaltos sem sofrer qualquer diminuição no processo. Há um século *A Doutrina Secreta* tem provado o seu mérito apesar das inúmeras calúnias e ataques feitos à autora. A última crítica a H.P.B. assumiu a forma de uma revisão publicada em *The Guardian* do livro de Jean Overton Fuller. O preconceito cegou de tal modo o revisor que ele não fez o mínimo esforço para se familiarizar com os fatos. O nome do Mestre Morya está constantemente mal escrito; o interesse de Olcott em fenômenos espíritas é atribuído a ele ter olhado nos olhos de John Brown quando esse jazia morto. O revisor confessa sua inabilidade para explicar por que "indivíduos talentosos e inteligentes" eram persuadidos a levar os ensinamentos de H.P.B. a sério!

Para aqueles que entendem do assunto fica claro que o sucesso d'*A Doutrina Secreta* e de outros escritos de H.P.B. deve-se à natureza extraordinária da informação neles contida e dos *insights* que oferecem quanto a processos cósmicos, à natureza e o destino do homem e outros assuntos. Com o passar do tempo ganhou ampla aceitação sua tentativa para provar que existe uma Tradição-Sabedoria da qual todo conhecimento religioso é uma expressão. O peso da evidência dentro de *A Doutrina Secreta* referente a essa Tradição-Sabedoria impressiona pessoas razoáveis, e isso explica por que "indivíduos talentosos e inteligentes" continuam a levá-lo a sério.

Não há dúvida de que o tempo irá corroborar muito do que está em *A Doutrina Secreta*, pois as descobertas da ciência mesmo até o momento presente são mais favoráveis aos ensinamentos desse livro do que contrários. Homens de intelectos notáveis estão começando a reconhecer o ensinamento fundamental de que existe um poder e uma inteligência ilimitados, onipresentes, atuando no Universo, cujas operações são entendidas apenas superficialmente por aquelas mentes mais brilhantes. Cientistas não ortodoxos estão desafiando os preconceitos convencionais postulando uma visão do Universo que está longe de ser mecânica ou materialista. A visão não materialista é ridicularizada como sendo truques de magia quando emitida por um vidente, mas é tolerada quando vem de celebridades no campo científico.

A autoria de *A Doutrina Secreta* foi de H.P.B. somente em parte, sendo ela um canal para o conhecimento e a mensagem de instrutores maiores do que ela mesma. Podemos prever uma longa carreira para a obra, e crescente compreensão das verdades e *insights* que ela oferece.

3. O Anel Sinete de H.P.B. (Jun. 2001)

Durante as minhas viagens e muitas vezes na época da Convenção Internacional, algumas pessoas perguntam a respeito do "anel de H.P.B." e se ele pode ser visto. A história do anel sinete de H.P.B. foi relatada pelo antigo presidente C. Jinarājadāsa, que a ouviu da Srta. Francesca Arundale. A história foi publicada na Edição de Centenário de H.P.B. em agosto de 1931, uma edição especial da *The Theosophist*. Quando H.P.B. estava hospedada com a Srta. Arundale e a mãe desta em 1884, como ela queria um anel sinete segundo desenho feito por ela mesma, a Srta. Arundale providenciou para que fosse feito. Era de ágata verde escuro quase preto, gravado com o triângulo duplo incorporado no emblema da ST e a palavra *sat* com caracteres em devanágari. *Sat* significa "Verdade" em sânscrito. Ao mesmo tempo, com a permissão de H.P.B., a Srta. Arundale mandou fazer um anel semelhante para si. Mas havia uma diferença: o selo de H.P.B. estava colocado num pesado anel de ouro e montado numa estrutura oval com dobradiça, que formava a tampa para um medalhão raso. A cópia do anel da Srta. Arundale era mais leve e sem o medalhão ou a dobradiça. Jinarajadasa diz que H.P.B. usou o anel de 1884 até o dia de sua morte, após o que foi passado, de acordo com o seu desejo, para Annie Besant. A Dra. Besant sempre usou o anel – no dedo indicador de sua mão direita.

A Srta. Arundale também sempre usou o anel e quando de sua morte, segundo se diz, passou-o para seu sobrinho, G.S, Arundale, que o presenteou aos Arquivos da ES. Foi aquele anel que o irmão Rājā colocou no dedo de N. Sri Ram na reunião de posse, após este ter sido eleito presidente. Muitos membros estão familiarizados com a foto que mostra a ocasião. O anel foi passado para John Coats quando ele se tornou presidente, e agora está comigo. Seria, portanto, mais correto chamá-lo de anel do presidente do que falar dele como anel de H.P.B..

Quando Annie Besant faleceu, George Arundale, que era seu legatário residuário e se tornou presidente da ST, adquiriu o anel de H.P.B.. Em sua morte, Rukmini Devi entrou na posse de todos os bens e negócios dele, e não se sabe o que aconteceu com o anel de H.P.B. e para quem foi transferido com a morte de Rukmini Devi.

Estranhamente, os dois anéis particularmente associados a H.P.B. desapareceram das recordações da ST. A origem do outro anel, chamado "Anel Rosa", é descrita pelo Coronel Olcott em seu *Folhas de um Velho Diário*, e resumimos o seu relato aqui, (ver *Old Diary Leaves*[16], Edit. Teosófica, Adyar, vol. 1, p. 88 em diante para relato completo). Após uma visita à Sra. Mary Baker Thayer de Boston, conhecida como a "Médium Flor", porque em sua presença choviam flores, o Coronel Olcott entregou a H.P.B. uma bela rosa, semiaberta, enviada pela Sra. Thayer "como um presente dos espíritos". Quando H.P.B. segurou o anel nas mãos e cheirou o perfume, ela teve a visão distante associada a fenômenos. Naquele momento, seu anfitrião, o Sr. Charles Houghton, um advogado, entrou e pediu para olhar a rosa. Ao H.P.B. lhe entregar a rosa, ele subitamente disse, "Como é pesada! Nunca vi uma flor como esta. Veja, seu peso na verdade a faz pender para o talo!" Quando ele deu a flor para Olcott ver, H.P.B. exclamou: cuidado, não a quebre! Um ponto de luz apareceu no coração da rosa e um anel pesado, de ouro puro, saltou, e a rosa imediatamente se en-

16 Brasília: Editora Teosófica: *A História da Sociedade Teosófica*, 2020, Vol. I, 2019 e Vol. II, 2017. (Nota Ed. Bras.)

direitou. Numa determina noite, um ano e meio depois, a Srta. W. H. Mitchell, irmã de Olcott, veio fazer uma visita e quis ver o anel. Após olhar para ele, ela o estendeu para H.P.B. na palma da mão para o devolver. Em vez de pegar o anel, H.P.B. rapidamente fechou os dedos da Srta. Mitchell sobre o anel. Ao abrir a mão, a Srta. Mitchell e todos os presentes viram que três pequenos diamantes estavam colocados num triângulo no que fora um anel de ouro puro. Esse anel perdeu-se por volta de 1979.

Na reunião do Comitê Executivo que ocorreu em 12 de outubro de 1979, com o Sr. John Coats, presidente da ST, no posto, foi relatado:

> Dois artigos foram roubados do armário da Dra. Annie Besant, usado para guardar certos artigos históricos associados à Sra. Blavatsky. Entre dois e três anos previamente, a medalha Subba Row dada à Sra. Blavatsky tinha desaparecido. Aproximadamente duas semanas antes da reunião do Comitê Executivo, ele descobriu que o Anel Rosa também desaparecera. Como o armário não fora aberto durante um ano, não se sabia exatamente quando o anel foi levado. O caso foi reportado à polícia e uma investigação estava em andamento. Desde então, todos os outros artigos do armário foram removidos para uma almira Godrej (em aço) no Departamento de Arquivos.

Nos minutos finais de uma reunião posterior do Comitê Executivo que ocorreu em 20 de novembro de 1979, também com John Coats como presidente, reportou-se:

> . . . a polícia está verificando os registros das casas de penhores em busca do Anel Rosa. O gerente-geral Devi confirma que uma foto do anel foi publicada no jornal oficial da polícia. Um fac-símile da medalha Subba Row que fora presenteada a H.P.B. seria feita na sede da ST nos Estados Unidos, Wheaton, onde várias medalhas em branco são guardadas, e o fac-símile seria trazido para Adyar.

Aparentemente a Sociedade não estava destinada a reter nenhum desses artigos especiais, nem o verdadeiro anel de H.P.B. com o medalhão.

4. Preconceitos Persistentes (Nov. 1981)

Por mais que por muitas vezes declarações erradas em jornais e livros tenham sido expostas ou corrigidas, a opinião pública tende a considerar qualquer coisa impressa como de natureza infalível ou de importância oracular. O simples fato de uma opinião ser imprensa converte-a instantaneamente em algum tipo de autoridade, especialmente se engastada em capas caras ou decoradas com os adereços de pseudoerudição, uma exibição de notas de rodapé e citações de outras opiniões. Embora uma declaração original possa ser infundada, mal pesquisada, tendenciosa, ou totalmente falsa, se um número suficiente de pessoas a citar para reforçar sua própria posição como sábias, ela ganha validade oracular e veracidade inatacável para a maioria dos leitores. Conclusões falaciosas com relação a tudo, dos antigos *Vedas* aos modernos discos voadores, têm sido assim perpetuadas por um processo de mútua citação por um pequeno número de pessoas que consegue imprimi-las.

Este processo esteve em andamento ao chamar a Sra. Blavatsky de falsificadora, de ter cometido fraude, e assim por diante, ignorando toda evidência ao contrário. Uma recente defesa de seu caráter chegou sob a forma de uma análise de computador de seus escritos e dos escritos dos Mahatmas, cujas cartas ela fora acusada de forjar. A técnica usada é considerada válida para atestar a autenticidade de outro importante material não relacionado à nossa Sociedade. O Sr. Charles Marshall, que apresentou um trabalho sobre o tema em uma conferência realizada em Leningrado em janeiro de 1980, organizada pelo Modern Language Teachers Institute, deduziu que a Sra. Blavatsky não era falsificadora (Ver *The Canadian Theosophist*, nov-dez. 1980). Mesmo assim, seria surpreendente se a maré se voltasse a favor dela, uma vez que inúmeras acusações e calúnias infundadas têm dado apoio e mútua autoridade umas às outras pelo fato de serem impressas. O fogo do preconceito apenas queima a verdade.

5. O Famoso Relatório (Set. 1986)

Desde que Richard Hodgson da Sociedade para Pesquisa Psíquica produziu o seu relatório "expondo" a Sra. H. P. Blavatsky, houve pessoas, inclusive escritores supostamente sérios, que acreditaram sem suspeitas em suas assim chamadas investigações, que não eram mais do que alegações preconceituosas. A palavra impressa tem um efeito de estranhamento hipnótico sobre as pessoas, mesmo sobre aquelas que são de outra forma inteligentes, mas que não são críticas quanto a palavras que emanam daqueles que alegam ser pesquisadores, acadêmicos, eruditos ou peritos. Quando uma visão particular é apresentada e impressa por algumas dessas pessoas, ela se torna, até certo ponto, oficial. Quando o próximo livro for escrito e houver uma citação da obra "oficial" ou aprovação de referências a declarações na obra, elas tendem a se tornar duplamente oficiais. Quanto mais é escrito, poderia parecer como se os "fatos" fossem estabelecidos além de qualquer dúvida, embora os pronunciamentos originais possam ter sido errôneos, falsos ou inventados por uma mente tendenciosa. É como uma sequência de deduções lógicas baseadas numa premissa falsa. Se a premissa estiver errada, muito embora possa haver lógica nas deduções posteriores, elas não têm validade e são como uma estrutura construída sem uma fundação.

As alegações feitas contra a Sra. Blavatsky foram repetidas muitas vezes sem um exame imparcial do relatório Hodgson. Somente dentro da Sociedade Teosófica ele foi rejeitado, já que inúmeros fatos óbvios a respeito do caráter dos Coulombs (em quem Hodgson confiava) e outras questões foram examinados e entendidos. Agora finalmente, o Dr. Vernon Harrison, perito em falsificação, ex-presidente da Royal Photographic Society e anteriormente gerente de Pesquisa da Thomas de la Rue, fez um reexame da assim chamada evidência. Um boletim de notícias da Sociedade para Pesquisa Psíquica na Inglaterra, dando esta informação, menciona também que o periódico da S.P.R. (volume 53, de abril de 1986) inclui uma crítica contundente do relatório Hodgson de 1885.

Hodgson era muito preconceituoso e inclinado a acreditar em tudo do ponto de vista de suas pré-conclusões. Assim, pareceu-lhe que as cartas, que os descontentes Coulombs (que foram demitidos da Sociedade Teosófica em Adyar por desonestidade) puseram em suas mãos, eram genuínas e provavam que H.P.B. era uma fraude. De igual modo ele prontamente chegou à conclusão de que as Cartas dos Mahatmas eram produções espúrias de H.P.B..

O Dr. Harrison, conforme citado no boletim de notícias da SPR, conclui: "À medida que o exame detalhado deste relatório prossegue, torna-se cada vez mais evidente que, enquanto Hodgson estava preparado para usar qualquer evidência, por mais trivial ou questionável que fosse para implicar H.P.B., ele ignorou toda evidência que podia ser usada a favor dela. Seu relatório está repleto de afirmações tendenciosas, conjectura apresentada como fato ou fato provável, testemunho não corroborado de testemunhas não nomeadas, seleção de evidência e total falsidade.

"Como investigador, Hodgson não passou pelo crivo da imparcialidade. O seu caso contra a Sra. H. P. Blavatsky não está provado.

O exame que o Dr. Harrisson fez da evidência caligráfica apresentada no relatório Hodgson levou à conclusão de que a evidência é tão fraca, tendenciosa e confusa que poderia facilmente mostrar que a Sra. Blavatsky escreveu *Hucleberry Finn* – ou que o presidente Eisenhower escreveu as Cartas dos Mahatmas".

O Dr. Harrison, membro de longa data da S.P.R., não é membro da Sociedade Teosófica, fato que, certamente, daria um peso considerável às suas descobertas aos olhos do público. A Sociedade para Pesquisa

Psíquica foi cuidadosa em apontar, em seu boletim de notícias, que não há visões coletivas e que a condenação da Sra. Blavatsky em 1885 foi atribuída apenas ao comitê de então, que canhestramente aceitou e endossou o relatório que foi escrito em sua maior parte por Hodgson. De modo semelhante, o artigo do Dr. Harrisson apresenta apenas suas próprias visões pessoais.

É verdade que muitos periódicos não aceitam responsabilidade pelas visões expressas em artigos feitos por seus colaboradores. Porém, os seus departamentos editoriais são responsáveis pela escolha do material publicado, e deve ter havido uma concordância *prima facie* com a linha assumida por Hodgson e pelo comitê. Mas, como afirma o atual editor, Dr. John Beloff, os teósofos e outros que cuidam da reputação de H.P.B. considerarão a S.P.R. sob uma luz mais gentil e de fato dotá-la-ão de maior credibilidade por publicar o reexame do Dr. Harrison e forte refutação não apenas das conclusões de Hodgson, mas de seus métodos e atitudes.

A verdade tem um poder que preconceitos, animosidades ou ataques não conseguem enfraquecer. A verdade nos escritos de H.P.B. não pode senão emergir triunfante, justificada mais cedo ou mais tarde através de um entendimento maior e *insights* mais profundos da mente humana.

6. Ano Internacional de H.P.B. (Dez. 1990)

Apenas seis anos após a fundação da Sociedade Teosófica, H.P.B. faleceu em 8 de maio de 1891, tendo inspirado enorme número de pessoas nos diferentes continentes do mundo e iluminado as mentes de uns poucos que tiveram o extraordinário privilégio de estar em estreito contato com ela, ninguém mais brilhante do que Annie Besant, em cuja casa na Avenue Road, Londres, ela teve o seu passamento.

Há uma proposta de que o centésimo ano após seu passamento, 1991, deva ser comemorado por todas as Seções da ST como Ano Internacional de H.P.B.. Embora em 1988, o centenário da publicação de *A Doutrina Secreta* fosse celebrado em vários países, o débito que os teósofos têm com H.P.B. é tão grande que ninguém se ressentirá em tornar 1991 um ano de lembrança especial. A Convenção Internacional a ser realizada em Adyar em dezembro próximo será especialmente dedicada a uma maior compreensão de seus ensinamentos fundamentais. A Seção francesa está planejando organizar uma viagem para um grupo vir a Adyar para a ocasião, e um outro grupo é esperado da Suíça. O comparecimento a esta Convenção provavelmente será opcional. Esperamos alguns representantes da Rússia entre outros.

O Museu e o Departamento de Arquivos propõem organizar uma exibição das lembranças e de materiais interessantes ligados a H.P.B. em Adyar para serem vistos pelos delegados. A edição de maio de 1991 de *The Theosophist* será um número especial, com uma variedade de contribuições de teósofos bem conhecidos. Um volume dos escritos seletos de H.P.B. será publicado pela Editora Teosófica, Adyar.

Na terra natal de H.P.B., estão sendo feitos planos para a realização de uma cerimônia importante em maio ou em setembro. (Poderíamos, a propósito, mencionar aqui que o nascimento de H.P.B. é em agosto, segundo o calendário russo, que em outras partes é setembro, pois o calendário russo difere de um mês do nosso). Esta cerimônia pode ser na sua terra natal, Ekatherinoslov (Dniepropetrovsk) na Ucrânia, ou em Moscou. Além desse evento principal, haverá outros programas em outras partes na União Soviética.

Ocasião tão importante não deve despertar apenas entusiasmo temporário. Pode ser uma oportunidade para nos rededicarmos à imensa e enobrecedora tarefa de reformar o mundo, para o que a ST foi fundada. Poderíamos aprofundar-nos nas proposições filosóficas básicas que ela declarou para a compreensão do homem e do Universo, e também nos sublimes ensinamentos éticos que ela deu através de *A Voz do Silêncio*[17] e outros escritos. Poderíamos fazer um esforço especial e providenciarmos para que seus escritos cheguem ao maior número de pessoas em tantos idiomas quanto possível.

Poucos membros estão agora perceptivos de que ela foi um daqueles raros seres que em suas vidas diárias manifestam virtudes da mais elevada ordem. Ela autenticava pelo exemplo o valor do que ensinava. H.P.B. era surpreendentemente generosa, infantil em sua inocência, cheia de gentileza e compaixão, corajosa e abnegada. Assim, nós a lembramos não apenas pelo conteúdo de uma obra tão grande como *A Doutrina Secreta,* que nem todos podem entender, mas também pelo exemplo que ela deu através de sua vida, e a orientação que deu através de obras menores, mas igualmente preciosas como *A Voz do Silêncio.*

7. Avisos Clarividentes (Jun. 2001)

A consciência humana difere da consciência nas criaturas menos evoluídas de muitas maneiras. Por exemplo, sua habilidade para ver conexões é muito maior do que a dos animais, e pode estender-se até abarcar todo o Universo. Em média, o psicólogo pode ver uma ligação entre os problemas mentais de um paciente e as experiências de sua primeira infância, mas uma pessoa espiritualmente evoluída veria como o problema se desenvolveu através de várias encarnações. De modo semelhante, toda pessoa inteligente tem alguma presciência das consequências futuras de certos tipos de ação no presente, mas a consciência iluminada de um vidente ou de um sábio percebe claramente até mesmo detalhes no mapa panorâmico do futuro, o que a pessoa comum não consegue. Tanto o passado quando o futuro, dizem, são como um livro aberto para o Adepto.

Nosso Eu imortal é quase onisciente porque é uno com a consciência universal perene na qual se origina toda pequenina coisa. Quando os estados superiores e inferiores de consciência de um indi-

17 Brasília: Editora Teosófica, 6ª Edição de Bolso, 2023. (Nota Ed. Bras.)

víduo fundem-se, tudo que sempre existiu pode ser lembrado, e tudo que poderia existir no futuro pode possivelmente ser previsto. H.P.B. parece ter sido clarividente com relação a muitas coisas, por causa da extrema sensibilidade de sua consciência e do influxo de conhecimento oniabarcante oriundo dos reinos superiores.

Numa época quando ninguém no mundo ocidental estava perceptivo do perigo de se inculcar competição e luta, H.P.B. fez uma advertência incisiva em *Ocultismo Prático*. Talvez ela visse de antemão como as atitudes ocidentais e os estilos de vida se difundiriam e como, ao estimular o espírito competitivo e encorajar até mesmo os estudantes a sempre superarem uns aos outros, o caos seria instituído na Sociedade. J. Krishnamurti falou extensamente sobre este assunto, no qual H.P.B. tocou nos últimos vinte e cinco anos do século XIX. H.P.B. também assinalou há mais de um século, quando as mulheres mostravam ostentação e eram protegidas, que a principal incapacidade sobre a qual o sexo feminino labora surge do fato de que elas são meros objetos de luxúria, não companheiras ou iguais, e o que é pior, que as mulheres aceitam esse papel degradante, ocupando-se principalmente em tornar seus "encantos" físicos mais sedutores. Desde a sua época houve uma tremenda piora dessas tendências. Cada vez mais as mulheres fazem uma exibição vulgar de seus "encantos" e os homens as exploram sem inibição sob a moderna bandeira do desrespeito pela tradição e a convenção.

Para as mentes ocidentais, o sistema de dote parece terrível, e certamente é, mas elas tendem a ignorar completamente a servil degradação efetuada pela ênfase no *sex appeal*, e exposições vulgares de todo tipo.

Os avisos de H.P.B. de há muito são testemunho de sua visão do futuro. Sua mente altamente perceptiva conseguia ver em pequenas tendências o início de vários problemas. Conseguiremos ver finalmente, pelo menos agora, que a competitividade, a sensualidade e o materialismo dos dias atuais estão na raiz de seus imensos males?

Cel. Olcott, Annie Besant e Associados

1. Coronel Olcott – Um Homem Superior (Fev. 2007)

O Coronel Henry Steel Olcott foi sem dúvida alguém que estava muito acima da maioria das pessoas. Ele deixou sua marca em muitas áreas porque, onde quer que viveu e trabalhou, ele manifestou qualidades de coração e de mente que o tornaram merecedor de ser chamado um "homem superior", um termo usado por Confúcio.

Quando jovem ele ganhou fama criando uma fazenda modelo para agricultura científica, e pouco depois uma pioneira escola de agricultura, onde era dado treinamento sistemático. Com a idade de vinte e três anos, foi-lhe oferecida a presidência da Scientific Agriculture em Atenas pelo governo da Grécia, que ele recusou. Logo depois foi-lhe oferecida a diretoria do Agricultural Bureau em Washington, DC, que ele também declinou. Este notável sucesso inicial deveu-se à sua iniciativa, energia e devoção ao bem-estar da humanidade. O que ele fazia não era com o desejo de se destacar ou obter lucro; um espírito de puro altruísmo animava suas ações.

Annie Besant deveria escrever posteriormente que a experiência e as qualidades que ele adquiriu nessas atividades seculares prepararam-no para o trabalho que deveria realizar posteriormente de inspirar inúmeras pessoas a apoiarem o ideal de fraternidade universal sem qualquer distinção de raça, religião, casta, etc., e o trabalho da Sociedade Teosófica. Vez por outra ele declinava ofertas prestigiosas e lucrativas para fazer o que valia mais a pena a partir de um ponto de vista mais sublime. Não descreveremos aqui em detalhes o papel que ele desempenhou em erradicar a corrupção no exército dos Estados Unidos, ou como ganhou reputação no jornalismo, primeiramente como correspondente agrícola, e posteriormente como jornalista investigativo trabalhando para jornais de prestígio tais como o *New York Tribune*, o *New York Sun* e o *New York Graphic*.

Sua vida foi um exemplo de como as assim chamadas atividades mundanas, quando imbuídas das retas qualidades, podem tornar a pessoa qualificada para guiar o mundo em direção à moral e ao progresso espiritual. Ele foi presidente da Sociedade Teosófica do início desta em 1875 até o seu falecimento em 1907. Mas ele não era um simbólico diretor de cargos; ele foi um líder no melhor sentido do termo. Ser chefe de uma organização dedicada à fraternidade e à paz mundial entre as pessoas da Terra exige não apenas capacidade comum de negociação, mas uma profunda compreensão do ponto de vista espiritual da psicologia humana e das necessidades humanas – e isto ele tinha. Como jornalista, quando conheceu a Sra. H. P. Blavatsky no local onde importantes fenômenos espirituais estavam ocorrendo, foi acesa toda uma faceta de sua personalidade, que o aproximava de vários Mahatmas orientais. Blavatsky ensinava a Sabedoria Antiga sob uma forma necessária para o mundo daquela época, particularmente o Ocidente. Mas foi por causa de Olcott e de seu enorme poder para apresentar e disseminar o Ensino da Sabedoria, que inúmeras pessoas no mundo foram influenciadas, e ainda estão sendo, a mudarem seu modo de vida.

O Coronel Olcott soube como criar uma estrutura constitucional para a Sociedade Teosófica que era completamente adaptada a seus objetivos e caráter. A Constituição estruturada por ele provou seu valor e deu testemunho de sua visão de futuro durante cento e vinte e cinco anos. Ela combina todas as necessárias provisões para os membros individuais terem liberdade na busca da verdade e a aplicação de retos princípios em suas vidas e, ao mesmo tempo, para a promoção de uma atitude de cooperação, mútua tolerância e solidariedade em levar a cabo o trabalho para o bem-estar de todos os seres humanos como também das criaturas a quem os teósofos geralmente consideram como "irmãos mais jovens". É raro que uma organização enfatize a necessidade de um relacionamento entre pessoas altruístas, com objetivos comuns, no qual haja tanta liberdade individual quanto um forte senso de unidade. Unidade sem conformidade cega é a principal característica da ST.

O dinamismo de Olcott afetou profundamente a mente asiática quando esta estava em perigo de afundar num estado de passividade e conformidade sob uma autoridade imperiosa que não admitia o espírito de pesquisa e investigação. Nova energia foi instilada nos povos budistas, hindus, zoroastrianos e outros com quem ele manteve contato e a quem se dirigiu. A alegação do governo britânico de então de que os Fundadores da Sociedade eram espiões (particularmente a Sra. Blavatsky) foi uma reação ao enorme sucesso que eles tiveram, como equipe, em atiçar a consciência adormecida de povos subjugados.

O Cel. Olcott foi um homem de grande integridade e retidão. Isto lhe permitiu processar em nome do governo dos Estados Unidos até mesmo pessoas de importância que estavam envolvidas em práticas corruptas no suprimento de material, etc., para o Exército e a Marinha dos Estados Unidos. Seu livro *Old Diary Leaves*[18] [*Folhas de um Velho Diário*] (que todo membro da ST deveria ler), contém no relato bem humorado da visita do Coronel a Jammu e a Caxemira, para onde fora convidado pelo próprio Marajá. Um dos funcionários do Estado foi enviado a Lahore, que agora está no Paquistão, para escoltá-lo. Era costume do Marajá presentear dinheiro e roupas caras a seus visitantes, mas o Coronel recusou desviar-se de seus princípios e disse que não aceitaria nem uma rúpia. Longas discussões e despacho de telegramas não facilitaram um acordo até que se decidiu que os presentes seriam recebidos por Olcott somente em sua capacidade oficial como presidente da Sociedade Teosófica e que seria passado recibo. O Coronel deixa claro em seu *Diário* que como presidente da Sociedade estava pronto para aceitar quaisquer presentes, por maiores que fossem, e que não envolvesse agravo para ninguém. Depois de resol-

18 Brasília: Editora Teosófica, *A História da Sociedade Teosófica*, 2020, Vol. I, 2019 e Vol. II, 2017. (Nota Ed. Bras.)

ver este assunto de forma amigável, o Coronel desfrutou da suntuosa hospitalidade do Marajá, sendo levado em parte do caminho nos elefantes do Marajá, alojado em grande estilo, e cuidado por um exército de criados. Muitos outros incidentes divertidos a respeito da estrita probidade do Coronel podem ser encontrados no relato histórico do progresso da Sociedade que é dado nas *Folhas do Diário*.

O que está descrito acima não deve produzir a impressão de uma personalidade formidável. Olcott era uma pessoa jovial, gentil e universalmente amistoso. C. W. Leadbeater e A. J. Cooper-Oakley eram jovens trabalhadores em 1885 na Sede em Adyar. Apesar da pesada carga de trabalho que tinha, Olcott sempre encontrava tempo para esses jovens, animando-os e encorajando-os em suas tarefas. Olcott tinha sua própria maneira especial de conseguir doações. Depois da Convenção Teosófica anual em Adyar, que naquela época era gratuita para os delegados, ele criava entusiasmo hilariante pelo modo como convidava as pessoas a doarem o que pudessem. Após ter dado início à Olcott Memorial School, houve alguns meninos que por sua vez aprenderam o suficiente para se tornarem professores, e o presidente da ST às vezes os entretinha flutuando sobre o Rio Adyar com um charuto na boca e um jornal nas mãos!

Nós não podemos fazer melhor por ocasião do centenário da partida de Olcott para os mundos superiores do que sacrificar objetivos e ambições pessoais e tornar a fraternidade universal uma realidade viva, e também abrir o caminho para que os genuínos ensinamentos espirituais criem raízes nos corações de homens e mulheres em todas as partes da Terra.

2. Annie Besant (Out. 1987)

O cavaleiro ideal é forte, mas terno, escreveu Annie Besant. Internamente ela corporificava uma rara combinação de tais qualidades. Uma guerreira audaz lutando contra toda forma de injustiça, ela era ao mesmo tempo gentil e amorosa, uma mãe verdadeira para com todos. Esther Bright descreveu-a como sendo "forte, amorosa, terna, compreensiva".

Na retrospectiva dos anos que se passaram, a visão de futuro e a coragem de Annie Besant sobressaem no foco mais acentuado. Embora o Sr. Gandhi não conseguisse concordar com ela politicamente, ele estava de acordo com ela a respeito do futuro da Índia, prevendo-a não como um poderoso poder secular, mas como uma força moral e espiritual. A grande obra que a Dra. Besant fez para a regeneração da cultura e da filosofia da Índia estava de acordo com as expectativas expressas por um Mahatma em 1883, quando ele escreveu:[19]

> Se for possível simbolizar coisas subjetivas com fenômenos objetivos, posso dizer que à visão psíquica a Índia parece encoberta por uma neblina cinzenta e sufocante – a emanação ódica do seu estado social vicioso. Aqui e ali brilham pontos de luz assinalando uma natureza ainda de certo modo espiritual, uma pessoa que aspira e luta pelo conhecimento mais elevado. Para que o farol do ocultismo ariano possa em algum momento ser acendido outra vez, estas faíscas espalhadas devem ser combinadas para formar sua chama. Esta é tarefa da S.T.

3. Annie Besant na Índia (Out. 1992)

A chegada de Annie Besant à Índia, em 16 de novembro de 1893, foi um evento memorável. Sua extraordinária energia e talentos, inspirados pela Teosofia, foram trazidos para conduzir muitos aspectos da vida indiana – educação, religião, condições sociais, a situação política, a posição e *status* das mulheres, o tratamento dos animais, a pobreza do país e assim por diante – de modo a elevar a mente indiana a uma dimensão superior. Quase todos que a ouviram ou trabalharam com ela sentiam-se elevados. Juntamente com o Coronel Olcott, ela

19 Brasília: Editora Teosófica, *Cartas dos Mahatmas para A. P. Sinnett*, 2ª Ed. 2017, Vol. II, Carta nº 112, p. 218-219. (Nota Ed. Bras.)

exemplificava que o teósofo não é meramente um filósofo especulativo divorciado dos prementes problemas do mundo, mas um filantropo devotado à tarefa de realizar a regeneração humana de forma holística.

Por causa dos memoráveis serviços de Annie Besant e de sua influência, a Sociedade Teosófica tem sido mantida em elevada estima na Índia. O Ministério da Informação e de Radiodifusão do Governo da Índia demonstraram interesse em observar adequadamente o centenário da chegada da Dra. Besant à Índia durante o ano de 1993.

A Dra. Besant acreditava que a grandeza da antiga Índia estava no seu reconhecimento de certos valores perenes, e estes deviam ser revividos não apenas para o bem da Índia, mas para fermentar a consciência espiritual de todo o mundo. Ela trabalhou incessantemente para que a Índia pudesse elevar-se de seu torpor e transportar os profundos ensinamentos de seus Adeptos e *Rishis* para a humanidade ignorante e enferma. Ao tentar reformar a educação, as atitudes sociais, o pensamento político e assim por diante, seu objetivo não era uma remodelagem superficial das estruturas. Ela tentava iniciar uma profunda mudança espiritual. Seus Instrutores tinham em várias ocasiões indicado o quanto estavam preocupados sobre libertar a Índia do "sufocante nevoeiro cinza que a envolvia". A superstição e a indolência obscureciam as mentes das pessoas. Um novo senso de responsabilidade e um despertar espiritual eram necessários. Essas coisas ela tentou através de uma estratégia multifacetada. Se havia uma coisa que o seu Projeto de Lei da Comunidade da Índia enfatizava, era a responsabilidade dos mais educados e dos mais privilegiados para com o restante da Índia. Embora o Projeto de Lei jamais tenha passado da primeira leitura, o princípio enunciado ainda é válido.

A tarefa de Annie Besant devia ser continuada. Desde a sua época a espiritualidade indiana tem descido para níveis cada vez mais baixos. O centenário de sua chegada à Índia é uma ocasião e oportunidade para esforços renovados para agitar a consciência indiana em prol de uma nova percepção dos grandes ideais que os grandes sábios iluminados colocaram perante ela.

4. Homenagem a Annie Besant (Dez. 1993)

Quando Annie Besant chegou à Índia, em novembro de 1893, ela descobriu que o povo do país tinha esquecido as grandes verdades espirituais que fizeram o mundo voltar-se para a Índia em busca de inspiração. Embora tenha vindo para aprender, ela logo assumiu a tarefa de instrutora e reformadora. Sua obra magnífica no campo da religião, da educação, da reconstrução social e da política é bem conhecida e ainda considerada com profunda apreciação pela Índia como um todo. Todas as estações de rádio e televisão da Índia, como também as principais mídias de notícias prestaram uma bela homenagem neste ano do centenário de sua chegada. Também nós estamos felizes em prestar homenagem, através desta edição, a esta grande presidente da Sociedade Teosófica e servidora da humanidade sem paralelo. Os Mahatmas que inspiraram a fundação da Sociedade Teosófica estavam profundamente preocupados com a regeneração da Índia e escreveram:[20]

> Houve um tempo em que, de oceano a oceano, das montanhas e desertos do norte até as grandes florestas e colinas do Sri Lanka, havia somente uma fé, um grito unificador – salvar a humanidade das misérias da ignorância em nome d'Aquele que ensinou primeiro a solidariedade de todos os homens. Como está isso agora? Onde está a grandeza do nosso povo e da Verdade una? Você pode dizer que estas são belas visões que outrora foram realidades na Terra, mas que se dissiparam como a luz em um anoitecer de verão. Sim; e agora estamos em meio a um povo conflituado, um povo ignorante e obstinado que busca conhecer a verdade, mas é incapaz de encontrá-la

20 Brasília: Editora Teosófica, *Cartas dos Mahatmas para A. P. Sinnett*, 3ª Ed, 2021, Vol. I, Carta nº 33, p. 173-174. (Nota Ed. Bras.)

porque cada um a procura para benefício e gratificação pessoais, sem pensar uma só vez nos outros.

Um chamado foi feito para os teósofos trabalharem pela elevação moral e espiritual da nação. Ninguém respondeu a esse chamado com maior dedicação e habilidade do que Annie Besant, que sabia que a condição espiritual da Índia, seu bem-estar ou doença, afeta todo o mundo. Poucas pessoas que vivem hoje tiveram o privilégio de encontrar a Dra. Besant e conhecer sua grandeza pessoalmente.

5. A Ordem Teosófica de Serviço (Dez. 1994)

Os *Bodhisattvas* fazem voto de compaixão para salvar os outros da dor e do sofrimento. Em *A Voz do Silêncio*[21], que defende a tradição *Bodhisattva*, é dito ao discípulo:

> Por que queres abster-te da ação? Não é assim que a tua Alma conquistará sua libertação. Para alcançar o *Nirvāna* é preciso chegar ao autoconhecimento, e o autoconhecimento é filho de ações amorosas.

É evidente que o trabalho básico da Sociedade Teosófica é ajudar a humanidade a descobrir a causa do sofrimento, que está no interior da mente, e depois aprender a se libertar desse sofrimento purificando a mente. Para a mente deixar de ser a fonte de problemas, ela deve dissolver o centro que é o *eu* por ela criado. Esse eu, como assinalou Krishnamurti, pode ser melhor observado nos relacionamentos e na ação. Aquele que se abstém da ação, como indica claramente H.P.B. em *A Voz do Silêncio*, não pode obter a liberdade porque não tem meios de aprender a respeito das formas intrincadas e sutis nas quais o eu opera e é sustentado.

Para os teósofos que entenderam, pelo menos teoricamente, que a unidade é a natureza da existência, a vida diária deve ser um pro-

21 Brasília: Editora Teosófica, 6ª Ed. de Bolso, 2023, p.178 [aforismo 136]. (Nota Ed. Bras.)

cesso de observar como o eu intervém nas relações e cria confusão e conflito. À medida que a faculdade de autopercepção se desenvolve, a ação torna-se mais pura e mais verdadeiramente útil porque a barreira entre o eu e o "outro" está desmoronando.

A indiferença ao sofrimento dos outros é uma forma negativa de egocentrismo e prova da ausência de autopercepção. A ação amorosa, pelo contrário, mostra que existe crescimento na compreensão, e enfraquecimento da egoidade que separa. O serviço amoroso aumenta o poder que a mente tem de conhecer.

A Ordem Teosófica de Serviço foi fundada em 1908 por Annie Besant para que a soma do sofrimento no mundo possa ser reduzida até certo ponto pelo menos, e ao mesmo tempo ajudar os trabalhadores a aprenderem, através de seus serviços e da atenção que prestam à qualidade de seu serviço, a purificar a mente. A partir deste ponto de vista, não é meramente a execução do trabalho que é importante, mas o modo como o trabalho é feito e a pureza de propósito que há por detrás. O lema que Annie Besant escolheu para a Ordem é: "A união daqueles que amam a serviço daqueles que sofrem".

Há muitas ações de caridade que, vistas de fora, parecem ser generosas e boas, mas, na verdade, são muito diferentes. O dinheiro dado a um mendigo para que a pessoa possa livrar-se de uma chateação, dificilmente se assemelha a um ato de filantropia. O Buda ensinou, portanto, que um pote de alimento dado com amor é mais valioso do que cem potes dados sem amor.

Infelizmente poucos membros da Sociedade Teosófica compreendem que a Ordem de Serviço é um meio maravilhoso para a realização da unidade. O trabalho da Ordem tem a potência de enobrecer o trabalhador enquanto alivia os aflitos. Quando a Ordem foi fundada muitos grupos (depois chamados ligas) surgiram pelo mundo. Ao longo desses muitos anos muito trabalho tem sido feito pela Ordem, mas há também muitas áreas onde não há percepção da importância de tal trabalho. Em uns poucos lugares tem havido até mesmo desencorajamento positivo, por causa de uma falsa concepção de que nada deve distrair as pessoas do trabalho principal da ST. Mas como diz *Luz no Caminho*, o caminho para a Sabedoria não deve ser buscado por uma estrada apenas. O principal trabalho da ST é e deve ser sempre efetuar a transformação interior cuja menção foi feita no início. Mas o trabalho de dar auxílio imediato àqueles que precisam não pode ser negligenciado. Como urge *A Voz do Silêncio*[22]:

> Que a tua Alma dê ouvidos a todo o grito de dor como a flor de lótus abre o seu coração para sorver o sol matutino. Não deixes que o sol feroz seque uma única lágrima de dor antes que a tenhas, tu mesmo, enxugado dos olhos de quem sofre. Que cada ardente lágrima humana goteje no teu coração e aí fique; nem nunca a seques enquanto não for retirada a dor que a causou.

Há inúmeras maneiras pelas quais todos nós podemos ajudar a diminuir a dor e a privação físicas no mundo. Os grupos da OTS estão realizando uma ampla gama de atividade, tais como serviço de cura, prover remédio gratuito e cuidados médicos, apoiar crianças órfãs, levar a cabo o trabalho de bem-estar animal, promover círculos de paz, ajudar prisioneiros e doar para o que valha a pena. Ano passado a Sra. Diana Dunningham Chapotin foi nomeada secretária internacional da Ordem para estabelecer melhor comunicação entre os trabalhadores em todos os diferentes países. Ela está para editar uma revista chamada *The Service Link* para fornecer informação a respeito de atividades e outras questões de interesse, como também sugestões para melhorar e expandir o trabalho. Todos, sem exceção, podem contribuir com alguma coisa – tempo, energia, dinheiro ou pelo menos boa vontade. O artigo de Annie Besant, reimpresso nesta edição de dezembro de 1994 de *The Theosophist*, é recomendado para leitura.

---

22 Brasília: Editora Teosófica, 6ª Ed. de Bolso, 2023, p.113-114 [aforismo 59-60-61] (Nota Ed. Bras.)

6. O Espírito Besant (Out. 1996)

Quase 150 anos se passaram desde que Annie Besant nasceu e muito poucas pessoas que a viram ou ouviram estão vivas, contudo, o impacto de sua vida, obra e pensamento ainda é tangível em muitas áreas de atividade, particularmente na Índia. Os importantes princípios por ela enunciados para a educação dos jovens, a reconstrução do mundo e o renascimento do verdadeiro espírito religioso continuam a ser absolutamente relevantes para as condições atuais. Ela era contra a educação unilateral, que enfatiza apenas uma parte do ser humano – principalmente mente e intelecto. Para a reconstrução do mundo, ela assinalou que um senso de responsabilidade e dever deve prevalecer sobre o desejo de reivindicar direitos. O espírito religioso, disse ela, é mantido vivo pelo altruísmo e o sacrifício da ambição pessoal no serviço pelo próximo.

Muita coisa poderia ser escrita sobre a forma perspicaz como ela lidava com os problemas humanos, mas mesmo os poucos pontos mencionados acima oferecem diretrizes que são de imenso valor. Felizmente, o espírito Besant não morreu de todo, e há um novo interesse público em reexaminar os princípios básicos necessários para a criação de uma Sociedade justa e saudável.

7. Homenagem ao Presidente da Sociedade Teosófica (Dez. 1997)

O sesquicentenário de Annie Besant foi incluído este ano nos principais jornais de Chennai e em várias revistas indianas. Sua obra mais uma vez chegará ao conhecimento de milhões de pessoas neste país numa próxima série de televisão sobre a Índia independente.

Annie Besant foi muito mais do que socialista, ateia, política ou oradora, um fato que os biógrafos poucos entenderam. Ela era acima de tudo um ser amoroso, espiritual, uma verdadeira teósofa, dotada do poder e da energia que surgem somente das profundezas espirituais. Para todos que a conheciam bem, ela era uma fonte contínua de inspiração. Seus discursos mexiam com os corações de incontáveis ouvintes, não apenas por causa do conteúdo, nem pelo modo soberbo como eram preferidos, mas porque os ouvintes sentiam-se mais nobres e mais puros durante algum tempo. Muitas pessoas testemunharam este fato. Ela praticou *Yoga* durante muitos anos, e quando escreveu a Invocação "Ó vida oculta, que vibras em cada átomo . . .", ela comunicou aos outros uma realidade experienciada, e consequentemente a invocação muitas vezes age como um *mantra* para aqueles que a usam.

Até conhecer H.P.B. ela era ateia, porque era profundamente religiosa e não podia aceitar a tirania da Igreja e seus pensamentos prontos a respeito de inferno, céu e salvação. Foi a mesma integridade religiosa que a levou a palestrar por toda a Índia contra as superstições hindus, enquanto ressaltava sua profunda metafísica.

Annie Besant tornou-se socialista não porque era meramente atraída à sua ideologia, mas porque conhecia a lamentável degradação física e moral do povo pobre nas favelas de East London, e estava buscando uma maneira de aliviar o seu sofrimento; e durante algum tempo o socialismo pareceu oferecer uma solução possível. Na política propriamente dita, ela tinha pouco interesse; mas onde o sistema político não permitia às pessoas exercerem a liberdade necessária para o progresso, ela se esforçava para produzir mudança.

Embora labutasse em muitas áreas, seu único objetivo na vida era servir a todos os seres vivos. Sua gama de atividades incluía defender o vegetarianismo, a antivivissecção, melhor tratamento de delinquentes e todas outras tentativas para reduzir a crueldade e a má vontade, e promover a compaixão. O epitáfio que ela escreveu para si mesma "Ela tentou seguir a verdade" descreve-a verdadeiramente. Ela passou por dificuldades, foi acusada de inconstância, foi às vezes incompreendida ou insultada, porque seguia a verdade como a via, e dava o seu amor sem reservas. Que maior respeito podemos demonstrar por sua memória do que sermos igualmente ardentes, sinceros e corajosos na nossa busca da verdade? Que melhor homenagem do que aprender a amar como ela amava, com a magnanimidade que se estendia àqueles que se opunham como também àqueles que admiravam?

8. Novos Alvos [C. W. Leadbeater] (Set. 1986)

As frases usadas pelo Dr. Harrison poderiam igualmente ser aplicadas a outros casos onde toda evidência possível foi usada para obscurecer os alvos de ataque e toda evidência a seu favor ter sido ignorada. Durante décadas C. W. Leadbeater sofreu acusações de imoralidade assacadas contra ele sem um exame de todos os fatos. Suas atividades e escritos, que não foram sem influência, causam aborrecimento a certas pessoas que não os consideram de modo favorável. Sendo forte o preconceito contra ele, evidências em favor de sua honestidade e bom caráter são ignoradas, enquanto todos os tipos de histórias caluniosas têm sido repetidos mais como um bálsamo para a irritação de seus críticos do que as reclamações de fato. A biografia recentemente publicada sem dúvida se tornará algum tipo de "autoridade" à qual futuros escritores continuarão a se referir, embora seja flagrantemente tendenciosa e unilateral.

Entre os associados próximos de Leadbeater estavam o professor Ernest Wood e o Sr. Balfour Clark, um engenheiro. Ambos passaram anos em sua companhia, observando-o no trabalho e permaneciam com ele à noite como também durante o dia. Balfour Clark afirmava categoricamente a qualquer um que lhe perguntasse, inclusive eu mesma, que jamais encontrara qualquer evidência de comportamento imoral em CWL. Como ele mesmo admitia, era um homem do mundo e de modo algum era o tipo de pessoa para olhar para tudo e todos através de lentes cor-de-rosa.

Ernest Wood estava longe de ser acrítico de Leadbeater, para quem trabalhou como secretário e assistente pessoal durante vários anos. Entre seus artigos foi encontrado o seguinte, e impresso em *The*

Theosophist (vol. 92, agosto de 1971), com uma nota introdutória do então presidente N. Sri Ram:

> O Bispo Leadbeater era o que eu chamo de um grande homem, com o que quero dizer que o desejo que consumia sua vida era o bem-estar da humanidade, e ele não permitia que nenhum prazer pessoal interferisse com isso. Ele era, tenho certeza, inocente da paixão e dos interesses sexuais de que foi acusado por pessoas sem suficiente discernimento, mas sendo um homem de grande coragem, e julgamento independente, infalível fraternidade e amor pela liberdade pessoal, em seus dias de juventude ele lidou com problemas sexuais de outras pessoas, segundo seu próprio conhecimento e julgamento. Ele não foi um homem que desenvolveu qualquer grande talento particular, porque era essencialmente responsivo aos constantes chamados de outras pessoas, sendo suas virtudes essencialmente aquelas do melhor tipo de clérigo interiorano. Portanto, ele não tentava dominar grande número de pessoas, mas trabalhava em pequenos grupos onde essa afeição podia produzir pleno efeito, e na crença de que o bem que podia fazer se espalharia. Quando pessoas egoístas ou insistentes tentavam introduzir-se nesses pequenos círculos ou impedir o seu trabalho, ele não conseguia se zangar e não se zangava, e ele deliberadamente não magoava seu pior inimigo . . . Seu interesse secundário era o conhecimento . . . No conhecimento ele mostrava uma atitude definitivamente científica, com o que quero dizer que ele era cuidadoso a respeito de detalhes, e mergulhava nas investigações com a ideia de encontrar fatos, não de confirmar ideias preconcebidas. Eu chamo isso de seu interesse secundário, porque geralmente ele se demorava ou punha de lado esse trabalho se houvesse ocasião para atender jovens ou seus grupos pessoais. Eu ficava impressionado pelo grande interesse que ele encontrava ao longo de seu trabalho como clarividente, e somente depois de algum tempo vim a pensar que seus gostos e aversões pessoais poderiam estar colorindo os resultados até algum ponto. Minhas visões com relação a esse trabalho

agora, após o considerar em retrospectiva, são de que havia certamente inúmeros erros definidos.

Os juízes ingleses perante os quais Annie Besant arguiu pela custódia do jovem Krishnamurti e de seu irmão Nityananad eram muito preconceituosos contra ela e seus colegas, inclusive Leadbeater, pois não conseguiam entender como uma mulher inglesa podia estar ao lado dos indianos em sua demanda por um governo local. Os advogados que se opunham a ela admitiram posteriormente que só foram bem-sucedidos contra ela porque os juízes mostraram-se preconceituosos desde o início. Mas mesmo esses juízes absolveram Leadbeater das mesmas acusações de imoralidade sexual que ainda são assacadas contra ele por certas pessoas. Posteriormente, em Sydney, quando houve outras tentativas para implicá-lo, a investigação policial não encontrou evidência de culpa.

É muito mais fácil repetir alegações e citar o que outras pessoas dizem do que ser imparcial. Aparentemente, é também mais fácil condenar os erros e as falhas do que ser gentil e apreciar o bem nos outros. A crítica às ideias e aos escritos de uma pessoa, por mais fortes que sejam, expressa em termos objetivos, é indubitavelmente legítima e mesmo desejável às vezes, como o é a oposição a qualquer linha particular de atividade. Mas o vilipêndio do caráter de uma pessoa meramente anula a credibilidade dos críticos que a isso se entregam.

9. O Sr. N. Sri Ram (Maio 1984)

Nosso ex-presidente, N. Sri Ram, faleceu no mês de abril há onze anos. É justo pensar naqueles que trabalham muito e por muito tempo pela Sociedade Teosófica, que agregaram a ela suas próprias qualidades particulares de autossacrifício, devoção e sabedoria, enriquecendo desse modo aqueles que os seguiam.

Pensar a respeito daqueles que, de algum modo, corporificam as mais refinadas qualidades de humanidade ajuda-nos a construir virtudes em nossa própria natureza. É verdade que nós nos tornamos aquilo em que pensamos e em que meditamos; aquilo pelo qual nos sentimos atraídos atrai-nos para si. Se voltamos nossos pensamentos para o belo, para aquelas coisas que pertencem à natureza superior, somos inevitavelmente atraídos a essas coisas mais elevadas. Mas se permitimos que nossos pensamentos se concentrem em torno de coisas triviais e pessoais, aí permanecemos. Sendo assim, é benéfico para nós pensarmos a respeito daqueles que foram grandes a seu próprio modo, lembrarmos o que fizeram e o que corporificaram.

N. Sri Ram foi uma daquelas raras pessoas que viveram uma vida verdadeiramente espiritual. Ele estava entre aqueles cuja presença traz consigo uma influência poderosa, embora intangível, e uma fragrância que aqueles que o conheciam não podiam deixar de sentir. Não importa o que ele fizesse ou dissesse, ou se permanecesse em silêncio, havia algo a respeito dele que fazia as pessoas sentirem-se melhores por estar com ele.

Posso falar assim do meu pai apesar do fato de eu ter sido sua parente. Aliás, ele jamais permitiu que alguém de nossa família se sentisse especial simplesmente porque era de sua família. Sua atenção e consideração eram mostradas igualmente a todos.

Frequentemente se diz que "nenhum homem é herói para seu próprio camareiro", mas isso não é necessariamente verdadeiro. A pessoa que é verdadeiramente espiritual mostra melhor suas qualidades nas coisas comuns do dia a dia. Quanto mais se estava em contato com ele, mais se compreendia como sua vida não era fragmentada. Não havia uma personalidade externa de boas palavras, pensamentos aparentemente elevados, um certo comportamento apresentado ao público e outro em particular.

Era notável o modo como ele não mostrava entusiasmo ao expressar opiniões a respeito de pessoas ou coisas. Ele não se apressava, como fazem muitas pessoas, para dizer o que pensava. Era ele era paciente, sábio para esperar e observar, manter seu julgamento em suspenso – se ele, de fato, julgasse algo; talvez nem julgasse. Ele podia ser divertido, bem-humorado e muito humano de muitas maneiras, contudo sua presença era, no todo, silenciosa.

N. Sri Ram, então, podia ter sido um herói para seu camareiro, se tivesse um, mas ele não gostava que ninguém lhe servisse. Aliás, ele era superatencioso. Seus pensamentos fluíam naturalmente e sem qualquer artificialidade, para a conveniência dos outros.

No dia de seu falecimento, quando foi informado de que tivera um ataque cardíaco na noite anterior (do qual não havia praticamente nenhum sinal), pela manhã sua reação imediata foi me dizer, "Bem, isso significa mais problemas para você". Ele era assim. Sua resposta espontânea a qualquer situação era pensar nos outros e não em si próprio – uma qualidade rara, porque a maioria de nós pensa em si próprio em primeiro lugar, embora possamos nos treinar para parecer como se não o fizéssemos. Todos nós temos um certo sentimento a respeito de nós mesmos – nosso conforto, o que nos é devido, e assim por diante – e com esforço podemos voltar nossos pensamentos para os outros. Mas ele não tinha tais sentimentos a respeito de si próprio. Não era tanto uma questão de autoanulação, pois havia muito pouco do eu que tinha de ser apagado. O eu não lançou uma sombra em sua vida; ele vivia num tipo de esfera sem sombra e iluminada que expressava a beleza de sua existência.

Ele era pouco influenciado pelos valores mundanos mesmo quando jovem. Por exemplo, ele passou no vestibular, mas, por alguma falha, seu nome não apareceu na lista de candidatos aprovados, e ele retornou, sem qualquer agitação ou desânimo para a turma de vestibulandos do ano seguinte. Quando seu professor, V. S. Shrinava Sastry, o viu na turma, perguntou-lhe por que ele estava lá. Ele respondeu, "Eu não passei". "Claro que você passou", exclamou o Sr. Sastry. É melhor você se dirigir à Reitoria e juntar-se à sua turma imediatamente". N. Sri Ram não se sentiu abatido antes; ele não se sentiu eufórico então. "Depois que a aula da manhã terminar", respondeu ele, "eu irei".

Pelo fato de, suponho, ele ter nascido com esse tipo de *samskara* - algo que ele trouxe de sua vida prévia - sucesso pessoal e fracasso tinham pouca importância para ele.

Havia muito pouco de pessoal nele e, portanto, ele conseguia permanecer sereno em circunstâncias que normalmente deixariam outras pessoas abatidas. Certa vez, embora fosse muito jovem, ele teve que se dirigir a um professor a respeito de alguma matéria, e o homem se zangou e disse, "Você é um tolo!" A resposta foi calma, sem reação. "O senhor acha?" Eu não acho".

Em cada circunstância, podia-se sentir uma extraordinária serenidade, uma ausência de ação egoísta, uma ausência de sentimento a respeito do eu. Isto se agregava à especial beleza da influência que levava consigo e que parecia tornar-se mais forte à medida que os anos passavam. Ele acreditava que a pessoa podia tomar a si própria pelas mãos, firme e tranquilamente; que a pessoa podia mudar sua própria vida totalmente, não travando batalhas, mas pela observação e reflexão tranquilas.

Ele costumava nos dizer como seu próprio pai tinha a tendência de se zangar, e como ele era consciente disto e sabia que devia mudar. Assim, ele costumava ler o *Rāmāyana* regularmente na versão em sânscrito onde, em um local após outro, são dadas belas descrições daquele homem perfeito, Sri Rāma - não apenas de seu valor e sua total lealdade à verdade, mas de sua gentileza e consideração. E por meio de contínua reflexão sobre as qualidades daquele homem perfeito, seu pai conseguiu libertar-se da ira.

Às vezes N. Sri Ram dava a aparência de estar perdido em pensamento e de não notar o que acontecia, mas não era assim. Na verdade, ele observava muito atentamente, não tanto o comportamento das pessoas, mas a atuação da natureza humana. E ele observava com senso de humor. Através dessa observação, sua própria sabedoria amadureceu e floresceu a um grau extraordinário.

O homem é capaz de aprender não apenas através da experiência, mas também da observação. Ele pode tornar a experiência dos outros sua própria experiência. Ele pode dar passos largos, pois todas as experiências necessárias para o crescimento humano estão à sua disposição. A maioria de nós é compelida a passar por encarnação após encarnação não porque careçamos de experiência, mas porque não sabemos como aprender a partir das experiências que encontramos na vida. Podemos compartilhar a experiência de toda a humanidade conforme encontramos na literatura, na história, na ciência, na religião e na filosofia, mas devemos saber como extrair a essência dessa experiência. Seremos mais sábios, e daremos passos mais largos na evolução se recusarmos aprender pelo "método difícil" – sem percebermos o que a vida tem para nos ensinar e tendo de repetir a mesma lição muitas vezes. Foi aqui que N. Sri Ram demonstrou mais do que inteligência comum, ao rapidamente perceber o significado das experiências que vinham a ele, e tirando proveito delas.

Não apenas sua vida foi de humildade, de observação e escuta, mas foi uma vida de profunda afeição e generosidade sem ostentação. Sua afeição tinha grande calor e, ao mesmo tempo, um certo desapego a ela. Como eu disse, ele não tinha favoritos e tratava todos igualmente quer fossem de sua própria família ou aqueles que trabalhavam com ele.

Quando jovem, ele se formou na Universidade de Chennai (antiga Madras) e conseguiu o diploma. Mas ele agora estava muito envolvido em Teosofia. Acredito que costumava passar a maior parte do tempo na faculdade estudando, seja livros teosóficos ou as guerras napoleônicas. O que essas coisas tinham a ver entre si eu não sei, mas ele era imensamente interessado nas campanhas de Napoleão, embora fosse a pessoa mais pacífica e não belicosa que se podia encontrar! Mas se ocupou tanto com a Teosofia que não se aplicava a seus estudos acadêmicos e logo desistiu da ideia de obter um diploma de mestrado, e em vez disso começou a trabalhar pela Sociedade. Ele serviu à Sociedade por mais de sessenta anos com uma devoção que a Dra. Annie Besant chamava de inabalável, e durante este tempo ele ocupou efetivamente todos os cargos. Depois de muitos anos ele começou a viajar. No curto período de cinco a seis anos ele se tornou tão conhecido e tão amado que foi eleito presidente quando C. Jinarajadasa renunciou ao cargo.

Havia algo tão verdadeiro, afetuoso e real a respeito dele que as pessoas que o encontravam, apenas uma ou duas vezes, sentiam-se próximas a ele. Sua atenção era um caso particular, jamais demonstrativa ou ostensiva. Não era uma questão de palavras; na verdade ele jamais disse em muitas palavras que gostava de alguém; era bastante estranho à sua natureza dizer algo assim, mas de algum modo ele sutilmente dava a entender o que sentia. Ele era muito generoso e isso, também, era muito particular. Ele ajudava muitas pessoas sem que ninguém mais soubesse. Sua reação instintiva era considerar as necessidades das outras pessoas com empatia, e ele sempre via o melhor lado delas. Ele estava consciente das deficiências das pessoas, mas as considerava como fraquezas temporárias e conseguia extrair delas o que tinham de melhor.

Ele verdadeiramente não vivia neste mundo; eu sempre tive a impressão de que ele vivia em algum outro mundo de bondade, amor e pureza mais permanentes. Ele dava muito pouca importância às coisas transitórias, inclusive às estranhezas e aos defeitos de seus semelhantes. Por causa disso ele tinha uma influência benigna sobre todos aqueles que com quem entrava em contato, mesmo se (como aconteceu algumas vezes) eles não respondessem de imediato. Mas onde há virtude e bondade, elas desgastam a rigidez.

Sua atitude para com os outros ele resumiu nestas palavras que escreveu em *Pensamentos para Aspirantes*[23]: "Atitude fraterna significa aceitar cada pessoa como ela é, considerá-la com afeição, e auxiliá-la da maneira mais natural e com a graça que nasce do não esperar qualquer retorno. Nenhum de nós conhece verdadeiramente as potencialidades

23 Brasília: Editora Teosófica, 2ª Ed. 2017, p. 135. (Nota Ed. Bras.)

do outro, quais são suas verdadeiras qualidades e capacidades, a que alturas ele logo irá se elevar".

10. Rukmini Devi (Abr. 1986)

Desde o casamento com George Arundale em 1920 até o seu falecimento em 24 de fevereiro deste ano, Rukmini Devi foi uma figura carismática e admirada no mundo teosófico. Annie Besant, o irmão Rājā, primos e outros relacionavam à sabedoria antiga a beleza e as coisas belas; mas foi Rukmini Devi Arundale que assumiu como missão de sua vida dar à arte um lugar de dignidade e importância nas vidas das pessoas.

Quando da inauguração da Academia Internacional de Artes (como Kalakshetra foi primeiramente chamada) ela enfatizou o papel da arte em estabelecer a compreensão internacional e assim levar paz e todos os benefícios da paz ao mundo. A linguagem da beleza, de seu ponto de vista, poderia ajudar a transcender outras diferenças e ser um fator potente para a unidade entre os homens. Fundada com este ideal, Kalakshetra tornou-se, através dos esforços concentrados e do talento de Rukmini Devi, uma instituição de celebridade mundial. Suas próprias apresentações distintas de Bharata Natyan, nos primeiros anos da história de Kalakshetra, deu um ímpeto à ressurreição da dança clássica indiana em suas muitas formas.

O amor de Rukmini Devi pelos animais fez com que ela apresentasse um Projeto de Lei no Parlamento Indiano para maior proteção "dos irmãos menores", que resultou na criação de um Conselho do Bem-Estar Animal pelo governo da Índia, do qual ela foi presidente durante vários anos. Sua cruzada em favor do reino animal fez dela uma opositora consciente e inflexível quanto ao uso de quaisquer produtos que envolvessem crueldade. O ímpeto de suas atividades para a proteção dos animais equipara-se ao seu ardor na promoção das artes e da cultura.

Muitos membros da Sociedade que conheceram Rukmini Devi pessoalmente sentirão sua falta. Mas todas as vidas são relativamente curtas no Plano Físico. O mais importante é que os ideais enunciados e a inspiração experimentada continuem a energizar mais o trabalho na reta direção.

No início da carreira, Rukmini Devi definia o propósito de seu trabalho da seguinte maneira:

> Encorajar a vivência de vidas belas, de vidas tão refinadas e tão artísticas, tão graciosas e tão compassivas, tão verdadeiras e tão nobres, tão sábias e tão compreensivas que em toda parte a beleza seja exaltada e a feiura desapareça.

Que seu trabalho se concretize à medida que este "supremo propósito", como ela o chamava, seja cada vez mais compreendido entre as pessoas da Terra.

11. J. Krishnamurti (Mar. 1986)

A ligação entre J. Krishnamurti (Krishnaji como era afetuosamente conhecido) e a Sociedade Teosófica foi rompida, não porque ele partiu – como muitos membros acreditam – mas porque as pessoas não estavam prontas para ouvir uma mensagem profunda dada em termos que não estavam acostumadas. Não é a primeira vez que isto acontece. Os judeus não deram ouvidos a Jesus quando este veio para ensinar. A maioria dos hindus durante longo tempo não respondeu ao que o Buda tinha a dizer. A maioria das pessoas gosta de reverter a seus pensamentos costumeiros, seus hábitos, suas teorias e ideias convenientes mesmo quando elas são abaladas, pois a mudança radical tanto é difícil quanto inconveniente. Mas tudo que é profundo é radical. A verdade não pode temporizar e fazer concessões, e nós gostamos de fazer concessões e ter o melhor de ambos os mundos. Em *As Cartas dos Mahatmas para A.P. Sinnet* fica claro que a pessoa que é séria a respeito da Senda deve abandonar todos os seus modos costumeiros de pensar e agir. Sendo assim, os membros da Sociedade Teosófica foram preparados para ouvir uma mensagem nova. Mas quando Krishnaji começou a falar de uma maneira radical, houve muitos que não conseguiam ouvir.

Era radical o fato de ele negar a si próprio toda autoridade. Aqueles que esperavam que o Instrutor do Mundo se manifestasse através de Krishnamurti tinham, como ele mesmo declarou em 1927, um quadro em suas mentes do que seria dito e de qual seria a função de Krishnamurti. Um quadro é uma forma estática, material, projetada pela mente, e Krishnaji assinalava que enquanto o quadro permanecesse estático, as pessoas estariam felizes e satisfeitas. Quando o quadro ganhou vida elas ficaram perturbadas. Obviamente, não é tão conveniente lidar com algo que não fale ou aja, senão quando a pessoa queira. Pode-se fazer uma imagem representar um papel que satisfaça. Esperava-se que o "Instrutor do Mundo" dissesse às pessoas em que acreditar, definisse a verdade e o papel que seus seguidores deveriam representar. Muitos podem ter querido um papel importante para si como seguidores e intérpretes. Mas quando o ensinamento veio e Krishnaji negou sua própria autoridade, repudiou todos os seguidores, e recusou qualquer interpretação, ele esvaziou o senso de ego de alguns pretensos seguidores e desanimou outros.

Krishnaji deixou claro a partir de 1927 que não ia dizer o que descobrira. Naqueles dias, as pessoas perguntavam: O que é o Bem-amado de que você fala?" E ele respondia: "Vou ser propositadamente vago porque, embora eu pudesse muito facilmente torná-lo definido, não é minha intenção fazê-lo. Logo que se define uma coisa ela está morta". As pessoas teriam se regozijado em maravilhosas descrições do Bem-amado, ou no que quer que ele descobrisse. Em seus *notebooks* (cadernos) e *journal* (periódico), havia vislumbres de algo imenso, inominável, que ele às vezes chamava de "outro" porque nada tinha a ver com a concretude de nosso mundo. Os *Upanishades*, também, referem-se a "Aquilo" que nem a mente nem as palavras nem o pensamento pode tocar. O que se ouve com os ouvidos – palavras lembradas e repetidas – são todas parte do material cerebral. A memória pertence à região do não mais. Mas as pessoas adoram as descrições e se apegam a definições e rótulos. Elas gostariam que ele se rotulasse. Se ele tivesse sido rotulado, elas automaticamente teriam sido discípulas, apóstolas, ou o que quer que elas próprias imaginassem. Mas ele disse: "Quando comecei a pensar, eu queria descobrir o que se queria dizer por Instrutor do Mundo . . . e o que se queria dizer por sua manifestação no mundo". Talvez a manifestação não fosse aquilo sobre o que as pessoas falavam, mas algo que não pode ser posto em palavras. Qualquer um que queira encontrar a verdade tem que aprender a pensar e descobrir por si próprio, e não aceitar descrições, definições, palavras de outras pessoas.

Krishnaji deu de fato uma pequena indicação do que era o seu Bem-amado: "O Meu Bem-amado é o céu aberto, a flor, cada ser humano". Na sua vida essa era a verdade. Esta não era apenas uma afirmação grandiosa; sua vida era tal que em nenhum momento demonstrava qualquer pensamento de algo como sendo importante e outro não; o sentimento de que alguns são inferiores e outros superiores. Ele dizia que era sua prática ouvir a todos sempre. "Eu desejava aprender com o jardineiro, com o *pária* [intocável], com o meu vizinho, com o meu amigo, com tudo que pudesse ensinar, para me tornar uno com o Bem-amado". Até o final, ele ouvia cuidadosamente, com atenção e com afeição, a todos, sem distinção de alto ou baixo. Ele respondia com o que poderia ter aparecido a outros como generosidade impraticável. Observando e ouvindo o cientista, o intelectual, o político, todo mundo, ele via o âmago das coisas, como torna claro uma leitura de seus *Commentaires on Living* (*Comentários sobre o Viver*[24]) e outros escritos. Ele tinha uma capacidade enorme, talvez ilimitada, para a afeição. As pessoas usam a palavra "amor" com pouco significado. O

24 KRISHNAMURTI J. , Rio de Janeiro-RJ: Editora Nova Era, Grupo Editorial Record. (Nota Ed. Bras.)

amor comum admite ciúme, apego, mesquinhez e assim por diante. Mas o seu amor era profundo, transbordante, atento, compassivo, totalmente diferente do amor dos outros.

Muitos daqueles que o ouviram ao longo dos anos sentiam o extraordinário poder e elevação que surgiam através dele em suas palestras, discussões e conversas pessoais. A maioria das pessoas gosta de influência e de usá-la, mas ele frequentemente advertia, "Não sejam influenciados por mim". Sob sua influência as pessoas pensavam que entendiam, mas frequentemente era algo passageiro. Quando alguém entende verdadeiramente através de seu próprio ouvir, aprender e observar, então existe uma luz firme e é isso que cada um tem de encontrar.

Assim, desde o início, quando começou sua obra, ele deixou claro que não estava tentando convencer ou persuadir ninguém. Tudo que ele fazia era tentar despertar a percepção e o desejo de procurar a verdade sem se aferrar à autoridade, repetir afirmações ou citar livros – mesmo os seus próprios. Quando existe o verdadeiro desejo de buscar a verdade, então cada pessoa se liberta. Quando há autoridade, é certo que há medo. A autoridade é instável; ela cria insegurança, fanatismo, dogmatismo.

Ele era como uma flor que verte sua fragrância ao redor, sem se preocupar com quem está passando ou com o que o transeunte pense a respeito. Esta é a quintessência da ação sem buscar resultados à que se refere a *Bhagavad-Gitā*. Inúmeras pessoas falaram a respeito disso, memorizaram as palavras e ideias em grandes livros, mas a verdade está longe de suas vidas. Quando alguém conhece a verdade ele pode ou não falar; mas sua vida se enche de beleza e fragrância.

Krishnaji disse que quando não há apego, a fronteira entre a morte e a vida é muito tênue. Ele mostrou a vida e a morte sob uma luz diferente. Geralmente se pensa que a morte do corpo é algo trágico, algo para se falar durante longo tempo. A distância física é também considerada uma separação. Krishnaji disse que quando estava distante ele não sentia falta de ninguém. Ele pode ter estado perto de todos o tempo todo porque era uno com a imensidão e a eternidade de toda a vida.

Algumas pessoas perguntam, "O ensinamento dele não era abstruso, distante do homem comum?" É justamente o contrário. Seu ensinamento era profundo, mas não abstruso; dizia respeito às vidas das pessoas comuns, pois esclarecia o problema do ego, que é o único problema que existe, e que produz medo, amor pelo poder, desapontamento, esperança, apego, desejo de continuidade. Assim, sua mensagem foi não só para a vida do dia a dia de cada homem, mulher e criança, mas foi também uma mensagem que podia transportar a pessoa para além da vida diária até o âmago da existência, sua verdade, sua beleza e sua paz.

Outras Personalidades

1. A Sra. Indira Gandhi (Dez.1984)

O chocante assassinato da primeira ministra Sra. Indira Gandhi expôs ao mundo mais uma vez o espírito de violência e vingança que anima as mentes não pensantes e que diariamente causa grande dano às vidas. Uma série de líderes mundiais, incluindo M. K. Gandhi, John Kennedy, Martin Luther King, Louis Mountbatten e Anwar Sadat, morreram nas mãos de pessoas doentes com paixões irracionais. Inúmeras outras, como a Sra. Thatcher, escaparam por um triz. O assassinato e o terrorismo tornaram-se parte do modo de vida moderno. Inúmeros cidadãos mais humildes são também afetados pelas atividades de pessoas moralmente irresponsáveis, que são, elas mesmas, vítimas do ódio desencadeado por formas de fanatismo religioso, político, racial e outros. A morte da Sra. Gandhi foi tanto mais trágica porque no seu rastro as atitudes de separatismo, suspeita mútua e animosidade a que ela se opunha, irromperam em violência frenética contra todos os setores da população.

O Sr. Jawahrlal Nehru, primeiro ministro da Índia e pai da Sra. Gandhi, conheceu a Dra. Annie Besant como também conheceu o seu pai, o Sr. Motilal Nehru; os três estavam intimamente associados ao trabalho pela libertação da Índia. Sobre a recomendação da Dra. Besant que F. T. Brooks foi indicado como tutor do jovem Jawahrlal Nehru, que o inspirou a se tornar membro durante algum tempo da Sociedade Teosófica. Posteriormente ele deveria escrever em sua biografia, "Não tenho dúvida de que aqueles anos com F.T. Brooks deixaram uma profunda impressão em mim, e eu sinto que tenho um débito com ele e com a Sociedade Teosófica. Embora a Teosofia não prendesse o interesse dele durante muito tempo, o trabalho e a pessoa Dra. Besant conquistaram sua admiração e respeito duradouros.

A última visita da Sra. Gandhi a Adyar, para a Convenção Internacional de 1982, foi memorável. Ao proferir a "Palestra Besant", ela ressaltou: "A minha família estava intimamente associada à Sra. Besant. Ela ajudou a moldar o pensamento do meu pai numa idade impressionante, e provavelmente a mensagem da Teosofia teve muito a ver com o seu universalismo, sua reverência para com as diferentes crenças e sua repugnância por qualquer tipo de fanatismo".

A própria Sra. Gandhi corporificava o mesmo espírito de universalismo que tinha seu pai. Ela conseguia considerar o destino do homem de um ponto de vista de longo prazo e relacionar os progressos científicos do mundo moderno ao cenário religioso e cultural da antiga Índia. Seu encorajamento e apoio foram dados a muitas organizações de valor, incluindo a Sociedade Teosófica, pois ela era dedicada ao progresso do homem de todos os pontos de vista.

2. O Dalai Lama (Nov. 1989)

O Prêmio Nobel da Paz nem sempre foi concedido a pessoas com uma impecável preocupação pela paz. Mas a última escolha, nomeando o Dalai Lama, não pode deixar de conquistar a aclamação de todos que genuinamente lutam pela paz.

O Dalai Lama está no exílio há muitos anos, mas é reverenciado por todos os tibetanos como o seu Líder. A estima de que desfruta não apenas entre o seu povo, mas em todo o mundo, não é apenas porque ele tem esse elevado título religioso e representa uma cultura e uma nação singulares. Ele conquistou corações por estar constantemente dando expressão ao espírito budista de paz e compaixão.

Os trabalhos do seu povo tanto no Tibete quanto fora têm sido difíceis. Como refugiados eles tiveram de ajustar suas vidas a condições e costumes estranhos. Os que permaneceram na terra mãe têm estado sujeitos à brutalidade e agressão de muitos tipos. Os valores essenciais de sua cultura teriam sido completamente perdidos caso não estivessem tão enraizados nas formas de sua religião, não tivessem eles um exemplo vivo diante deles sob a forma do Dalai Lama e outros lamas veteranos de como uma pessoa budista e verdadeiramente religiosa deve enfrentar a adversidade.

Apesar do continuado sofrimento de seu povo, o Dalai Lama e outros lamas de alta estatura jamais falaram com amargura ou mesmo com espírito de ressentimento contra aqueles que normalmente são considerados como opressores e inimigos. Inimigos existem apenas para aqueles que odeiam. Como a religião budista envolve a renúncia de todas as emoções e reações que se assemelhem ao ódio, o verdadeiro budista não tem inimigos. O ódio não cessa com o ódio, ensinou o Sr. Buda. Ele só cessa com o amor, tal como o fogo só pode ser extinto pela água e não por mais fogo. É esse espírito de irradiar boa vontade e amor sobre todos igualmente, quer façam o bem ou o mal por si mesmos, que o Dalai Lama tem corporificado e pelo qual ele continua a conduzir as pessoas para a senda religiosa.

Ele claramente deve se esforçar para cumprir seu dever para com seu povo atraindo a atenção para a triste situação em que este se encontra, pela prontidão para negociar e ceder onde possível; ele até mesmo expressou a vontade de renunciar ao seu papel como Líder do povo tibetano, se isso lhes trouxesse bem-estar. Ao longo de suas extensivas viagens, embora propenso a falar em nome de seu povo, do seu bem-estar e liberdade, ele não proferiu nenhuma palavra senão benevolência e paz para com todos. Ele deu expressão, sem equívoco, ao ensinamento budista de que o que acontece a alguém é resultado de suas próprias ações passadas, embora outros possam agir como a causa externa.

O mundo em geral tem estado tristemente indiferente ao destino e às aspirações do povo tibetano, mas o mundo tem se beneficiado muito pela presença, em diferentes países, dos tibetanos cultos banidos pela circunstância da terra onde nasceram. A lendária árvore do sândalo retribui ao homem que a fere com o machado emitindo um doce perfume. Do mesmo modo, aqueles que foram separados de sua terra e de seu povo espalharam no exterior a fragrância da sabedoria budista.

O Dalai Lama não precisa de honrarias. Mas a outorga do Prêmio Nobel da Paz a ele serve para destacar a influência de como o modo de vida budista pode trazer à tona os recalcitrantes problemas do mundo. Somente a compaixão e a paz de coração podem mostrar a saída para os sofrimentos e conflitos do homem.

3. O Dalai Lama (Mar. 1998)

Segundo relatórios recentes, continua o influxo de jovens tibetanos na Índia. Crianças chegam do Nepal e de outros locais após fazerem uma viagem difícil e perigosa pelas passagens sobre os Himalaias na época mais fria do ano, porque o inverno dissuade os soldados chineses de ocuparem os postos. Embora a ausência dos soldados seja uma vantagem, as intempéries e a natureza do terreno expõem as crianças a alto risco. Contudo os pais continuam a enviá-las, esperando o melhor, o que é uma prova das extremas dificuldades e aflições a que os tibetanos que permanecem em sua terra natal estão sujeitos.

Apesar de tudo, o seu reverenciado Líder, Sua Santidade o Dalai Lama, continua a afirmar sua fé numa abordagem não violenta para conseguir a liberdade para o seu povo. Ele diz: "Para nós, tibetanos, a senda da não violência é uma questão de princípio. E eu estou convencido de que esta abordagem é a mais benéfica e prática a longo prazo". Aqueles que conhecem o Dalai Lama sabem que ele fala sério. A abordagem não violenta não é uma cartada política que ele está jogando na ausência de coisas melhores. É uma maneira diferente de pensar.

Ninguém mais está melhor informado a respeito das condições no Tibete do que ele. A contínua repressão e o total desrespeito pela dignidade e direitos humanos certamente suscita profunda compaixão. Mas ele não busca um remédio que a longo prazo irá causar mais dano do que bem. Falando no ano passado, ele declarou sem concessões que a causa mais devastadora do sofrimento humano, da privação da dignidade humana, da liberdade e da paz, tem sido a cultura da violência na resolução de diferenças e conflitos. Segundo ele o desafio do próximo século será lidar com o conflito por meio do diálogo e de meios não violentos. Isto é o que ele pratica e defende sem equívoco.

Uma visão ampla assim é verdadeiramente muito rara. O Sr. Buda ensinou que somente uma mente pacífica pode lidar com a violência e dissipar toda forma de agressão e injustiça. Violência no combate à violência é algo em que a maioria dos seres humanos acredita, e isto resume a história humana. Portanto o mundo não está mais próximo da liberdade do que do sofrimento e da crueldade. Há, em todo o mundo, problemas intratáveis e conflitos intermináveis porque o ódio dá origem a mais ódio. O Dalai Lama declara significativamente:

> Uma nova maneira de pensar tornou-se uma condição necessária para a vida e a ação responsáveis. Se mantivermos valores e crenças obsoletos, uma mente fragmentada e espírito egoísta, continuaremos a nos aferrar a metas e comportamentos ultrapassados. Uma atitude assim por parte de um grande número de pessoas bloquearia toda a

transição para uma sociedade global independente ainda mais pacífica e cooperativa.

A declaração do Dalai Lama é sem dúvida a de um Líder de ampla visão que se situa acima das políticas mesquinhas e das manipulações normalmente adotadas por aqueles cujas mentes não são iluminadas pela sublimidade do verdadeiro ensino religioso.

4. O Sr. Achyut Patwardhan (Set. 1992)

O Sr. Achyut Patwardhan, um distinto membro da Seção indiana e residente da Sede Internacional, Adyar, durante os últimos seis anos, faleceu em 5 de agosto de 1992. Durante muitos anos, o Sr. Patwardhan prestou ajuda inestimável à Sociedade Teosófica, desconhecido de todos, exceto de alguns em Adyar. O Sr. Patwardhan foi um jovem teósofo profundamente influenciado, no início do século, pelos objetivos da Sociedade Teosófica, dos quais seu pai foi membro fiel. Inspirado por Annie Besant, ele desde cedo se voltou para as causas públicas, começando com um curto período como professor de Economia no famoso Colégio Central Hindu, em Varanasi, criado pela Dra. Besant.

Por causa do trabalho corajoso e notável pela causa da Liberdade da Índia ele foi levado ao Comitê de Trabalho do Partido do Congresso, onde entrou em íntima associação com Gandhiji. Foi um dos Fundadores do Partido Socialista do Congresso. A partir de 1948, o Sr. Patwardhan parou de participar ativamente na política, mas continuou a ter um interesse apaixonado no progresso do país, e sua influência era exercida sempre que possível para o que ele considerava estar verdadeiramente no interesse do povo indiano e da humanidade. Sua atitude eclética, abnegada e altruísta lhe valeu a consideração e o respeito de um amplo círculo em toda a Índia.

Desde 1955 a vida do Sr. Patwardhan foi dedicada ao trabalho educacional e outros da Fundação Krishnamurti na Índia. Ele foi profundamente influenciado pelo ensinamento de Krishnamurti, a quem conheceu pessoalmente. Ele era também versado em Budismo e outros ensinamentos antigos, o que tornava as suas palestras atraentes. Sua vida pessoal foi marcada por uma generosidade simples e amizade para com todos.

Ambas as casas do Parlamento Indiano lhe prestaram tributo após seu falecimento em Rajghat, Varanasi. Sua cremação foi assistida pelo governador do Estado, ministros dos governos central e estadual, e inúmeros homens distintos na vida pública, além de amigos e admiradores.

Capítulo 4

Fraternidade

1. Tornando a Fraternidade uma Realidade (Abr. 1989)

O primeiro Objetivo da Sociedade Teosófica é formar um núcleo da Fraternidade Universal da Humanidade sem distinção de raça, credo, sexo, casta ou cor. Existem outras distinções de classe social, posição econômica e assim por diante que estão incluídas nesse Objetivo, pois ele é ilustrativo em sua redação. Este objetivo é não apenas de primordial importância em termos de trabalho e programas a serem empreendidos pela Sociedade ou qualquer uma de suas Lojas; descreve também a natureza e o caráter essenciais do conjunto de homens e mulheres que compõem a Sociedade. Consequentemente nos diplomas entregues aos membros desde os seus primórdios, a Sociedade é descrita como "A Sociedade Teosófica e *Fraternidade Universal*". A Sociedade não se destina a trabalhar pela fraternidade, mas *ser* uma fraternidade, um reflexo no nível externo da grande Fraternidade de Seres libertos que são a corporificação da Sabedoria e da Compaixão. Vejamos o que o Mestre K. H. disse:[25]

> A expressão "Fraternidade Universal" não é vazia de significado. A humanidade em seu conjunto tem um direito supremo sobre nós, como tentei explicar na minha carta ao Sr. Hume, que você deveria pedir emprestada. É a única base segura para uma moralidade

25 Brasília: Editora Teosófica, *Cartas dos Mahatmas para A. P. Sinnett*, 3ª Ed. 2021, Vol. I, Carta nº 5, p. 60. (Nota Ed. Bras.)

universal. Se isto é um sonho, pelo menos é um sonho nobre para a humanidade: e é a aspiração do *verdadeiro adepto*.

O mundo em geral está se debatendo moralmente, além de estar de olhos vendados espiritualmente. Ninguém que seja altruisticamente inclinado (e de que outra forma seria um membro da Sociedade Teosófica?) pode ser indiferente ao firme crescimento, durante o século XX, da violência, da ganância, do conflito e de outros sintomas do materialismo cego. A energia destrutiva, a crueldade e a cupidez estão em ação em toda parte, conduzindo guerras, praticando tortura e obtendo lucro impiedosamente. O atoleiro moral no qual a maior parte da humanidade está afundada existe porque ainda não foi criada uma sólida estrutura para o reto dever na mente e no pensamento humanos como um todo, e nenhum grupo de pessoas fez de suas relações um exemplo para provar o supremo benefício da fraternidade universal.

Grupos que professam crença na fraternidade humana geralmente têm alguma linha especial de interesse através da qual buscam alcançar seus objetivos. Isto cria desequilíbrio e às vezes degenera em cultismo. O verdadeiro altruísmo deve ser sempre baseado numa percepção abrangente.

Aqui e ali, a filantropia brilha no coração do homem, mas não é sustentada, pura ou universal. A "filantropia do Ocidente" é acidental, excepcional, manchada por preferências e afinidades egoístas, observou um Adepto. O mundo inteiro agora é "o Ocidente" pois as atitudes que agora prevalecem são aquelas geradas pelo progresso da ciência, que ocorreu no Ocidente. Obviamente, a filantropia que não está "estabelecida sobre a firme base de um princípio moral, universal" não pode produzir resultados duradouros e verdadeiramente benéficos. Pois ela é "incapaz de aquecer toda a humanidade com seus raios benéficos. Este . . . é o segredo do fracasso espiritual e do egoísmo inconsciente desta era".[26] Aqueles que estão inconscientemente en-

---

26 Brasília: Editora Teosófica, *Cartas dos Mahatmas para A. P. Sinnett*, 3ª Ed., 2021, Vol. I, Carta nº 11, p. 83. (Nota Ed. Bras.)

volvidos nas atuais tendências psicológicas não conseguem entender porque é tão importante que a Sociedade Teosófica seja uma Fraternidade Universal.

Universalidade de perspectiva, pensamento e relacionamento, que é a verdadeira Fraternidade, implica uma extraordinária mudança interior, uma mudança para um estado de consciência livre de todo preconceito, de todas as limitações pessoais, egoístas e da identidade mental com o corpo físico, com a comunidade, com a nação, com grupos religiosos ou com o que quer mais esteja satisfazendo. A Fraternidade Universal é o início da jornada para a realização da unidade absoluta, que é a forma mais elevada de espiritualidade. A convicção de que a Fraternidade Universal é de importância fundamental e que a energia para vê-la tornar-se uma realidade nascem tanto da investigação séria sobre a situação humana quanto do pressentimento intuitivo na verdade da unidade. O conhecimento filosófico é dirigido para o desenvolvimento de tal compreensão da vida e para o despertar da percepção intuitiva.

Os dois Adeptos que inspiraram a fundação da Sociedade Teosófica não foram os únicos que insistiram sobre a importância da Fraternidade Universal; eles expressaram o que seus próprios Instrutores também tinham em mente conforme indicado pelo extrato seguinte de uma carta:[27]

> Os Chefes querem o começo de uma "Fraternidade da Humanidade", de uma real Fraternidade Universal; uma instituição que seja conhecida em todo o mundo e chame a atenção das mentes mais elevadas.

O tópico Fraternidade Universal aparece repetidamente nas cartas dos Mahatmas. Eles insistiram para que todo novo grupo teosófico deva ser um ramo do grupo atual e contribuir com sua vitalidade e utilidade, promovendo sua ideia principal de uma Fraternidade Uni-

---

27 Brasília: Editora Teosófica, *Cartas dos Mestres para A. P. Sinnett*, Carta nº 12, p. 88. (Nota Ed. Bras.)

versal. A tentativa de Sinnett de formar uma Seção Anglo-Indiana, do qual ele era o membro mais importante, para obter ensinamento oculto sem estar totalmente preocupado com a criação de uma Sociedade tal como queriam foi categoricamente rejeitada. A Sinnett foi dito:[28]

> No entanto, você sempre argumentou contra a ideia da Fraternidade Universal, questionou a sua utilidade e propôs uma reestruturação da S.T. tendo como princípio a ideia de uma escola para o estudo especial do ocultismo. Isso, meu respeitado e prezado amigo e irmão – nunca ocorrerá!

Sinnett foi também informado de que era desejo dos Adeptos expandir Lojas da ST como "prenúncio de uma Fraternidade Universal" e de que não estavam interessados em encorajar nenhum grupo ou Loja para ser um tipo de clube ou escola de magia. H.P.B. também escreveu a Sinnett a este respeito e disse:

> Você não pode ter esquecido o que eu lhe disse repetidamente em Simla e o que o Mestre K.H. escreveu ele próprio a você, isto é, que a S.T. é acima de tudo uma Fraternidade Universal, e não uma Sociedade de fenômenos e ocultismo.

Ela também esclareceu a relação entre o verdadeiro conhecimento e a universalidade da perspectiva em seu ensaio sobre "Ocultismo *versus* Artes Ocultas":

> Aquele que quiser se beneficiar com a sabedoria da mente universal tem que alcançá-la através de *toda a Humanidade* sem distinção de raça, compleição, religião ou *status* social.

Embora felizmente haja na atualidade outros grupos que aceitam, pelo menos em teoria, que o mundo deva ser um e todos os seres humanos, independentemente de diferenças externas, devam viver juntos como membros de uma família unida, não terminou a necessidade de

---

28 Brasília: Editora Teosófica, *Cartas dos Mahatmas para A. P. Sinnett*, 3ª Ed, 2021, Vol. I, Carta nº 2, p. 44-45. (Nota Ed. Bras.)

a Sociedade Teosófica defender o ideal de fraternidade universal, e mais do que isso, torná-la uma realidade viva. Os membros da Sociedade devem responsabilizar-se para demonstrar como a vida pode ser vivida com amor e harmonia, em cooperação e auxílio mútuo. É isso que elevará a vida humana para o seu verdadeiro nível e permitirá a construção de uma Sociedade humana que seja moralmente boa. É provável que o primeiro objetivo da ST possa continuar a ser relevante para a situação humana durante os séculos vindouros e, geração após geração, pode ser preciso que os membros trabalhem paciente, séria e incansavelmente. Como escreveu N. Sri Ram:

> A Fraternidade Mundial não é mais uma questão de escolha moral, mas tornou-se uma necessidade imperativa; embora no passado a fraternidade possa ter sido um ideal, atualmente ela é uma *exigência* da situação existente.

2. Fraternidade sem Distinções (Maio 1990)

O artigo publicado nesta edição, escrito pelo Dr. E. Bratina, secretário-geral da Seção Italiana da Sociedade Teosófica, foca a atenção sobre a diferença radical entre fraternidade com e sem distinções. As distinções pertencem ao fenomenal, à esfera material temporal; a mente que está livre de distinções não é iludida por fatos materiais superficiais: ela é iluminada pela verdade espiritual.

A prática da fraternidade universal sem distinções envolve uma mudança dimensional na consciência. A filosofia de Shankarāchārya conhecida como *advaita* (não divisão ou não dualidade) é a filosofia da libertação da falsidade de uma vida baseada em distinções:

> O olho do conhecimento vê o ser uno, a consciência e a bem-aventurança em todas as coisas; o olho da ignorância não vê isto, exatamente como um cego não consegue ver o sol brilhando (*Ātmabodha*).

A Fraternidade Universal sem distinções é, portanto, o estado de verdadeiro conhecimento, bem-aventurança e liberdade. Tão completa é a mudança interior quando se procede de ideias limitadas de fraternidade para a profundeza da fraternidade sem distinções que um Mahatma a descreveu como uma "Fraternidade regeneradora prática". A verdadeira fraternidade implica ter uma mente nova e um coração puro, não maculado pelo egoísmo. Portanto, seria correto dizer que a busca zelosa do primeiro objetivo da Sociedade Teosófica é um meio para se chegar à regeneração humana.

3. Filantropia, o Nosso Objetivo (Abr. 1991)

Na revista *The Theosophist* de novembro de 1907 apareceram excertos de uma carta escrita pelo Mahatma a um membro da Sociedade Teosófica. Posteriormente, eles foram reproduzidos por Jinarajadasa no primeiro volume de *Cartas dos Mestres de Sabedoria*[29]. Eles contêm algumas indicações importantes a respeito do que os membros da Sociedade Teosófica devem fazer. O trabalho na Sociedade é resumido numa única sentença: "O primeiro objetivo da Sociedade Teosófica é a filantropia". A palavra "filantropia", foi explicado, entendida em seu mais amplo sentido.

Em outro local, numa outra carta, o mesmo ilustre personagem escreveu: "O objetivo de um filantropo deve ser a iluminação espiritual de seus semelhantes, e quem quer que trabalhe de modo não egoísta para esse fim necessariamente se coloca em comunicação magnética com nossos chelas e com *nós mesmos*".

Relevante neste contexto é observar que filantropia significa literalmente "amor pela humanidade", uma atitude benevolente para com os outros. Poderíamos também apropriadamente esticar o significado da palavra para significar amor por todas as criaturas, e não apenas pela humanidade; pois um coração benevolente não pode traçar uma linha até os limites de sua própria benevolência. Ele sabe que a simpatia circunscrita, surgindo periodicamente com relação a um certo

29 Brasília: Editora Teosófica, 3ª Ed., 2019. (Nota Ed. Bras.)

conjunto de pessoas somente, não é verdadeira benevolência. Ela está relacionada ao eu, cujas vontades são satisfeitas de alguma maneira, física, emocional ou psicológica, pelo objeto de simpatia. O verdadeiro filantropo não flutua do quente para o frio, nem se inclina numa direção favorita. Ele consegue entender as falhas dos outros e simpatizar com suas lutas, tanto quanto consegue apreciar a virtude onde ela exista. A filantropia que nele existe é um elemento estável e integral de sua consciência. É uma experiência do valor de todos os seres vivos, uma compreensão da santidade da vida. Por isso KH disse: O verdadeiro teósofo é um filantropo – "não para si mesmo, mas para o mundo em que vive".

Outro ponto que ressalta da mesma carta é que não se deve esperar que uma circunstância particular ou preconcebida traga a reta influência para suportar. "A esfera de influência pode ser encontrada em toda parte". Ela está "agora" na mão de cada pessoa. A filantropia não precisa se expressar em atos dramáticos ou reconhecíveis. Numa multiplicidade de maneiras aparentemente pequenas, o coração verdadeiramente afetuoso traz um toque benevolente àquilo que encontra. Consequentemente, é importante que o teósofo observe seus relacionamentos, e assegure que sejam afetuosos.

O caráter da ação externa por si só não basta para constituir filantropia. Enquanto alivia a aflição dos pacientes, o médico é útil, mas ele não é um filantropo se seu objetivo na vida for enriquecer e alcançar o sucesso na carreira. Se fosse o contrário, e sua preocupação principal fosse diminuir o sofrimento dos outros, e tudo mais fosse secundário, ele teria em si a figura de um filantropo. O mesmo se aplica a outras profissões, atividades e relacionamentos. Mesmo enquanto engajado em ostensivas atividades espirituais ou religiosas, quando o elemento egoísta predomina, como frequentemente acontece, o verdadeiro espírito filantropo está distante. "O egoísmo e a vontade de autossacrifício são os maiores impedimentos na senda".

4. Não Matar (Jun. 1993)

Conviver com a violência é parte da vida no mundo moderno, especialmente porque armas mortíferas estão muito facilmente disponíveis. Não podemos atribuir a violência a qualquer situação particular ou fator cultural, já que muitas áreas do mundo estão nas garras desta doença. Além disso os conflitos comunitários, tribais, étnicos, religiosos e nacionais causam dano em toda parte, e grande número de pessoas enfrenta insegurança nas ruas e em locais públicos, e não ousam sair após escurecer ou caminhar a sós, com medo de serem assaltadas ou mortas.

Pelo fato de a violência ser ubíqua, a crença em usar a violência para defesa ou ofensa também está crescendo. Rapidamente, cada vez mais pessoas pensam que nada há de errado em matar, já que se torna a norma na vida real, e já é mostrado nas telas. Mesmo agora vemos como, para muitas pessoas, a violência aparece como a solução fácil e natural para muitos problemas políticos e pessoais.

Portanto, esforços rigorosos devem ser feitos para educar o público a respeito das injunções contra matar. Entre as religiões do mundo, este é o primeiro na lista dos mandamentos. A cristãos e judeus foi dito categoricamente "Não matar". O *pancha-shila* (conjunto de cinco votos budistas) começa com abstenção de causar qualquer dano à vida. De modo semelhante, o código ético prescrito por Patañjali tem como a primeira das restrições (*yama*), não praticar ação danosa (*ahimsā*).

Além do ensinamento hindu o *Yoga* é também claro a respeito da virtude da inofensividade. O *Mahābhārata* declara que "a inofensividade é o mais elevado dos deveres". Durante séculos, esta tem sido mais do que uma bela citação de uma notável obra de literatura; foi o ideal vivo por meio do qual a nação pode guiar seu rumo. O Jainismo é ainda mais insistente a respeito da prática de *ahimsā* do que as outras religiões orientais. Um estudo de outras fontes também apresentará provas da importância primária dada a não matar por instrutores espirituais.

Infelizmente, mesmo aqueles que são suficientemente religiosos para aceitar o mandamento contra matar não apreendem seu significado no mais pleno sentido. Na melhor das hipóteses, a palavra tem sido interpretada para significar que os seres humanos não devem ser mortos. Não há justificativa para esta interpretação senão que ela libera a consciência para maltratar e massacrar outras formas de vida. Ademais, deve-se notar que a palavra denota tanto matar quanto ferir, e o ensinamento do *Yoga* exige que os praticantes não apenas restrinjam-se de matar, mas também de causar ferimento por palavra, pensamento ou ação. O *Yoga-Sūtra* explica, de forma inteligente, que não se deve causar dano a si próprio, nem fazer com que seja causado por outros, se a pessoa puder impedi-lo.

No mundo de hoje muitas razões são dadas para ignorar este grande princípio religioso. Como a violência se dissemina cada vez mais, mais pessoas são levadas a acreditar nela e adotá-la como garantia para atingir seus objetivos. Mesmo quando se argumenta que a guerra é necessária sob certas circunstâncias, no nível individual diz-se que o uso de meios violentos é inevitável para a defesa como para a resolução de desentendimentos. Este argumento não consegue notar que a luta e a violência imbuem a mente de paixão e a tornam cruel. Aquele que se acostuma com a violência praticada a homem ou animal logo começa a tornar essa violência uma virtude. Pessoas como Lao-Tzé e Krishnamurti eram incondicionalmente contra a guerra e a violência, porque elas envenenam a mente do homem transformando a sociedade humana num campo de batalha.

Se o ensinamento religioso contra matar for levado a sério, o mundo mudará radicalmente. A sociedade pode ser totalmente transformada quando sua atmosfera se encher de pensamentos de paz, e ela for iluminada pela compaixão e a piedade para com todos. Se toda matança de homens, animais e outras criaturas terminasse, e a rigidez mental agora tão livremente cultivada fosse reduzida, uma nova cultura surgiria. Para alcançar isto, é importante pensar em não matar em termos holísticos, de acordo com o verdadeiro significado do mandamento "não matar"; caso contrário, a mente está pronta para ser violenta em quaisquer das assim chamadas circunstâncias justificáveis.

Pelo fato de o mundo estar se tornando cada vez mais cruel, mais e mais pessoas precisam pensar na paz e sentir-se em paz com todos os seres. Devemos nos preocupar em irradiar paz, sem pensar em vencer a violência com mais violência. Uma atmosfera de paz no mundo só pode ser estabelecida por meio de uma constante corrente de pensamentos gentis e sentimentos que fluam de um grande número de pessoas. Um novo tipo de educação de jovens e adultos deve começar, para que a atmosfera mental do mundo se encha de pensamentos de paz e convicção profunda a respeito do princípio religioso de não matar e não ferir.

5. *Ahimsā*, o Mais Elevado Dever (Maio 1990)

Para a maioria das pessoas, o conceito de total não violência parece impraticável, e até mesmo estranho. O tipo de pergunta que surge quando se faz menção à abstenção de matar e do uso de violência é: Quando o meu país é atacado, não devo lutar para defendê-lo? Se a minha família estiver em perigo, não devo usar armas para salvá-la? Estas perguntas que surgem muito rapidamente não são mais do que um reflexo ou reação.

O mundo em geral concordaria em que a violência é necessária para a defesa, que ela é louvável na busca de uma causa justa. Escusado dizer, todos consideram a *sua* causa como justa. No evento de uma guerra ou de uma discussão, geralmente ambas as partes sentem que têm o direito do seu lado e, portanto, suas ações são justas. Por uma atitude assim ser quase universal, as pessoas são condicionadas a pôr de lado a tradição espiritual de total *ahimsā* ou não violência como sendo impraticável e contra o bom senso.

Talvez estejamos sentindo falta de algo de imenso valor ao desativarmos o conceito de completa inofensividade em pensamento, palavra e ação. Jesus, Nānak e outros Instrutores espirituais atraíram grande número de pessoas para si, não apenas pelo que diziam, mas por causa do sagrado magnetismo de paz que deles emanava. Os relatos de suas vidas contêm muitas lições a respeito da gentileza subjugando a agressão. Buda, Lao-Tzé e Krishnamurti categoricamente ensinaram que aquele que quiser trilhar a senda da Santidade deve deixar de pagar o mal com o mal, a violência com a violência. Estas duas palavras são provavelmente sinônimas, porque pode haver mal no pensamento de violência, ao se acreditar que a violência deva ser refutada somente pela violência.

É interessante notar que em resposta ao ensinamento a respeito da completa gentileza e da total ausência de violência, o impulso psicológico imediato é imaginar uma cena onde a violência pareça necessária. Isto oferece um vislumbre quanto à condição mental da pessoa. Ao ouvir falar de abstenção de violência e matança, por que a sua mente não imagina situações onde a não violência triunfe?

A mente mediana diz que a violência é necessária porque o impulso para a violência é forte dentro dela. Está condicionada a acreditar que não há alternativa, e que *ahimsā* não pode ser praticada inequivocamente. Portanto, deixa de prestar atenção à profunda verdade compreendida por todos os sábios que defenderam o que Jesus ensinou quando disse que os mansos herdarão a Terra.

Deve haver uma condição interna que mantenha a violência a distância. Ouvimos falar a respeito de pessoas que perante profunda gentileza e paz, a violência simplesmente se dissolve. Sabe-se de animais ferozes que permanecem tranquilos na companhia de certas pessoas que têm um sentimento profundo para com eles, e eles de algum modo o sentem. A tradição menciona que tais pessoas podem penetrar em áreas de perigo e retornar incólumes.

Há uma história conhecida a respeito do Buda acampado num local selvagem, sendo abordado por um criminoso terrível que usava uma grinalda dos dedos de suas vítimas no pescoço. Todos os monges que acompanhavam o Buda fugiram deixando-o só. Mas em sua presença, o homem violento mudou completamente. As histórias Jātaka ou de nascimento ensinam, através de alegorias, situações onde o homem comum teria agido violentamente, mas o futuro Buda assumiu uma linha inteiramente diferente. Ele estava acostumado a se oferecer como vítima no lugar de outros e assim os salvar.

Temos aqui outro tipo de quadro para a imaginação. Supondo pessoas que precisem ser defendidas, a mente poderia pintar uma cena de autossacrifício. Quando há reações alternativas imaginárias, por que evitar aqueles que estão do lado da gentileza e preferir aqueles que são violentos?

6. Não Violência é Não Separação (Maio 1990)

A pessoa que vive com o senso de unidade pode defender outra, ou não; sua presença pode ser tal que o agressor se tranquilize. Somente ele pode dizer o que fará em qualquer situação particular; pode haver maneiras de se lidar com essa situação que nossas mentes agressivas, separatistas não conseguem decidir de antemão. Esta é uma das coisas importantes a entender na vida espiritual: que a mente não regenerada não consegue decidir de antemão que curso de ação é sábio. À medida que se tornar pura, agirá espontaneamente, naturalmente, de maneiras que são corretas.

Imaginar-se desde o início como tendo de ser violento causa grande dano, pois a lógica da mente inferior é enganosa. É muito mais benéfico para si como para os outros imaginar situações onde a violência seja respondida com completa gentileza, atenção e paz, pois assim o divino Guerreiro é convidado a assumir o comando.

Procura-o . . . então ser-te-á impossível dar um golpe errado. Mas se não o procurares . . . então não há salvaguarda para ti. Teu cérebro vacilará, teu coração ficará incerto . . . não saberás distinguir teus amigos de teus inimigos.

Segundo a tradição maçônica, o Guerreiro que é convidado a lutar contra o mal, tem como braços a rosa e a cruz. A cruz simboliza o autossacrifício e a rosa o amor. O sacrifício ou a aniquilação do eu separatistas faz florescer o amor; então a batalha pode ser travada contra o mal. O mal só pode ser combatido eficazmente por alguém que não acredite na violência.

A verdade de *ahimsā* é sutil. Parece utópica para aqueles que não começaram a procurar o Guerreiro interior. Eles preferem sair em defesa de si mesmos. Mas a sabedoria pode estar em ponderar sobre o ensinamento de gentileza, paz e não violência, que os santos homens ensinaram ao realizar *ahimsā* como o mais elevado dos deveres (*ahimsā paramo dharmah*).

7. Lidando com o Crime (Out. 1989)

Os teósofos concordariam com Platão em que todos os delitos nascem da ignorância – não ignorância das leis do Estado ou das consequências externas, mas ignorância dos verdadeiros valores e da natureza holística da vida. Como indicou um Mahatma, a fraternidade universal, baseada no senso intuitivo, consciente da unidade da existência, é a base mais segura para a moralidade. Aqueles que experimentam um agudo sentimento de diferença são os que cometem atos de violência, fraude e imoralidade. Promover a compreensão de valores e a verdadeira natureza do relacionamento é, portanto, de importância capital na prevenção do crime. É essencial educar todas as pessoas, em termos simples se não em termos mais profundos, a respeito da verdadeira natureza do homem e do rumo em que jaz o seu progresso.

A moderna sociedade de consumo inculca nas mentes jovens ideias erradas referentes ao progresso. Desde cedo são incitados a buscar lucro e vantagem para si próprios, erguer-se aos mais elevados degraus do sucesso, da posição e do poder, encontrar quaisquer meios para satisfazer o instinto do prazer, e assim por diante. Na busca do sucesso, a natureza dos meios tende a ser desconsiderada. O conceito materialista do homem ainda reina supremo, e há muito poucos para entenderem que o progresso humano é essencialmente de natureza moral e espiritual. Por serem as satisfações materiais efêmeras e incertas, a insegurança se expressa de formas agressivas. Por outro lado, no desenvolvimento de qualidades espirituais, tais como amor de verdade, harmonia e serenidade, encontra-se a base para um profundo senso de bem-estar.

O crime está aumentando na maioria dos países do mundo. Todo dia, a televisão e outras mídias de comunicação apresentam cenas de violência e agressão, fazendo os jovens espectadores acreditar que tais ações são normais. Diariamente são também oferecidos incentivos através de anúncios para a satisfação de prazeres corporais, enquanto o processo educativo mal se preocupa com o ensino de sobre o que é a vida e que objetivos os seres humanos inteligentes devem colocar diante de si.

Nas condições atuais, dada a ausência de educação ao longo de diretrizes corretas, as tentativas para controlar o crime simplesmente castigando jamais poderão ser bem-sucedidas. Os lucros que com certeza se acumulam oriundos das piores extorsões são tão grandes que a tentação de arriscar a ser castigado é forte. Os castigos são na maioria repressivos e tendem a endurecer a natureza do delinquente, o que assegura a continuação dos problemas. É preciso uma abordagem educativa ao impor o castigo. Embora possa levar muito tempo para se educar moralmente mentes ignorantes, no final das contas qualquer sistema para controlar o crime deve ser baseado na neutralização de ideias erradas.

Dizem que Lao-Tzé ressaltou que após se colocar falsos valores perante as pessoas não se pode culpá-las se elas agem de maneira errada. Os diamantes são anunciados como tendo maior valor do que a virtude, as pessoas naturalmente irão querer os diamantes e não a virtude. Se a vida é apresentada como um sistema de cadeiras musicais, haverá uma correria para ganhar o assento cobiçado. Antigos ideais a respeito de uma vida simples e nobre, baseados nos ensinamentos sobre o verdadeiro destino do homem, estão longe de ser sem sentido; são urgentemente necessários e devem ser apresentados como parte essencial do processo educativo.

É preciso um programa duplo. Primeiro, ensinar a relatividade das satisfações materiais e a natureza antissocial do crime. O que é ruim para a sociedade não pode ser bom para nenhum indivíduo. A outra parte é compreender que o castigo em si não progredirá no controle do crime, e é essencial educar os delinquentes. O trabalho sobre essas duas linhas deve formar um programa integrado para reorientar atitudes, e se falhar pode haver não apenas a continuação da tendência para mais violência e imoralidade, mas uma intensificação da ignorância a respeito do rumo do progresso humano.

8. A Religião Degrada-se sem a Fraternidade (Set. 1980)

A história religiosa e social fornece repetida evidência do desequilíbrio que surge quando é produzido um divórcio entre o relacionamento humano por um lado e as aspirações rumo a dimensões superiores de percepção por outro, isto é, entre a fraternidade no viver e o desejo de realização da Verdade. A degeneração dos ensinamentos religiosos surgiu, no geral, porque a senda para a Verdade ou Deus foi obstruída por crenças, em vez de ser desobstruída pelo poder da Liberdade; e também porque a Fraternidade de Deus foi enfatizada e a Fraternidade do Homem ignorada. As terríveis crueldades que foram praticadas em todo o mundo em nome da religião – perseguições, inquisições, cruzadas, castigos, desprezo das mulheres, tratamento dos "proscritos", etc. – teriam sido impossíveis se a fraternidade, a compaixão e a ação amorosa fossem reconhecidas como inseparáveis da realização de Deus ou Verdade. Até o dia de hoje persiste a noção desastrosamente falsa de que Deus pode ser conhecido sem amor pelos semelhantes e outras formas de vida. Assim, a religião convencional esteve frequentemente associada a práticas maléficas. Ela se tornou um instrumento para dividir os homens, criando conflitos e sofrimentos intermináveis.

9. O Eu em Toda Parte (Jul. 1993)

Dizem que a beleza está nos olhos de quem vê, porque a pessoa vê a beleza quando a condição de sua mente é condizente com tal visão. Dependendo da clareza e receptividade da mente, a experiência é profunda e verdadeira, ou superficial e inconsequente. Do ponto de vista espiritual, a beleza está em toda parte na natureza, pois ela é o núcleo divino de toda existência, um modo no qual a Realidade sempre presente se manifesta. Pelo fato de a nossa consciência não ter alcançado o necessário estado de pureza e sensibilidade, só conseguimos vê-la aqui e ali, não em toda parte.

O que quer que a pessoa veja fora, reflete o que está no interior. Quando há beleza interior, a mente vê beleza externamente. Quando a mente está manchada ela não consegue ver a beleza, e se reflete como feiura e maldade em toda parte.

Quando há engano na mente, ela suspeita dos outros, supõe que não são de confiança. Ela procura pistas e sinais de desonestidade no comportamento das pessoas; faz conjecturas que depois de certo tempo ganham autenticidade espúria em sua própria imaginação. De modo semelhante, a mente que alimenta imagens e pensamentos lascivos tende a imaginar que as outras pessoas se entregam a seus desejos. Ela suspeita dos motivos alheios, e é indevidamente crítica e condenatória.

A intolerância é sintomática de fraqueza interior, que pode não ser conhecida da pessoa em questão. Ela pode até mesmo acreditar que se elevou além delas. Porque pensa ser superior em moralidade e virtude, ela é presunçosa e rápida para censurar. Por outro lado, a pessoa pura que transcendeu as fraquezas não é provocada pelo fracasso dos outros; Jesus podia amar tanto o pecador quando o santo, talvez mais.

Como diz *Luz no Caminho*[30]:

> Portanto, lembra-te de que a veste maculada que hoje evitas tocar pode ter sido tua ontem, ou pode ser tua amanhã. E se dela te desviares com horror, quando lançada sobre os teus ombros, tanto mais firmemente grudará em ti. O homem que se tem por justo prepara para si mesmo um leito de lama.

Como foi mencionado acima, a mente pura percebe o Divino nos outros, muito embora ele esteja profundamente oculto. A Dra. Annie Besant ressaltava que aquele que vê apenas o erro nos outros deve inferir que existe graves limitações de visão em si próprio. A bondade deve desenvolver-se dentro da pessoa para que ela se torne perceptível da bondade em toda parte, e tenha a habilidade para ajudá-la a florescer.

A *Bhagavad-Gitā* fala a respeito do estado onde o Eu é visto em tudo e tudo é visto no Eu. O interno e o externo são gêmeos idênticos. Se a consciência interior for egoísta, invejosa, tendente à ira, tortuosa, isso é o que ela vê nas mentes dos outros. Se a consciência se fundiu com o Todo universal, e é pura, amorosa, pacífica e compassiva, ela vê o Divino brilhando em toda parte através das formas externas. Como tão belamente declarou Thomas à Kempis: "Se o coração estiver correto toda criatura é um espelho de Deus e um livro da sagrada doutrina".

---

30 COLLINS, Mabel. Brasília: Editora Teosófica, 7ª Ed. de Bolso, 2020, p. 40. (Nota Ed. Bras.)

É maravilhoso compreender que o mundo externo é um reflexo de nós mesmos. O espelhamento nos faz lembrar constantemente da necessidade de purificar a mente, de abolir o eu mesquinho.

10. O Porquê [da Alimentação Vegetariana] (Ago. 1996)

A Sociedade Teosófica não impõe restrições à vida de seus membros; eles são livres para adotar qualquer estilo de vida que lhes agrade. As obrigações que os mesmos assumem, voluntariamente, é claro, estão indicadas pelos Objetivos da Sociedade os quais eles subscrevem quando se filiam.

Ocasionalmente surge uma pergunta a respeito da norma dietética adotada nos Centros Teosóficos, conferências, escolas de verão e assim por diante, onde é servida somente alimentação vegetariana. Vez por outra um membro observa que a própria H.P.B. não era vegetariana, implicando que Teosofia e vegetarianismo não estão ligados.

Teosofia, porém, é o reconhecimento, seguido posteriormente pela plena compreensão, da vida como um todo indivisível. Para as menores tanto quanto para as maiores formas de vida, existe apenas uma fonte de sustentação e energia, qualquer que seja o nome pelo qual seja chamada. A natureza unitária da vida é a base, não apenas do primeiro objetivo da Sociedade, ou seja, fraternidade universal sem quaisquer distinções, mas também dos outros objetivos. O âmago de toda grande religião é a unidade, que quando vivida, é amor. Todas as percepções mais profundas nos campos da filosofia e da ciência estão também convergindo para esta verdade central. E à medida que cada pessoa penetra mais profundamente em sua própria consciência e compreende como a Natureza atua, a verdade e a beleza do todo indivisível iluminam a consciência humana.

Portanto, quando são feitos preparativos para conferências e outros eventos em nome da Sociedade, de acordo com o princípio fundamental da unidade e da sacralidade de toda a vida, é escolhido alimento que cause o mínimo de sofrimento e danos.

Em *A Chave para a Teosofia*[31], H.P.B. diz:

> Quando a carne de animais é assimilada pelo homem como alimento, ela transmite a ele, fisiologicamente, algumas das características do animal do qual proveio. Além disso, a ciência oculta ensina e prova esse fato a seus estudantes, por demonstração ocular, mostrando também que esse efeito "embrutecedor", ou "animalizante" sobre o homem é tanto maior quanto maior for o animal, menor quanto às aves, ainda menor quanto aos peixes e outros animais de sangue frio, e o menor de todos quando ele come apenas vegetais.

O Inquiridor replica: "Então seria melhor não comer nada? Ao que a resposta do teósofo é dada por H.P.B.:

> Se ele pudesse viver sem comer, sem dúvida que seria. Mas no que se refere à matéria, ele tem de comer para viver, e assim aconselhamos aos estudantes realmente dedicados que comam o alimento que menos obstrua e pese em seus cérebros e corpos, e que menos efeito tenha em tolher e retardar o desenvolvimento de sua intuição, suas faculdades e seus poderes interiores.

Existe, assim, boa razão pela qual, em encontros da Sociedade oficialmente organizados, o alimento servido é vegetariano. O mínimo dano é causado a outras criaturas; e o respeito pela vida – a vida que não é "nossa" nem "deles", mas una – é mantido. Os vegetais não têm sistema nervoso e não sofrem dor da mesma maneira que as criaturas mais evoluídas, que o possuem. Um dia, se alguma outra forma de alimento derivado de minerais, ou mesmo do ar, estiver à mão – pode ser preferível em recepções oficialmente organizadas! As tradições orientais sugerem esta possibilidade.

O tempo todo, os membros individuais permanecem livres para seguir seu próprio regime alimentar; pois uma vida baseada na unidade deve ser resultado de convicção intelectual ou compreensão intuitiva, e não de dogma.

---

31 Brasília: Editora Teosófica, 7ª edição, 2020, p. 225. (Nota Ed. Bras.)

As condições eram muito diferentes na época de H.P.B.. A enorme crueldade da agricultura intensiva e da manipulação genética orientada para o lucro não existia então, nem a vasta e urgente questão ecológica de gastar grão e água em animais reprodutores como negócio. São fortes as razões intelectuais contra a prática sistemática da crueldade, da imprudência ecológica e das noções erradas a respeito dos cuidados com a saúde. Espera-se que cada vez mais os membros da ST e outros chegarão ao reconhecimento intuitivo da unidade de toda a vida como a única base segura de ação universalmente benéfica.

Capítulo 5

Ética

1. A Vida Ética (Jun. 1981)

A vida ética envolve realizar cada ação de tal maneira que de momento a momento ocorra a purificação. Este é o significado da declaração de Shankarāchārya de que toda ação está destinada à purificação da psique, do coração e também da mente.

Esta manhã, enquanto conversava a respeito do trabalho numa determinada área, alguém afirmou que há lá uma pessoa que está fazendo uso da Sociedade Teosófica para promover suas próprias ambições. Pode haver muitos que estão fazendo uso da Sociedade, como fazem uso de outras coisas, para seus próprios fins. É possível fazer uso do próprio filho ou do próprio pai para obter um senso de segurança. Um dos traços mais comuns da mente humana é que ela tenta explorar tudo, até a própria terra, para benefício próprio. Mas a questão não é tanto o que fazer a respeito das pessoas que agem desta maneira; é muito mais importante descobrir nossa própria reação interior diante da situação. Será que a purificação ocorre em nossa própria mente como resultado de enfrentar o fato ou não?

Um dos Irmãos Mais Velhos descreveu a Sociedade Teosófica como um campo de teste. Dentro dele há membros com diferentes origens culturais e raciais; seus condicionamentos são variados, suas mentalidades, seus problemas e seus costumes podem estar em polos opostos. Pelo fato de a Sociedade Teosófica ser uma Sociedade aberta, ela fornece um campo no qual cada um é desafiado a enfrentar essas incompatibilidades num espírito diferente do homem mundano.

De igual modo, todo ser humano terá de enfrentar o fato de que está vivendo num mundo que é uno e, contudo, cheio de distinções variadas. Como enfrentamos o desafio que este fato apresenta? Enfrentamo-lo de uma maneira que disperse as nuvens da má vontade, do egocentrismo, da ignorância, considerando a verdade das coisas, para que nossa natureza interna se torne mais luminosa através de cada contato e de cada ação? Ou respondemos à vida e seus problemas e dificuldades aparentes de tal maneira que nos tornamos envoltos em trevas cada vez maiores?

Nossa resposta certamente é muito importante. A grande lei da harmonia que governa o Universo continua e infalivelmente oferece oportunidades para todo indivíduo sem exceção. Ela é infalível, inabalável. Traz, na verdade, a cada pessoa, na devida medida, o que ela precisa, mas a pessoa deve aprender a receber a mensagem que a lei traz, não apenas nos grandes momentos, mas nos pequenos eventos da vida, cada um dos quais pode ajudar-nos a crescer em inteligência, em beleza e em harmonia, ou, se assim escolhermos, permitir-nos permanecer envoltos em insensibilidade.

A vida ética é de crescente inteligência. Aquele que é capaz de responder inteligentemente tanto aos pequenos quanto aos grandes eventos da vida aprende a agir corretamente. Inteligência e ação, inteligência e amor, inteligência e um senso de harmonia e paz não podem estar divorciados entre si. Ser inteligente é aprender a viver e crescer em inocência e pureza. Nossas ações, nossos encontros e nossos contatos podem nos ensinar como crescermos na plenitude da estatura de um ser humano. O ser humano não está destinado a permanecer uma criatura sujeita aos caprichos e às fantasias do que considera ser o destino. Não está destinado a ser uma pessoa que esteja circunscrita por condições, cujas possibilidades estejam confinadas no interior de uma rígida medida. "A alma do homem", diz *Luz no Caminho*[32], "é

---

32 COLLINS, Mabel. Brasília: Editora Teosófica, 7ª Ed. de Bolso, 2020, p. 69. (Nota Ed. Bras.)

imortal, e o seu futuro é o futuro de algo cujo crescimento e esplendor não têm limites".

Nós nos limitamos porque não conseguimos reconhecer que do nosso coração humano podem desabrochar capacidades maravilhosas que agora estão ocultas. O propósito da vida é tornar possível esse desabrochar da beleza latente e do esplendor de cada ser humano.

2. O Imperativo Ético (Set. 1989)

Muita coisa está agora sendo repensada por pessoas atentas em relação aos imperativos éticos dos dias atuais. Em muitas partes do mundo, a violência nas ruas e em locais públicos, nas escolas e nos lares, lança uma sombra obscura sobre as vidas dos cidadãos. A incidência da violência no interior dos lares – espancamento de esposas, abuso de crianças, uso de armas de fogo contra membros da família – é sem precedentes. Estes são apenas alguns dos sintomas perturbadores do mal-estar moderno. Mentes atentas estão finalmente questionando se a frouxidão de atitude com relação a questões éticas não contribuiu para esta difícil situação. Durante várias décadas, tem sido moda encontrar causas e desculpas psicológicas para o crime. Recentemente, seguindo o terrível ataque de um grupo de jovens a uma mulher indefesa que fazia *jogging* no Central Park, em Nova Iorque, mais por diversão do que por qualquer outra coisa, houve uma série de análises e explicações dos indesculpáveis atos de violência, mas muito poucas declarações condenando a brutalidade. Sem dúvida, há causas relacionadas ao ambiente em que vivem e também causas psicológicas por trás de todo tipo de delito, mas estes não transformam preto em branco.

A corrupção é também um cancro devorando a saúde da sociedade humana em todo o planeta. Nos países economicamente subdesenvolvidos, a corrupção parece ser um modo de vida, mas as nações ricas estão longe de demonstrar que sua malha social é tecida em retidão e percepção ética. Escândalos estão sendo sistematicamente expostos nos assim chamados países desenvolvidos como nos países pobres. Se há menor incidência de corrupção em pequeno nível nas nações ricas, é porque os ricos acham que a fraude só vale a pena em grande escala.

Educadores preocupados enfrentam o problema de como transmitir um senso ético aos alunos nas escolas e faculdades. Os cérebros modernos não parecem responder favoravelmente aos métodos antiquados de transmitir ideias de honestidade, veracidade, jogo limpo e consideração pelos outros. Uma abordagem proselitista afasta os jovens. Eles também veem que a conduta dos mais velhos não corresponde àquilo que pregam. A promiscuidade, tanto mental quanto física, está tão identificada com a liberdade individual que é difícil para as mentes jovens, ou mesmo para as mais velhas, compreenderem que estão mergulhando suas vidas na desordem por causa da inabilidade de serem equilibradas e terem senso de discernimento. A disposição do mundo moderno degrada o autocontrole; a disciplina pessoal é muitas vezes anátema para aqueles que foram educados nas modernas linhas racionalistas que repudiam as noções tradicionais. Embora seja desejável examinar os valores tradicionais e descartar alguns ou muitos deles, poderá a sociedade humana continuar a ser civilizada e progressiva se seus membros se recusam a enfrentar o imperativo moral, evitando questões de certo e errado porque são consideradas relativas ao contexto psicológico ou do ambiente da pessoa envolvida?

A rigidez da moralidade fundamentalista é uma reação a essa atitude relativista. O fundamentalismo simplifica todas as questões e respostas, e assim a moralidade torna-se uma afirmação e aceitação da autoridade irracionalmente dogmática e pouco inteligente. A complexidade da vida, da relação do homem com o homem, do homem com a mulher, com a natureza ou as ideias não pode ser reduzida a simplificações exageradas e não convém aos autodenominados intérpretes das tradições. A moralidade não é uma mera racionalização da conduta e ação injustificáveis.

A percepção ética deve ser vivificada através da investigação, da discussão inteligente e da promoção de um senso de responsabilidade pelo ambiente e a sociedade como um todo. Existe uma necessidade imperativa de não se afastar das questões éticas, seja na política, administração, educação ou comportamento pessoal. Os educadores, a intelectualidade, aqueles de mentes religiosas e os que estão engajados na reconstrução social devem enfrentar este desafio.

3. A Ética Internacional (Set. 1992)

À medida que o mundo se torna cada vez mais unido, nós nos tornamos responsáveis pelo que acontece em toda parte. Nos dias quando a comunicação era escassa entre uma parte do mundo e outra, a ignorância absolvia de responsabilidade as pessoas e as nações. Não é mais este o caso. Nesta era de informação imediata, uma vez que todo mundo sabe o que acontece nas outras partes do planeta, há uma nova questão, a da consciência global.

Quando histórias de horror a respeito da "limpeza étnica" na antiga Iugoslávia chega aos nossos ouvidos e de outras pessoas, mais uma vez surge a mesma questão como quando Hitler perpetrou seus crimes contra os judeus e a China arrebatou o Tibete. Deverá o mundo assistir enquanto pessoas estão sendo torturadas e exterminadas em qualquer região, com o fundamento de que o que acontece dentro das fronteiras nacionais é assunto doméstico e a autonomia interna é suprema? Quando uma nação decide produzir armas nucleares e outras armas mais mortíferas por razões nacionalistas, deveria o resto do mundo não se preocupar até que os nefastos preparativos terminem pondo em grave risco os vizinhos e talvez a totalidade da terra por meio de matança, radiação ou poluição? Será que a derrubada de pujantes florestas deva ser decidida unicamente por um punhado de homens na terra com florestas, muito embora as consequências ecológicas afetem gravemente a saúde de todo o planeta? Tais questões deixaram agora de ser locais, nacionais ou mesmo regionais. Elas são uma responsabilidade global.

Somente uma autoridade geral internacional, composta de pessoas altruístas e de mentalidade universal, escolhida por sua integridade, está apta a decidir sobre o que é certo ou não nesses casos. A ética de um mundo unido e interdependente deve elevar-se acima das noções tradicionais de soberania nacional e da liberdade de cada grupo para promover seu interesse próprio.

4. Uma Ética Global (Nov. 1993)

Uma característica importante do programa do Parlamento das Religiões do Mundo que ocorreu em Chicago este ano foi a assembleia de líderes religiosos e espirituais que ocorreu durante os últimos dias do Parlamento de 3 a 5 de setembro. Os convidados representavam muitas crenças e tradições. O objetivo era concordar numa declaração a respeito de uma ética global, expressando a preocupação comum dos participantes em estabelecer valores básicos que fossem essenciais para a sobrevivência do mundo numa condição razoavelmente saudável. Foi salientado que se as crenças e políticas atuais continuarem, o mundo no século XXI estará mais povoado, mais poluído, menos estável econômica e ecologicamente e mais vulnerável a perturbações violentas do que o mundo em que vivemos agora. Esta análise foi baseada na pesquisa e nos dados estatísticos coletados pelo Instituto Millenium, cujo relatório sobre questões críticas do Século XXI estava nas mãos dos líderes reunidos. Esperava-se que eles propusessem projetos e programas de ação para facilitar o advento da humanidade a um novo século de maneira sadia.

Os princípios éticos defendidos incluíam tratamento humanitário de todas as pessoas, uma cultura de não violência, justiça, tolerância e veracidade, e compromisso com a igualdade. Foi corretamente declarado que uma nova ordem global não pode ser criada ou imposta somente por leis, prescrições e convenções. Uma consciência de responsabilidade deve despertar nos corações e nas mentes das pessoas. Sem uma moralidade que seja sentida não há como assegurar direitos. Portanto, é vital produzir uma mudança na consciência das pessoas.

Líderes religiosos e espirituais têm uma onerosa responsabilidade. Eles podem estimular e inspirar seus seguidores na direção explicitada na Declaração, e assim fazer com que suas tradições e crenças religiosas desempenhem um papel importante na cura da Terra. Ao promoverem atitudes de tolerância, amor e abnegação, em vez de criar divisão e ódio, como muitos estão fazendo agora, eles ajudariam a construir um futuro verdadeiramente benéfico para a humanidade.

Foi sem dúvida louvável essa tentativa para inspirar um compromisso comum para uma ética global. Porém, devemos notar que a moralidade fracassa quando são erradas as suposições básicas a respeito da vida nas mentes das pessoas. Ensinamento ético profundamente valioso já existe em todas as religiões – suficiente para elevar a consciência do homem em um alto nível de harmonia interior, e sintonia com o mundo externo. Pelo fato de estes ensinamentos serem de fontes elevadas e oficiais, os seguidores sentem-se compelidos a os apoiar da boca para fora, mas na prática eles são frequentemente ignorados ou desrespeitados. Esta contradição é inevitável quando os ensinamentos são aceitos por causa da fonte da qual emanam, sem as pessoas estarem convencidas a respeito de seu valor na vida prática, e não possuírem as percepções filosóficas necessárias para ter clareza na matéria. Portanto, uma filosofia de vida e uma visão de mundo correta devem também ser ensinadas juntamente com a reiteração de princípios éticos.

Certamente que as declarações e os mandamentos de instrutores religiosos altamente honrados vão longe na construção de um senso de valor mundial. Mas nos tempos atuais de fortes pressões e desafios, incluindo o enorme crescimento da população mundial, que resulta em competição agressiva, um simples, mas eficaz contexto filosófico que apoie a instrução ética e a racionalize nas mentes dos ouvintes é essencial. Por exemplo, à luz da filosofia de vida aceita, baseada na verdade da indivisibilidade da existência, declarações tais como "Faz aos outros o que gostarias que fizessem a ti" parecem logicamente corretas. Sem essa perspectiva, a obediência às injunções não vem facilmente, e quando confrontadas com um desafio as ações tornam-se contraditórias.

É importante também que os ensinamentos morais sejam reforçados por retos conceitos a respeito do que o homem é e como seu futuro está destinado a se moldar. As religiões que ensinam que existe apenas um curto período de vida para cada pessoa provar que é virtuosa, e se fracassar deve sofrer castigos terríveis, estão lançando a base para a desobediência. A crença em apenas uma vida faz com que o homem médio viva ganànciosamente, extraindo tanto prazer e satisfação sensorial da vida quanto possível. Na famosa carta do Mahachohan ele ressaltou que o medo da morte, e a ameaça do inferno e da danação eterna inculcam uma luta feroz pela vida.

Uma ética global com um padrão mínimo de conduta a ser praticada por todos independentemente de suas filiações religiosas e outras é necessária para prevenir mais desastres no mundo, e evitar que o século XXI se torne mais aterrador do que o século atual. Porém, um esforço deve ser feito para ensinar às pessoas uma filosofia de vida por meio da qual a ação ética irá tornar-se natural para o homem. Como aconselhou o Mahachohan, devemos popularizar o conhecimento da Teosofia e então a ética global será uma realidade inabalável.

5. Conclusões Sobre Monogamia e Altruísmo (Dez; 1988)

Mesmo em sociedades onde a poligamia tem sido aceita, a monogamia ainda é o ideal. A religião hindu permitiu a poligamia desde tempos antigos, contudo as pessoas sempre admiraram exemplos de vida monogâmica, por exemplo, na vida do divino governante Shri Rāmachandra. O Ocidente afirmou sua crença na superioridade da relação monogâmica incorporando-a à ética cristã. Histórias em todas as partes do mundo louvam a devoção e fidelidade mútua dos casais monogâmicos, tanto humanos quanto não humanos. Diz-se que o grande épico sânscrito de Wālmik, o *Rāmāyana*, surgiu de modo espontâneo em sua mente quando ele testemunhou a agonia de um pássaro que perdera sua fiel companheira nas cruéis mãos de um caçador.

Recentemente alguns biólogos fizeram considerações sobre a razão por que certos pássaros, peixes e mamíferos são monogâmicos. Sua especulação faz-nos inquirir se a persistente tendência, na cultura humana, de manter a monogamia como ideal é apoiada por uma tendência correspondente na evolução biológica. Os biólogos apresentaram a teoria de que é mais provável que um casal comprometido cuide de seus descendentes, e consequentemente lhes dê uma melhor chance de sobrevivência. Correspondentemente, um casal humano comprometido, que cuida de seus filhos, mais provavelmente ajudará o bem-estar psicológico deles. Atualmente um grande número de jovens delinquentes surgem de lares desfeitos. Embora sua sobrevivência física possa ou não ser afetada pela falta de cuidado dos pais, sua condição psicológica é seriamente manchada por isso. Mesmo que tais filhos não se tornem delinquentes, de tempos em tempos as pressões internas criadas pela falta de segurança e afeição eclodem em comportamento anormal ou estressante.

Diz-se, também, que os experimentos dos biólogos mostram que os animais que estão intimamente relacionados entre si tendem a se ajudar mutuamente, mesmo com o risco de suas próprias vidas. Os irmãos de pais monogâmicos são uma segurança para a sobrevivência, pois são mais mutuamente úteis do que os meio-irmãos. Postula-se, portanto, que o processo evolutivo favoreça o relacionamento monogâmico.

Ao se admitir isso, pergunta-se se o relacionamento monogâmico é a base biológica para o desenvolvimento de atitudes altruístas. A devoção autossacrifical aos outros é um aspecto essencial da evolução espiritual, e o impulso da evolução biológica presumivelmente ajuda este objetivo, pois a evolução biológica é a base para o desabrochar das qualidades de mente e consciência.

Um artigo do *American Health*, de março de 1988, condensado na *Reader's Digest*, ressalta que o altruísmo é, de fato, no melhor interesse da própria pessoa. Ajudar os outros inspira a gratidão e a afeição dessas pessoas, e isto reduz o estresse. Alega-se que uma atitude de ajuda pode mesmo beneficiar o sistema imunológico que está intimamente ligado ao cérebro e à mente. A hostilidade, por outro lado, definitivamente multiplica o risco para a saúde como o faz toda a forma de má vontade. H.P.B. ressaltou que a malícia sob qualquer forma produz condições peculiarmente obstrutivas na senda espiritual.

Muito embora estas ideias possam ser controversas no momento, estão destinadas a ser aceitas, pois a culminância do desenvolvimento humano é amor universal e altruísmo ilimitado. Muitos fatores biológicos podem ser parte do esquema evolutivo que, a longo prazo, assegura o desenvolvimento do altruísmo. A monogamia pode ser um elo nesta longa cadeia de desenvolvimento.

6. A Ética da Pesquisa (Set. 2004)

Entre os muitos perigos que a Terra e seus habitantes enfrentam estão invenções novas e tecnologia avançada que podem resultar em desastre, em vez de benefício. Inúmeros experimentos estão sendo levados a cabo em todo o mundo numa corrida por novas informações, lucro das patentes ou crédito pela preeminência numa determinada área. *Sir* Martin Rees, no seu livro, *Our Final Century*, refere-se a vários perigos que poderiam destruir a vida na Terra ou obstruir o progresso evolutivo. Um destes é a nanotecnologia.

Relatórios recentes mencionam que o progresso nesta área poderia tornar possível implantar um minúsculo instrumento programado no cérebro que privará o hospedeiro animal ou humano de sua própria vontade. Macacos fixados com instruções computadorizadas encapsuladas num chip implantado conseguiram mover robôs pondo-os em ação. Isso aumenta a esperança de que um piloto possa permanecer no conforto do seu lar, e de lá pilotar um avião ou descarregar bombas mortíferas sobre o território "inimigo" sem risco para si próprio.

Estes tipos de pesquisas são excitantes, e os pesquisadores são ambiciosos, portanto, não há retrocesso ou redução da dinâmica da pesquisa. A clonagem de seres humanos é um dos empreendimentos que desperta a ganância para se estar na linha de frente, enquanto desacelerar e proceder de maneira cautelosa parece uma afronta à competência e ao orgulho dos pesquisadores.

Ocasionalmente, a tolice do que foi feito no passado vem à tona, como num filme recente sobre lobotomia intitulado *A Hole in One*. É escandalosamente claro que avançar impetuosamente pode se tornar não apenas um desastre, mas também uma violação trágica das considerações éticas que devem regular o comportamento humano e a sociedade humana.

Em 1935 um neurologista português, Egas Moniz, declarou que tinha curado uma paciente com problemas mentais removendo a porção de seu córtex pré-frontal. Isto foi chamado de lobotomia, e era realizado introduzindo-se objetos de aço através das órbitas oculares acima dos olhos. Esse procedimento, alegava-se, dominava a violência em pacientes mentais rebeldes. O filme *Um Estranho no Ninho*, liberado décadas depois, retratava como um homem alegre podia ser reduzido ao estado vegetativo por meio deste tratamento. Ganhou o Prêmio Nobel de medicina em 1949, época em que inúmeras "curas" cirúrgicas desse tipo foram realizadas, e o pessoal médico congratulava-se por suas habilidades. Não há dúvida de que é conveniente para muitas pessoas que têm de lidar com pacientes com graves doenças mentais reduzi-las a uma condição que não seja plenamente humana.

De um artigo em *The Los Angeles Times*, de 18 de maio de 2004, lê-se:

Alguns psiquiatras dizem que é importante para a profissão confrontar este capítulo da história médica porque os médicos de hoje estão buscando tratamentos cada vez mais agressivos de alteração do cérebro, de eletrodos implantados a combinações de drogas poderosas.

Um novo filme foi feito sobre lobotomia, inspirado no relato de uma paciente. O histórico relatado no artigo descreve como um menino de doze anos, que ficou tristemente perturbado mentalmente quando perdeu a mãe com a idade de três anos, tinha de lidar com uma madrasta insensível que o fazia entrar em conflito também com seu pai. Ele tinha problemas em casa e na escola por causa do comportamento anormal que às vezes era destrutivo, mas outras vezes apenas incomum. Por exemplo, o histórico relata:

> Um dia ele saiu correndo loucamente da sala de aula para o pátio da escola debaixo de um aguaceiro. "Eu simplesmente adorava a chuva, só isso". Lembra ele. "Chovia tanto que não se conseguia ver o chão".

Este jovem infeliz foi lobotomizado, como foram inúmeros esquizofrênicos durante as décadas entre 1930 e 1950. Pesquisa posterior quanto aos efeitos da lobotomia mostrava que a região pré-frontal do cérebro é crucial para a capacidade de uma pessoa agir de forma responsável. Aqueles que foram mutilados desta maneira não conseguiam se relacionar com o que estava ocorrendo à sua volta, também não se preocupavam em cuidar de si próprios. Apenas um em cada quatro melhorava suficientemente para receber alta do hospital.

O menino de doze anos teve dificuldades quando jovem e quando adulto: "O menino tornou-se homem, ciente do que acontecera, mas perdido quanto ao que fazer com o resto de sua vida. 'Você não sabe quem você realmente é, e está sempre perguntando: este sou eu?', diz ele". Apesar desses erros terríveis os pesquisadores estão fazendo experiências e mexendo com a Natureza sem cuidado ou hesitação. À medida que o conhecimento aumenta, aumenta a velocidade com que as descobertas são feitas. Aumenta também o perigo de se entrar apressadamente onde os anjos possam ter medo de pisar.

7. A Inteligência Universal (Set. 1996)

Enquanto a tendência de aumento da violência e da ganância seguem a passos largos, há também uma corrente de pensamento e pesquisa que está levando a uma percepção mais profunda do Universo como uma Inteligência viva. Os problemas na física quântica estão forçando os pesquisadores de mente liberal a encontrar respostas que não estão de acordo com as posições materialistas. Os conservadores são tímidos ao enfrentar qualquer postulado que sugira que a consciência é universal, e que há interconexões relacionando invisivelmente as coisas que até aqui eram consideradas como entidades localizadas e discretas. Mas livros como *O Universo Autoconsciente*[33] de Amit Goswami e *On Purpose* de Charles Birch estão começando a erodir o paradigma materialista que estranhamente insiste em tornar nossas próprias vidas sem significado, vendo a nós mesmos como parte de um vasto sistema mecânico. Felizmente, a nova perspectiva está começando a reconhecer a primazia da consciência, enquanto a presença de propósito em toda a existência, mesmo nas existências individuais inferiores, está sendo intuída. Neste contexto, os teósofos lembrarão a declaração nas *Cartas dos Mahatmas para A. P. Sinnett*[34].

> O mundo – o mundo das existências individuais – está cheio dos significados latentes e propósitos profundos que inspiram todos os fenômenos do Universo.

Escrevendo no início deste século (XX), Edward Carpenter em *The Art of Creation* descreveu a Natureza como um panorama de vida consciente pressionando sempre em direção à expressão e manifestação. Ele lembrava seus leitores que as pessoas só duvidam da existência de vida consciente em criaturas primitivas como as ostras porque são incapazes de entender os movimentos da vida agitando-se dentro de

33 Rio de Janeiro-RJ: Editora Rosa dos Tempos, Grupo Editorial Record.

34 Brasília: Editora Teosófica, 3ª edição, 2021, Vol. 1, Carta nº 17, p. 109. (Nota Ed. Bras.)

tais formas e as interpretam de uma maneira inteligível para si mesmas. Ele escreveu:

> Na proporção em que nos aproximamos do amor e da compreensão - os animais e as árvores e a face da Natureza, será impossível negar inteligência a estes.

O místico desperta para a existência de uma inteligência cósmica onipenetrante através da abertura de seu coração em amor e compreensão de tudo. O cientista está descobrindo-a agora através do intelecto guiado pela intuição. À medida que mais trabalho sobre estas bases prossegue, pesquisadores de mente aberta devem descobrir que há mensagens jorrando de toda parte da Natureza, falando da insondável beleza e da inefável importância da Inteligência Una, o Ser Total. Como coloca Carpenter:

> Incontáveis hostes de seres vivos, de todos os graus de organização e consciência, estão se pronunciando, se expressando e desabrochando aquilo que têm dentro de si . . . mesmo como cada filho do homem do nascimento à morte está constantemente se esforçando para expressar, desabrochar e dar expressão ao que jaz dentro de si . . . Considerar o mundo como simplesmente uma arena de seres e personalidades separados e beligerantes é impossível, porque (como toda ciência, filosofia e experiência nos convence) existe inevitavelmente uma vasta unidade subjacente a tudo; e todos esses seres e personalidades devem ter raízes na *Vida Una e na Suprema Inteligência*; todos eles no final e no fundo devem ter um propósito e objetivo comum de existência - e nesse pensamento há libertação, e nesse pensamento há repouso.

Existe uma clara esperança para a humanidade no novo paradigma que se está desenvolvendo apoiado pela lógica sólida da pesquisa e da ciência. Pode demorar até que o impacto dessa compreensão sature a consciência humana suficientemente para gerar uma nova ética que irá negar a guerra, a violência, a ganância e o egoísmo; as atitudes perniciosas de hoje em dia, que são produto do pensamento materialista, estão diminuindo também lentamente. Porém, por mais lentamente que estejam, uma nova ética deve necessariamente surgir a partir dos novos *insights* de hoje emanando daqueles que estão tornando a ciência uma aliada, que valida, através da lógica, algumas das percepções de míticos e videntes religiosos.

8. O Poder do Som (Maio 2006)

A experiência mostra que o som e a fala produzem impacto sobre a consciência, não apenas na consciência humana, mas mesmo na de animais e vegetais. Mesmo uma única sílaba ou frase pode produzir um efeito perturbador sobre um ouvinte quando carregada de vibrações de ira e aversão. Por outro lado, uma simples palavra ou som pode trazer consolação e esperança, se amor e empatia forem as forças que lhes estejam por detrás.

O Universo é composto de vibrações que se revelam a nós como som, cor, forma ou impactos muito sutis sobre a consciência. O antigo pensamento indiano e a doutrina oculta fazem referência à existência do som em quatro dimensões, a mais inferior das quais é a que normalmente chamamos de som. A Sra. Blavatsky escreve em *A Doutrina Secreta* que todo o "Cosmos" é este nível inferior de som conhecido como *vaikhari*; no nível mais sutil como *madhyamā*, o som é a luz do *Logos* ou (*Ishvara*): no nível ainda mais sutil o som é chamado de *pashyanti*, que é o próprio *Logos*; e além deles todos está *parā*, o som como a Realidade Suprema, o som criativo da Realidade, que põe em movimento e energiza a manifestação. Como diz a escritura cristã: "No início era a Palavra, e a Palavra estava com Deus, e a Palavra era Deus". Isto é referido em outras religiões de diferentes maneiras. Diz-se, por exemplo, que Shiva e Shakti são um, sendo Shiva o aspecto consciência, e Shakti o aspecto poder indissoluvelmente integrado com essa consciência.

Há outras declarações interessantes de Blavatsky. Ela diz que o som é uma força tão estupenda que aqueles que têm conhecimento oculto conseguem produzir som que poderia elevar a Pirâmide de Quéops no ar e reviver e encher com seu vigor um moribundo que estivesse dando o último suspiro. Este pode ser o tipo de poder que os *Rishis* podiam exercer, pois dizem que uma maldição pronunciada por um *Rishi* tem um poder tremendo; como também uma benção que ele possa dar.

Todas as religiões usaram palavras sagradas tais como *Om* e Amém, que dizem ser parecenças fonéticas de "um dos nomes secretos do Eterno Um, a Deidade Sempre Presente". Os *mantras* ou encantamentos são considerados como combinações de sons com números e figuras que invocam uma resposta dos mundos superiores quando a combinação é feita com conhecimento. A Sra. Blavatsky declara que embora a conhecida frase *Om mani padme hum* seja interpretada como "A joia no Lótus" pelas pessoas comuns, esotericamente ela aponta para o Deus dentro do coração da própria pessoa, a união entre Homem e Universo. O Lótus é o símbolo universal do Cosmos como totalidade absoluta, e a Joia é o Homem Espiritual, ou Deus. Estas palavras de Blavatsky fornecem também uma pista para a compreensão da grande reverência e fé atrelada ao uso da palavra Sagrada *Om*, que significa a profunda afinidade entre o microcosmo e macrocosmo.

Porém, é importante entender a conexão entre a pronúncia dessas combinações especiais de sons, e a pureza ou não daquele que os usa. "Pronunciada por um homem muito santo e puro", a palavra *Om* pode invocar Potência superiores; quando um homem relativamente bom pronuncia a palavra da maneira correta, ela ajudará a fortalecê-lo moralmente, especialmente se ele medita sobre a inefável glória dentro de si próprio; mas "infeliz do homem que a pronuncie após haver cometido um pecado de longo alcance". No *Yoga-Sūtra* também é afirmado que *Om* significa *Ishvara* (*Logos*), mas a repetição da palavra (*japa*) deve ser acompanhada pela meditação sobre o seu significado.

Os ensinamentos éticos e religiosos do mundo muitas vezes enfatizaram a importância da reta fala e do reto pensamento. A reta fala deve ser verdadeira, útil e gentil, e como fala e pensamento estão intimamente relacionados, isto se aplica também ao reto pensamento. Cada palavra e pensamento que emana de uma pessoa deve necessariamente ser reta no sentido acima, se o objetivo for produzir verdadeiro benefício para si próprio como para os outros.

"AUM significa boa ação, não apenas o som emitido pelos lábios. Tu deves dizê-la nas ações" (H.P.B. em *A Doutrina Secreta*). A importância disso fica clara a partir dos comentários a respeito de como são diferentes os efeitos quando esta sílaba sagrada é entoada por um homem puro e santo, por um homem comum ou por alguém que tenha cometido um pecado ou graves erros. A vivência de uma vida pura impregna o som de uma energia que o modo de vida descuidado não consegue. É para aprender a ser puro, que significa destituído de egoísmo, que são necessárias as experiências neste difícil mundo físico. Aqui embaixo o senso de separatividade é tão forte, que leva a ilusões que são difíceis de serem dissipadas. Assim, somos testados como não podemos ser nos mundos superiores. Clarividentes de eminência afirmam que nos mundos mais sutis há uma compreensão das experiências no mundo físico que não podemos ter enquanto estivermos vivendo no corpo físico. Por exemplo, o sofrimento e a degradação são vistos como transitórios, e mesmo as pessoas mais inferiores, ou mais brutais são vistas como tendo possibilidades divinas. Isso faz toda a diferença para o nosso comportamento e relacionamentos.

O conselho sobre não se chegar a conclusões a respeito dos outros de acordo com o nosso ponto de vista atual é de extrema importância. Vemos que o que parece feio no caráter de uma pessoa pode ser apenas uma etapa a ser ultrapassada antes que a beleza da alma seja revelada. Este é um ponto de vista superior a partir do qual todas as coisas podem ser vistas diferentemente. Quando vemos de maneira diferente, agimos melhor, e tudo o que pensarmos ou dissermos será benevolente.

9. A Inteligência é Imparcial (Abr. 2006)

Esta é uma das muitas valiosas declarações aforísticas em *Luz no Caminho*. Implica que a percepção e a compreensão fragmentadas não evocam respostas inteligentes. O que é parcial é fragmentado. Provavelmente é preciso uma maior percepção para entender que nos dias de hoje quase tudo no mundo está criando sérios problemas pessoais ou sociais.

É difícil responder à pergunta "O que é a inteligência?" Porque cada pessoa só pode saber aquilo que está no seu próprio nível. Um caçador pode equipará-la a preparar armadilhas para animais de modo habilidoso, enquanto para um cientista ou um professor denota a habilidade para entender a verdade. O *Concise Oxford Dictionary* define inteligência como "intelecto", "compreensão", "rapidez de compreensão", "sabedoria" e assim por diante. Essas definições podem ser valiosas em certos contextos, mas de maneira nenhuma tocam a percepção holística a partir da qual surgem ações apropriadas, harmoniosas e corretas. Outro dicionário, o *Universal English Dictionary*, explica a inteligência, entre outras coisas, como o "poder de compreender", "de perceber", "saber", "raciocinar" e "discernir".

A humanidade em geral alcançou um elevado grau de capacidade de raciocínio, e assim notável progresso tem ocorrido na compreensão dos processos e das operações da Natureza. O fenomenal desenvolvimento da ciência é resultado de observação e raciocínio. Contudo, paradoxalmente, o mundo está profundamente conturbado e a humanidade colocou-se numa situação caótica e perigosa por causa da irracionalidade. O que pode ser mais irracional do que tentar produzir paz na Terra através da força, da produção incessante de armamento, e uma intensa corrida pelo poder através da pesquisa e invenção de novas armas de destruição em massa? São também basicamente irracionais os conceitos subjacentes à tentativa de assegurar crescimento econômico contínuo e lucros sempre maiores, assim como a filosofia do consumismo, todas as quais favorecem excessivos apetites sensuais e egoístas. Nega-se qualquer que seja o benefício que o poder de raciocínio tenha conferido à humanidade. Sem nos estendermos sobre as formas de irracionalidade, podemos perguntar: Haverá inteligência verdadeira em se desenvolver o poder de raciocínio para se ter mais conhecimento e desfrutar de novas inovações, se ao mesmo tempo criamos uma sociedade que está cheia de contradições, assim como de forças e atividades autodestrutivas e ambientalmente indesejáveis? Quando a inteligência é posta em uso somente para obter conhecimento do Universo físico, e não para anunciar paz e boa vontade na Terra, talvez não seja inteligência da ordem mais elevada.

Até onde pudermos observar por nós mesmos e aprendermos a partir da maior perícia de pesquisadores ilustres como Fred Hoyle,o Universo em si é inteligente; a inteligência é parte do tecido da Vida onipenetrante. Evidência disto nos confronta em cada esquina, quer estudemos vegetais, animais, seres humanos ou mesmo os assim chamados aspectos inorgânicos do Universo. Somos informados oficialmente, por exemplo, de um equilíbrio surpreendentemente ajustado no Universo entre as forças de gravidade e expansão, e que mesmo a mais leve perturbação deste delicado equilíbrio faria o Universo desaparecer no nada. Talvez uma pequena reflexão disto exista sob a forma da temperatura constante nos corpos dos animais de sangue quente que se mantêm sem qualquer intervenção externa aparente. O modo como um enorme bando de pássaros consegue guinar em perfeita sintonia ou as abelhas conseguem construir paredes hexagonais, encaixando-se umas nas outras tão bem que nenhuma gota de mel vaza, estão entre os incontáveis testemunhos da inteligência que se manifesta ao nosso redor de todos os lados, sintomas da vasta mente da Natureza e da inteligência do próprio Universo.

É preciso apenas um pouco de ponderação para reconhecer a verdade da declaração de Hoyle de que o Universo é inteligente. Infelizmente, os seres humanos imaginam que as faculdades e os poderes que compõem a inteligência existem apenas neles mesmos; que somente eles possuem inteligência. Será este conceito de si próprio como centro de todo mérito, o empecilho na mente do homem que ao mesmo tempo o torna, ele que é o repositório de poder de raciocínio, desastrosamente irracional em comportamento?

A maioria dos seres humanos tem um conceito de si próprios como pessoas que estão no topo da criação. Certos textos tradicionais como o *Viveka-Chudāmāni*[35]– *A Joia Suprema da Sabedoria* e o *Dhammapada* dizem que nascer como humano é um grande privilégio. É um privilégio não porque o homem se tornou a criatura mais poderosa da Terra, mas porque o ser humano tem o potencial para descobrir as limitações de sua mente e transcendê-las. Sua consciência pode fundir-se com a Consciência Una e sua mente pode se tornar una com a vasta mente da Natureza. Reconhecer isto e trabalhar nesse sentido pode estar implícito na verdadeira inteligência.

A inteligência deve permitir-nos assegurar que nenhuma obstrução seja criada pelo nosso modo de vida, impedindo a fusão da mente individual com a universal. Portanto, o corpo deve tornar-se sensível e aberto às influências superiores. O tipo errado de alimentação e o excesso de complacência, a prática exagerada da abnegação e todas as formas de tensão criadas pelo desejo de divertimento impedem o corpo e o cérebro de ser receptivos. Sentimentos duros e a excitação das paixões, como também a atitude e o modo de vida egoístas, impedem a inteligência inerente de florescer a partir do interior. O egoísmo é um problema real, e todas as suas expressões em diferentes níveis criam impedimentos; portanto a humanidade deve aprender modos altruístas de atuação. Esta é a essência de quase todos os ensinamentos religiosos; todas as pessoas verdadeiramente santas são livres de egoísmo e, portanto, são repositórios de sabedoria. A inteligência universal opera através delas livremente.

35 SHANKARA. Brasília: Editora Teosófica, 3ª Ed., 2020. (Nota Ed. Bras.)

Krishnamurti ressaltou que quando uma pessoa observa o ciúme ou qualquer outro traço psicológico em si e luta contra ele, a batalha parece interminável porque o ciúme não é diferente da pessoa que o vê. Ambos são o eu egoísta. Esse eu jamais consegue se libertar. A jornada humana rumo à verdadeira inteligência e sabedoria começa quando o eu principia a se dissolver.

10. Consumismo é Crime (Nov. 2006)

Num artigo recém-publicado em *The Hindu*, o autor, Kalpana Sharma, pergunta:

> Como o mercado irá crescer se não formos gananciosos? Se vivermos dentro de nossos recursos a economia de consumo morrerá, os *shoppings* ficarão vazios, os supermercados terão de fechar e a bolha globalizada na qual vivem os indianos urbanos romper-se-á. Sendo assim, a ganância é boa, segundo nos dizem.
>
> Mas é precisamente isso que está assegurando que mesmo à medida que a Índia progride em tantas outras frentes, ainda sejamos incapazes de lidar com as exigências do dote. Longe de um declínio em incidentes das exigências do dote, elas parecem estar se tornando mais flagrantes e mais frequentes. Se a ganância é o deus que nos mandam adorar, então quaisquer meios para conseguirmos o que queremos é justificado - mesmo o dote. E se a mulher ou sua família não o dão, então simplesmente se deixa a mulher e tenta-se novamente.

A ganância tem feito os seres humanos cometerem atrocidades inimagináveis, e inúmeros livros sobre tráfico de escravos descreveram em detalhes o aterrador sofrimento pelo qual milhões de escravos tiveram de passar. Mas o mundo de então tolerava ou admitia os crimes, pois se dizia que o sistema de captura e extração de trabalho dos escravos era necessário para a economia, o que significa apenas que um grupo de seres humanos queria viver no conforto e na riqueza, prosperando com o extremo sofrimento de outros. A ganância também levou os mui elogiados pioneiros da Europa, que se aventuraram através dos oceanos a conquistar os novos continentes, massacrar e aterrorizar toda a população nativa das Américas e também dizimar enormes manadas de búfalos, derrubar árvores gigantescas e cometer muitos outros crimes.

Mas naquela época os homens não tinham os meios para promover a ganância como filosofia, ou criar uma vasta rede para manter ardendo o fogo do desejo para adquirir, possuir, explorar e desfrutar, nem o poder para fazer lavagem cerebral de toda a população humana da Terra levando-a a acreditar que o crescimento econômico representa o ápice da civilização. É conveniente agora ignorar o grande sofrimento que é causado pelo consumismo – sofrimento tão vasto que se pode legitimamente considerar a promoção do consumismo em si como um crime de enormes proporções. Todas as considerações éticas são lançadas ao vento nos dias de hoje, se o lucro estiver em jogo. A filosofia consumista não reprova criar guerra para adquirir campos de petróleo, ou possivelmente obter controle futuro sobre recursos hídricos. Ela apoia totalmente a terrível exploração de animais e pássaros aos milhões através dos assim chamados métodos científicos.

O modo de vida consumista promove não apenas a compra de bens, mas também todo tipo de busca ansiosa pelo prazer. A pedofilia, o turismo sexual e outras características da vida moderna são nada mais do que a exploração egoísta e vil de crianças e pessoas pobres que estão quase a passar fome na maioria das vezes, e, portanto, vulneráveis. O desejo de prazer transformou os seres humanos em comedores vorazes; a multicozinha está se tornando sinônimo para comer e saborear a carne mesmo de criaturas raras e exóticas. Peles de tigre, penas de avestruz e gordura de baleia estão no mercado para o benefício de especuladores. Não mais existe um coração para aprender o que é bom e certo.

O mundo não pode voltar atrás, mas o consumismo e a filosofia da ganância devem morrer e abrir espaço para um senso mais nobre do propósito da vida e do significado do verdadeiro progresso.

Capítulo 6

Moralidade

1. A Fonte de Moralidade (Jul. 2004)

A natureza humana não muda com facilidade: aliás, ela parece não mudar mesmo durante séculos de radical mudança externa. Somos testemunhas hoje do triste fato de a natureza humana permanecer tão tosca, brutal e insensível como sempre foi. A violência está aumentando descaradamente. Gengis Khan arrasou a Ásia matando todos no seu caminho e se tornou uma celebridade. Os muçulmanos que invadiram a Índia não eram diferentes: mataram todos os monges na grande Universidade Budista de Nālandā e praticaram violência com todos os não muçulmanos. Mas a violência não é domínio apenas dos muçulmanos. O tráfico de escravos foi muito violento, agredindo de modo inimaginável os corpos e a dignidade de milhões de pessoas. No mundo de hoje existe tanta violência contra crianças pobres, animais, mulheres, prisioneiros e assim por diante, que os perigos de uma selva parecem insignificantes comparados à vida nas cidades.

Quando a guerra "fria" terminou, houve um suspiro de alívio, no assim chamado mundo livre, mas a liberdade parece estar rapidamente erodindo as democracias que supostamente são construídas sobre o grande princípio da liberdade. Um jornal americano anunciou que o governo dos Estados Unidos está considerando gastar milhões de dólares para estabelecer um sistema de vigilância para monitorar as atividades de todas as pessoas que entram no país, a partir de quando solicitam entrada. Foi exatamente isto que fizeram na Rússia comunista, na China e em outros estados totalitários onde as pessoas são vigiadas e espionadas. "A defesa da pátria" parece justificar quase qualquer atrocidade: colocar as pessoas em condições humilhantes, molestas, invadir sua privacidade e assim por diante. Considerações egoístas anulam os valores democráticos que são proclamados em voz alta.

O fanatismo também está erguendo sua feia cabeça no campo político. O fanatismo religioso é simplesmente comum por demais. Como foi mencionado na nossa edição de abril de 2004, o eminente cientista Aston negou o conhecimento do livro *Química Oculta* para não perder a estima da comunidade científica. Os neurocientistas dizem que a mente é uma atividade do cérebro. No campo político, também, esforços violentos estão sendo feitos para doutrinar as pessoas. A tecnologia está disponível para agravar a violência, sistematizar a crueldade, e a ampla prática do fanatismo. O maquinário de propaganda faz lavagem cerebral das pessoas de modo eficaz, e é apoiado pelo poder do dinheiro.

Como podem a moralidade e a virtude ser restauradas ao coração humano quando a sociedade humana desce para níveis cada vez mais baixos de barbárie, um exemplo dos quais é o papel das mulheres em atos criminosos? Mulheres jovens, de boa aparência e alegres, humilham e torturam prisioneiros, alguns dos quais podem nada ter feito de errado, mas foram encarcerados simplesmente sob suspeita no Iraque e Afeganistão. Do ponto de vista teosófico, o nascimento em um corpo masculino ou feminino oferece diferentes tipos de oportunidades para o desenvolvimento do caráter humano e, portanto, geralmente é mantido o equilíbrio no número de encarnações em cada sexo. Annie Besant sugeriu que o nascimento num corpo feminino ensina mais paciência, gentileza e cuidado com os outros: uma mãe mantém-se vigilante e cuida de seu bebê mesmo se estiver muito cansada, e prontamente faz sacrifícios para que a criança possa crescer saudável e feliz – uma oportunidade que não surge num corpo masculino.

Ensinar deliberadamente a brutalidade às mulheres por meio de treinamento militar é um retrocesso na evolução da alma. Do mesmo modo, armar crianças com armas mortíferas e usá-las para derramamento de sangue é totalmente errado. O longo período que a criança humana precisa para se tornar capaz de cuidar de si pode ser um artifício evolutivo para reduzir as tendências agressivas herdadas pelo cérebro. Mesmo um animal jovem sem força física, rosna, arranha ou morde um intruso que represente perigo. Mas o bebê humano permanece sem dentes durante um longo tempo, sem nenhum poder, e é totalmente dependente. Ele pode crescer sem desenvolver traços agressivos. Ideias a respeito de oportunidades iguais para mulheres e crianças para participarem da guerra podem estar totalmente fora de sintonia com o plano espiritual para o mundo.

Qual é a fonte da verdadeira moralidade? Uma questão vital para todos nós nos dias de hoje. Os gregos pensavam que as virtudes eram qualidades da alma, a Luz do *Logos* (*Ishvara*) refletida em cada consciência. A luz possibilita ver, e é preciso luz clara para ver bem. A luz é a inteligência em toda criatura viva, mesmo a mais inferior. A luz divina é refletida do *Logos* no *Jivātmā* ou Mônada, depois na consciência causal, e depois na mente. No nível causal, a consciência humana não desenvolve nenhuma qualidade maligna, porque a luz é suficientemente forte para repelir toda a escuridão dos impulsos inferiores, e destilar o bem a partir das experiências obtidas no mundo externo. Mas quando a luz refletida ilumina a mente, ela já está bastante fraca. Contudo nós a chamamos de virtude.

Só sabemos o que é a virtude de uma forma pouco clara: não vivemos de modo virtuoso porque a luz não está brilhando suficientemente em nossas mentes. A virtude não pode ser cultivada, mas pode ser nutrida, assim como a semente não pode ser obrigada a crescer, mas pode ser auxiliada com água e cuidado. E isto é o que tem de ser feito nos níveis individual e coletivo.

Uma maneira é condenar totalmente a violência, a má vontade, o antagonismo, os pensamentos e as intenções agressivas. Mesmo palavras ásperas são parte da violência que perturba a paz da Terra. O fanatismo deve terminar dentro de nós, não apenas nas instituições. Devemos nos observar e compreender que ser dono da verdade é fanatismo; intolerância é fanatismo. Como uma comunidade de teósofos, o modo como vivemos, pensamos e agimos pode ser muito importante neste momento para trazer a civilização de volta aos trilhos. Um Mestre de Sabedoria escreveu há um século que os membros da Sociedade Teosófica devem combater o fanatismo sob todas as formas. É nossa responsabilidade e dever ajudar aqueles seres exaltados que dizem estar protegendo a humanidade de se tornar mais maléfica, vertendo influências espirituais para inspirar o bem e fazer recuar a maré de barbárie.

2. Suicídio Moral (Nov. 2001)

O governo britânico deve ser parabenizado pela proibição do atroz negócio chamado fazenda de criação de animais para extração de pele. Uma nova lei prevê o fechamento de todas essas fazendas na Inglaterra e no País de Gales por volta de 2002. *Animal' Defender* anuncia que o governo escocês introduzirá sua própria legislação.

Matar animais de forma irresponsável e causar-lhes imensa dor para satisfazer a vaidade como forma de entretenimento degrada os seres humanos não menos do que os animais. Unicamente mentes depravadas pensam em arrancar a bela pelugem de pequenos e belos animais apenas por uma questão de moda. Todo casaco de pele implica imenso sofrimento e morte prematura para muitos animais. *Animals' Defender* ressalta que os arminhos, nas fazendas para extração de pele, são mantidos em pequenas gaiolas de malha de arame, seus territórios naturais de quilômetros reduzidos a uns poucos centímetros. As pobres criaturas são forçadas a subir umas sobre as outras mesmo para se moverem. Em treze fazendas, apenas na Inglaterra, cerca de 165.000 deles são mortos a cada ano.

Esperemos que outros países também venham a adotar o caminho seguido pelo governo inglês e deem fim às fazendas para retirada de peles e práticas vis semelhantes. A opinião pública contra a crueldade tem crescido na Inglaterra e deve se tornar mais forte em outras partes. John Grey escrevendo em *The Guardian Weekly* (6-11 de agosto de 1999) diz: "O bem-estar animal não é mais uma questão marginal. Tornou-se um fator chave na política britânica". A caça à raposa está se tornando uma questão pública tanto quanto o abuso infantil, apesar da vigorosa oposição dos caçadores, e esperamos, mais cedo do que se supõe, que o governo britânico ponha fim à caça por esporte.

O Conde Leon Tolstoi, que foi em algum momento um caçador fervoroso, conta como desistiu completamente do "esporte" após espancar um lobo até a morte. O animal tinha sido posto para fora do covil pelos batedores. Ele correu para bater no lobo com um grande pedaço de pau . . . e o atingiu na base do nariz, o local mais sensível. O animal olhou para ele diretamente nos olhos e a cada bordoada um suspiro sufocado escapava dele. Tolstoi escreveu posteriormente:

> O homem que compreende toda a importância da piedade não recuará perante o medo de que suas manifestações possam torná-lo ridículo aos olhos dos outros. O que importa, se ao libertar um camundongo preso numa ratoeira em vez de matá-lo, ele provoque gracejo ou reprovação, quando sabe que não apenas salvou da morte um animal que se aferra à vida tanto quanto ele, e ainda mais, que ele livremente deu expressão ao sentimento de compaixão, que deu um passo rumo àquela época superior do amor universal que, não admitindo limites, liberta-o da morte e o identifica com a fonte de vida.

Todo caçador age num sentido diametralmente oposto; não apenas uma vez por acaso, mas sempre, ele sufoca em si o precioso sentimento da caridade. É pouco provável que entre os caçadores não haja um único que ao menos uma vez sentiu o início da piedade por uma de suas vítimas, mas que, a cada vez, não busca dominar esse sentimento, considerando-o uma fraqueza. E é assim que ele pisoteia o recém-aberto botão da piedade, do qual poderia ter crescido e florescido o mais elevado sentimento e o mais perfeito amor. Neste constante suicídio moral jaz a maldade soberana do coração.

3. Penúria Moral (Out. 1994)

A penúria moral nos dias de hoje é um subproduto da riqueza material. Nesta nossa era de prosperidade, as expectativas são muito altas, enquanto a tolerância mesmo a desconfortos menores e problemas inevitáveis é baixa. Espera-se que outro alguém – o governo, a companhia de seguros, os vizinhos, qualquer outro grupo ou pessoa – assuma a responsabilidade pelo que lhe acontece. O espírito de prazer é o irmão gêmeo da recusa em enfrentar os golpes e as pancadas da vida de maneira responsável, sendo a autogratificação e a vantagem pessoal as principais motivações das crianças mimadas da sociedade extravagante de hoje em dia, com elevados padrões de vida.

Um exemplo divertido é relatado em *A Nation of Victims* de C. J. Sykes. Um homem rouba um carro e é morto enquanto o dirigia. Sua família então processa o dono do estacionamento de onde o carro foi roubado por não ter tomado as precauções devidas contra o roubo! Pode-se facilmente imaginar outros exemplos. A falta de atenção faz a pessoa escorregar e cair, mas a responsabilidade pelo que se segue – a fratura ou a luxação – não é aceita, e o dono do prédio é acusado ou processado por uma suposta deficiência no piso, no tapete ou no *design* do prédio. Tais incidentes são sintomáticos de enfermidade moral; somente aqueles de mente fraca evitam a autoconfrontação e esperam que tudo se resolva segundo sua conveniência.

A recusa em aceitar responsabilidade assume uma forma mais respeitável e sofisticada quando marginaliza questões morais transformando-as em meros temas para argumento intelectual. Como os prós e os contras são discutíveis, não há finalidade em decidir o que é virtude ou vício: diz-se que tudo depende das circunstâncias, ou supõe-se que não existe tal coisa como certo ou errado. Este agnosticismo moral é muito conveniente, pois o indivíduo neutro não assume obrigação.

Certamente que há fatores discutíveis na aplicação de princípios morais, por exemplo, a pena capital, a eutanásia ou o aborto. A vida é tão complexa que cada conclusão sobre tais assuntos traz consigo as falhas correspondentes, e nenhuma visão faz justiça a cada caso individual. Mas os dilemas que surgem no campo da aplicação não desfazem o terreno da moralidade em si tornando a virtude redundante. Não pode haver argumentação, condicionalidade ou relativismo a respeito da gentileza como imperativo. Só pode existir sobre como deve ser aplicada e qual é a melhor forma de ajudar em cada circunstância. A humanidade não pode se dar ao luxo de avalizar a gentileza como requisito moral, porque a essência do ser humano está em corporificar tal virtude. Nem também o fato de as pessoas sofrerem lhes dá, por sua vez, o direito de serem grosseiras. Circunstâncias extenuantes exigem consideração somente porque os seres humanos ainda estão longe da plena estatura humana, da perfeição que os espera. A virtude em si não sofre diminuição por isso, nem se pode questionar o valor absoluto da educação na virtude, a não ser que os seres humanos desejem retroceder para o nível bestial em vez de se elevarem à estatura do homem perfeito.

Antigamente, quando o ensinamento religioso era uma forte influência, as pessoas eram condicionadas a seguir cegamente sua própria autoridade religiosa particular sobre questões morais. As crueldades e as superstições sancionadas pela religião obtinham o selo de moralidade. Nos dias de hoje há menos de tais condicionamentos e mais debilidade moral gerada pela busca do prazer. Haverá um caminho do meio entre o condicionamento moral pela religião, e sustentar que todas as questões morais são discutíveis, e que não existe tal coisa como certo ou errado porque tudo é relativo?

Do ponto de vista teosófico uma moralidade viva nasce com a compreensão de certas verdades fundamentais. A vida deve ser vista como um todo indivisível, e o destino humano visto sob esta perspectiva; e a compreensão do movimento evolutivo como um processo de despertar interior torna claro o que é o dever, e onde jaz o progresso. Aprender a respeito da vida não é um outro nome para condicionamento, porque envolve observação direta, uso imparcial da razão, uma devoção séria à verdade e o teste de princípios na vida diária. Uma moralidade assim é forte e estável; os ventos da circunstância, da crença e do desejo não têm poder para golpeá-la.

Nossa sociedade moderna é pueril e doente porque há carência de educação sobre este assunto e, portanto, não há senso moral comum. Não é preciso grande habilidade intelectual para compreender que a crueldade, a desonestidade, a ganância e a autogratificação são indesejáveis, e que toda a sociedade sofre quando a virtude não é reconhecida como essencial à vida humana. Também o conforto e a riqueza não são uma benção quando ensinam às pessoas a renegar a responsabilidade e esperar cada vez mais.

4. Dependência e Decadência (Abr. 1981)

Uma das principais causas da atual decadência dos valores é a crescente dependência de homens e mulheres cujas mentes são condicionadas por objetivos consumistas. As necessidades físicas dos homens são, aliás, poucas – alimentação balanceada e pura, vestimenta e abrigo simples. Antes do avanço da tecnologia, o vestuário era uma questão simples para a grande maioria das pessoas. Havia pouca variedade de têxteis e os materiais para os fabricar estavam comparativamente perto. Atualmente inúmeros tipos de tecidos estão no mercado, envolvendo uma vasta organização. Os materiais básicos para sua fabricação, juntamente com os recursos energéticos, têm de ser obtidos de locais distantes. Do mesmo modo, organizações complexas cercam a indústria de alimento, criada para satisfazer o desejo por variedades exóticas e excitantes.

Quando há dependência de recursos que têm de ser trazidos de locais específicos, o terreno da imoralidade está preparado. Todos os princípios são lançados ao vento na competição entre nações para conseguir matéria-prima. Também os indivíduos abandonam convenientemente seus princípios quando suas próprias necessidades têm de ser satisfeitas. Assim, pessoas que de outro modo seriam civilizadas não se importam em consumir *foie gras* apesar da chocante crueldade infligida aos gansos.

A dependência existe em relação não apenas a objetos, mas a ideias, sistemas, pessoas e assim por diante. Um relacionamento que esteja baseado na dependência psicológica torna uma pessoa senhor e a outra escrava. Apego e medo, solidão e frustração e um monte de outras misérias emana da caixa de pandora da dependência.

Em qualquer consideração séria sobre as causas que têm levado à decadência da moral e dos valores nos dias atuais, não se pode ignorar atitudes e modos de conduta que aumentam a dependência psicológica. A busca febril por padrões de vida cada vez mais elevados e a adoção do prazer pessoal como a principal meta da vida são responsáveis não apenas por escravizar a mente, mas também por rebaixar os valores e produzir a decadência da sociedade.

A vida de simplicidade e mesmo de austeridade defendidas pelas religiões do mundo tem grande relevância para a construção de uma sociedade boa na qual os seres humanos possam desabrochar sua percepção dos indestrutíveis valores superiores tais como harmonia, verdade e beleza.

5. Moralidade em Ruína (Maio 2003)

Por estarem dotados de faculdades que são especiais, os seres humanos têm responsabilidades especiais. Uma delas é o poder de discernir entre certo e errado, e bem e mal. A partir de um sentimento rudimentar para fazer o que é certo - sentido como pontadas da consciência - que existe mesmo em seres humanos primitivos, até o estágio de saber o que é verdadeiramente bom, há uma jornada perigosa que todo ser humano deve empreender. No caminho, muitos naufragam porque a mente é a assassina do real. Ela mascara o mal e o faz parecer benéfico e bom.

Muitas pessoas riem da atitude do proverbial professor que espanca o menino à sua mercê e diz: "Isto dói mais em mim do que em você, mas é para o seu bem". Mas há muitos de tais exemplos de pessoas alegando ser altruístas, mas causando danos em larga escala ou em sua própria pequena esfera. Os comunistas genuínos buscavam sinceramente estabelecer uma sociedade igualitária onde ninguém passasse necessidade e ninguém desfrutasse de vantagens excessivas. Mas esses idealistas foram responsáveis por causar sofrimento indescritível. As autoridades da Igreja que estabeleceram a Inquisição, com seu sistema de tortura e compulsão, para "salvar almas", acreditavam que seus objetivos religiosos justificavam o tratamento demoníaco aos "hereges".

Agora temos um paralelo em escala global: as nações que querem acabar com os terroristas estão desrespeitando os princípios básicos da sociedade civilizada, tais como *habeas corpus*, igualdade perante a lei, e liberdades civis. Para salvar o assim chamado mundo democrático, meios hediondos estão sendo usados para extrair informação de pessoas inocentes, muitas vezes sob mera suspeita baseada em preconceitos de raça, cor ou religião. Pessoas estão sendo detidas, sem acesso a advogado ou parentes. Mesmo o governo britânico teve dificuldades de entrar em contato com seus cidadãos detidos pelos Estados Unidos no Afeganistão. A história está se repetindo: a imoralidade está sendo praticada para preservar a sociedade civilizada! Escrevendo sobre este assunto no *The Washington Post*, Richard Cohen diz: "A civilização está ameaçada não apenas por terroristas, mas também pelos meios que usamos para os combater".

É difícil agora distinguir entre terroristas e os autodenominados antiterroristas. No longo prazo, seus métodos violentos só podem destruir, não construir, uma boa sociedade. Ao criar uma classe de pessoas que nada tem a perder atacando o opressor, está lançada a base para um mundo mais marcadamente dividido. Cohen cita Jean Amery, um combatente da resistência que os nazistas penduraram no teto com as mãos amarradas para trás: "Vinte e dois anos depois eu ainda estou balançando sobre o chão com os braços deslocados" - tanto que ele se matou. Muitas dessas pessoas no futuro podem se matar e matar outros porque estão totalmente destroçadas.

É preciso uma revolução interior para encontrar meios justos de assegurar paz duradoura, em vez de recorrer à violência para superar inimigos, imaginários ou reais.

6. Ciência e Moralidade (Nov. 2005)

Um obituário no *Times* de Londres, de 2 de setembro de 2005, anunciando a morte do Professor *Sir* Joseph Rotblat, um cientista de renome que devotou grande parte de sua vida à campanha contra as armas de destruição em massa, dá a seguinte informação:

> Existem no mundo cerca de 25 milhões de cientistas e engenheiros . . . destes, cerca de 500 mil trabalham somente com pesquisa e desenvolvimento militar. Se apenas físicos e engenheiros de pesquisas, aqueles na vanguarda da inovação tecnológica, forem incluídos, mais da metade está trabalhando para os militares, aperfeiçoando armas existentes e desenvolvendo novas armas.

Essas pessoas recebem salários mais altos e financiamentos muito maiores para pesquisa do que seus colegas na pesquisa civil.

A validade da pesquisa feita em nome de vários estabelecimentos é suspeita, porque tem seu próprio viés tendencioso e pouco se importa com o bem-estar das pessoas comuns. A pesquisa militar não é exceção. O público em geral não está consciente dos graves perigos que podem afetar o futuro da humanidade como consequência dessa pesquisa. Poucos pesquisadores e peritos se preocupam com a moralidade do que estão fazendo, estando mais interessados em suas carreiras e na corrida para obter fama e vantagem material.

Além de seu notório trabalho como cientista, o professor Rotblat foi um exemplo notável de alguém pronto para sacrificar a vantagem pessoal por um objetivo nobre – no seu caso, libertar o mundo das armas nucleares e outras armas de destruição em massa. Por causa do seu posicionamento ousado, ele recebeu o reconhecimento que verdadeiramente merecia somente nos seus últimos anos de vida, quando se tornou membro da Royal Society e ganhador do Prêmio Nobel.

No início de 1944, Rotblat foi com um grupo da Universidade de Liverpool para trabalhar em Los Alamos para desenvolver a bomba atômica. Por volta do final do mesmo ano ele soube que o serviço de inteligência americano estava ciente de que os alemães não conseguiriam produzir a bomba e, contudo, os Estados Unidos pretendiam lançar bombas sobre Hiroshima e Nagasaki. Ele aprendera a pilotar e conseguiu sair de Los Alamos sem o conhecimento do pessoal da segurança. Sendo de origem polonesa, ele era suspeito e permanecia desacreditado. De volta à Universidade de Liverpool, ele ficou horrorizado com a matança e a situação de perigo de mais de 250 mil pessoas nas duas cidades japonesas. Ele se voltou para trabalhar sobre o uso da energia nuclear para propósitos médicos e juntou-se a cientistas eminentes como Albert Einstein e Bertrand Russel ao emitir um manifesto exigindo o desarmamento nuclear e a abolição da guerra.

Ele esteve incessantemente ativo na promoção das conferências Pugwash, cujo objetivo era persuadir cientistas veteranos de todo o mundo a discutirem as responsabilidades éticas envolvidas na aplicação da ciência para o desenvolvimento de armas nucleares. Dizem que, no total, houve mais de duzentas conferências gerais e oficinas especializadas com participantes de mais de sessenta países. Porém, a ausência de preocupação ética entre os cientistas continua a resultar no mau uso da ciência e da tecnologia. Isto é tanto mais alarmante agora, pois há a possibilidade de se usar armas biológicas, engenharia genética e outras formas de conhecimento avançado para propósitos militares e genocidas.

Deve ser criada uma conscientização pública contra o uso da ciência para propósitos imorais por políticos inescrupulosos, auxiliados por um grande número de cientistas e técnicos.

7. Por Que Tanta Fraqueza Moral? (Dez. 2005)

Pergunta-se por que a maioria dos seres humanos é moralmente fraca. Mesmo pessoas bem educadas, com um bom histórico familiar, sucumbem às tentações, que podem nem mesmo parecer tentações para elas. Por exemplo, quando um grupo de pessoas está fofocando a respeito de alguém, quantos têm a força moral para não se juntar ao grupo, e quantos exercerão sua influência contra a conversa fiada? Muito poucos. A maioria das pessoas é arrastada por qualquer corrente em que se encontrem. A tentação sobre a forma de desejo por poder é muito comum. Sabe-se de pessoas bem comportadas e modestas que sucumbem à tentação ao atingir uma posição de autoridade sobre os outros – humanos e animais. Então o desejo por poder se expande, e numa crise, tais pessoas podem fazer coisas terríveis.

De acordo com relatórios da mídia, quando o caos total foi causado pelo furacão em Nova Orleans e milhares de pessoas ficaram totalmente desamparadas, houve casos de estupro e comportamento delituoso. Que tipo de gente é essa que é vencida pelo desejo em tais circunstâncias de total miséria e se aproveita de pessoas indefesas? É através da fraqueza moral de um tipo bastante repreensível que as pessoas são impelidas a se entregar a tal depravação.

A tentação não está fora, mas dentro da mente, como compreendeu Oscar Wilde quando disse: "Eu consigo resistir a tudo menos à tentação". Mas podemos nos fortalecer internamente e estabelecermos relações em nossos corpos que possam repelir forças externas indesejáveis e nos tornem seguros moral e espiritualmente. Quase todo dia elementos e energias poluidoras estão atacando o corpo físico de todas as pessoas, incluindo descarga de automóveis, vírus e outras coisas. Somente as pessoas com boa saúde têm a resistência para suportá-los. Da mesma maneira, os corpos sutis (etérico, astral e mental) estão também sujeitos a impactos do exterior. Pelo fato de estes corpos se interpenetrarem e reagirem uns sobre os outros, cada nível afeta o que acontece nos outros, o que explica por que a ira pode causar úlceras estomacais ou pressão alta e assim por diante. Existem atualmente experimentos para monitorar a consciência global que podem confirmar o que de há muito sabemos teosoficamente, que a soma de emoções e pensamentos prevalecente no mundo pode afetar vários grupos de pessoas ou indivíduos, levando-os à amizade ou má vontade, à generosidade ou possessividade. Quando há um surto de emoção, e pressão em larga escala é exercida sobre aqueles que são fracos, eles não conseguem deixar de praticar delitos. A história social mostra que há forças emocionais ocultas no nível astral inferior que podem fazer pessoas normalmente gentis, mas fracas, aceitarem ou unirem-se em atividades cruéis, vulgares ou outras.

Existe também uma penetrante força de inquietude mental levando as mentes fracas à distração, não lhes permitindo aquietarem-se. Porque a mente inferior em geral se regozija na autoimportância, mesmo uma pequena posição, ou um rótulo ou título de algum tipo faz a pessoa pensar que é melhor do que os outros.

Aos Pés do Mestre explica com clareza e palavras simples que o corpo astral "ele quer que fiques irado, que digas palavras ásperas, que cintas ciúmes, que sejas ávido por dinheiro"[36] e assim por diante; e "teu corpo mental deseja pensar em si mesmo como orgulhosamente ou separado."[37] Mas nós não somos nossos corpos. Quando nos tornamos mais conscientes disso, temos resistência para combater as vibrações degradantes e somos dotados de sensibilidade e cuidado com os outros. O ensinamento do Buda, "Deixa de fazer o mal. Aprende a fazer o bem", implica que quando uma pessoa sucumbe ao mal, ela está propensa a ser indiferente ao bem.

Quando nos sentirmos importantes e superiores, ponderemos sobre o que é verdadeiramente grande. Poderá a personalidade externa ser grande? Do ponto de vista espiritual ela é grande quando se anula e se torna um mero instrumento da natureza espiritual superior, que não é individual, nem minha nem sua, mas espírito universal. *Luz no Caminho*[38] ensina "Deseja ardentemente o poder". Este parece um conselho ruim, mas é seguido pela afirmação de que o único poder que vale a pena desejar é o poder de parecer como *nada* perante os olhos dos homens. É preciso grande força moral para alcançar aquele estado no qual a pessoa não queira ser nada e não se sinta lisonjeada a pensar que é alguém.

Nas *Cartas dos Mahatmas para A.P. Sinnett*, há menção às mil e uma fúrias que o peregrino deve superar – dúvida, ceticismo, desespero, inveja e assim por diante. Na tradição budista essas fúrias, chamadas fogos, são reduzidas a ira, cobiça e ilusão. Talvez possam ainda ser reduzidas e resumidas na palavra "cobiça" – cobiça por poder, por posses e por prazer. Essas três formas de cobiça são a base a partir da qual surgem todos os fogos menores. Por exemplo, se há cobiça, há também competição, ira, inveja e assim por diante. A cobiça

36 KRISHNAMURTI, J. , Brasília: Editora Teosófica, 8ª Ed. de Bolso, 2023, p. 24-25. (Nota Ed. Bras.)

37 *Ibid.*, p. 24-25. (Nota Ed. Bras.)

38 COLLINS, Mabel. Brasília: Editora Teosófica, 7ª Ed. de Bolso, 2020, p. 44. (Nota Ed. Bras.)

por poder é uma das mais perniciosas, e a ânsia por posses e prazer pode levar as pessoas a cometerem crimes terríveis.

Sendo assim, devemos aprender modos e meios de mantermos nossa integridade interior, nossa verdadeira natureza, para não sermos arrastados pelas forças que surgem de todos os lados - de fora e de dentro. A tentação aparece sob miríades de formas, e é nosso dever construir uma abnegação tão imaculadamente pura dentro de nós que renunciemos naturalmente - não apenas como ideia, ao amor pelo poder, posses e prazer, e desenvolvamos sensibilidade e abertura para o verdadeiro e o bom.

8. Quem Tem Direitos Morais? (Dez. 1993)

Num artigo que apareceu na revista *Time,* de 29 de março de 1990, sobre a capacidade de pensar dos animais, foram discutidos seus direitos morais, e como conclusão foi dito: "Se a noção de que os animais pudessem verdadeiramente pensar representa um problema, seria um problema ético. Os grandes filósofos usaram a crença de que os animais não podem pensar como justificativa para argumentar que eles não têm direitos morais. Uma coisa é tratar os animais como meros recursos se presume-se que eles sejam pouco mais do que robôs vivos, mas é totalmente diferente se são reconhecidos como seres sencientes semelhantes. A elaboração de implicações morais cria um quebra-cabeça perfeito para uma espécie de cérebro grande, altamente social, como a nossa".

O autor do artigo refere-se a vários experimentos feitos em anos recentes que sugerem que os animais verdadeiramente pensam. Os golfinhos realizam vários atos sob comando, por exemplo, saltar no ar e simultaneamente cuspir jatos d'água. Isso quer dizer que eles têm de encher as bocas de água *antes* de saltar no ar - um truque que exige alguma antecipação. Os papagaios não apenas falam, mas respondem a perguntas corretamente, até mesmo descrevendo a cor, a forma e o tamanho de um objeto. Segundo este relatório a maioria dos cientistas leva agora a sério o grande número de novas evidências sugerindo que outras espécies compartilham com os seres humanos algumas habilidades mentais superiores.

Chimpanzés e símios lideram. Dizem que um chimpanzé pigmeu de doze anos tem habilidades gramaticais de uma criança humana de dois anos e meio. O chimpanzé consegue aprender a ordem das palavras e responder a comandos em mais de seiscentas frases faladas. Há informação de que os símios carecem de controle vocal para emitir palavras, mas entendem a linguagem falada. Embora possam estar distantes dos seres humanos no uso da linguagem, eles não podem ser descartados como entidades não pensantes. Os experimentos estendem-se a golfinhos, leões marinhos, baleias, cães e outros animais. A observação de alguns dos animais indica que os mais desenvolvidos entre eles conseguem usar ferramentas e pregar peças. Aliás, eles são muito mais inteligentes do que pensam as pessoas.

Parece que os cientistas que duvidam que a inteligência exista nos animais estão se tornando minoria. A maioria está começando a reconhecer que os animais têm vida emocional e mental. É irônico que os cientistas não consigam reconhecer e entender o que é óbvio, porque eles entendem ser não científico aceitar o que não pode ser provado. Portanto, muitos experimentos têm de ser feitos para validar o que é óbvio para o leigo, ou seja, que os animais pensam e sentem emoções tais como lealdade, medo e amor.

Porém, voltando à questão dos direitos morais, existe um presságio sinistro em ligar direitos à capacidade de pensar, como o artigo parece fazer. Uma tal vinculação poderia levar à inevitável conclusão de que os seres humanos mais inteligentes têm mais direitos morais do que os menos inteligentes. Os deficientes mentais não teriam direitos e poderiam ser exterminados como são os animais. Eles também devem ser considerados como mercadoria e "meros recursos". Haveria também o problema de decidir o que é inteligência, e se a capacidade de pensar é sinônima de inteligência. O próprio fato de a capacidade pensante do homem ter crescido tanto e, contudo, ele ainda estar cometendo tantos erros em várias frentes, mostra que essa criatura de cérebro grande ainda não se desenvolveu muito em verdadeira inteligência.

À luz da verdade, que significa espiritual, inteligência, os direitos morais não são avaliados em proporção à capacidade de pensar, mas vistos como sendo inerentes a formas vivas. Tudo tem o direito de viver, de ser livre, crescer e desfrutar felicidade. A vida é senciência, sentimento, pensamento, percepção, seja num estado de latência ou no decorrer do desabrochar. Como todos os poderes e faculdades da vida existem potencialmente em cada forma viva, todas elas merecem o mesmo respeito e carinho. Portanto, não podem ser classificadas como tendo mais ou menos direitos segundo a percepção humana de seu valor, especialmente se o valor for pesado contra o poder de pensar. Aliás, quanto menos desenvolvida e menos capaz de defesa for uma criatura, mais direito ela tem de ser protegida, e o homem, "a criatura mais evoluída", tem a responsabilidade de cuidar dela com um espírito afetuoso.

9. Motivos e Suposições (Fev. 2006)

Nesta edição de nossa revista estão incluídas duas contribuições – uma delas lidando com a importância do altruísmo na senda espiritual, e a outra com a natureza das suposições alojadas nas mentes das pessoas – que precisam ser examinadas.

Aquelas pessoas que são verdadeiramente sérias a respeito de trilhar a senda espiritual devem plantar a semente do altruísmo no início da própria jornada e cultivá-la com grande cuidado e coragem. Na obra bem conhecida *Bhagavad-Gitā*[39], consta que o caminho para o Supremo jaz em restringir e subjugar os sentidos, "com sua dualidade eliminada, concentrados no bem-estar de todos os seres". Este ensi-

39 Brasília: Editora Teosófica, 2ª Ed. Revisada de Bolso, 2014, p. 117 (V-25) (Nota Ed. Bras.)

namento une ao considerar tudo igualmente com devoção ao bem de todos. Essa devoção implica altruísmo, abnegação e autoesquecimento.

Membros da Sociedade Teosófica, idealistas, filantropos e pessoas com espírito de serviço em geral devem acreditar que seus relacionamentos são baseados no princípio da igualdade. Intelectualmente eles podem estar completamente convencidos da necessidade de tratar todas as pessoas com respeito. Mas na verdade, no fundo da mente subconsciente de todas as pessoas, exceto dos sábios iluminados, jaz a sua posição de desigualdade.

Consequentemente, pode ser sensato ir mais fundo e questionar se realmente experienciamos um sentido de igualdade com todas as pessoas independentemente de diferenças em realização, caráter e compreensão. Pelo fato de subscrevermos a fraternidade universal ou realizarmos atos de serviço com um senso de justiça, consideramos como certo que experienciamos igualdade, assim como fazem os sábios e iluminados?

No nível superficial, um número razoável de pessoas pode ser altruísta e de mente universal, mas no nível subconsciente é muito mais difícil libertar-se dos impedimentos psicológicos na senda espiritual, porque herdamos do passado certas noções fortes que foram úteis num determinado momento, mas que são um impedimento no estágio humano.

A desigualdade está incorporada em certos níveis de manifestação, porque o curso da evolução continuamente produz diferenciação. O princípio primordial da unidade torna-se cada vez mais velado. A semelhança é incessantemente reduzida enquanto a individualidade se desenvolve. Portanto, criaturas mais evoluídas como cães, elefantes e primatas apresentam características altamente individuais.

Mas, infelizmente, a diferenciação torna-se, na mente humana, o terreno para a crença na separatividade. Isto é *māyā*. Esta é a base para o sentimento subconsciente de desigualdade estampada na mente-cérebro, até que o ser humano comece a refletir profundamente. Ele então compreende que a experiência da separatividade é ilusão; como também o é a desigualdade associada que lhe parece tão real.

O tigre e o leão são caracterizados pela força que possuem, enquanto o cordeiro e o servo tipificam a gentileza. Eles não podem ser a mesma coisa, nem o podem outras criaturas, uma vez que têm suas próprias qualidades particulares. No estágio pré-humano, a sobrevivência depende de notar essas diferenças, em saber que criatura é mais forte ou mais inteligente, em estar perceptivo da natureza dos variados perigos colocados pelo ambiente. Pelo fato de isto estar profundamente arraigado no nível inconsciente ou subconsciente profundo, nos cérebros herdados pelos seres humanos, é que o sentimento de desigualdade é persistente.

Mentalmente as pessoas boas podem ver que existe uma qualidade preciosa dentro de todo ser vivo. Esta percepção é sentida como uma convicção para a santidade da vida. Mesmo então, oculta da observação imediata, a ilusão da desigualdade continua a agir como um veneno na nossa consciência, impedindo a mente de ser simples e clara, livre de julgamentos e da avaliação do que é melhor ou pior. Um verdadeiro senso de igualdade só é experimentado por aqueles que são completamente livres de qualquer tendência para julgar ou reagir.

Aliás, as diferenças não indicam superioridade ou inferioridade. Haverá uma base real para se imaginar que o ouro é melhor do que a argila? É a mente humana que, através das idades, tendo adquirido o hábito da avaliação, imagina que o ouro é melhor do que a argila. Em consideração, podemos ver facilmente que o ouro é melhor somente para certos propósitos, enquanto a argila é superior de outras maneiras. Assim, poderemos pôr fim à reação sob forma de julgamentos, que leva a classificar e medir tudo segundo uma escala feita de gostos e aversões pessoais?

Todas as motivações têm origem no sentido egoico, justamente como a suposição de desigualdade se fortalece na mente quando ela se torna cada vez mais perceptiva das distinções. Um aspirante espiritual bem intencionado pode, por meio da observação paciente e de um processo de negação, libertar-se dos muitos desejos e objetivos do centro egoico, o "eu". Ao consistentemente usar a faculdade de *viveka*, fica claro que muitos dos nossos gostos e buscas não têm nenhuma importância.

Um desejo inato por felicidade faz as pessoas buscarem posses materiais ou importância, poder, fama e outras satisfações efêmeras. Através de um longo período de repetidos desapontamentos e sofrimentos desperta na mente da pessoa a verdade de que nenhuma dessas coisas assegura a felicidade ou algo de valor essencial como segurança ou paz. A assim chamada luta pela vida, que causa doença, frustração e muitos outros problemas, é o subproduto de objetivos imaginários seguidos de desilusão; somente *viveka* supera as aspirações egoístas da mente ignorante

Mas precisamos notar que mesmo quando a busca mundana por prazer, posses ou poder é abandonada, ainda permanece o senso egoico, o sentimento de que "eu existo" cercado de inúmeros "não eus", que é como um grande peso que a pessoa carrega consigo. O senso egoico cresce à medida que a individualidade se desenvolve, e todas as motivações, tanto boas quanto ruins, são as pressões da egoidade. Num certo estágio da jornada evolutiva é fácil ser generoso, mas a generosidade é frequentemente maculada, porque a mente está consciente de sua própria virtude. Como podemos nos libertar da postura básica, que aparece sob muitos disfarces: "Sou eu quem faço; eu atingi tal e qual coisa para benefício dos outros; eu sou aquele que sabe e estou confiante de que meu conhecimento servirá aos outros?" Por trás de tal sentimento de ser isto, aquilo ou aquilo outro, espreitam as motivações geradas pelo eu.

A liberdade é um estado no qual não há condicionamento (incluindo suposições ocultas ou *vāsanās*) nem motivações projetadas pela consciência do "eu". Compaixão e amor não são motivações, mas a natureza divina se manifestando.

10. Autorrestrição e Civilização (Jun. 2006)

O princípio da restrição pode ser encontrado atuando em toda parte na Natureza, no crescimento do corpo e da mente. Ele se manifesta como limites impostos pela Natureza para manter a ordem e o equilíbrio. O cientista E. W. Sinnott ressalta no seu livro intitulado *The Biology of the Spirit*:

> As raízes em um corte não crescem indefinidamente, mas somente até que a proporção normal de raiz para brotar tenha sido restaurada. De alguma forma, nesta pequena ponta que está brotando há, em miniatura, a confecção do todo. Mas esta capacidade nunca se manifesta, a menos que a ponta esteja isolada do resto. O que ela fará depende de onde esteja, mas sempre e persistentemente o resultado não é uma mistura heterogênea de folhas e caules, mas uma série de plantas inteiras ordenadas. Assim como todo soldado do exército de Napoleão carregava o potencial bastão de um marechal em sua mochila, assim cada ramo de um gerânio carrega a possibilidade de uma planta inteira em si.

Daí aprendemos que a raiz e cada ramo e parte do, digamos assim, gerânio, contêm energia ou poder para crescer e se expandir, mas esse poder é restringido de uma maneira misteriosa até que seja necessário para entrar em ação.

Muitos outros exemplos de limites estabelecidos pela Natureza estão à nossa volta, mas frequentemente não percebemos a maravilha porque estamos por demais familiarizados com o fenômeno. O coqueiro e outras árvores que crescem muito não continuam crescendo, mas param num certo ponto antes de perder o equilíbrio e tombarem. Aliás, todas as vezes que vemos um coqueiro elevando-se à altura de vinte metros do chão, devemos ser provocados a nos perguntar como ele consegue preservar o seu centro de gravidade. Quando e como a Natureza lhe comunica: "É hora de parar de crescer". Todas as coisas que estão crescendo param quando parar é a coisa mais sensata a ser feita, se é que se pode usar esta frase.

O sistema da Natureza regula toda a vida e os relacionamentos mútuos na terra, produzindo equilíbrio, do qual certamente muito se tem falado. Quando uma espécie prolifera e se reproduz muito rapidamente, uma solução natural surge e a população da espécie começa a decrescer por uma razão ou outra. Se por exemplo ratos, esquilos, cobras e outras criaturas que se proliferam em grande escala são mantidas sob controle por predadores, geralmente tanto o predador quanto a presa são beneficiados. Mas geralmente o equilíbrio se perde quando os seres humanos intervêm, insensatamente confiantes em seu próprio conhecimento superior.

Entre os vários impulsos incorporados ao corpo para a sobrevivência do indivíduo e, através do indivíduo, da espécie, está a fome. Mas todas as criaturas selvagens têm freios embutidos que limitam este impulso e evitam danos ao ambiente. Raramente os animais comem em excesso; eles sabem por instinto quando parar, mesmo se houver abundância de alimento. Eles não sofrem de tentação como os seres humanos, que se empanturram nesta era de vasta e variada produção de alimentos. Diz-se que a obesidade está assumindo proporções epidêmicas, por causa dos hábitos alimentares descontrolados das pessoas. O impulso sexual é também uma parte necessária do sistema de sobrevivência, mas nas criaturas pré-humanas está confinado a uma estação particular, e elas não são vítimas dos problemas viciosos que afligem a sociedade humana – sexo não natural, o comércio da carne, doenças e assim por diante.

Embora muito mais possa ser dito a respeito da ordem natural que cria equilíbrio entre crescimento e restrição, passaremos à questão da cultura, e civilização exibindo um elevado nível de cultura. Cultura não é sinônimo de talento ou genialidade. Artistas altamente talentosos e gênios no campo da ciência ou literatura podem ser grosseiros e sem cultura. Isto porque cultura implica autorrestrição, e autorrestrição deve surgir a partir da auto-observação e da percepção, de que eles carecem. O homem é o único agente livre na Natureza, declarou a Senhora Blavatsky. Essa liberdade pode ser descontrolada, insensata e destrutiva, ou quando apropriadamente usada com restrição, comprova ser um patrimônio valioso para o desenvolvimento do indivíduo e da sociedade. No ser humano, que por ora se alienou da Natureza, não há autorrestrição instintiva. Ela tem de ser encorajada através da autopercepção. A pessoa culta sabe como falar, agir e se relacionar e, portanto, é atenciosa, não estando propensa a participar de discussões ou causar sofrimento à sua família, sua sociedade ou ao ambiente em geral.

O ilustre cientista Charles Birch afirma no seu livro, *Confronting the Future*:

> Se tivermos de continuar habitando a Terra, deverá haver uma revolução no relacionamento dos seres humanos com a Terra, dos seres humanos entre si, e com outras espécies que compartilham a Terra conosco. Uma sociedade comprometida a crescer como a única solução para seus problemas não apenas se contradiz contra o mundo natural, mas também humanos contra seres humanos por causa da natureza inerentemente competitiva da experiência.

Toda a humanidade deve aprender a praticar a restrição, o que implica que os indivíduos que compõem a sociedade humana devem ser verdadeiramente cultos, sem se tornarem buscadores imprudentes de prazer e lucro, presunçosamente satisfeitos a respeito de sua habilidade para inventar e desfrutar.

Nossa assim chamada civilização moderna não encoraja a restrição. Por outro lado, foram encontrados inúmeros incentivos para induzir desejo de todo tipo – por alimento, entretenimento, excitação, dinheiro, poder e outras coisas, adotando quase quaisquer meios para satisfazer os desejos. Sendo assim, a crueldade está sendo praticada numa escala sem precedentes, o ambiente está sendo devastado, e a diversidade da Terra rapidamente reduzida. Os problemas agudos que existem atualmente são em grande parte resultado de não se querer aceitar limites ao crescimento. Ganância é a palavra de ordem da sociedade humana de hoje, e é duvidoso até que ponto podemos considerar a atual era competitiva como civilizada.

Vale lembrar também que a base da cultura, que significa, como já dissemos, restringir-nos para termos ordem e graça nos relacionamentos, é essencial para o progresso espiritual. Muitos dos nossos textos religiosos consideram a autorrestrição uma qualificação importante para se prosseguir na senda espiritual. No *Vedanta*, *dama* é um dos seis dotes espirituais ou *sampattis*. No *Dhammapada*, também é colocada ênfase na autorrestrição para se trilhar o Caminho. Afirmações semelhantes existem em todas as grandes escrituras e textos religiosos. A autorrestrição confere múltiplos benefícios, sendo importante para preservar o equilíbrio da Natureza, para construir uma sociedade culta e funcionar numa civilização onde a vida espiritual possa florescer.

11. Vidas Que se vão na Fumaça (Out. 2006)

Um dos homens mais ricos do mundo, o Sr. Michael Bloomberg, prefeito da cidade de Nova Iorque, está doando, segundo notícia de jornal, 125 milhões de dólares para combater a indústria do fumo nos Estados Unidos e seus métodos nefastos de induzir as pessoas a fumarem, que significa adoecer, e possivelmente morrer. Dizem que seu esforço para banir o fumo em bares, clubes noturnos e restaurantes tem provocado crítica furiosa. O Senhor Bloomberg declarou que criará uma Iniciativa Mundial Pare de Fumar, que combaterá os interesses comerciais cuja propaganda diz-se resultar na morte de cinco milhões de pessoas por ano pelo consumo de tabaco. Há muitas maneiras de matar, e também de cometer suicídio, pois das pessoas que habitualmente usam o fumo nem todas ignoram seus efeitos perigosos, contudo não desistem. Certamente que existe um grande número de pessoas analfabetas na China, Índia, África e provavelmente em outras partes, que não entendem que danos estão infringindo a si mesmas e aos outros ao fumarem.

Não se sabe se uma decisão de um Juiz do Tribunal Distrital americano contra as práticas enganosas de *marketing* das empresas de tabaco se aplica às campanhas de promoção dessas empresas de tabaco fora dos EUA. As companhias receberam ordens para parar de rotular os cigarros de "*light*", "baixo alcatrão", etc., o que faz com que os compradores acreditem que não existe muito risco em fumar esses cigarros. As companhias de fumo pretendem apelar contra este julgamento, e provavelmente usarão seus enormes lucros para serem bem-sucedidas.

Até aqui, a China tem sido o maior mercado de tabaco. Os jovens são especialmente atraídos e são muito vulneráveis, mas os barões do fumo são completamente indiferentes ao seu destino e continuam com suas atividades criminosas sem hesitação. Os governos também são irresolutos e até mesmo subsidiam o cultivo do tabaco.

Um estudo feito para uma edição especial do *The British Medical Journal* sobre "Controle do Fumo" mostra que o fumo aumenta enormemente a chance de se ter um AVC ou ataque cardíaco e, certamente, câncer. A indústria de fumo tem seus próprios pesquisadores pagos para "fabricarem" descobertas que lhes convêm. Existe muito pouca preocupação a respeito do dano causado aos fumantes passivos, que não têm opção senão inalar a fumaça.

Um artigo muito recente no *Washington Post* informa que a quantidade de nicotina na maioria dos cigarros aumentou uma média de quase 10 por cento de 1998 a 2004, com as marcas mais populares entre os jovens e as minorias registrando os mais elevados aumentos e o mais elevado conteúdo de nicotina, segundo um estudo. Como afirmado no relatório, os níveis mais elevados de nicotina poderiam teoricamente tornar os novos fumantes mais facilmente viciados, e tornar mais difícil para fumantes habituais pararem. "Acrescenta aqui

"Doral lights, uma marca de baixo alcatrão feita pela RJ Reynolds, tinha o maior aumento no campo, 36 por cento. . . . A nicotina nos produtos da Marlboro, preferidos por dois terços dos alunos fumantes do nível médio, aumentou em 12 por cento. Kool lights aumentou 30 por cento".

O mundo de algum modo só se preocupa a respeito dos horrores do genocídio quando cometidos com o uso de armas, mas está relativamente inconsciente dos crimes genocidas perpetrados por empresas gananciosas.

Capítulo 7

Liberdade

1. Liberdade de Pensamento (Set. 1980)

A liberdade de pensamento é básica para o trabalho da Sociedade Teosófica. Embora uma literatura considerável tenha sido apresentada através da Sociedade àqueles que estão buscando compreender os mistérios da vida, nada há nessa literatura que seja imposta como crença, credo ou sistema de pensamento a ninguém. A Sociedade permanece absolutamente fiel ao seu lema, "Não há Religião superior à Verdade", para enfatizar que uma importante resolução oficial da Sociedade afirma que "não há nenhuma doutrina, nenhuma opinião de quem ensinou ou sustentou, que seja de alguma forma vinculativa para qualquer membro da Sociedade, nenhuma que qualquer membro não seja livre para aceitar ou rejeitar".

É possível que a influência generalizada que a Sociedade conseguiu exercer sobre as mentes de homens, mulheres e até mesmo crianças em todo o mundo, com diferentes históricos culturais, religiosos e intelectuais, seja em grande parte devido ao fato de que eles se sentem capazes de trabalhar, buscar e viver numa atmosfera de liberdade dentro da Sociedade. A liberdade, mal-entendida como licença para agir de forma egoísta, em crassa indiferença ao impacto do modo de vida pessoal sobre os outros, é desintegradora tanto para o indivíduo quanto para a sociedade. Mas a liberdade, corretamente compreendida, é uma bússola que leva em direção à Verdade. Ela integra o indivíduo fornecendo-lhe uma direção correta. A Verdade reúne todos os devotos numa homogeneidade sutil. O elo de união que une todos aqueles que respiram o ar puro da liberdade à medida que galgam a senda para a Verdade é e deve ser a força que consolida a Sociedade Teosófica.

A liberdade na Senda que leva à Verdade está ligada à Fraternidade em relacionamento, ambas sendo princípios que devem ser mantidos no modo de funcionamento da Sociedade Teosófica. Fraternidade e Liberdade são os dois pilares essenciais para apoiar e manter o equilíbrio da estrutura da Sociedade. Uma sem a outra sujeitaria o edifício a tensões e ruptura.

2. Fraternidade, Verdade e Liberdade (Set. 1980)

Somente uma apreciação da totalidade do homem consegue abrir um novo caminho para o futuro, que não terá em seu rastro os tipos de erros desoladores que foram uma mancha no passado. Uma visão abrangente da atividade e da história humana mostra a validade dos princípios e das atitudes básicos acalentados dentro da Sociedade Teosófica. Fraternidade no relacionamento, devoção à Verdade e nada menos do que à Verdade, e liberdade para descobrir a natureza da Verdade por si próprio são fundamentais para o progresso.

Cada uma das palavras – Fraternidade, Verdade, Liberdade – contém um tesouro de significado. As implicações de cada uma têm de ser assiduamente exploradas. Nenhuma sem as outras é suficiente para estabelecer em força o trabalho da Sociedade Teosófica. Fraternidade como conceito isolado pode deteriorar-se numa fraca sentimentalidade. "A liberdade" que não é moderada, purificada pelas restrições impostas pela fraternidade tem raízes no egoísmo e provê o solo para conflitos. A verdade não é conquistada pela mera crença, mas através dos rigores de uma livre investigação e a disciplina de uma vida não separativa.

O futuro da Sociedade Teosófica estará assegurado se houver um tal espírito prevalecente dentro dela, que sintetize os princípios de fraternidade e liberdade, e se ela corporificar a dignidade derivada de uma preocupação sincera com a verdade.

3. Maturidade para a Liberdade (Jun. 1981)

Pode parecer que a chuva caindo seja um infortúnio; o calor do sol, também, pode ser considerado prejudicial. Mas tanto a chuva quanto o sol são estimulantes para a semente que jaz oculta, no solo, pronta, ao seu toque, para irromper com nova energia, para crescer e se transformar numa grande figueira. Assim como dentro da pequena semente está contido o potencial da árvore, também dentro da consciência humana, que atualmente parece ser limitada, sujeita a sofrimento, dor e impotência, existe imensa possibilidade. Ao ser humano é dada a liberdade para irromper de sua concha e permitir que o seu esplendor brilhe. O pinto tem que esperar que a mãe choque o ovo, mas quando chega o momento ele usa sua própria força e energia para abrir a concha e emergir para viver uma vida de liberdade fora dela. Também o ser humano, até certo ponto, tem que esperar pelas circunstâncias para fazê-lo avançar. Mas quando a mente começa a perguntar como viver, quando começa a questionar que ações são certas e que ações são erradas, quando a questão moral se apresenta, o momento é propício para o ser humano romper a concha ou, como a semente, germinar e começar a crescer e se transformar numa grande árvore.

O verdadeiro teósofo estuda não apenas os ensinamentos teosóficos – as grandes Verdades e leis do Universo – mas o livro da Natureza, da criação, o livro de sua própria vida. Ele verá com novos olhos as verdades até aqui ocultas dentro dele. Sabedoria e pureza, assim como inteligência, devem ser estimuladas através do verdadeiro estudo teosófico. Uma conferência não se destina a suprir ideias estéreis, mas a estimular *insights* e prover nova energia, para transformá-la nas ações da vida diária em todos os momentos do dia e através de cada contato que ela provê para o nosso crescimento.

4. Medo da Liberdade (Jul. 1998)

O hábito é útil no nível físico. É pelo hábito que ocorrem várias das funções do corpo físico, e continuam de modo eficiente. Se fosse preciso aplicar a mente aos processos físicos tais como respirar e digerir, não sobraria energia para mais nada. Portanto, o corpo evoluiu de tal maneira que automaticamente cuida de suas próprias funções essenciais.

Porém, o hábito atuando na nossa natureza psicológica, estabelecendo reflexos que dispensam o uso da mente e da inteligência, está longe de ser uma vantagem. As pessoas inteligentes têm teorias a respeito de usar a prontidão mental para estar condicionadas como um método de reforma, mas esse é apenas um meio para os espertos explorarem os outros. Muitos dos problemas atuais – religiosas, políticos ou econômicos – envolvem tal exploração.

As pessoas estão tão acostumadas ao condicionamento que às vezes perguntam se é de algum modo possível não serem condicionadas, ou seja, serem verdadeiramente livres. Implícito na pergunta está o desejo de agirem mecanicamente, de serem tuteladas a pensar e agir, e também o medo de serem completamente livres, totalmente por conta própria.

O movimento evolutivo prosseguiu continuamente na direção de maior liberdade, fisicamente e internamente. Fisicamente o animal, por certo, é mais livre do que o vegetal, não estando enraizado em um local; enquanto o vegetal é mais livre do que o mineral, pois é capaz de crescer e ter mais experiências. Com cada reino surge maior liberdade, mas o processo não é totalmente físico. O ser humano exercita a escolha e não está sob compulsão, como está o animal, para procriar quando chega a estação, ou lutar para comer. Há escolha sob a forma de decisão para compartilhar, esperar ou renunciar.

É simplesmente lógico, portanto, prosseguir do condicionamento, que é escravidão a processos mecânicos, para um estado de plena atenção, que é liberdade. As respostas psicológicas que são compulsivas – o medo que obscurece a mente, a ganância descontrolada e outros impulsos, como também opiniões que permanecem não examinadas e automáticas – são impedimentos óbvios à liberdade. Todas as reações irrefletidas que surgem de experiências passadas obstruem a inteligência. Em outras palavras, o condicionamento é incompatível com a liberdade e impede o verdadeiro progresso, segundo o plano evolutivo que está ampliando a liberdade estágio a estágio.

O medo de um estado de completa liberdade interior, de um total descondicionamento da mente, sem muletas para se agarrar, é irônico. É a resistência do ser humano ao próximo estágio – o despertar espiritual. O "homem animal" contrapondo-se ao "homem divino".

O condicionamento pode ocorrer sob qualquer circunstância quando o medo da liberdade espreita. É uma falácia acreditar que o condicionamento é causado por circunstâncias ou coisas particulares – organizações, cerimônias, ambiente ou ensinamentos. Estes são fatores relativamente menores; o verdadeiro problema é o medo e a dúvida sobre a liberdade interior ser plenamente desejável. Qualquer coisa pode condicionar a mente quando ela carece de percepção, e nada precisa de condicionamento se está alerta e aberta ao que está acontecendo. Os textos antigos mencionam particularmente o condicionamento racial ou corporal, ambiental ou social, escritural ou verbal. Na percepção, o impacto de todas essas influências será visto e, portanto, a ação torna-se inteligente.

Luz no Caminho declara que a inteligência é imparcial. Todo tipo de condicionamento, seja sutil ou grosseiro, é um empurrão numa determinada direção e, portanto, não é imparcial. As experiências passadas que se impregnam na memória e dão origem a reações mecânicas afetam a mente tanto quanto as influências que exercem pressão de "fora". Imparcialidade é estar livre de empurrões e pressões; é o reto e estreito caminho do meio entre todos os opostos.

No *Dhammapada*, que é reputado por conter palavras do Senhor Buda, há uma seção sobre o estado de percepção que salvaguarda a pessoa de escorregar e cair no erro. As reações mecânicas e o comportamento desatento frequentemente colocam os relacionamentos num emaranhado. Palavras são ditas involuntariamente por causa de pressões internas. Um surto de mau humor ou emoções exageradas leva a pessoa a um ponto onde ela realmente não quer estar. Após o evento, poderia haver arrependimento ou a consciência de ter perdido o controle, mas então uma trilha de maus sentimentos, incompreensões ou suspeita teria surgido. O remédio é a vigilância, que desacelera e então põe fim a tais reações.

A mente deve ser mantida alerta. Um verso do *Dhammapada* diz que as pessoas imaturas (infantis) e não inteligentes escorregam, enquanto as inteligentes valorizam a percepção como a maior riqueza. Quando há um estado mental atento e vigilante, que é sinal de inteligência, resulta num modo de vida correto, ordeiro e disciplinado. Uma pessoa tão inteligente é comparada a uma ilha que nem uma inundação consegue submergir, a uma luz que não tremula ao vento.

A percepção é a fonte para a felicidade e a paz. Como ressaltou Krishnamurti, as feridas não são causadas pelas outras pessoas, mas pela autoimagem que é perturbada. Nem um comentário, pouco elogioso ou lisonjeiro, muda aquilo que a pessoa é. Ninguém se torna mais sábio porque alguém diz que ele o é, nem ninguém se torna um tolo porque é descrito como tal por uma outra pessoa. É o retrato de si próprio projetado pelo pensamento que é afetado, causando ofensa ou autossatisfação. Mente firme e inteligente é aquela que compreende que estes problemas são autocriados, e consequentemente está livre de agitação, capaz de se transformar. A transformação e o aumento da compreensão só nascem da percepção e jamais através do condicionamento, que é inconsciência.

5. Liberdade e Falta de Desejos (Nov. 2004)

Um equívoco da era atual que cria imensos problemas é a ideia de que a liberdade depende de condições externas. Isto é contrário ao antigo pensamento indiano que encorajava todas as pessoas, mesmo aquelas que não eram nem cultas nem educadas, a descobrirem a natureza da liberdade (*moksha*) e da escravidão (*bandha*), e se a fonte de liberdade está dentro ou fora. Esta descoberta é crucial para a humanidade.

Quando se imagina que a base da liberdade jaz em condições externas, existe uma luta para adquirir e desfrutar essa liberdade, por exemplo, por meio do acúmulo de riqueza. Isto pode simplesmente ser descartado como parte do "materialismo", mas por trás desse materialismo está a ilusão de que ter dinheiro e posses pode comprar o que se queira – viagens, poder e muitas de tais coisas. Essa ideia é forte nas pessoas que possuem dinheiro, e em todos aqueles que estão ansiosos para ter mais. Mas o dinheiro não liberta ninguém da ansiedade ou da infelicidade, ou do medo da morte e da mudança. O dinheiro apenas permite à pessoa fazer certas coisas durante um certo tempo, mas não pode comprar segurança, felicidade ou amor.

Paralelamente às ilusões a respeito do dinheiro, existe a crença de que poder é sinônimo de liberdade, porque com poder pode-se dar ordens aos outros, pôr alguém na prisão, ou ganhar a satisfação de pensar que se é livre para fazer o que se queira. Antes do declínio da cultura indiana, as pessoas eram aconselhadas a ponderar sobre o que é a verdadeira felicidade e não supor que prazer, posses ou um conjunto de procedimentos poderiam assegurá-la. Quando as pessoas não mais estavam interessadas em descobrir o que é a liberdade, mas satisfaziam-se em citar o que outras pessoas tinham a dizer a respeito, e tentavam atalhos para isto, teve início o declínio da cultura indiana.

Liberdade é um estado de ser que é completamente independente, não precisando de nada, e consequentemente nada pedindo. Na

Bhagavad-Gitā, Arjuna pergunta quem é "o sábio de mente estável" (*sthita-prajña*), aquele que é completamente estável e em paz, não afetado por condicionamento interno nem pelas pressões psicológicas da sociedade. Krishna responde que tal sábio não é perturbado porque está livre de todo desejo. Este é o cerne da questão: quando morre todo desejo por coisas materiais como também pelas assim chamadas espirituais, há liberdade interior.

Deve-se ser livre de desejo mesmo pelas coisas espirituais? Paradoxalmente, sim, pois o desejo age como um véu; distorce a percepção, e consequentemente obstrui o conhecimento do que é verdadeiramente espiritual. O desejo pelo espiritual, baseado em concepções errôneas, leva a um beco sem saída. Em *Luz no Caminho* há um trecho dramático a respeito da abertura do desabrochar da percepção após muitas batalhas terem sido travadas e vencidas. É o florescer da alma que conquistou sua própria natureza. Mas será possível viver sem nenhum desejo? Sim, é possível, examinando nossa própria mente e desejos e descobrindo que impactos produzem em nossas vidas.

A devoção é considerada verdadeira quando há autoentrega da vontade pessoal e o devoto nada pede. Sua mente abre mão de toda coisa desejável, confiando num poder maior do que ela mesma. Autoentrega inclui o fim do desejo de alcançar, efetuar mudança, se aprimorar. Este não é um estado de inação, mas de extrema vigilância. Não implica que devamos viver sem senso de retidão, ou de nobres valores; mas significa que nada buscamos – nem satisfação nem sucesso.

Quando a percepção floresce, sua luz revela que nada existe a ser alcançado por si próprio. Tudo é parte de um todo, e o conceito "eu devo alcançar", "eu devo realizar, e quando eu o fizer o mundo irá melhorar", deixará a mente. Nada há de real que uma única pessoa consiga alcançar. Somos todos parte de um movimento ininterrupto, e o que quer que precise ser produzido só o será quando a totalidade das condições estiverem corretas. Para que as águas de um rio permaneçam puras, cada gota deve ser limpa, mas a gota não pode irrigar a terra, ou melhorar a fertilidade do solo. Do mesmo modo, as pequenas gotas que compõem a vasta corrente da evolução têm uma tarefa comum e não há importância na realização pessoal.

O estado de liberdade interior é um estado de verdadeira felicidade, e a fonte de relacionamentos amorosos. Na nossa vida diária, devemos aprender que o que quer que esteja em desacordo com esse estado, por exemplo, a ansiedade – a respeito do próprio futuro, a respeito da saúde, a respeito do que irá acontecer com os filhos ou netos ou à propriedade – destrói a liberdade. Nada podemos fazer a respeito desse futuro, o que não é uma prescrição contra fazer um testamento ou mandar os filhos para uma boa escola. Ainda assim, devemos observar que a ansiedade para ver as coisas acontecerem segundo nossas ideias preconcebidas é fútil e só serve para perturbar a mente. A preocupação não fará com que um trem chegue no horário ou impedirá um acidente na estrada. Diz-se, portanto, que a ansiedade, a preocupação e o medo são obstruções no caminho. Podemos não estar ferindo ninguém ao nos preocuparmos com coisas pequenas, mas olhando objetivamente para dentro de nós mesmos podemos compreender que a ansiedade, a preocupação e o desejo de ver as coisas acontecerem como queremos, em nossas mentes, escraviza-nos e priva-nos da liberdade. Só podemos fazer o nosso melhor e nada mais. Se esta se torna a nossa abordagem geral à vida, podemos ter maior paz.

G. S. Arundale, no seu livro *You,* ressalta que a vida é um pouco como um caleidoscópio. Criamos conexões *kármicas* e encarnação após encarnação renovamos contatos com as pessoas que conhecemos. Mas se buscamos preservar um tipo particular de relacionamento, o caleidoscópio da vida não o permitirá. Mesmo quando se move o caleidoscópio levemente a figura muda, embora as peças sejam as mesmas. A vida é assim. Apego e desejo por relacionamentos particulares somente complicam a nossa mente. Liberdade interior significa aceitar toda mudança. A liberdade não é disto ou daquilo. Liberdade é um estado de falta de desejos. A batalha que *Luz no Caminho* menciona é a respeito de conquistar o desejo qualquer que seja a forma que surja, através da observação e compreensão. Toda batalha vencida torna mais fácil para a alma crescer e desabrochar. Voltando ao que dissemos no início, a liberdade deve ser descoberta, não alcançada.

6. A Estrada para a Liberdade (Abr. 1999)

Um dos propósitos do verdadeiro ensino religioso é despertar as pessoas do profundo condicionamento, do pensamento mecânico e de imitar o que os outros sempre fizeram. Há uma forte tendência para se viver egoisticamente porque todo mundo é egoísta; ser agressivo, porque a autodefesa e superar os outros é ser esperto; agarrar-se e lutar por posses, porque as atitudes mundanas e a propaganda assim encorajam; e fazer todas as coisas que incorporam o indivíduo na estrutura da vida convencional. Infelizmente, as religiões estabelecidas, longe de promoverem o espírito religioso da investigação inteligente, fazem o oposto. Ao imporem a crença, desencorajam as pessoas de pensar de modo independente. O clero, quando assume o papel de intermediário entre Deus e as pessoas, impede o desenvolvimento de um pleno senso de responsabilidade no indivíduo. A autoridade das escrituras e palavras que devem ser aceitas sem questionamento ou investigação matam o intelecto.

Os verdadeiros instrutores, por outro lado, preocupam-se com o "despertar da inteligência". Este é o desabrochar da faculdade de discernimento (*viveka*), começando com a compreensão do que fez a humanidade entregar-se à violência, à ganância, à agressão e assim por diante durante milênios, e também à percepção de manifestações de tal condicionamento na própria pessoa. Atenção, reflexão e percepção abrem a mente para a possibilidade de a pessoa se libertar da compulsão e da conformidade. Crença, obediência cega, relutância em prestar atenção aos fatores psicológicos dentro do indivíduo e na sociedade, e a tendência de fazer o que quer que seja imediatamente conveniente são sérios obstáculos ao despertar. Por isso o Buda disse: "Não aceitem o que eu digo, mas descubram o que é a Verdade". Devemos ver por nós mesmos que os caminhos do mundo são dolorosos ao extremo e que deve haver uma mudança; somente então se pode encontrar a energia para ouvir sem cair na crença, investigar sem preconcepções e descobrir a verdade diretamente.

Muito poucas pessoas gostam de ouvir uma mensagem que as faz sair do torpor; elas preferem estagnar internamente e depender dos outros para a salvação. Seguir a corrente mundana é muito mais fácil do que fazer o forte esforço necessário para emergir na praia. O oceano de *samsāra* está cheio de tubarões e outras feras perigosas como descrevem os textos clássicos, mas as pessoas querem permanecer nele, talvez porque sintam vagamente que o mal conhecido é melhor do que o desconhecido.

Somente por meio da atenção paciente e sustentada, do pensamento profundo e da contemplação sobre a raiz dos problemas da vida, e da purificação e do refinamento da faculdade de percepção é que se desenvolve a clara visão. Não há alternativa para indivíduos empreendendo um tal curso de autotreinamento, que pode ser longo ou curto dependendo da seriedade com que a ele se aplicam. O mundo não pode mudar por si mesmo, os indivíduos compõem o mundo, e somente os indivíduos que mudam podem transformar o mundo.

7. O Que é Prático?

O que é prático, em oposição ao que é teórico e especulativo, deve produzir resultados que sejam úteis e satisfatórios. Certamente que está relacionado a objetivos: o que é prático do ponto de vista do montanhismo pode não ser para os propósitos de voar ou de jardinagem. Os meios adotados para todo empreendimento devem estar em conformidade com os objetivos. Se a natureza dos meios ou o modo como são empregados anula os objetivos, obviamente não se seguirão resultados práticos. O propósito de uma atividade deve estar consistente e intimamente relacionado a cada faceta e estágio da atividade para torná-la totalmente prática.

Embora os seres humanos pareçam ter diversos objetivos - dinheiro, poder, conhecimento, prazer e assim por diante - existe um histórico de necessidades básicas a partir das quais a mente funciona, muito embora a pessoa possa não estar consciente de que assim seja. Felicidade e paz são, portanto, fundamentais para a vida de todos. Poder, dinheiro e coisas assim só são desejáveis quando vistos como levando a um estado de felicidade, ou consistindo de um estado de felicidade: sem isto, são como cinzas. A propensão que têm os indianos para classificar levou-os a condensar uma multiplicidade de objetivos sob os três mais conhecidos, ou seja, bens materiais (*arhta*), prazer (*kāma*) e metas éticas e religiosas (*dharma*). Não se pensou que alguma dessas daria origem à felicidade fundamental de que falamos. Portanto, dizia-se que o objetivo último de todo ser humano é um estado de liberdade interior (*moksha*) que por si só contém verdadeira felicidade, paz e bondade.

Ao longo da história do homem inúmeros dos assim chamados esforços práticos foram feitos para melhorar a condição da sociedade humana e produzir o máximo de felicidade e bem-estar para os indivíduos. Esses esforços "práticos" assumem a forma de luta por causas, embora ao custo de vidas, impondo ideologias, obrigando as pessoas a se conformar com sistemas e assim por diante. Também no nível individual há esforços para se ser prático, tais como adquirir o máximo para si, trabalhar pelo sucesso e geralmente promover o autointeresse. Na maioria destes esforços, o processo em si e os meios usados subvertem os objetivos. A luta para adquirir e manter o que lhe pertence causa tanto estresse que a mente se torna agitada. Talvez por estarem inconscientes, poucas pessoas veem a contradição entre o objetivo básico de encontrar paz, e um modo de vida estressante. Houve reformadores sinceros que adotaram meios cruéis e ideologias cruéis para produzir o bem-estar das massas, mais uma vez ignorando a contradição entre buscar fazer o bem e criar sofrimento.

Enquanto as pessoas pensarem em termos de objetivos imediatos e resultados superficiais, as ideias que têm a respeito do que é prático estão fadadas a permanecer erradas. O mundo sofre de materialismo extremo, que significa superficialidade extrema, pois o materialista vê apenas a aparência externa e não a verdade total. Somente quando se tem vislumbres mais profundos do Universo e do homem é que pode haver alguma compreensão do destino do homem e do relevante propósito para sua atividade. O conhecimento das coisas materiais não é prático do ponto de vista de se descobrir felicidade duradoura. Por outro lado, o conhecimento da base espiritual da vida leva infalivelmente ao tipo certo de atividade que resulta em bem-estar duradouro.

Qualquer filosofia verdadeira, portanto, é profunda e prática ao mesmo tempo. Não é prática uma perspectiva de vida que crie confusão ou produza ganho material juntamente com inquietude do coração ou sofrimento. Também não é prática uma profunda visão de vida se não serve para aproximar a meta básica da paz interior, e da libertação das vontades psicológicas que são a principal causa da infelicidade humana. O que é verdadeiramente prático só nasce da compreensão profunda.

Capítulo 8

A Arte de Viver

1. A Arte de Viver

O lótus é um símbolo do crescimento da alma. Ele jaz adormecido na lama da ignorância, ou *avidyā*, através de encarnações, depois lentamente se eleva para níveis mais claros de ignição, e finalmente desabrocha gloriosamente, exibindo as qualidades espirituais que jazem latentes em seu interior. Como escreveu H.P.B. n'*A Doutrina Secreta*:

> Tudo que existe tem apenas uma realidade relativa, não absoluta, uma vez que a aparência que o númeno oculto assume para qualquer observador depende de seu poder de cognição. . . . O Progresso ascendente do Ego é uma série de despertares progressivos, cada avanço trazendo consigo a ideia de que agora, pelo menos, alcançamos a "realidade"; mas somente quando tivermos alcançado a Consciência absoluta, e nos mesclado com ela, estaremos livres das ilusões produzidas por *Māyā*.

Esses despertares são importantes porque dão novos significados à existência e com cada despertar é experimentado um senso mais profundo de unidade com o resto da vida.

Toda experiência que é sentida como espiritualmente revigorante e nova envolve uma mudança na consciência do perceptor: o que antes parecia um objeto monótono revela-se vibrante de vida para uma consciência que seja mais sensível e que penetre mais profundamente. Pode-se pensar num selvagem que mata sua esposa e a come porque está faminto – tal como as aranhas comem seus parceiros – porque ela é simplesmente um objeto comestível. Mas quando evolui e desperta para um diferente estado de percepção, ele vê não apenas um objeto, mas uma pessoa muito próxima.

A arte de viver consiste em aprender a experienciar significado e beleza jamais antes conhecidos, que traz consigo um sentimento de revigoramento e, dependendo do nível, mesmo de um sentimento de êxtase. Santa Teresa d'Ávila escreveu: "Uma genuína visão celeste propicia à alma uma colheita de inefáveis riquezas espirituais, e uma admirável renovação da energia corporal". Aqueles que se aprofundaram neste assunto na antiga Índia disseram que a experiência do invisível e do desconhecido que existe em níveis profundos, além do mundo da materialidade e do mundo do pensar e imaginar, é o propósito da verdadeira arte. A criação de imagens é um produto da experiência lembrada, do passado. Pertence à mente condicionada, e não a um despertar da consciência.

A novidade experimentada na percepção profunda e no relacionamento é verdadeiramente criativa. Há muitas coisas que têm nome de arte, mas frequentemente tal arte é meramente uma questão de adquirir a habilidade para produzir tipos variados de objetos e estimular os sentidos. A criatividade da verdadeira arte, por outro lado, eleva a consciência do espectador ou do sujeito acima do sentimento, "Eu estou neste tempo e espaço". Portanto, comunica o sabor de um mundo espiritual no qual o "eu" não existe, um mundo de luz, beleza, paz e dos valores que pertencem à eternidade. Como podemos aprender essa arte, a maior de todas as artes, que abarca e inclui todas as outras artes, da qual aqueles que se libertaram da autoimagem e transcenderam a ilusão do tempo e do espaço são mestres?

Todos os seres vivos não humanos sobre a terra inconscientemente manifestam a capacidade artística da mente cósmica. Uma planta absorve nutrição da terra e do sol e é infalivelmente transformada numa forma de beleza. As músicas dos pássaros e os movimentos dos animais são fontes de alegria e beleza, mas sem qualquer intenção de sua parte. Os seres humanos, porém, estando alienados da Natureza, pelo menos por algum tempo, não conseguem fazer isto. O ser humano tem um papel diferente. Em *A Doutrina Secreta*, a Senhora Blavatsky declara que toda criatura deve passar pelo estágio humano, onde a realização inconsciente dos propósitos da Natureza é substituída pela ação criativa que surge da plenitude da percepção. Não compreendendo isto, o homem cria caos fora e dentro de si mesmo – o caos que é luta e sofrimento. Para emergir desse caos, ele deve entender sua posição no grande plano da vida. Deve estudar atentamente, entender o propósito da Vida e se tornar uno com ela, assim como um membro de uma grande orquestra torna-se uno com a totalidade da música criada.

No atual estágio de evolução, o pensamento domina nossas vidas à custa de outras faculdades e, portanto, a sociedade humana tornou-se desigual e desequilibrada. O viver criativo exige equilíbrio interno e o uso de faculdades superiores de percepção, livre dos processos do pensamento. Grandes artistas atestaram que seu trabalho é meramente a expressão visível do que lhes é revelado num nível sutil. Dentro de uma peça de pedra bruta, por exemplo, o escultor já consegue ver uma forma de beleza. Quando o cérebro físico não está atuando, o *insight* quanto à essência das coisas ocorre no silêncio. Naquele pequeno livro esclarecedor, *Luz no Caminho*, isto é chamado de desabrochar da alma. Os sentidos estão vivos, a mente está alerta, o coração está aberto, e o olho interno consegue ver. Chamamos tal percepção de "amor", porque quando existe amor verdadeiro, não amor mundano, existe um encontro da alma com a essência oculta da vida. Annie Besant, numa de suas palestras, disse: "Aquilo que jamais pode vir por meio de argumento, controvérsia, raciocínio intelectual, virá quando o coração do amor dentro de nós tiver despertado".

Assim sendo, a arte de viver é a arte de amar. O amor não chega pelo desejo; não podemos dizer "eu amarei", e amamos. Tal como o artista, devemos trabalhar com esta finalidade durante muito tempo para obtermos a visão interior, e compartilharmos com os outros a beleza e a verdade percebida. Quando purificada, a consciência abre-se a formas de beleza, sons sutis e à verdade nos níveis mais profundos.

A cada nível mais profundo, a luz da verdade brilha mais gloriosamente. Mesmo no nível astral, dizem, as belas montanhas e vales que encontramos na Terra têm contrapartes ainda mais bonitas. No conhecido trecho sobre beleza em Platão, aprendemos a passar das coisas particulares da beleza para a beleza absoluta, de todos os particulares para a unidade. Em *Ocultismo Prático,* a Senhora Blavatsky aconselha: "A mente deve permanecer impassível a tudo o que não sejam as verdades universais na Natureza, para que a Doutrina do Coração não se torne apenas a "Doutrina do olho".

Pensamos com os nossos cérebros, mas como disse Krishnamurti, o amor não está dentro dos limites do cérebro. O cérebro é o instrumento da sensação, o centro de reações. Não conseguimos encontrar paz e amor dentro desse espaço limitado. Expulse cada pensamento hostil para com qualquer ser vivo, diz H.P.B.. O coração deve estar "pleno do sentimento de não separatividade do restante dos seres como de toda a Natureza". Essas palavras são significativas, porque não se sentir separado da Natureza e de todos os filhos da Natureza, é essencial para a percepção. Em *A Voz do Silêncio*[40] consta: "O *Dharma* do 'Olho'" [que é a percepção cerebral] é a personificação do externo e do não existente". O externo é o sonho do qual devemos despertar. A inspiradora invocação de Annie Besant sugere que para uma pessoa que está desperta, um átomo é uma realidade vibrante; para a consciência obtusa, é matéria inerte:

Ó vida oculta que vibras em cada átomo;

Ó luz oculta que brilhas em cada criatura;

Ó amor oculto que tudo abranges na unidade;

40 Brasília: Editora Teosófica, 6ª Ed. de Bolso, 2023, p. 148 [aforismo 128]. (Nota Ed. Bras.)

Saiba todo aquele que se sente uno contigo,

Que ele é, por isso mesmo, uno com todos os outros.

Aqueles que têm olhos para ver estão perceptivos da Presença divina em toda parte. Eles são os artistas espirituais que vertem amor e bênçãos sobre todos. A arte de viver e amar corresponde à mescla do espiritual e do psíquico do homem com a Natureza, de que falou H.P.B. Quanto mais houver dessa mescla, menos haverá do pequeno eu, e libertar-se do fardo do eu é o momento de alegria e êxtase artísticos.

2. Vida Atenta (Dez. 1984)

O conhecimento, tal como o alimento, tem que ser assimilado, e quanto mais completamente isso é feito, melhor o resultado. Um alimento nutritivo, devidamente assimilado, torna-se parte da corrente sanguínea e é fonte de vitalidade e boa saúde. O tipo de ação de que o corpo é capaz depende da assimilação e da natureza do alimento. Força, agilidade, flexibilidade, energia e assim por diante são sinais de boa saúde.

O tipo de ação mental de que a pessoa é capaz depende também do que ela assimila dentro de si. Se o conhecimento é uma questão de memória, se é superficial, então a ação torna-se contraditória. O estresse, transparecendo como irritação, frustração, isolamento e muitas outras coisas negativas, é um sintoma da mente fora de condição.

Vale a pena considerar se o que é geralmente chamado aprendizado é de fato um processo de assimilação. A palavra é usada muito livremente; uma boa memória ou inteligência no uso das palavras podem parecer aprendizado, mas não é. Para que ocorra o verdadeiro aprendizado é preciso grande atenção. Mesmo aprender a digitar envolve, no início, grande atenção. Tocando nas teclas aleatoriamente, como faria um macaco, não é possível aprender a digitar. Depois de aprendido, o que acontece? Torna-se possível fazer o mesmo trabalho mecanicamente, sem atenção, como um reflexo.

Assim, primeiramente ocorre o aprendizado, depois a ação reflexa. Na ação automática não há atenção ou percepção. Na vida diária a maioria das pessoas age por hábito e, portanto, não há aprendizado.

Mas quando viver é uma arte, a posição é muito diferente. Arte implica não estar preso em ação mecânica. Um dançarino deve dar muita atenção para fazer o corpo funcionar de uma maneira particular. Quando a lição tiver sido bem apreendida, o corpo move-se por si próprio. Mas se o dançarino deixasse que a ação automática prevalecesse, não haveria arte na dança. Há um mundo de diferença entre um desempenho perfeito, mas automático, e um artístico. Tem de haver percepção contínua para levar ao movimento aquela excelência indefinível que é arte. É essencial dar atenção constante a tudo que acontece, fora como também dentro, para que haja assimilação do que é bom e acesso à verdade.

3. Pureza Através da Ação (Jun. 1981)

Talvez nada que alguém diga possa conter algo novo, e tudo que precise ser dito já foi falado ou escrito. O que é novo provavelmente não pode ser proferido, pois a novidade jaz na nossa percepção desperta e não na natureza do objeto percebido ou nas palavras que o descrevem. Podemos olhar para uma figueira e vê-la com olhos envelhecidos ou com olhos renovados. Ela não terá nenhuma mensagem para nos transmitir se a olharmos através das memórias de nossos contatos prévios. Mas se não a vemos através da memória de nossas experiências, a árvore é nova – nossa percepção dela é nova.

Quando nos reunimos numa conferência como esta, a novidade do que entendemos e descobrimos não jaz nas palavras proferidas. As pessoas estão destinadas a dizer a mesma coisa muitas vezes. Por exemplo, foi dito inúmeras vezes que amor não é apego, e que onde há apego não pode haver amor verdadeiro. Mas embora as palavras sejam familiares, quando realmente verificarmos a questão no reto espírito, mergulhando no conteúdo das palavras, veremos o verdadeiro significado da afirmação e certamente faremos uma descoberta nova a respeito do amor. Cada *insight* ou compreensão desse tipo leva-nos às profundezas e nos liberta das superficialidades às quais estamos acostumados. A mente agarra-se continuamente ao externo e óbvio, recusando-se a mergulhar na realidade – o significado por trás das palavras – que jamais está no nível superficial. O superficial é sempre velho.

Não é nosso propósito desta vez produzir ideias novas – talvez sejamos incapazes de fazê-lo – mas, voltar-nos para o interior e reconquistarmos a capacidade de olhar para as coisas de modo renovado, vendo-as a partir de um nível mais profundo. O problema de como viver uma vida teosófica – e este é o problema fundamental – pode ser abordado de muitos pontos de vista diferentes. A Teosofia não pode ser levada aos outros por aqueles cujas próprias vidas demonstrem pouca compreensão ou sabedoria. Se tivermos de falar a respeito de teorias que não estamos nos esforçando sinceramente para compreender e traduzi-las em ação, não seríamos melhores do que certos políticos que lançam palavras sem significado. Se o trabalho da Sociedade Teosófica tiver de ser eficaz, devemos todos nos pôr a trabalhar para produzir pureza e sabedoria em nossas próprias vidas, o que só pode acontecer se abordarmos a vida da maneira correta.

Na obra de Shri Shankarachārya, *Viveka-Chudāmani – A Joia Suprema da Sabedoria*[41], nos é dito que a ação é para a purificação da mente. As palavras são *chittasya suddhaye karma*. Aqui, tradicionalmente interpretada como "ação cerimonial". Mas tomada no sentido literal, a frase torna-se mais significativa. Implica que a vida nos oferece a possibilidade de aumentar a pureza e a sabedoria do coração

---

41 SHANKARA. Brasília: Editora Teosófica, 3ª Ed., 2020. (Nota Ed. Bras.)

e da mente através da ação. A ação não é necessariamente física: é muito mais. A resposta do coração através do sentimento é ação. Cada momento vivido num relacionamento do mesmo tipo – um relacionamento de isolamento, talvez, ou de companheirismo, de descoberta ou harmonia. Qualquer que seja, mesmo que seja o ato de se retirar para uma concha, é ação. Cada ação ocorre num contexto que oferece a possibilidade de permanecer num estado de ignorância ou de despertar num estado de sabedoria e pureza.

4. Ações, Não Palavras (Abr. 1998)

Esta frase, que foi usada pelos adeptos, enfatiza a importância de se viver segundo aquilo que entendemos. Há uma tendência geral na mente humana de se contentar com a compreensão teórica das verdades religiosas e espirituais, e não prosseguir agindo de acordo com essa compreensão. Isso porque é fácil fazer um estudo intelectual da vida espiritual, enquanto o esforço para viver essa vida exige forte determinação, perseverança, coragem, sacrifício e outras qualidades. O modo preguiçoso, certamente, é substituir as palavras por ações sem as quais a senda não pode ser trilhada.

O prólogo de *Aos Pés do Mestre*[42] deixa isto bem claro ressaltando que não basta declarar que as palavras do Mestre são verdadeiras e belas:

> O homem que deseja obter êxito tem de fazer exatamente o que é dito. Olhar para o alimento e dizer que é bom não satisfará o faminto; ele necessita estender a mão e comê-lo. Da mesma forma, não basta ouvir as palavras do Mestre; tu tens de fazer o que Ele diz, atendendo a cada palavra, aceitando cada sugestão.

É importante notar que é essencial fazer exatamente o que é dito. Muitos pretensos aspirantes gostam de adaptar as exigências para

---

42 KRISHNAMURTI, J. Brasília: Editora Teosófica, 8ª Ed. de Bolso, 2023, p. 12. (Nota Ed. Bras.)

satisfazerem a sua própria conveniência e compromisso com as exigências da sociedade ou as opiniões de seus vizinhos.

As qualificações para se trilhar a senda têm sido declaradas desde tempos antigos. Não pode haver dúvida a respeito das exigências fundamentais. Contudo, há umas poucas pessoas que perguntam como podem obter a libertação, alcançar a iluminação rapidamente, ou mesmo juntar-se à grande fraternidade de seres perfeitos, em vez de perguntarem a si próprias: O que eu tenho feito para preencher as exigências? Será a minha vida uma vida tal que pelo menos gradualmente todas as qualidades necessárias estão sendo construídas? Em outras palavras, será que o conselho dado em *Aos Pés do Mestre* e outros textos estão sendo levados a sério, e estará todo esforço possível sendo feito para a seguir as instruções?

No Nobre Caminho Óctuplo delineado pelo Senhor Buda, um dos pontos é o Reto Esforço. Frequentemente o esforço para produzir mudança nas próprias atitudes, reações, pensamentos e assim por diante, recebe a última prioridade - porque dizem ser difícil - enquanto uma grande quantidade de energia é dirigida a buscas efêmeras - para alcançar o sucesso que irá durar o curto período de uma vida ou menos, ou obter posses que não beneficiarão ninguém. Porém, através da observação imparcial poder-se-á compreender que o esforço é natural e, portanto, jamais é difícil. É a falta de seriedade e convicção que faz o esforço para produzir mudanças internas parecer difícil.

A natureza do esforço necessário para trilhar a senda é tal que não exige o abandono de nossas avocações normais. Para começar, é enquanto essas avocações estão em curso que devemos observar o que está acontecendo no interior da mente. Portanto, externamente, a vida não muda necessariamente: a pessoa não precisa separar-se da família ou dos amigos, desistir da profissão, a não ser que seja danosa para os outros, ou se tornar reclusa. Existem estágios na senda onde, naturalmente, as coisas acima acontecerão, mas a pessoa média não precisa temer que sua vida irá virar de cabeça para baixo. Ela deve continuar, mas com um olho atento que, como já foi dito, observe os pensamentos e as reações que surgem numa variedade de circunstâncias.

A prática do discernimento em meio à vida diária é uma das ações mais importantes a ser empreendida por uma estudante esotérico. Sem isso, a familiaridade com livros e ideias e a lembrança de belas palavras não prepara de modo algum. Fala-se a respeito de uma nova era, o novo milênio e outras coisas novas. Mas a novidade só virá quando pela prática de *viveka* aprendermos a filtrar nossos pensamentos e motivos e libertar a mente de seu velho e inútil conteúdo psicológico.

5. Sabedoria Viva ou Tradição Morta (Maio 2004)

A tradição deve constituir-se de sabedoria, crenças e princípios transmitidos à posteridade, oralmente ou pela prática. Pode conter o conhecimento acumulado obtido pela experiência ou pela sabedoria transmitido por pessoas altamente desenvolvidas. Porém, uma vez que é prática comum para a maioria das pessoas interpretar tudo que ouvem, mesmo o que diz o vizinho do lado, segundo sua própria conveniência, o núcleo de conhecimento valioso e de sabedoria na tradição tende a mudar continuamente para pior e deteriorar-se até se transformar em superstição. As ideias tornam-se rígidas; o conselho torna-se injunções arbitrárias; e os costumes são moldados segundo preconceitos locais e pontos de vista estreitos.

Toda civilização e todos os povos foram submetidos a várias formas de autoridade – igreja, cultura herdada, e antepassados que acreditavam possuir conhecimento ou sabedoria. Nas sociedades primitivas, o curso da tradição dependia de curandeiros e outras autoridades dúbias. Em sociedades mais avançadas, as escrituras foram modificadas e interpretadas por padres incultos e teólogos dogmáticos para satisfazerem seus propósitos mundanos, com pouco respeito pela verdade que pode ter sido transmitida do passado. Assim, muitas práticas tradicionais foram atrozmente cruéis e contraditórias à essência das tradições em questão.

Milhões de mulheres na China sofreram uma vida inteira da agonia de ter os pés atados na infância, só porque as pessoas eram condicionadas pelo pensamento convencional a imaginar que um andar afetadamente refinado realça a beleza e o valor da mulher. Na Índia, havia a prática terrível da esposa queimando-se na pira junto de seu marido, supostamente para mostrar devoção, mas estudiosos eruditos salientaram que, na maioria das vezes, era para evitar que ela herdasse a propriedade, o que só terminou com o Domínio Britânico. Mas mesmo hoje em dia a prática grosseiramente supersticiosa do abate de animais em templos em grandes números para satisfazer a deidade do templo é considerada por muitos como uma tradição religiosa inviolável e de benefício incontestável.

A vida é mudança constante – de pontos de vista, ideias, níveis de conhecimento, necessidades das pessoas, ambiente físico e muitas outras coisas. Portanto, as práticas e crenças tradicionais que as pessoas buscam fixar em moldes imutáveis não devem escapar ao questionamento crítico. Na sociedade moderna, com suas exigências tanto sobre homens quanto mulheres para entrarem para as profissões, viajarem, aparecerem em fóruns públicos e assim por diante, obviamente seria totalmente contra o bom senso forçar as mulheres a caminharem com os pés atados ou incapacitá-las pela prática continuada de usar espartilhos e vestidos impraticáveis. Toda tradição deve sofrer mudanças que são apropriadas às épocas, sem ceder terreno em respeito aos verdadeiros valores que devem ser mantidos independentemente de tempo e circunstância.

A sociedade moderna está misturando as populações do mundo e importando ideias novas, mesmo para áreas remotas do mundo. O avanço do conhecimento como resultado da inclinação científica para a educação está forçando as pessoas a reverem as crenças e práticas cegas impostas pela tradição. Em quase todos os países, há uma população considerável de "estrangeiros" cujos costumes entram em conflito com os da população nativa. Por exemplo, as comunidades muçulmanas que vivem em países cristãos representam um desafio às visões e aos costumes que prevalecem na terra "adotada". Seus costumes e tradições inibidores devem permanecer em voga contra todas as probabilidades? A pressão da modernidade é também um desafio para as pessoas que têm seguido certas práticas baseadas em valores testados ao longo do tempo. Deveriam elas abandonar, por exemplo, seu hábito alimentar de vegetarianismo, e o princípio da inofensividade que é a base de sua prática, para ser espertas e atualizadas? Até onde deve a tradição permanecer imutável e as mentes presas ao passado?

O Senhor Buda aconselhou que todas as ideias devem ser examinadas, e as pessoas devem descobrir por elas mesmas se essas ideias são conducentes ao progresso ou não. Há certos valores e virtudes que são eternos; não se aplicam apenas a uma seção da população no mundo, mas são relevantes para todos os povos em todos os tempos, porque sem eles não pode haver verdadeiro progresso na sociedade humana. Nesta perspectiva é claro que a tradição não deve degenerar e transformar-se num conjunto de ideias e crenças cegas: ela deve ser um canal para a preservação de valores imortais.

Um desses valores é a compaixão. Gentileza, simpatia e inofensividade – todos os quais expressam essa qualidade – estão implícitos na compaixão. Este princípio subjacente ao vegetarianismo deve ser mantido, embora possa não se adaptar a certos costumes contemporâneos. Há uma grande diferença entre as virtudes menores, tais como pontualidade ou rigorosidade, e valores e virtudes maiores, tais como compaixão, verdade e retidão. Se a virtudes principais não forem abandonadas, a tradição pode ser um instrumento eficaz de progresso, e não o contrário.

6. Sombra e Luz (Abr. 1996)

O agradável e o desagradável estão tão entrelaçados que são na verdade como os lados opostos de uma moeda. É agradável deitar-se na cama após um dia de trabalho, mas não por muito tempo; o prazer torna-se dor se for excessivo. Todo prazer chega a um ponto onde induz à saturação e ao tédio. A moderação parece ser necessária, pelo modo como os opostos atuam.

É um tipo de primavera aqui em Adyar. As Figueiras, os Mognos e os fragrantes Neems estão transbordando de vida nova; o tenro verde das folhas é encantador. É também a época quando muitas outras árvores estão florindo. O grande Algodoeiro, com grandes flores vermelhas no alto contra o céu azul, é uma vista maravilhosa; em toda a Índia e em Adyar também podemos vê-lo florescendo nesta estação. Tapetes de flores amarelas são espalhados pelos muitos *Peltophorums*, comumente conhecidos como Árvore da Vargem de Cobre. A Ashoka indígena, que foi glorificada em muitas pinturas indianas, está coberta de flores amarelas (*Saraca typengensia*), ou uma profusão de flores vermelhas (*Saraca indica*). Estamos nos deliciando com ambas. Várias outras vistas gloriosas saúdam o olho humano, e atraem os pássaros. Mas tudo isso acontece enquanto o sol segue na direção norte a fim de dar início ao tempo quente. O calor do verão é o outro lado do deleite que traz a estação.

Algumas pessoas tendem a ser mais conscientes do agradável e do bom nas variadas situações da vida, e são felizes. Outras se concentram no desagradável e são descontentes. Vemos o corpo meio cheio ou meio vazio? A manifestação é o jogo dos opostos. O jogo é *Māyā*. No Eterno não há opostos, apenas o bem supremo.

7. Quanto Tempo se Deve Viver? (Out. 1992)

Tem-se agora como certo que parte da obrigação de médicos e dos estabelecimentos médicos é manter os doentes vivos tanto quanto possível por todos os meios disponíveis. A pesquisa continua o tempo todo para descobrir maneiras novas e mais eficazes de afastar a morte e prolongar as vidas mesmo que por alguns dias ou semanas. Na persecução deste objetivo, tornam-se irrelevantes perguntas a respeito da qualidade e do valor da existência prolongada. A sobrevivência sob qualquer condição em qualquer idade é a consideração final.

Médicos e técnicos qualificados estão inclinados a se preocupar demais em colocar suas habilidades contra as probabilidades na batalha contra a morte. Desde que a morte seja mantida a distância por meio da perícia, não lhes importa se o paciente vive como um vegetal, com suas funções obstruídas e seus poderes mentais estiolados. Discutindo o assunto no seu livro *What Kind of Life,* Daniel Callahan diz com razão que o valor de uma vida não pode ser calculado em termos de que idade a pessoa tem no final dela. Quão significativamente a vida é vivida importa mais. Vidas comparativamente curtas como as de Shankarāchārya e Shelley beneficiaram mais a humanidade pela qualidade de seus pensamentos do que pelo número de anos.

O progresso da sofisticada tecnologia médica muitas vezes implica enorme quantidade de dinheiro sendo gasto para salvar a vida de uns poucos. Casos de teste ganham ampla publicidade e trazem a glória. Mas estas operações custam até $500.000 dólares, que convertidos para moedas mais fracas chegam a uma soma fabulosa, suficiente para alimentar milhares de desnutridos que não recebem sequer cuidados médicos comuns. A minoria abastada obtém o benefício da existência artificialmente aumentada após tratamento complicado, enquanto não se encontram recursos para prestar um mínimo de cuidado a milhões de pessoas que definham por falta de auxílio.

Isto faz surgir a pergunta: Para que vivemos nossas vidas? Quando a vida deixa de ser significativa, o prolongamento natural pode não ser um objetivo apropriado para os seres humanos. Será que os centenários, com memória fraca e os sentidos degenerados, cambaleando durante mais alguns anos com órgãos transplantados que estão sendo continuamente rejeitados pelo corpo, alcançam alguma coisa do ponto de vista evolutivo? O desejo supersticioso de prolongar a vida a qualquer custo, se vale a pena, saudável ou feliz, está dando origem a uma nova profissão criminosa. Crianças estão sendo raptadas, e pessoas pobres persuadidas e trapaceadas, e animais criados com o propósito de fornecer órgãos. A humanidade está causando grande dano a si mesma ao encurtar algumas vidas para prolongar outras.

Muitos erros podem ser evitados abandonando-se a crença de que um corpo particular é de imensa importância, e compreendendo que a vida é vivida com ou sem o corpo. Uma série de corpos trazem novas experiências e lições para cada alma. Se a fé na reencarnação fosse verdadeira, as pessoas seriam menos inclinadas a adotar a tecnologia que prolonga a vida de modo não natural. As implicações do *Karma* não são discutidas aqui. Porém, deve ser óbvio que o melhor seguro para a saúde é um espírito altruísta.

8. Soluções ou Problemas (Jun. 1988)

Foi noticiado que no intervalo de dois dias, no mês de março, aeronaves militares caíram muito próximo de usinas nucleares na Alemanha. Sempre que estes acidentes acontecem há partes interessadas prontas para minimizarem o perigo neles envolvidos. No caso do recente acidente aéreo, as autoridades tentaram acalmar a inquietação das pessoas assegurando que as instalações nucleares eram providas de sólidas e espessas paredes de concreto que poderiam com segurança suportar o impacto das velozes aeronaves.

Além do desastre em Chernobyl, tem havido vários outros acidentes ou quase acidentes menos publicados em usinas nucleares em outras partes do mundo. Cada um deles poderia ter resultado em sério perigo para um número maior de pessoas e espalhado contaminação. Vivemos também com a temível possibilidade de que algum dia, quando os sentimentos de ódio se tornarem intensos num conflito regional ou maior, bombas podem ser jogadas sobre usinas nucleares em território inimigo. É impossível dizer o que um país beligerante fará quando um conflito se prolongar por longo tempo, e as suspeições e animosidades forem inflamadas a tal ponto que atos desesperados pareçam justificados. A longa e prolongada guerra entre Irã e Iraque sem fim à vista já provocou o uso de armas químicas banidas por acordo internacional. Há várias dessas guerras aparentemente intermináveis em curso no mundo atualmente. Quanto mais duram, menos possibilidade existe de serem criadas as retas condições para a paz ou mesmo uma trégua. Cada ato agressivo, de qualquer que seja o lado que provenha, engendra ódio num grupo cada vez maior de pessoas do lado oposto. Então a tentação para fazer o impensável, que pode incluir ataques a instalações nucleares onde elas existam, poderia se tornar mais intensa.

Apesar destas possibilidades de acidentes e ataques, há defensores entusiastas da energia nuclear como solução para as necessidades energéticas do mundo. Não tem havido igual interesse na exploração de fontes de energias inofensivas tais como o sol, o vento e as marés. Não entendemos ainda que muitas das soluções adotadas atualmente se tornam, elas mesmas, problemas. O aumento crescente de lixo nuclear e industrial produzido, sem nenhuma forma verdadeiramente satisfatória de eliminação, é também prejudicial à saúde da Terra a longo prazo.

Sendo assim, será a energia nuclear uma solução ou um problema? Será a produção industrial sempre crescente uma dádiva? O mesmo tipo de pergunta surge com relação a outras coisas. Por exemplo, o uso extensivo de pesticidas e produtos químicos resolve um problema, mas por sua vez tem criado outros problemas maiores. Desde que foi publicado o livro *Silent Spring*, de Rachel Carson, as pessoas tornaram-se perceptivas de que os pesticidas geralmente causam mais dano do que benefício. Eles envenenam não apenas uma área particular ou forma de vida, mas têm efeitos de longo prazo fluindo através de vários ciclos biológicos.

É bastante comum atualmente manter pacientes com câncer dolorosamente vivos, muitas vezes por apenas um período limitado de tempo, tratando-os com radiação ou quimioterapia. Em um número considerado de casos, o tratamento não restaura de fato a saúde ao paciente, mas torna-o altamente suscetível a outras doenças por causa do dano ao sistema imunológico do corpo. Permitir que um paciente sobreviva num estado de debilidade e vulnerabilidade crônicas é uma forma duvidosa de solução que faz com que se pergunte se é uma solução ou um problema.

Há aspectos mais abrangentes neste assunto que foram realizados pelo Ministério da Educação e Justiça na Argentina quando recentemente baniu a vivissecção e a dissecação de animais nas escolas sob sua jurisdição. Disseram que a biologia é a ciência da vida, e que não é coerente basear o ensino da matéria na morte de animais vivos. "Seria parte de um mecanismo perigoso que tenderia a entorpecer a mente frente à dor e ao sofrimento". Portanto, do ponto de vista deles o conhecimento biológico e o interesse científico devem ser promovidos em perfeita compatibilidade com o respeito e a piedade para com todas as formas de vida.

Encorajar os jovens a cultivar a insensibilidade para com o sofrimento de criaturas vivas não é benéfico para a humanidade a longo prazo. A aquisição de conhecimento parece ser um meio de ajudar a humanidade, mas o modo como esse conhecimento é obtido pode construir na mente o egoísmo e a crueldade que são a base das tensões na sociedade humana. Assim, aqui também uma busca que é geralmente tida como valiosa pode se tornar uma maldição.

Soluções improvisadas e superficiais têm mantido a sociedade humana em luta e sofrimento prolongados. Para se encontrar soluções que não sejam problemas disfarçados deve haver uma perspectiva mais ampla e um ponto de vista mais sadio.

9. Vida Holística (Jun. 1992)

Lentamente, o pensamento ao redor do mundo está sendo influenciado pelo que pode ser chamado de orientação holística. Aliás, é quase moda adotar a instância holística, e se posicionar a favor de visões que favorecem o holismo na saúde, no cuidado ambiental, na educação e assim por diante. Contudo, o conceito médio de holismo está longe da verdade da unidade como promulgada pela Teosofia, pois está baseado apenas no conhecimento das interconexões e da interdependência até aqui encontradas no nível fenomenal. A Teosofia, por outro lado, apresenta os elos e as interconexões no nível externo dos fenômenos como um espelho refletindo a unidade essencial da existência, a natureza indivisível da energia que se transforma no mundo fenomenal, e ao mesmo tempo o anima.

Como ressaltou H.P.B., a unidade da existência não é como a de uma nação ou de um exército. A existência não é uma coleção de coisas, reunidas, mas o Ser Uno. O Ser Uno "é o Absoluto em sua manifestação primária . . . É indivisível, caso contrário não seria Absoluto. Se uma porção pudesse ser separada, a porção que permanecesse não poderia ser o Absoluto, porque de imediato surgiria a questão da comparação entre ele e a parte separada. A comparação é incompatível com a ideia de Absoluto".

O ponto de vista holístico médio pode reformar o mundo até um certo ponto, mas não radicalmente, pois não chegou ao ponto de reconhecer a Totalidade indivisível em termos de consciência, vendo a vida como um princípio inexaurível sem início ou fim. É esta compreensão que promove um novo tipo de vida. Quando a mente compreende a totalidade, ela se liberta de suas doenças, e se transforma num estado saudável, até mesmo sagrado. Então as ações que surgem dessa mente são boas e corretas.

A doença da mente assume muitas formas. Uma delas é o medo, que é uma característica tão disseminada da psique humana. É uma antecipação irracional de ameaça do "outro", o vizinho, uma raça, uma nação ou qualquer coisa diferente e não familiar. O medo projeta a vida como uma fonte de acontecimentos dolorosos e indesejados.

A reflexão deve, portanto, mostrar que o Todo não pode ser dividido em bem e mal. Se for divisível, não é o todo. O todo é o bem, de que fala Platão. É impossível aceitar um todo que não seja totalmente bom. Portanto, não há espaço para o medo. A *Bhagavad-Gitā* e outros textos falam de um estado de consciência livre de medo. É aquilo que conhece o que o holismo verdadeiramente significa.

Nesta luz, percebe-se que o verdadeiro holismo envolve uma profunda transformação moral e espiritual, um estado psicológico sem luta, infelicidade ou insegurança. Aqueles que defendem um ponto de vista superficialmente holístico, uma perspectiva levemente progressiva, devem avançar em direção a uma mudança interna mais profunda através do exame da plena implicação do holismo. Caso contrário, continuaremos a viver com problemas e a criar novos problemas.

10. Viver Juntos como Amigos (Jul. 2006)

Vários jornais publicaram informação a respeito do "Jardim do Éden" encontrado na Nova Guiné, onde um número espantoso de criaturas supostamente extintas ainda existe em áreas montanhosas cobertas de florestas. Esta não é uma notícia sensacional vinda de jornalistas: é relatado por uma equipe de peritos que fizeram um levantamento da região e encontraram até quarenta novas espécies, e espera-se identificar mais. Um dos cientistas, conforme citado num relatório de jornal, disse:

É um exemplo do que toda a Nova Guiné era há cinquenta mil anos, quando não havia caça, não havia o impacto da extração de madeira e não havia profanação do meio ambiente. Há pouquíssimos lugares na Terra onde tenha havido tão pouco impacto humano.

Outro pesquisador declarou: "É o mais próximo do Jardim do Éden que você encontrará na Terra".

A população humana naquela área quente e úmida é extremamente pequena e ninguém interferiu com essa parte primitiva do país, coberta de florestas. Isto se evidenciava pelo fato de que muitos animais não tinham medo dos cientistas que faziam pesquisa: "Duas equidnas de bico longo, um mamífero primitivo que põe ovos, permitiu que os cientistas as pegassem e levassem de volta ao acampamento para serem estudadas. Que emoção deve ter sido encontrar esse tesouro da Natureza, e que desastre pode se tornar se a publicidade atrair pessoas gananciosas para esse maravilhoso abrigo de criaturas de Deus. Em Bornéu, que, tal como a Nova Guiné, é parte do Arquipélago Indonésio, áreas florestais intocadas estão sendo destruídas para dar lugar a plantações de palmeiras, e inúmeras espécies recém-descobertas serão destruídas, segundo os ambientalistas.

Enquanto fazia uma palestra sobre "O Lugar e a Função do Homem na Natureza" (ver *Wake Up in India*, edição 1997-98), Annie Besant falou do lugar e da função do homem na Natureza como são, e como devem ser, sendo as duas coisas diferentes. Ela acreditava que o papel da humanidade, estando num estágio mais avançado de evolução, é assumir a responsabilidade pelas criaturas menos evoluídas e auxiliá-las a progredir – certamente de modo consistente com a perspectiva de uma meta espiritual última. "Sob a orientação direta dos Instrutores, o homem foi encarregado da evolução inferior do planeta. Ele se tornou tipo de diretor ou superintendente sob a hierarquia espiritual do mundo".

Quer o leitor deseje ou não aceitar e considerar a visão da Dra. Besant, deve-se prestar atenção ao fato de que o ser humano não provou ser um tipo de irmão mais velho para as formas inferiores da criação, mas tem demonstrado inclinação para usar animais, vegetais e tudo sobre a terra para benefício próprio, ignorando as *suas* (deles) necessidades e desenvolvimento, e o equilíbrio da Natureza.

Como se descobriu recentemente na Nova Guiné, os animais são naturalmente inocentes, confiantes e até mesmo afetuosos e úteis. Muitos cães, por exemplo, exibem estas qualidades, mas os seres humanos encontraram maneiras de inculcar outros traços em algumas raças de cães e outras criaturas, resultando em torná-los diferentes: desconfiados, ferozes e hostis ao homem. Annie Besant diz:

> Ele não parece ter conseguido imprimir o último toque de brutalidade sobre o animal selvagem. Ele não caçará a não ser que esteja com fome. . . . É curioso que o gosto de matar por diversão parece crescer com o que é chamado civilização; o selvagem, se considerado em seus tipos inferiores, só caça para comer.

O resultado do hábito que o ser humano tem de desprezar e maltratar os animais pode ser visto em todo o mundo:

> Tudo que deveria nos amar foge de nós; todas as coisas dos bosques, dos campos, das florestas e selvas fogem perante os passos do homem. Ainda ouvimos falar de uns poucos lugares no mundo onde isso não acontece, e marinheiros falam-nos de novas terras que visitam onde criaturas inocentes se aglomeram em torno deles, sem medo e curiosas.

Há cerca de mais ou menos cem anos depois que Annie Besant proferiu essas palavras, uma terra assim virgem, onde as criaturas vivem sem medo ou ferocidade excessiva – o medo certamente dá origem à ferocidade – foi novamente encontrada na Nova Guiné, que por si só a torna um tanto paradisíaca.

Os animais não apenas estão prontos para ser amistosos com o homem, mas apesar da crueldade que lhes é infligida em todo o mundo, eles naturalmente mostram também o desejo de ser úteis. Fui informada recentemente que o *San Francisco Chronicle* (de 15 de dezembro de 2005) noticiara sobre uma baleia que ficara presa numa teia de armadilhas e linhas que a tinha ferido em todas as partes do corpo, enquanto lutava para se manter na superfície. Vendo isto, um pescador passou um rádio a um grupo ambiental e uma equipe de resgate chegou. A única maneira de salvá-la era mergulhar e desembaraçar a rede de cordas em torno dela, o que levou algumas horas, e poderia ter sido perigoso para os socorristas. Quando se viu livre, os mergulhadores dizem que ela nadou no que parecia círculos de alegria, e depois se voltando até cada um dos mergulhadores, um de cada vez, aproximou-se, empurrou-os gentilmente – ela lhes agradeceu! Alguns disseram que foi a experiência mais incrivelmente bela de suas vidas.

Pode-se citar muitos exemplos menos dramáticos de animais que mostram apreciação, fidelidade e outras qualidades tocantes na relação com os seres humanos que são, na maioria das vezes, tão insensíveis e ingratos. Não deveriam os seres humanos reconsiderar, à luz do conhecimento moderno, sua relação para com as criaturas "inferiores" – animais e vegetais? Na palestra acima mencionada, a Dra. Besant comenta também sobre homens sagrados a quem todos os seres vivos amam e consideram amigos. Entre estes estão incluídos São Francisco de Assis, iogues indianos que caminham em segurança através de selvas infestadas de tigres e serpentes e, muito mais recentemente, os monges no Templo do Tigre na província tailandesa de Kanchanaburi, que adotaram seis tigres, salvos quando, ainda filhotes, perderam suas mães. *The Hindu*, um dos principais jornais da Índia, trouxe, na sua edição de 19 de abril de 2006, uma foto tocante de um monge amoroso com os braços ao redor de dois tigres adultos, enquanto encarava um terceiro. Eles vivem em paz e amizade, que deveria na verdade marcar todos os nossos relacionamentos.

Há também muitos exemplos trazidos ao nosso conhecimento através de comunicados da imprensa de animais ajudando ou resgatando membros de uma espécie diferente. Um exemplo registrado é a respeito de um bebê hipopótamo varrido por um tsunami para um rio no Quênia e levado para o oceano e de volta à praia com as ondas gigantes. Ele foi encontrado por guardas florestais, numa condição desidratada, ansioso por sua mãe perdida. Eles o levaram ao Haller Part em Mombasa, onde se tornou amigo de uma tartaruga gigante, cujo nome em *swahili* (a língua local) significa "Velho". O pequeno hipopótamo, quando liberto no cercado, caminhou desajeitadamente em direção à tartaruga, e o casal tornou-se inseparável. Um dos ecologistas do parque disse a Reuters: "Depois de ter sido varrido e perdido sua mãe, o hipopótamo ficou traumatizado; ele tinha que procurar alguém para ser um substituto da mãe. Felizmente, pousou sobre a tartaruga e criaram um forte elo. Eles nadam, comem e dormem juntos. Tais elos têm existido mesmo entre cães e gatos, que proverbialmente são considerados inimigos.

Outra notícia vinda da Tailândia falava a respeito da amizade formada entre uma gata dc um ano de idade e uma velha macaca de quatro anos, que se tornaram ambas mães e companheiras de folguedos. Elas puderam viver num templo ao norte de Bangkok, porque tanto macacos quanto gatos são tradicionalmente bem-vindos e alimentados nos templos igualmente por monges e visitantes. Tais amizades são abundantes, mas geralmente não estamos prontos para ampliar nosso círculo de parentesco cultivando boa vontade e afeição para com as pessoas e espécies diferentes de nós. Façamos um esforço para entendermos que nós seres humanos somos parte de uma vida maior que inclui animais, vegetais e até mesmo minerais. Então, logo virá o dia quando, como diz a *Bíblia*:

> O lobo e o cordeiro se apascentarão juntos, e o leão comerá palha como o boi; e pó será a comida da serpente. Não farão mal nem dano algum em todo o meu santo monte, diz o Senhor (Isaías 65:25).

Capítulo 9

Karma

1. Tudo é para Deus (Set. 2004)

A tradição oculta diz que quando um aspirante se volta sinceramente para o Mestre num momento de dificuldade, o Mestre não recusa auxílio – mas o auxílio não deve assumir a forma esperada pelo suplicante. É pelo suplicante carecer de compreensão e sua percepção ser limitada, que ele quer ajuda sem compreender o que lhe fará bem. Daí vem o ditado, "Quando os deuses desejam punir alguém, eles ouvem suas orações". Espiritualmente, o que a pessoa imagina ser um problema pode ser uma oportunidade, e até mesmo um tipo de ato de graça. Do ponto de vista material, o bem parece consistir de certas coisas que acontecem no nível físico, mas do ponto de vista espiritual, essas coisas podem ter pouca importância. Somente é vital a mudança interior do egoísmo para o altruísmo.

Os *Upanishades* fazem distinção entre *preyas* (o agradável) e *shreyas* (o bem). A maioria das pessoas acredita que o que é agradável é benéfico, e agregam importância ao dinheiro e ao conforto. Mas essas coisas podem na verdade ser um obstáculo para o verdadeiro progresso. Possuir dinheiro não é em si mesmo bom ou ruim. Mas a atitude pessoal para com o dinheiro é importante. Por exemplo, caso haja o uso generoso da riqueza para propósitos públicos, o dinheiro pode ser bom, mas se a atitude for egoísta, e o dinheiro aumentar o egoísmo na pessoa, causará danos a si e talvez também aos outros.

Conhecer Teosofia significa ponderar sobre certos ensinamentos essenciais e torná-los reais para nós. Esses ensinamentos não devem ser meras palavras, escritas ou pronunciadas por outrem, mas devem tornar-se parte de nossa própria compreensão. Comecemos então a ver e encarar a vida de modo diferente. Por exemplo, quando experimentarmos a separação, ela não nos deve ferir. Existem muitas formas de separação – através da morte, da alienação e assim por diante. Para a mente ignorante a separação é trágica; as pessoas choram e se lamentam mesmo durante muito tempo, e falam a respeito de sua solidão, com expressões de autocomiseração. Mas do ponto de vista superior, o curso da vida pessoal desenvolve-se sob a benéfica Lei do *Karma*, e nem um só de nós pode estar isento dessa experiência da separação – de marido ou esposa, filho ou pai, irmão ou irmã, ou até mesmo de um animal de estimação.

A experiência da separação está baseada na ilusão de que a vida pode ser separada. Quando um relacionamento particular parece especial e então termina, somente as formas através das quais a vida se manifesta são separadas. A vida em si não pode ser separada mais do que o espaço. Pode-se colocar uma caixa aqui e um vaso ali, ambos contêm espaço, mas o espaço é um todo, mesmo que os recipientes sejam destruídos. A inseparabilidade da vida é uma verdade fundamental.

No Diagrama de Meditação da Senhora Blavatsky ela sinaliza que, por meio da meditação sobre a Realidade Una, a realidade do encontro e da separação desaparecerá, já que são parte de uma visão ilusória da vida. Quando exultamos com um encontro, isso é apenas a descoberta de um relacionamento já existente de unidade. As pessoas espiritualmente despertas não fazem alarido sobre as pessoas particulares que encontram, e dizem "esses são meus amigos". Elas encontram todos com alegria e amor porque todos são parte de uma existência maravilhosa. A separação é também um fenômeno temporário.

Muito embora possamos não conhecer esse estado ideal, pelo menos intelectualmente, podemos compreender que a dor da separação é causada por nossas próprias insuficiências mentais, e que as separações serão parte compulsória de nossa experiência nos mundos materiais até que a alma apreenda plenamente a verdade da não separatividade. Os corpos físico e sutis estão fadados a se desintegrar, pois todas as formas materiais devem desfazer-se, mas a vida é imortal e indivisível. Até que isto fique totalmente claro na consciência individual, a separação causará dor e aflição encarnação após encarnação. As lições só são repetidas porque o aprendizado não está concluído.

Assim, quando uma pessoa ora e diz "eu preciso de ajuda, minha esposa morreu" e coisas assim, os Seres Iluminados não interferirão com o *Karma*, muito embora tenham o poder para fazê-lo. Escrupulosamente, eles seguem a Lei, porque sabem que as leis do Universo produzem o que é espiritualmente bom. Todo o fluxo de vida é em direção ao bem (*shreyas*). Os sábios não oferecem nenhuma fuga, talvez nem mesmo consolo; o que eles poderiam fazer no caso de um buscador altruísta seria fortalecê-lo internamente para seguir adiante com cada experiência de separação em um nível mais profundo de compreensão da inseparabilidade e da unidade.

O amor espiritual é o estado mental que realiza a suprema alegria da unidade. Nessa realização, tudo que é bom está incluído – paz, alegria, amor e outras virtudes inexprimíveis. Outros exemplos podem ser dados de como a alma aprende que uma experiência aparentemente desagradável é na verdade uma boa experiência, pois incita a alma a aprender a verdade. Diz-se que o iogue não é afetado por elogio ou culpa, pela assim chamada vitória ou pela derrota. Esta é a atitude de uma pessoa em quem não há autoimagem nem orgulho. Alguém altamente situado, com dinheiro e criados, vivendo em grande estilo, pode perder todas as suas propriedades e decair na vida. Ele pode sentir-se humilhado por viver numa casa pequena, e ser obrigado a lidar com as tarefas da vida diária. Mas o orgulho é podado encarnação após encarnação até que desperte a verdade de que ser alguém aos olhos dos outros é apenas uma fantasia. *Luz no Caminho* diz: "Deseja "ardentemente o poder"". Mas que poder se deve desejar? Não se sentar num trono, ou comandar grande plateias, mas o poder "para nada ser aos olhos dos homens". Os seres sagrados não buscam ser apreciados, estar na linha de frente do palco, ou ser reconhecidos como iluminados. Eles se contentam em viver e agir desconhecidos do mundo. O orgulho é um sério obstáculo ao progresso; é senso de egoísmo concentrado, que se desgasta quando olhamos para nossa autoimagem e vemos sua falsidade.

As lições transmitidas por tais experiências como sentir-se separado ou humilhado tornam-se desnecessárias quando ocorre a mudança em nossa própria natureza. Se somos obtusos, continuamos abanando as chamas da ilusão. Mas quando estamos mais despertos e aprendemos o significado oculto de nossa experiência, o progresso espiritual torna-se mais rápido, e estamos mais bem preparados para servir aos outros. O estudo dos ensinamentos básicos da Teosofia é muito útil na compreensão da lógica dos processos da vida.

2. A Harmonia Deve Ser Alcançada (Nov. 1984)

Em *A Voz do Silêncio,*[43] H.P.B. diz: "Antes que a alma possa ver, deve ser conseguida a harmonia interior". Quando há harmonia interior ela se expressa externamente em ação cooperativa. Muito de nossa desarmonia surge porque imaginamos que estamos qualificados para julgar os outros. Todos nós fazemos isto às vezes, consciente ou inconscientemente; criticamos os outros, inconscientes de que nossa visão espiritual é fraca e incerta. Somente quando há compaixão, que capacita os olhos a verem a partir do interior, vê-se as pessoas e coisas como elas verdadeiramente são.

É preciso observar e entender a natureza humana, mas devemos prestar a maior atenção quando se referir à avaliação de indivíduos. Há uma enorme diferença entre os dois. No primeiro caso, há observação imparcial sem qualquer julgamento. As tolices, as vaidades

43 Brasília: Editora Teosófica, 6ª Ed. de Bolso, 2023, p. 90 [aforismo 9]. (Nota Ed. Bras.)

e inabilidades que vemos nos outros são menos parte de nossa própria natureza, porque todos nós compartilhamos as características da mente humana. A compreensão de que a nossa própria natureza não é diferente da dos outros deve ajudar-nos a não caírmos no erro de fazer julgamento moral.

Não se trata aqui de falta de princípio, pois julgar outra pessoa é diferente de pesar ou não a moralidade de uma ação. A partir deste ponto de vista, nós condenamos um pecado, mas não o pecador. Podemos ver que uma certa ação é errada, mas, ainda assim, devemos ser cautelosos no nosso julgamento por causa da nossa incapacidade para vermos qualquer coisa por inteiro.

Fala-se muito atualmente a respeito da percepção holística. E isto envolve ver a totalidade de uma situação, coisa, etc., a parte visível e também a invisível, a latente e a aparente. Somente então vemos a coisa como ela é em si mesma. Mas a maioria de nós é incapaz de ver o todo: vemos uma parte e julgamos com base na percepção incompleta e, portanto, distorcida. Ser cauteloso, ter compreensão compassiva é essencial para realizar a harmonia.

Na Natureza nada se repete. Em cada um de nós existe um elemento que é especial, porque cada forma revela a vida interior, que traz para cada qual uma qualidade que não existe em ninguém mais. Nenhuma pessoa pensa, sente, percebe ou age exatamente como outra; isso é parte da beleza da Natureza. Mas muito frequentemente, devido à vaidade nascida da cegueira, sentimos o ímpeto para mudar os pensamentos dos outros e guiar suas ações segundo os padrões em nossas próprias mentes. Se conseguirmos ver a retidão na senda de cada pessoa, descobriremos maior harmonia dentro de nossa própria mente. A verdadeira harmonia não surge criando-se um padrão de comportamento ou impondo as próprias opiniões aos outros. As pessoas podem diferir entre si, e, contudo, estar num estado de harmonia, afeição e compreensão recíproco.

O Sr. Arundale costumava falar a respeito de estar "juntos embora diferentes". Estamos fadados a ser diferentes, mas podemos estar juntos nas coisas que importam. Podemos ser um na direção e no propósito que têm nossas vidas. Este propósito deve ser o bem-estar de todos, o desenvolvimento moral e espiritual da humanidade; nossas vidas devem mover-se na direção em que as grandes forças evolutivas do Universo estão se movendo.

Se é este o principal objetivo de nossas vidas, todas as outras coisas tornam-se secundárias, e as considerações pessoais são insignificantes. Na vida diária existem questões familiares e deveres pessoais a serem atendidos, e há momentos de lazer e estudo. Mas se, como pano de fundo para toda esta atividade, houver este senso total de compromisso, então todas as outras coisas ocuparão o seu lugar na obra na qual pusemos nossa mão. Nossa obra torna-se parte de uma obra maior quando compreendemos que somente a obra maior importa, e que as outras coisas são feitas contra este pano de fundo. É o compartilhamento deste ideal, deste objetivo comum animando cada ação nossa, que fará mais do que qualquer coisa para unir os teósofos num corpo único e determinado. Será que esse ideal não conseguirá incendiar nossos pensamentos, nosso estudo, nossas afeições para que se tornem verdadeiramente vivos em nós?

É importante para pelo menos uns poucos seres humanos nesta Terra darem exemplo de cooperação cordial, de viverem uma vida verdadeiramente fraterna, sem fingir, sem ser superficiais, mas sentindo verdadeiramente harmonia interior. O mundo não precisa de mais ideias. O que o mundo mais precisa é reunir suas facções beligerantes em concórdia e cooperação. Se nossos estudos de Teosofia não nos permitem viver em unidade, prontos para ajudarmos uns aos outros, que utilidade têm? Nossos estudos devem ter valor prático; devem expressar-se nos nossos relacionamentos, nos nossos pensamentos, nas nossas atitudes para com os outros e para com o mundo em geral. A Sociedade Teosófica deve ser um exemplo, mostrando como todo o mundo pode ser uma família na qual os mais capazes ajudam os menos, na qual haja encorajamento e apoio mútuos nas nossas dificuldades mentais, morais e físicas. O "mundo externo", olhando para a Sociedade Teosófica, deve ver pessoas que se tratam como irmãos e irmãs, e verdadeiramente auxiliam uns aos outros. Que efeito isso não teria sobre ele!

A Sociedade Teosófica tem um ensinamento para dar e o ensinamento é totalmente prático, pois existe para ajudar as pessoas a viverem teosoficamente. Se conseguirmos alcançar este objetivo (e de fato se realmente pusermos nossos corações nisso, podemos alcançá-lo) a Sociedade se tornará a poderosa fonte de bençãos que está destinada a ser.

3. Os Produtos do Pecado (Jul. 1988)

A opinião pública generalizada foi responsável pela contenção das atividades nefastas de algumas companhias multinacionais cujos lucros foram ameaçados quando grande número de pessoas se recusou a comprar seus produtos. Isto demonstra que o público pode exercer forte pressão sobre as políticas de companhias (e mesmo de associações e governos). O mercado não pode existir a não ser que os consumidores queiram comprar.

Há registro de que estudos realizados pelo Programa Ambiental das Nações Unidas baseado em Nairóbi mostram que a população de elefantes no Quênia diminuiu cerca de 85 por cento, e em Uganda por volta de 89 por cento desde 1973. Na Tanzânia a perda nos últimos dez anos é de 53 por cento. Diz-se que a quantidade de marfim que chega ao mercado mundial é em média cerca de 800 toneladas ano, o que representa um abate anual de 75000 elefantes. Fomos informados de que o marfim está sendo vendido a um preço sempre alto, o que acrescenta uma vantagem ao programa de massacre dessas feras maravilhosas e inteligentes.

Embora tenha havido esforços para refrear a caça e o abate ilegais, o nexo entre caçadores ilegais, funcionários e compradores consegue anular a maioria dos regulamentos.

O abate deste tipo em grande escala não pode ser reduzido enquanto um grande número de pessoas comprar os produtos de tais atividades criminosas. Os compradores pecam tanto quanto aqueles que matam ou vendem.

O marfim não é a única mercadoria gerada pela atividade criminosa. Peles de serpentes são arrancadas de serpentes vivas que morrem agonizantes após serem esfoladas vivas. Contudo existe uma enorme demanda por produtos com peles de serpentes que encoraja a caça com armadilhas e o comércio ilegal. Como as serpentes formam um elo essencial na ecologia agrícola, esta atividade gananciosa tem efeitos adversos sobre a produção das necessidades da vida para o homem. Rinocerontes, o cervo almiscarado e outras espécies animais estão também sendo dizimados impiedosamente. Os consumidores são imprudentes e pouco questionadores, mesmo não matando ou ferindo, são parceiros no crime.

Somente uns poucos encontros dramáticos entre homem e animal, tais como a matança de milhares de focas a porrete ou o abate de baleias em grande número ganharam ampla publicidade e condenação. Há inúmeras outras áreas nas quais a consciência pública tem de ser estimulada. É tempo do fundamental. Nós não sabemos a que graves perigos a vida humana estará exposta se a população não humana for aniquilada ou drasticamente reduzida. Estando todas as formas de vida intimamente interdependentes, a saúde do planeta em si pode ser afetada e junto com ela a saúde e o futuro da humanidade.

4. Energia Agora, Desastre Amanhã (Maio 1992)

O descarte de lixo radioativo é um problema grave para todo o mundo, ameaçando a saúde e o bem-estar de futuras gerações. Os governos do mundo estão plenamente cientes disso, e vários países tentaram salvaguardar seu próprio povo lutando para descartar o lixo radioativo em países distantes. Tragicamente, há pessoas pobres o suficiente para comprarem a ideia de levar esta carga letal, e governantes suficientemente sinistros para venderem a saúde de seus súditos em função do lucro, que podem depositar em um dos paraísos fiscais do mundo,

Segundo o World Watch Institute, meio século após o início da indústria nuclear, nem um único país encontrou uma maneira segura e permanente de descartar o lixo radioativo. Possibilidades assustadoras de vazamento, e acidentes do tipo Chernobyl, existem em toda parte, contudo, não há consenso mundial de se abandonar a energia nuclear e usar fontes alternativas de energia. A Suécia está entre os muito poucos que decidiram eliminar gradualmente a energia nuclear. Outros continuam às cegas. O mundo em desenvolvimento quer energia de qualquer maneira, não importando o caos que isso possa trazer no futuro. Os países abastados do mundo desejam continuar seu alegre percurso de diversão e desperdício.

Os cientistas sabem que o lixo nuclear enterrado no subsolo poderia a qualquer momento se tornar letal, uma vez que a terra pode ser perturbada por atividades geológicas, ou outros fatores podem entrar em ação. Até agora não se produziu recipientes para enterrar o lixo que garanta que a radioatividade não abrirá caminho até os aquíferos. Todos estão sujeitos à corrosão, e diz-se que os problemas técnicos de conter a radioatividade são tão grandes que os cientistas não esperam encontrar uma solução pelo menos daqui a duas décadas, se encontrarem. Ninguém encontrou uma saída, contudo há um clamor para se criar novas instalações nucleares. Os protestos do público de tempos em tempos não produzirão efeitos sobre a política irracional de se criar programas para mais energia nuclear. O World Watch Institute diz: "Através da Europa e da Ásia um país após outro encontrou seu sistema político envolvido com o futuro do átomo, desviando atenção e recursos de lidar com os resíduos. O impasse sobre a questão dos resíduos só pode ser rompido quando as nações se afastarem decisivamente da energia nuclear." Mas, uma vez que as nações não são governadas por tolos que pensam que devem ser lógicos, elas não estão trabalhando sobre uma política comum, consistente, de substituir a energia nuclear por outras fontes de energia. Estão meramente evitando o enorme problema resultante da produção de grande quantidade de lixo radioativo que envenena a terra cada vez mais onde quer que seja colocado.

Toda pessoa pensante compreende que somente uma perspectiva global pode produzir soluções duradouras para os tremendos problemas internacionais e nacionais que afligem a humanidade – a ameaça de guerra, pobreza, radioatividade, poluição dos elementos, fome e assim por diante. Ações pervertidas baseadas no autointeresse imediato, e políticas visando a promoção de vantagens regionais ou nacionais, somente perpetuam a tragédia da situação humana. As nações do mundo devem resolver com seriedade esses graves problemas que afetam toda a população da Terra e agir conjuntamente, de modo eficaz e de maneira consistente. Consistência não é tolice neste tipo de situação. Sem consistência e ação coordenada, baseada no bem de longo prazo da raça humana e da própria Terra, podemos estar causando danos irremediáveis a nós mesmos e a este planeta.

5. O Pecador e o Pecado (Ago. 1994)

Qual deve ser a atitude do teósofo para com as muitas formas de maldade que florescem no mundo em geral, tanto quanto em sua vizinhança particular? O teósofo não pode ser indiferente: "A inação num ato de misericórdia se converte ação num pecado mortal", diz *A*

Voz do Silêncio[44]. A indiferença ao mal é também um ato positivo de maldade, pois está baseado no desejo egoísta de não se envolver e permanecer confortavelmente acomodado em seu pequeno nicho.

Atos de exploração, crueldade e desonestidade são inúmeros no nosso mundo. Muitas formas de maldade organizada tornaram-se parte do sistema social e da cultura moderna. O mínimo que o teósofo pode fazer é ser totalmente contra elas, mentalmente. Uma atitude mais consciente seria elevar a própria voz contra os erros na sociedade – crueldade, fanatismo, superstição, desonestidade – tanto quanto possível, e não hesitar em colocar a questão perante os outros de maneira clara. Almas mais corajosas, e que são capazes de fazê-lo, lutarão pela verdade e a justiça, da mesma forma como o fizeram H.P.B. e Annie Besant.

Mas o teósofo em ação tem a difícil responsabilidade de se posicionar contra diferentes formas de maldade na sociedade, enquanto mantém uma atitude caridosa para com os pecadores. Todos que praticam o mal sofrem de uma ignorância básica (*avidyā*) a respeito das verdades da vida, e toda a sociedade – pais, professores, vizinhos e jornais – contribuem para manter as mentes envoltas nas trevas da ignorância. Cada geração inculca suas próprias limitações e visões erradas na geração seguinte. Assim, o indivíduo fica encurralado e é moldado naquilo que ele é. O erro que ele comete é o erro de toda a sociedade na qual se encontra. Portanto, como diz *Luz no Caminho*[45], devemos lembrar que "o pecado e a vergonha do mundo são o teu pecado e a tua vergonha, pois tu és parte dele; o teu *karma* está inextricavelmente entrelaçado com o grande *Karma*".

---

44 Brasília: Editora Teosófica, 6ª Ed. de Bolso, 2023, p. 152 [aforismo 135]. (Nota Ed. Bras.)

45 COLLINS, Mabel. Brasília: Editora Teosófica, 7ª Ed. de Bolso, 2020, p. 39. (Nota Ed. Bras.)

Ademais, o mal não pode ser removido cometendo-se mais maldades. A violência e a ira contra os pecadores apenas contribuem para a soma de violência no mundo e perpetua o que precisa ser eliminado. Como escreveu H.P.B. em *Lúcifer*, em dezembro de 1888:

> Condenar e desonrar um homem em vez dele se compadecer e tentar ajudá-lo, porque nasceu numa comunidade de leprosos, sendo ele próprio um leproso, é como amaldiçoar o quarto porque está escuro, em vez de silenciosamente acender uma vela para dispersar as trevas.

A fraternidade que é universal não pode excluir os moralmente fracos, e os leprosos que não conseguem elevar-se acima de seu egoísmo. Aquele que condena está ele próprio apenas relativamente mais livre do egoísmo, se é que está. Seu tipo particular de ignorância pode ser diferente em sua expressão, mas não no caráter básico do que condena. "Não julgueis para não serdes julgados" é um bom conselho. Caso o pecador seja de fato mais ignorante e mais egoísta, tanto mais ele precisa do auxílio e da compaixão dos outros, de seus bons pensamentos e boa vontade para se reformar. A mente dualista que vê um abismo entre o malfeitor e ela mesma, de fato não está em condições de retificar nada, porque a barreira dualista é a fonte de todos os problemas. Portanto, somente através de uma atitude compreensiva pode o auxílio ser dado no nível individual, e a mudança ser produzida.

Porém, isso não quer dizer que a condenação em termos vigorosos não deva ser feita com relação ao mal como tal. Deve haver aqueles que são suficientemente ousados para se colocarem e lutarem contra a corrupção, a violência e o egoísmo, mesmo sob circunstâncias difíceis. Sacrifício da reputação, de conforto e de vantagens mundanas são muitas vezes exigidos para levar a sociedade um pouco mais adiante rumo ao verdadeiro progresso. H.P.B. diz no artigo acima mencionado que denunciamos as comunidades, não suas unidades: "Nós apontamos a podridão de nossa civilização orgulhosa, indicamos os sistemas perniciosos de educação que levam a ele e mostramos os efeitos fatais dessas coisas sobre as massas". Nosso trabalho como teósofos não é pessoal, voltado a expor ou julgar o pecador individual, a não ser que se tenha o dever oficial como magistrado ou outra autoridade para fazê-lo. Nossa tarefa é ajudar a impessoalmente erradicar a podridão que está na sociedade humana, indo às causas mais profundas, sem negligenciar o dever de combater os efeitos.

6. Semeai Boas Sementes Agora

Um bom futuro não chega por si mesmo. Devemos semear as sementes para ele agora, e deixarmos que os Objetivos da Sociedade Teosófica mostrem o caminho:

- Libertar a mente de todas as imagens e acomodações divisoras, e permitir que ela se torne universal em compaixão, compreensão, mesmo em amor no sentido espiritual.
- Observar e investigar os elos e relacionamentos profundamente ocultos na Natureza, ou seja, aprender a respeito das leis do Universo, quer elas se revelem no que pode ser chamado de modo científico, estético, moral ou qualquer outro, e trabalhar com eles.
- À medida que a consciência cresce em universalidade e compreende as leis ocultas, os poderes nascentes de percepção, de amor e inteligência desabrocham, o que significa que a verdadeira Teosofia ou Sabedoria nasce em seu interior.

Ajudai para que isso aconteça.

7. Ação Tendenciosa (Maio 1992)

Após a guerra fria e o confronto entre Oriente e Ocidente, o mundo instalou-se em algum tipo de trégua política. Esse intervalo ocorre de tempos em tempos nos afazeres do mundo, até que termina com outra crise ou outra guerra. Porém, mesmo durante os intervalos de relativa placidez, as sementes do caos estão continuamente sendo semeadas. As políticas das diferentes nações, as ambições de seus governantes, e os planos dos potentados financeiros e industriais não estando consistentes ou coordenados, as contradições e anomalias são abundantes. Medidas desastradas são tomadas para internacionalmente se regular questões importantes, sem lógica nem moralidade, pois as considerações políticas e o autointeresse superam a preocupação humanitária.

Permitir-se que as violações dos direitos humanos continuem é uma questão que só é colocada quando os interesses políticos coincidem com a condenação da parte acusada, embora todas as nações do mundo jurem comprometimento com a proteção de tais direitos. Quando o autointeresse político não está em risco, mesmo o genocídio e outros crimes igualmente hediondos permanecem despercebidos pela mídia, e ignorados pelas nações fortemente armadas e as coalizões de estados de mentes bitoladas. Esporadicamente algumas delas defendem os oprimidos. Mesmo a Organização das Nações Unidas não serve como consciência moral do mundo, pois frequentemente balança sob os ventos do autointeresse. A violação do Tibete, a violação diária dos direitos humanos lá, a ameaça a sua integridade causada pela colonização sistemática da terra pelos chineses, e a rejeição dos continuados apelos tibetanos por apoio no esforço que fazem para reconquistar sua terra e liberdade perdidas – nada disso comoveu a comunidade internacional ou as Nações Unidas para expressarem alguma forma positiva de desaprovação, muito menos ação contra os malfeitores. A ocupação de Timor e o massacre de uma grande parte de sua população não recebeu sequer um suspiro de compaixão durante longo tempo. A situação dos cidadãos de Myanmar (Burma) é patética. O único desafio para a tirania e seus ditadores militares no poder atualmente, sub-repticiamente apoiados pela China, é colocado por uma única mulher, a ganhadora do Prêmio Nobel Aung Sang Suu Kyi. Crimes terríveis têm sido cometidos contra a população muçulmana naquele país, e o mundo olha sem estender uma mão amiga. Não se fala em sanções, muito mal dá-se um murmúrio de desaprovação, embora isto não seja menos crime do que o cometido sobre

Lockerbie. As sanções e outros meios de dissuasão obviamente são aplicados quando é politicamente conveniente. Os direitos humanos não são uma questão em si mesmos.

Vez por outra há uma explosão de consciência mundial a respeito do terrorismo, da venda de armas ou algo mais, e inicia-se algum tipo de ação. Sanções estão sendo agora impostas ao terrorismo de estado apoiado pela Líbia. Nenhuma pessoa em sã consciência falaria a favor dos objetivos e métodos dos terroristas, com ou sem apoio do estado. Uma forma particularmente macabra de maldade é mostrada na prontidão em se pôr fim e de um só golpe a um grande grupo de inocentes, pessoas não envolvidas, como foram os passageiros despedaçados sobre Lockerbie. O bombardeio de áreas, aeroportos, ônibus e trens lotados para chamar a atenção para uma causa ou forçar as autoridades à submissão, que acontece frequentemente no Punjab, Sri Lanka e em outras partes, é igualmente repreensível. Triste é que não haja acordo comum e uma política consistente entre as nações do mundo para refrear tais horrores, ou os horrores piores de Myanmar, Tibete e Timor.

Dizem que a consistência é a virtude dos tolos. Se assim for temos de reconhecer que os timoneiros do mundo são sábios. Quase sem exceção eles protestam, exigem castigo, preparam-se para a guerra, quando a coisa satisfaz seus objetivos políticos, mas seus olhos e ouvidos estão deliberadamente fechados para os mesmos tipos de acontecimentos, sendo suas ações vacilantes e contraditórias quando não há motivos pessoais.

A fome é outra questão que é destacada proeminentemente quando se pode obter influência política, seja ajudando ou condenando. Vastas áreas da África estão sofrendo da agonia de uma seca devastadora, e o espectro da fome paira sobre vários países daquele continente. A fome na África certamente não é menos desagradável do que na Europa Oriental, mas o mundo obtuso volta-se mais prontamente para o que está acontecendo no jardim da frente do que nos eventos do quintal. Do mesmo modo, o tráfico de drogas que arruína as vidas de milhões de pessoas, jovens e velhos, é um problema que exige ser tratado com políticas globais firmes e consistentes. Existe uma rede mundial para lidar com isso, contudo ele floresce. Pois tem a aprovação tácita das autoridades em regiões e países, cujos lucros são orientados em grande medida e para o cultivo necessário e as atividades dos laboratórios clandestinos de processamento.

8. A Agonia da Fome (Jul. 1992)

Há uma história de escassez de alimentos que assolou o mundo inteiro e com a qual poucas pessoas estão familiarizadas. Países como a Índia e a China têm repetidamente sofrido desastrosamente com a fome ao longo dos séculos. Às vezes foi causada pela repetida falha de as Monções terminarem em graves condições de seca; às vezes grandes rios como o Yangtzé inundavam e depois de as águas refluírem, descobria-se que todos os meios de sobrevivência tinham sido levados pela água. Guerras internas causavam grandes prejuízos pela devastação dos campos e de outros recursos. Doenças incontroláveis faziam as pessoas fugir, deixando para trás suas plantações e fontes de alimento. Esses desastres eram terrivelmente agravados quando a administração da área costumava ser insensível ou corrupta. Mas as pessoas suportavam a agonia pacientemente, como fazem os animais hoje em dia, considerando-a como ato de Deus.

A última das fomes terríveis na Índia foi nos anos 1940. Estudos mostraram que teve origem num sistema econômico iníquo. Os ricos viviam uma vida de abastado parasitismo explorando os camponeses pobres. Os camponeses ficavam cada vez mais pobres à medida que a população aumentava, tornando-se cada vez mais endividados e, portanto, viviam como escravos, cuja imobilidade ocupacional e analfabetismo tornava-os vítimas fáceis. A isto se juntava a extrema escassez de alimento causada por colheitas insuficientes em anos sucessivos. Os preços altos tornavam mesmo os alimentos disponíveis caros demais para aqueles que tinham fome, enquanto o açambarcamento e a corrupção enriqueciam outros. Milhares de pessoas passaram a comer raízes, ervas e não comestíveis. Pessoas macilentas de áreas circunvizinhas chegavam a Calcutá em busca de alimento apenas para lá morrerem de fome, ou serem atingidas por alguma doença. Aparentemente havia, por parte da administração, subestimação grosseira das condições existentes, e também ineficiência em tomar atitudes corretivas. A situação não se tornava mais fácil pelo fato de que a Segunda Guerra Mundial estava em curso, e deixava como consequência uma escassez contínua.

O mundo mudou muito na metade do século que passou. Ele presenciou uma revolução no transporte demonstrada pela velocidade com que tropas, alimento e exigências logísticas eram levados às áreas do Golfo quando a guerra estourou por lá. A produção de alimentos aumentou com novas técnicas, e mesmo os países do Terceiro Mundo podem jactar-se de sua revolução verde. As doenças são agora rapidamente controladas com antibióticos e outras medidas.

Infelizmente, para vergonha do mundo, a história da fome não terminou. Assumiu proporções ameaçadoras no continente africano onde condições de seca severa vêm se desenvolvendo após anos sucessivos de pouca ou nenhuma chuva. As administrações têm sido insensíveis; feudos tribais impedem que auxílio chegue aos campos de refugiados, muito menos ao interior, enquanto crianças e adultos estão morrendo aos milhares. O egoísmo sendo desenfreado, as organizações de ajuda são compelidas a suprir alimento primeiro para os atiradores antes de lhes ser permitido passar para as pessoas morrendo de fome.

Em outros países, embora a tragédia possa não ser tão disseminada e aguda no momento, um grande número de pessoas vive vidas miseráveis com a fome a roer seus corpos e a subnutrição gerando uma alta taxa de mortalidade infantil. Os filhos são vendidos quando os pais são pobres demais para deles cuidar. Vários governos fingem que tais condições não existem. Alguns são intransigentes em permitir que o alimento entre no país, porque isso ofende o orgulho nacional. As mortes por fome e condições de quase inanição são registradas, negadas ou publicadas meramente para satisfazer fins políticos. Esta agonia é suportada não apenas por seres humanos, mas por milhões de animais com olhos afundados e esqueletos à mostra.

Embora essa história trágica seja uma desgraça para a humanidade, não existe um plano sério para se pôr fim a tal miséria evitável. Grande quantidade de alimento está sendo destruída em algumas partes do mundo ou dada a animais criados para abate, enquanto muito dele poderia ser usado para alimentar os famintos. Os aviões estão voando dia e noite para propósito militares, enquanto poderiam ser usados para lançar suprimentos para pessoas e animais famintos. Esforços sistemáticos não estão sendo feitos para mobilizar a cooperação de todas as nações com vistas a superar a terrível e endêmica escassez de alimento, forragem e água potável nas áreas mais pobres do mundo. Não há entendimento entre os membros da assim chamada Nações Unidas para elaborarem um plano, e desenvolverem um código para pôr fim a esta vergonha e horror. Eles são incapazes até mesmo de concordar a respeito de medidas ambientais para assegurar a precipitação de chuva e a distribuição adequada de água.

Os sinais são nefastos. Segundo um relatório na revista *Newsweeek* vastas áreas de França, Espanha, Portugal, Bélgica, Inglaterra e Irlanda estão ressecadas e estéreis. A África pode não ser o único continente a sofrer as dores da fome no futuro, se continuarmos a interferir com a atmosfera do mundo. Sacrifícios são exigidos em muitas frentes: de luxos, de orgulho nacional, de atitudes tribais e indiferença. Pode-se fazer um chamado a todos os cidadãos do mundo que podem fazê-lo, para abrir mão de algum conforto ou luxo, e doar uma parte de sua renda para um projeto mundial de abolição da fome?

9. A Senda da Humanidade para o Futuro (Dez. 2002)

O progresso humano é uma viagem de um estado de egoísmo, de atitudes e ações baseadas na ilusão da separatividade, para outra dimensão - que é o amor. O termo "amor", como é comumente usado, tem pouca relação com a realização da não separatividade absoluta que é espiritual ou Amor Divino. Amor no verdadeiro sentido abole o sentimento de que existem "outros". Todas as existências são compreendidas como elementos do um, a Realidade eterna. Iluminação significa estar estabelecido nessa unidade; os seres iluminados não sentem que estão ajudando os outros ou ensinando e guiando os outros, porque não há "outros". Tal é o fim da jornada humana, além da qual, dizem, há outras jornadas.

No início desta estrada está a competição aproximando-se dos comportamentos instintivos dos membros dos reinos inferiores. A concorrência por alimento, território ou parceiro, embora acirrada como pode ser às vezes, está livre da maldade no caso dessas criaturas inocentes. Comportamento semelhante no nível humano é maculado pelos processos de pensamento egoísta que levam à destruição deliberada, decepção e outras predisposições. O ser humano nem desfruta da bem-aventurança, que é integral para uma consciência não separativa, unitária, nem tem a inocência e a paz das criaturas subumanas que não são perturbadas pelo que estão fazendo ou pelo que os outros fazem; elas simplesmente vivem como a Natureza lhes ensina a fazer.

O dilema humano termina quando há uma clara percepção de ter de prosseguir do estágio separativo para o amoroso. Aquele é caracterizado por tomar, e este por dar. *Dāna*, que é caridade e amor imortal, é a primeira das *pāramitās* - as virtudes que permitem atravessar o nível supra-humano. A Fraternidade Universal, que a ST busca propagar, inclui muitas qualidades maravilhosas, sendo uma delas o espírito de dar, não com relutância, mas com autoabandono.

Dāna envolve uma disposição profundamente caridosa, que surge de ver a beleza e a obscuridade daqueles outros fragmentos divinos que estão lutando lado a lado consigo mesmos. A generosidade do coração que não transporta mágoas ou queixas, uma natureza que naturalmente pensa nas necessidades e no conforto dos outros e não na sua própria, uma perspectiva universal – tudo isso está relacionado a *Dāna*. Essas características devem crescer e dissolver o âmago do egocentrismo e da mesquinhez que mantém a pessoa presa à dimensão terrena.

10. Gestão Fiduciária (Jul. 1998)

Relatórios de organizações como a OMS salientam o fato de que a pobreza, a desnutrição e a fome afligem grande parcela da população mundial. A maioria dos países africanos gasta quase que toda a sua receita no reembolso de débitos aos países abastados. O reembolso de juros somente é um fardo tão pesado que não conseguem manter hospitais, ou fornecer água, e esgoto e outras necessidades. As crianças morrem em grande número porque são subnutridas, enquanto a maioria dos adultos vive no limite, num estado de ansiedade e insegurança para o qual não há remédio. Não faz muito tempo, o diretor Geral da OMS escreveu que a pobreza é a doença que mais mata no mundo, e para a maioria de suas vítimas a única fuga é um túmulo antecipado.

Muitas vezes há barulho e lamentação a respeito de uma catástrofe natural – um terremoto ou furacão. Aqueles que sofrem e morrem por causa de tais eventos são poucos em comparação com aqueles que são vítimas de condições criadas pelo homem e injustiças evitáveis. A pobreza é perigosa não apenas para os pobres, mas para o ambiente e para o mundo em geral. A parte do mundo que passa fome não pode ser culpada por destruir a vegetação para alimentar o gado, ou derrubar árvores para conseguir combustível e cozinhar suas refeições. Seus recursos consistem do que conseguem raspar dia após dia aqui e ali.

Em contraste, existem áreas do mundo onde o desperdício é intrínseco ao estilo de vida das pessoas, e há excesso de recursos sob a forma de investimentos, equipamentos e alimentos ricos. A obesidade, mesmo em crianças, não é incomum. O abismo entre ricos e pobres certamente terminará com mais fome, tal como o mundo testemunhou no Sudão, Etiópia e Coreia. A pressão poderia forçar a migração em larga escala e desencadear guerra civil e outros conflitos.

Controvérsias recentes a respeito da imoralidade de se patentear produtos naturais como o neem e o açafrão da Índia, que têm sido tradicionalmente usados durante milênios no mundo asiático, para conquistar o mercado mundial e empobrecer aqueles que herdaram o conhecimento a respeito da utilidade desses produtos, é um exemplo de como os ricos tentam tornar-se cada vez mais ricos à custa de povos que já são miseravelmente pobres. O terrível desperdício que é a manutenção de exércitos e a preparação para a guerra é outra forma de atividade repreensível que, se terminasse, poderia imediatamente ajudar na elevação de muitos milhões acima da linha de pobreza.

Não há meios para evitar que algumas pessoas sejam mais inteligentes do que outras – não apenas mais inteligentes em inventar ou criar, mas também em obter lucro ou utilizar recursos. O remédio está numa cultura que promova atitudes de gestão fiduciária. O conceito de gestão fiduciária não ganhou terreno no mundo, embora tenha sido apresentado muitas vezes. Significa limitar lucros e privilégios pessoais e usar cada tipo de excedente para beneficiar os necessitados. A riqueza não faz sentido além de um certo ponto, e a segurança não depende de se possuir bilhões ou viver em palácios.

O mundo pode entrar num período de maior insegurança e turbulência se não nascer uma preocupação generalizada para aliviar a pobreza e salvar o ambiente, resultando numa filosofia de gestão fiduciária. Todos aqueles que possuem devem compartilhar com aqueles que não têm, sem dar desculpas. É fácil dizer que a pobreza é resultado da preguiça, enquanto na verdade os que passam fome são incapazes de qualquer coisa que não seja um escasso esforço. É conveniente acreditar que o que se ganha é justo, mesmo quando o ganho exceda enormemente as necessidades, ou seja resultado de exploração de longa data. As indústrias e nações abastadas estão frequentemente numa posição de domínio, porque extraíram riqueza defraudando os fracos. A gestão fiduciária é essencialmente a compreensão de que o bem-estar dos povos do mundo é indivisível.

11. Convidando o Desastre? (Dez. 2002)

Cegos pela ganância por lucro e prazer, a humanidade parece empenhada num programa de desastre criado por ela mesma. Como exemplos podemos considerar três áreas, a saber, interferência com o meio ambiente, o comércio global e a manipulação genética.

A respeito do dano ao meio ambiente, o secretário-geral das Nações Unidas, Sr. Kofi Annan, diz: "As atividades humanas estão mudando o equilíbrio natural da Terra, interferindo como nunca antes com a atmosfera, os oceanos, as calotas polares, a cobertura florestal e os matadores naturais que tornam o nosso mundo um lar habitável" (Citado em *Theosophy-Science Newsletter*, publicado pelo Dr. Hugh Murdoch, Sidney, setembro de 2002). Não apenas ele, mas muitos outros, que estão seriamente preocupados a respeito dos danos causados pelos seres humanos ao meio ambiente, advertiram contra a correria precipitada para explorar recursos materiais, resultando em aquecimento global. Apesar de conferências internacionais e grandes demonstrações do público, os países ricos, acostumados a seus luxos, preferiram permanecer cegos ao risco de abordarem os desastres causados pelo homem. O que acontecerá se toda a humanidade alcançar o nível do mundo abastado – através de um milagre? A Terra pode tornar-se inabitável. Os oceanos se elevarão à medida que o aquecimento global continuar; as geleiras já estão derretendo e os cientistas supõem que as águas quentes dos oceanos se expandirão, produzindo condições propícias para tempestades e furacões frequentes.

Na última década ou coisa assim houve mais inundações desastrosas em muitos continentes como nunca antes. A derrubada continuada e a queima de áreas florestais, que teriam encharcado o solo e retido o lodo, resulta no escoamento do solo pelos rios, bloqueando as planícies. As inundações são a consequência inevitável. A exploração intensiva de madeira e o desmatamento de florestas, transformando brejos em criadouros de camarões, danificando áreas silvestres e assim por diante favorece uns poucos e põe em perigo as vidas de milhões.

Segundo, a estabilidade social não pode ser mantida a não ser que as pessoas estejam razoavelmente bem e contentes. Quando um grande número de pessoas está desesperadamente passando por privações, como estavam, por exemplo, antes das revoluções na França e na Rússia, pode-se esperar revoltas violentas. Milhões de pessoas pobres nesses dois países nada tinham a perder por desobedecerem aos seus senhores ou às leis e práticas iníquas em vigor. Atualmente, há muitas advertências de condições semelhantes em curso internacionalmente.

O Dr. Hugh Murdoch chama a atenção (*op. cit.*) para artigos na *New Scientist* que insistem na necessidade de se repensar tudo a respeito da globalização. Ele escreve: "O que é preciso hoje mais do que nunca, em lugar da desenfreada ganância individual e nacional, é o *insight* espiritual e teosófico de que todos nós estamos interligados num nível profundo ou fundamental". Destacando alguns pontos nos artigos acima mencionados, ele se refere aos países ricos, por exemplo os Estados Unidos e os países da Comunidade Europeia, que buscam o livre comércio somente para suas exportações de manufaturados e serviços, enquanto aplicam barreiras tarifárias e subsídios para dificultar as exportações amplamente agrícolas dos países mais pobres. Ele cita o Relatório de Desenvolvimento das Nações Unidas, que diz: "Se as atuais tendências continuarem, as disparidades econômicas entre as nações industrializadas e as em desenvolvimento passarão de injustas a desumanas".

Nossa atenção é também atraída para as esperanças suscitadas pela Rio Conference em 1992. Os países ricos comprometeram-se a dobrar sua parcela de ajuda aos países pobres. Mas somente a Holanda e os países escandinavos estão cumprindo a meta. Os países mais ricos permanecem tendo um mau desempenho. Kofi Annan é novamente citado: "Não existe escassez de alimento no planeta. A principal razão porque 800 milhões de pessoas passam fome a cada noite é porque carecem de recursos para comprar ou cultivar seu próprio alimento . . . os fazendeiros em muitas regiões com "déficit de alimento" já estão fora do mercado porque seus produtos estão sendo subcotados por importações baratas dos Estados Unidos. [Poderíamos acrescentar que as importações só permanecem baratas enquanto a produção nativa tiver de ser confrontada]. Tanto o comércio quanto o desenvolvimento científico têm um papel a desempenhar no mundo moderno . . . ambos estão canalizados para as necessidades dos ricos e não das dos pobres".

Notícias do sul da África são aflitivas. Milhões de pessoas estão à beira da fome ou morrendo lentamente devido à subnutrição. Já houve vários períodos de fome terríveis em décadas recentes. Dizem que os 20 por cento mais ricos da população mundial gastam mais de 80 por cento da riqueza do mundo. A disparidade está crescendo mesmo nos confins das nações ricas. Segundo o relatório do US Census Bureau, mais de 1.3 milhões de americanos caíram abaixo da linha da pobreza durante o ano. Mesmo nos países pobres há uma pequena percentagem de pessoas enriquecendo enormemente, enquanto o restante da população luta para se manter viva. Como diz um dos artigos citados pelo Dr. Murdoch: "O rápido crescimento econômico e o domínio da cultura ocidental baseada no consumo e no individualismo trouxeram benefícios apenas para uns poucos e colocaram uma tensão insustentável sobre o meio ambiente".

Consumismo e egoísmo criam suas próprias situações irônicas e mesmo grotescas. O que foi chamado de "um esporte para nossos tempos degradados" assume a forma de "ingestão competitiva de alimento". Telespectadores distraem-se assistindo comensais a se empanturrarem com 50 cachorros-quentes em 12 minutos, 11 hambúrgueres de 150g em 10 minutos, ou 7 litros de sorvete em 12 minutos – num esforço para superar os Romanos decadentes?! A obesidade causa mais mortes prematuras em alguns países do que o fumo, o alcoolismo, as drogas e os acidentes de trânsito combinados.

Não deveria a presciência humana perceber o perigo? Pressões insuportáveis, incluindo o impossível reembolso de débitos e injustas e exploratórias condições comerciais – mesmo se uma fachada de benevolência for posta sobre eles usando-se o termo aparentemente generoso de "globalização" – podem fazer o grande número de pobres tornando-se cada vez mais miseráveis revoltarem-se com raiva e usarem armas e meios que possam encontrar. O financista George Soros diz: "Temos mercados globais, mas não temos uma sociedade global. E não podemos construir uma sociedade global sem levar em conta considerações morais" Acatar tais avisos significa sacrifício por parte daqueles que têm, em favor daqueles que não têm, nos níveis individual, grupal, nacional e internacional.

O terceiro tipo de desastre no qual a humanidade parece estar engendrando pode ser o resultado da manipulação genética. Segundo o Gene Watch, um grupo de monitoramento inglês, a escala de experimentação com animais – motivada em grande parte por lucros a serem derivados do patenteamento, produzindo novas drogas e assim por diante, é chocante. Aumentaram em 800 por cento em dez anos. De cada 10.000 tentativas de clonagem animal em todo o mundo, houve apenas 104 nascimentos vivos. Deste somente 65 chegaram à maturidade, e muitos tinham graves defeitos físicos tais como deformidades dos membros ou inabilidade para se moverem devido à fraqueza. Contudo, a ameaça de clonagem de seres humanos está sendo muito anunciada. Tentativas estão sendo feitas para clonar animais de estimação, pois não há muito clamor público quando se trata de vida dos animais.

A Dra. Sue Mayer, uma das autoras do relatório Gene Watch, é membro do Comitê de Agricultura e Biotecnologia do Governo que supervisiona o desenvolvimento. Ela declara: "Os cientistas ingleses estão modificando geneticamente e clonando centenas de milhares de animais por ano sem qualquer vantagem médica ou comercial". Diz-se que muitos experimentos são ineficientes, um desperdício de vidas animais, causando grande sofrimento a eles, "e tudo é escondido do debate público".

Sabe-se agora que a vivissecção em seres humanos, o implante de substâncias radioativas em pacientes mentalmente deficientes em asilos, e muitos outros atos criminosos foram impiedosamente praticados em segredo em nome da "ciência". Vieram à luz somente décadas depois. Atualmente, várias grandes companhias estão trabalhando com porcos geneticamente modificados para desenvolverem fígados, rins, corações e pâncreas, investindo milhões de libras esterlinas. A Dra. Mayer diz: "Os cientistas estão se deixando levar pela mentirosa propaganda genética e os animais estão sofrendo. Não há justificativa para a modificação genética e a clonagem de animais para uso na agricultura, como fábricas de drogas ou para a produção de órgãos".

O valor dessas atividades e seu resultado mal são conhecidos – talvez jamais conhecidos. A impiedosa interferência com as milenares criações evolutivas da Natureza e a arrogância envolvida em se acreditar que uns poucos seres humanos astutos podem suplantar a vasta inteligência do Universo poderiam levar a desastres até mais horrendos e incontroláveis do que os resultantes dos danos causados ao meio ambiente ou da criação de instabilidade social. A lei *kármica* certamente seguirá seu curso quer os seres humanos detenham este curso ou não.

12. Buscas Perversas (Set. 1983)

Atualmente duzentos milhões de animais estão sendo usados a cada ano em laboratórios em todo o mundo, supostamente para se obter conhecimento. Psicólogos experimentais e outros acham necessário descobrir como os animais reagem a vários estímulos. Alguns dos dados recolhidos como resultado das abominações perpetradas aos animais são surpreendentemente triviais. Não precisamos fazer experimentos para saber que os cães salivam quando veem alimento, ou que os macacos preferem bananas a choques elétricos. Mas frequentemente para se obter conhecimento paródico, um grande número de criaturas está sendo sujeita a torturas de todo tipo: mergulhadas em água fervente, recebendo tiros de rifle de alta potência, submetidas a fortes jatos de ar, espetadas em áreas sensíveis, recebendo choques e radiações, postas em condições e posturas anormais e assim por diante.

Não apenas milhões de animais são tratados com crueldade que ultrapassa toda descrição, mas milhões de seres humanos que participam de experimentos deste tipo desde o banco escolar estão sistematicamente aprendendo a ser insensíveis. Uma mente impiedosa pode, com grande facilidade, voltar-se para experimentos em outras coisas que não objetos animais e engajar-se em ações demoníacas também com relação a seres humanos, como a história do século XX tem mostrado repetidamente. Na recente publicação *The Devil's Gluttony* é feito um relato horrorosamente pesquisado de experimentos que foram feitos em seres humanos na Manchúria por volta do final da última guerra, comparáveis, ou talvez excedendo, aos horrores de Auschwitz. Prisioneiros passavam fome, eram infectados com vermes, congelados, vivissectados, etc., para se obter "informação valiosa", que os escrúpulos ligados à experimentação humana normalmente teriam evitado. Tudo isso foi possível porque as cobaias humanas eram rotuladas como "toros de madeira".

O coração insensível endurece-se contra a situação da vida animal e aos óbvios sofrimento e sentimento que os animais experimentam, e pode facilmente se voltar para atividades em setores inconvenientes da vida humana, dissidentes políticos, minorias religiosas, prisioneiros, etc. Basta classificar uma porção da humanidade como vermes, ou brutos, e então tudo se torna possível.

Talvez a humanidade cause mais malefícios a si própria ao encorajar crueldades em nome da "ciência" e tornar a busca do conhecimento um fim impiedoso em si mesmo. As múltiplas e determinadas formas de violência vistas em todo o mundo pode ser o rápido *Karma* que os seres humanos estão colhendo por seus delitos e desumanidade.

13. *Karma* Instantâneo (Jun. 2002)

No *Dhammapada*, que dizem conter as palavras do próprio Buda, nos é dito que o mal que uma pessoa pratica segue-a com tanta certeza quanto as rodas de uma carroça seguem as patas dos bois que a puxam. O mal praticado por alguém também o segue tal como a sombra segue o homem. Esta afirmação importante é desconsiderada por quase toda a humanidade, porque são incapazes de perceber qualquer ligação entre suas próprias ações e as alegrias e tristezas que experimentam. O ceticismo prevalece a respeito da reencarnação, sem aceitar que as conexões causais entre as ações e os resultados de longo prazo não podem ser postuladas.

Existe, porém, uma visão diferente, mais sutil, que poderia nos fazer compreender que somos totalmente responsáveis por nossas próprias ações e os autores da alegria ou tristeza que é o nosso destino. Uma das grandes verdades da Teosofia é assim declarada: "Cada homem é seu próprio legislador absoluto, dispensador de glória ou miséria para si mesmo; o decretador de sua vida, sua recompensa, seu castigo". O ser humano é capaz de saber o que está fazendo, e essa percepção lança uma responsabilidade moral sobre ele para agir de maneira que traga felicidade e não sofrimento, não apenas para si próprio, mas para os outros.

Para entender esta questão complexa, deve-se compreender plenamente que pensamento, emoção e ação física estão interligados. Os corpos (*koshas*) com os quais nos vestimos nos planos físico e mais sutis da existência interpenetram-se e, portanto, afetam-se mutuamente. Sabe-se agora que emoções tais como a ira, que são concomitantes de certas atividades vibracionais de uma ordem mais útil do que a física, resultam em úlceras gástricas, alta pressão arterial e outras doenças do corpo físico. Ambição, frustração e outros complexos e impulsos psicológicos igualmente produzem tensões no corpo físico, resultando em fraqueza do coração e do sistema vascular e outros graves problemas. Vice-versa, as condições corporais afetam a mente e as emoções; a doença física, por exemplo, pode produzir depressão e atividades mentais a ela relacionada. Impactos mútuos são inevitáveis, e não devem ser ignorados se quisermos entender como o *Karma* atua e como podemos governar nossas vidas para nos libertarmos da dor e seguirmos rumo à verdadeira felicidade.

Quando se pratica a crueldade, por exemplo, quando uma criança é espancada, pode ser que ninguém descubra e o crime permaneça impune. Em tais casos, dos quais há uma abundância, parece como se não houvesse consequência adversa, e assim a existência da lei *kármica* permanece não provada. Os malfeitores prosperam e as pessoas boas sofrem, dizem os materialistas, e consequentemente não há nenhuma moral ou justiça. Aqueles que acreditam no *Karma* porque aprenderam a fazê-lo, temem que seus pecados redundarão sobre eles mesmos e, portanto, exercem alguma restrição. Mas quando o ceticismo e a "racionalidade" rejeitam [o *Karma*], considerando como tolice o que se costumava chamar de "o medo de Deus", os constrangimentos morais deixam de existir, crimes impiedosos são cometidos, e as pessoas se entregam ao egoísmo e à violência porque pensam que podem se safar. Mas não é bem assim.

Quando um ato violento ou qualquer outro ato mau ou bom é praticado, produz efeito imediato sobre os corpos mais sutis e sobre a consciência da pessoa responsável. É criado um ímpeto psicológico, e um impulso para mais violência é semeado no campo psicomental. O caráter de cada pessoa é construído juntamente com outras dessas tendências. Cada pensamento de violência ou de gentileza, de desprezo ou de compaixão, produz uma pequena mudança em cada um de nós. Os corpos invisíveis nos níveis emocional e mental geram reações automáticas ao longo do tempo. Então as relações e as ações externas reforçam as tendências internas. Um ato externo pode ser praticado com aparente impunidade se ninguém estiver observando, ou se nenhuma evidência é apresentada, mas pelo fato de o corpo físico estar entretecido, como já foi assinalado, com as contrapartes mental e psíquica, um ato bom ou mau verdadeiramente traz em seu rastro resultados benéficos ou dolorosos, quando a roda do *Karma* gira. As ações boas e más afetam a qualidade da consciência da pessoa a cada vez, elevando-a ou degradando-a.

Este efeito imediato das ações não é normalmente reconhecido ou admitido exceto através de clichês como: "se contares uma mentira, precisarás contar muitas mais para a encobrir". O que de fato acontece é que quando se conta uma mentira, a tendência à falsidade nasce ou é fortalecida conforme seja o caso. Na mitologia indiana, há a história de como o Rei Yudhishthira, conhecido por sua retidão, foi testado, e falhou quando contou uma mentira para ganhar a guerra. Sua carruagem afundou imediatamente. Essa história salienta que afundamos ou nos elevamos moral e espiritualmente por aquilo que fazemos ou não. Não há uma varinha de condão para afastar o *Karma* instantâneo.

14. A Lei de Sacrifício (Maio 2004)

É bem sabido que o Universo é governado por leis que são onipenetrantes e imutáveis. O homem tem simplesmente que aceitá-las, compreendê-las e trabalhar com elas para realizar seu destino, que é passar dos estados inferiores de conhecimento para o transcendental, o conhecimento perfeito dos Seres Libertos.

No nível físico, à medida que a educação aumenta, o homem tenta verdadeiramente penetrar na atuação das leis naturais universais, e utilizar seu conhecimento para produzir melhorias nas condições materiais. O que vemos no campo da medicina, no transporte, comunicação, saneamento e assim por diante, são a consequência de se saber como as leis do Universo funcionam. Mas o homem está também cometendo muitos erros, alguns deles de natureza tão grave que os desastres ocorrem ou podem ser prognosticados como prováveis de ocorrer. Entre esses incluem-se o dano aos elementos e ao meio ambiente, a destruição das formas naturais pela manipulação genética, etc. Naturalmente nos perguntamos o que há de errado com esta era onde existem tão graves contradições. Ao mesmo tempo muitas coisas boas estão sendo realizadas, enquanto tendências calamitosas estão também sendo postas em movimento. A resposta pode ser (e para algumas pessoas este é um fato óbvio) que haja desconhecimento contínuo a respeito das leis morais e espirituais, que também estão em atuação de modo invisível em toda parte e o tempo todo. O homem está agora progredindo rapidamente em direção a um maior conhecimento das leis no nível físico, sem mesmo considerar se poderia haver leis em outras dimensões, ignorando ou violando o que resulta em problemas e dor.

Umas dessas leis, de que os sábios falaram, é a Lei do Sacrifício. Annie Besant disse que ela está "impressa no Universo no qual vivemos e que todo o mundo está vinculado por uma lei de interdependência". Os biólogos começaram a entender algo a respeito dessa interdependência, e dizem que nem mesmo uma única criatura na

Terra consegue sobreviver por si própria, sem a ajuda de uma ampla variedade de outras criaturas, que mantêm o sistema ecológico da Terra num estado de boa saúde.

Em *The Theosophist* de março de 2004, o professor de Zoologia C. A. Shinde refere-se ao relacionamento simbiótico de plantas, insetos e outras criaturas. Ele diz: "Observando os relacionamentos simbióticos e a interconexão dos organismos vivos, não é difícil aceitar a fraternidade universal intelectualmente como um fato na Natureza".

Os relacionamentos mútuos são benéficos, não apenas para a existência corporal, mas também para o bem-estar psicológico e emocional, como indica a recente notícia a seguir:

> A presença de um amigo de quatro patas na sala de aula promove o desenvolvimento das crianças. Este é o resultado de uma enquete do Instituto de Pesquisa Interdisciplinar do Relacionamento Homem-Animal (IEMT) em Zurique.
>
> Trinta professores do jardim de infância e da escola primária estiveram envolvidos. Eles levavam seus cães e gatos regularmente para a sala de aula. Todos os professores questionados consideram o efeito sobre as crianças e seu ensinamento extremamente positivos. A responsabilidade entre as crianças aumentou consideravelmente.

Avançando a partir do reconhecimento da interdependência, a compreensão do homem tem de se desenvolver para o reconhecimento de que a mutualidade de interesse entre as criaturas mesmo de diferentes espécies é apoiada na Natureza por um sistema de sacrifício, que é de dar e não apenas de tomar.

Todas as formas de vida estão num estado de intercâmbio de substâncias gasosas, líquidas e sólidas. Para novamente citar Annie Besant: "A roda giratória da vida não pode continuar a não ser que cada membro, a não ser que cada criatura viva, ajude a girá-la pela realização de atos de sacrifício". A *Bhagavad-Gitā* também sugere que para se colher o bem mais elevado deve haver cuidado e amor mútuos. Segundo a

Ordem Divina, as formas de vida devem romper-se e oferecer seus próprios elementos constitutivos para a sobrevivência de outros, até que também eles se rompam e por sua vez passem adiante a substância que irá nutrir ainda outros.

O mundo de hoje está profundamente dividido, não tanto por diferenças raciais, nacionais e étnicas quanto por posses. Uma pequena minoria de pessoas se apropriou e retém uma grande proporção de recursos disponíveis; algumas pessoas estão desfrutando de luxo excessivo enquanto outras estão cada vez mais carentes. Isto está acontecendo internacionalmente, nacionalmente e localmente. Os ricos estão se tornando mais ricos e os pobres mais pobres.

Vários prognósticos a respeito das próximas poucas décadas dizem que a escassez de água será um grave problema à medida que o tempo passa, e talvez até mesmo causa de guerra. Este elemento precioso está sendo imprudentemente desperdiçado por aqueles que têm acesso a ele, e outros são deixados a observar cada gota que usam de água obtida após dificuldades incríveis. Se a lei de sacrifício fosse amplamente reconhecida, como são as leis de gravidade ou dinâmica, com todas as tecnologias e facilidades conhecidas para pesquisa, certamente seria possível encontrar meios de compartilhar água, alimento e outras necessidades equitativamente. Estaremos nós seres humanos esperando que mais condições críticas nos ensinem que devemos estar prontos para dar e compartilhar para desfrutarmos de paz e prosperidade? As vidas do Buda, contadas nos contos Jātaka, ensinam simbolicamente que a Iluminação ou o Budado é a recompensa de sempre se estar disposto ao sacrifício do autointeresse pelo bem dos outros.

Capítulo 10

Amor

1. Amor é Conhecimento (Jul. 1990)

Em *Aos Pés do Mestre* é dito que de todas as qualificações, o amor é a mais importante; sem ele todo o restante jamais seria suficiente. Quando o amor preenche a natureza pessoal, as outras virtudes são espontaneamente adquiridas, desde que o amor seja verdadeiro e não mero apego pessoal. Qualquer virtude fundamental leva a outras virtudes, quando se medita profundamente sobre ela e se põe em prática. Isto é mais verdadeiro talvez com relação ao amor do que a qualquer outra coisa. Quando se compreende a profundeza e a importância desta qualidade divina ela abarca tudo mais.

É dito também que se nos tornarmos unos com Deus o amor altruísta deve preencher nossa natureza, porque Ele é amor. Deus é apenas outro nome para amor ilimitado, supremo, que é a Realidade Universal. No nível que nossos olhos mundanos não percebem, o amor preenche o Universo, e este é o significado da imanência, onipresença e eternidade de Deus.

Kabir, o místico indiano, diz:

Eu rio quando ouço que o peixe
na água está sedento.
Tu vagueias inquieto de floresta
a floresta enquanto a Realidade
está dentro de tua própria residência.

Pode-se buscar Deus em Meca, Varanasi ou Jerusalém, mas é tudo fútil, pois não se tem de ir a lugar algum, já que o amor perpassa toda a vida e é a Realidade Una onipresente. Para se descobrir Deus, tudo que precisa ser feito é permitir que ele inunde o ser pessoal. Enquanto criarmos barreiras ao nosso redor e as mantivermos, a busca por Deus será uma ilusão, uma mera invenção da mente.

A Dra. Besant fez a brilhante declaração de que o amor é uma forma de conhecimento maior do que o conhecimento intelectual e o raciocínio. O conhecimento da mente sem amor é errôneo, superficial, parcial e, portanto, enganoso. O conhecimento fragmentado pode dar origem a conceitos totalmente errados e a mente pode se enganar acreditando que seus próprios conceitos errados são a verdade. Na bem conhecida história dos homens cegos ao tocarem um elefante, um diz que é uma pilastra, outro uma corda, um terceiro uma parede, dependendo do que ele tocou, a perna, a cauda ou o flanco. Cada um estava bastante convencido de que o seu conceito correspondia ao fato.

O intelecto percebe somente as características externas e a forma, e raciocina com base nessas percepções superficiais. Não vê a essência das coisas. Perceber a natureza essencial é uma forma diferente de ver. É comunicação sem imagens.

A imagem na mente reflete apenas o que está no nível da forma, que pode ser descrito por suas características. Mesmo um conceito abstrato tem certos parâmetros. Nenhum destes é a verdade. Se verificarmos a palavra "amor" em si mesma, o que é descrito como amor não é amor. Amor é comunhão de espírito com espírito, e jamais se pode descrever a realidade de uma tal experiência.

Certamente que temos de ser cuidadosos para não darmos o significado de amor às muitas coisas com as quais a palavra está normalmente associada, e que nada têm a ver com ela. Sensação e apego à sensação são muitas vezes identificados com amor. Amor também não é a mesma coisa que pensar no amor. Aliás, quando pensamentos de amor penetram a mente, o amor está ausente, porque, como dissemos, o pensamento é meramente criação de imagem e está no nível superficial. Está entrelaçado com reações pessoais: eu não gosto desta pessoa, gosto daquela, por causa disto ou daquilo. Essa propensão do pensamento é um dos maiores obstáculos ao verdadeiro conhecimento Porque é sempre separativo. Os preconceitos, julgamentos e as preferências da mente são expressões da interação entre o eu e o não eu.

Krishnamurti no seu livro *Love: A Dialogue with Oneself* sugere diretrizes para negar esses movimentos da mente e reações psicológicas que estamos acostumados a associar com amor. Quando negamos essas coisas, não em palavras, mas de fato, ocorre um tipo diferente de relacionamento que é amor verdadeiro. Quando o amor existe as percepções intelectuais ou mentais comuns podem também refletir a verdade até certo ponto. Sem amor elas projetam uma caricatura porque perderam o essencial.

É nosso infortúnio nos dias de hoje possuirmos muito conhecimento sem amor. Acreditamos no velho adágio de que o amor é cego. Devemos compreender, porém, que o amor em nenhum sentido do termo é cego, mas, a mais elevada forma de conhecimento. É de suma importância agora despertar a natureza amorosa nos indivíduos e também na humanidade como um todo. Isso significa promover atitudes e qualidades que estejam "do lado do amor", tais como gentileza, consideração, generosidade e compaixão, e pôr de lado as aversões e os preconceitos. Quanto mais nos demoramos sobre os diferentes aspectos do amor, mais começaremos a sentir sua beleza. Como é dito nos *Upanishades*: "Aquilo sobre o que medidas, tu te tornas".

2. Saber é Amar (Nov. 1994)

Durante séculos o homem tem acumulado conhecimento. Nosso século particularmente é caracterizado por um progresso fantástico na coleta de dados. Não pode haver fim para isto porque a Natureza é tão vasta e intrincada. As teorias e os modelos formulados com base em todas estas informações resulta de lógica rigorosa e raciocínio. A humanidade alcançou tão elevados níveis nesta área que o intelecto e a mente suplantam todas as outras faculdades da consciência.

Mas estamos diante de provas crescentes que mostram como o acúmulo de dados e a obtenção de mais conhecimento não reforçam a prosperidade material nem o bem-estar espiritual da humanidade como um todo. Doenças que antes nunca se ouviu falar estão agora causando alarme. A saúde mental está declinando. Temos gratificações e confortos que não estavam disponíveis no passado, mas o sofrimento neste século provavelmente jamais foi suplantado. As guerras, as atividades impiedosas de Hitler, Stalin, Polpot e outros megalomaníacos, fomes horríveis e a desmoralização generalizada que se manifesta através do vício das drogas, a violência habitual, a inabilidade para manter relacionamentos, e assim por diante, tudo indica que a trilha mental da humanidade está seriamente deformada.

Uma das perguntas que confronta o mundo, neste contexto, é se o conhecimento deve ser considerado como um fim em si mesmo. Terá a aquisição infinita de dados algum valor se a soma da felicidade humana não for maior, e em nossas vidas não forem iluminadas pela alegria que traz o amor? Os indianos antigos ensinaram que o objetivo último da vida humana é a emancipação espiritual. Eles acreditavam que somente aquele conhecimento tem real valor, o que significa um meio para a liberdade espiritual. Atualmente o estresse está em se obter conhecimento para fins materiais. O homem moderno precisa pensar profundamente quanto ao propósito último da vida humana, se o conhecimento deve levar à felicidade, e não apenas tornar os problemas humanos mais difíceis.

Devemos lembrar que o imenso sofrimento da humanidade é causado por condições mentais como o ódio, o medo, a ansiedade e as ilusões que produzem conflito e estimulam a crueldade. É um conhecimento fútil que não liberta os seres humanos destas causas psicológicas de sofrimento e do egocentrismo que eles projetam. O bom senso deve nos dizer agora que qualquer conhecimento é inútil sem autoconhecimento, e que a ignorância de sua própria condição interior torna o ser humano um escravo em meio a seu paraíso eletrônico.

O que o mundo precisa mais do que qualquer outra coisa é amor. A falta de amor é a causa de todos os outros males tanto da sociedade quanto do indivíduo. É a mente não amorosa que tem causado danos ao ambiente. Tentar superar a lacuna da geração e a lacuna de gênero, fechar o abismo entre os ricos e os pobres, resolver tensões entre nações e comunidades, tudo isso é inútil sem a compreensão trazida pelo amor. Aprender a amar e viver para beneficiar uns aos outros é parte da ciência do autoconhecimento.

Se quisermos entrar numa nova era, e não apenas num novo século, a aspiração da humanidade deve ser por amor e não por mais aceleração na aquisição de conhecimento. Isto significa voltar-se para o interior para conhecer a si próprio em profundeza, e arrancar pela raiz todos os conceitos, crenças e preconceitos que bloqueiam o caminho da percepção direta da essência de todas as coisas vivas. Tennyson escreveu que o conhecimento total é o Amor Total; quando existe amor, a um tipo diferente de saber, que está no próprio coração da vida. Annie Besant também ressaltou que o amor é uma forma de conhecimento porque é ausência de egoísmo, e o egoísmo distorce a percepção. Quando o coração é puro e a mente não está maculada pelo eu, o mundo parece diferente. A nova forma de saber, um saber que é ao mesmo tempo amor, é o significado de Teosofia ou Sabedoria.

Krishnamurti foi o mais forte defensor em tempos recentes de se negar o conhecimento que nada significa mais do que coletar dados e reconhecê-los de tempos em tempos, o que é chamado de pensamento. Ele tentou apontar o caminho para aquele outro conhecimento que é um estado de não separatividade e de amor. Talvez sua filosofia - se puder assim ser chamada - será a precursora de coisas a acontecerem numa nova era.

3. Deixe o Coração Falar (Maio 1997)

A mente humana distorcida e colorida pelo desejo é fonte de ilusões e conflitos. As formas de desejos são muitas: ambição, ganância, cobiça, apego, possessividade e assim por diante. Como afirmam os *Upanishades*, a mente é dupla: impura, sob o domínio do desejo; pura, quando livre de suas garras. Somente a mente pura traz intimações da verdade. Vendo no coração de todas as coisas, ela desabrocha em compaixão e se expressa espontaneamente em reta ação. A mente impura, por outro lado, está tão inextricavelmente entretecida com o desejo que não vê corretamente, nem sabe como agir. Sendo cega e confusa, mas ambiciosa e possessiva, ela é fonte de grande sofrimento.

No nosso mundo contemporâneo, vemos o caos que é causado pela ambição e a ganância da mente poluída. Todos os dias há notícias de enormes sofrimentos. Os refugiados no Zaire não sabem aonde ir enquanto observam impotentes seus filhos morreram de fome. Existem conflitos intermináveis em todo o mundo. O que acontece no Oriente Médio, na Croácia e na Albânia, em Myanmar e no Peru, são exemplos dos males generalizados de nossa sociedade. Os animais são impiedosamente explorados. A repugnante busca de pedófilos ricos caçando vítimas infantis em países estrangeiros, e a impiedosa especulação através da venda de armas, drogas e assim por diante continuam o tempo todo. Todas estas coisas são parte da decadência produzida por *kāma-manas*.

O ensino da Sabedoria em todos os tempos enfatizou a necessidade de se purificar a mente de seus desejos egoístas não apenas como requisito para se trilhar a senda espiritual, mas também para construir a estrutura de uma sociedade sadia. O indivíduo e a sociedade são um.

O comportamento de cada indivíduo molda a sociedade, elevando-a ou degradando-a, movendo-a rumo à desintegração ou à verdadeira civilização. As influências operando na sociedade, por outro lado, recaem sobre os indivíduos, condicionando suas vidas e ações. Portanto, purgar a mente do desejo egoísta é um requisito tanto para o progresso social quanto individual. Em *A Voz do Silêncio*[46], quando se pergunta ao Instrutor "Que farei eu para alcançar a Sabedoria?", a resposta é "Procura as Sendas. Mas . . . sê puro de coração antes que comeces a tua jornada".

A limpeza interior é rejeitada hoje pela maioria das pessoas como consideração moral ou sentimental irrelevante para a vida prática. A mente-desejo é esperta, mas não inteligente. Portanto, a praticidade exige a energia para purificar, pois só a mente pura, sendo inteligente, sabe o que é benéfico. Obviamente não é inteligente levar adiante o comércio de armas, persistir em contaminar a terra com produtos químicos, destruir florestas ou interferir com o frágil equilíbrio ecológico do planeta. Contudo, isto está sendo feito incessantemente por desejo de lucro, ou ambição de algum tipo. A evidência é clara: onde há desejo, não há verdadeira inteligência.

Onde há desejo, há não apenas falta de inteligência, mas também de sentimento. Desejo não é a mesma coisa que sentimento. O desejo é gerado pelo senso de existência separada, enquanto o sentimento nasce de um profundo senso de parentesco ou compaixão. O desejo que aguça a sagacidade entorpece a sensibilidade. Por outro lado, o sentimento é expressivo da não separatividade, e promove resposta sensível, que leva ao amor e à compaixão e, portanto, à espiritualidade.

Também não se deve identificar sentimento com sentimentalismo, ou com o que H.P.B. chamou de "noções convencionais baseadas no emocionalismo e sentimentalismo ou na assim chamada cortesia,

46 Brasília: Editora Teosófica, 6ª Ed. de Bolso, 2023, p.140 [aforismo 111]. (Nota Ed. Bras.)

coisas da vida irreal". Ela disse que o ódio profissional e a inveja tornaram-se tão comuns que mesmo as assim chamadas cortesias da vida são apenas uma máscara oca cobrindo os demônios do ódio e do ciúme. O sentimentalismo é uma forma de autogratificação; o sentimento surge quando o eu é esquecido e a preocupação com outras criaturas torna possível a sintonia interior com elas.

As pessoas esperam ansiosamente que o novo milênio traga mudança. Um novo nível de prosperidade e progresso, porém, só pode ser alcançado se a mente mudar, o que significa que ela deve mesclar-se com o sentimento, sem ser incitada pelo desejo. Isto resultará em clareza de visão e, portanto, em ordem e bondade na sociedade.

A mente é um instrumento maravilhoso quando mesclado com o coração, que não é um símbolo para desejo, paixão, sentimentalismo ou superficialidade, mas aquela profundeza na consciência cujas respostas não são pessoais e são totalmente altruístas. Razão e sentimento fundem-se no coração e tornam-se o terreno da sabedoria. Por isso, deixe o coração falar.

4. Amor *versus* Interesse Próprio (Maio 2005)

A ambição, somos avisados, é a primeira maldição, e os homens de inteligência e poder são afastados de suas mais elevadas possibilidades por ela. As mais elevadas possibilidades jazem no florescimento das faculdades espirituais e dos poderes divinos latentes em todos os seres humanos. O ideal do homem moderno, por outro lado, é cumprir agressivamente as ambições que ele expressa por si mesmo, e competir com afinco para superar os outros. Este espírito penetra até mesmo no campo dos esportes e dos jogos despojando-os de graça e alegria. A palavra "ambicioso" é considerada um elogio e não um defeito. Guiados pela ambição e armados com a tecnologia, os seres humanos tornaram-se imensamente destrutivos. Guerras, poluição, crueldade e fraude penetram a sociedade humana e estão causando angústia em larga escala.

Porque todos aprendem, desde a infância, que a ambição é uma virtude, a primeira reação da mente, ao ouvir que ambição não é uma qualidade benigna, é: "Como se pode viver sem ambição? A realização de todo objetivo tem por trás de si a motivação, que é ambição disfarçada. Ela pode ser chamada por qualquer nome que se queira, mas é desejo, ambição, impulso, realização e outras urgências do tipo. Sem ela a vida pessoal se tornaria sem propósito, e não haveria incentivo à ação".

Um estudante que estuda a vida atentamente, que examina o verdadeiro propósito e significado da vida, no entanto descobrirá, apesar da doutrinação que está atualmente em curso na sociedade para promover a ambição, que existem outras causas de ação. Um coração puro, que significa um coração livre de interesse próprio e impulso, é um deles. Nas palavras de *Luz no Caminho*[47]: "O artista puro, que trabalha por amor de sua obra, está às vezes mais firmemente plantado no caminho correto do que o ocultista que imagina ter eliminado os interesses pessoais.... . ." Esta frase atrai a atenção para a importância de se substituir a ambição e o interesse próprio por uma qualidade totalmente diferente. As pessoas buscam fazer isso de várias maneiras quando se voltam para uma vida religiosa ou espiritual.

Frequentemente nas comunidades religiosas todos têm que participar da realização de tarefas mundanas da vida diária, como cozinhar, limpar, cuidar do jardim e manter a ordem física. Estes são deveres inevitáveis que têm de ser realizados em quase todos os lares e estabelecimentos; somente os ricos e os bem de vida os podem evitar. Mas para aqueles inclinados à espiritualidade, as tarefas comuns do dia a dia não estão separadas de suas obrigações religiosas; todos os atos são realizados com devoção e amor pelo divino.

---

47 COLLINS, Mabel. Brasília: Editora Teosófica, 7ª Ed. de Bolso, 2020, p. 34. (Nota Ed. Bras.)

Um dos bem conhecidos exemplos deste espírito de dedicação foi o Irmão Lawrence, cuja única preocupação era estar aberto às influências superiores, mesmo enquanto lavava louças ou cavava o solo. Mas houve outros ao longo da história que corporificaram esse espírito de autoesquecimento, vivendo de maneira simples e humilde, fazendo o que quer que tivesse de ser feito "com todas as forças", como diz o ditado, e que poderíamos alterar para "de todo coração". A atenção então está totalmente voltada para fazer tudo de maneira perfeita, infundindo assim em deveres aparentemente insignificantes a virtude divina da perfeição, da autoatenção esquecida. Ao esquecer o eu, o amor se desenvolve e mostra que é um poder muito maior do que o interesse próprio.

A *Bhagavad-Gitā,* ao ensinar somente ação para atender às necessidades, produz impacto semelhante quando praticada. Uma necessidade não é certamente uma necessidade imaginária, mas uma das inúmeras coisas que têm de ser feitas como parte da existência física, incluindo assumir responsabilidades como pai ou filho, profissional ou empregado, e toda gama de papéis em qualquer um dos quais a Providência possa lançar a pessoa. Poderá a tarefa ser bem desempenhada sem desejo por realização, mas por outro lado como uma oportunidade para irradiar afeição e cuidado amoroso? A realização desvia a mente para um resultado projetado no futuro, em vez de prestar atenção à qualidade da ação no momento. Esta abordagem ajuda também a pessoa a se desprender do interesse pessoal e a abrir o próprio ser a uma vida mais ampla.

"Trabalhar para o eu é trabalhar para o desapontamento", esta é uma verdade dolorosamente aprendida pelos ambiciosos. Por meio de repetidos desapontamentos para chegar a um estado de paz interior, felicidade e amor, a alma compreende que a renúncia ao interesse próprio é o único caminho para o bem-estar. Qualquer um que esteja engajado em criar um belo jardim, por amor pelo que está crescendo e não para derivar alguma coisa – nem mesmo prazer para si próprio

– descobre que seu coração se enche de prazer por si mesmo. De igual modo, as tarefas mundanas realizadas sem interesse próprio, num espírito de pura dedicação, levam por si mesmas a uma felicidade não procurada. Mas uma ressalva importante é mencionada na senda óctupla do Budismo: *retos meios de ganhar a vida*. Atividades destrutivas de qualquer tipo são uma negação do amor e causam danos ao agente em vez de ajudá-lo, mesmo se realizadas com perfeição!

5. A Fé Deve Ser Forte (Set. 1993)

Quando as tendências que corrompem são fortes, a pessoa comum corre o perigo de perder a fé no progresso moral e espiritual. É bastante fácil dizer que uma mudança para melhor não pode acontecer, porque o egoísmo é parte da natureza humana e não pode ser erradicado. É fácil se deixar levar e se conformar, sentir um senso de impotência ou tornar-se cínico. Na visão teosófica, não há espaço para tal pessimismo ou desalento. O teósofo tem fé na justiça do Grande Plano e na Bondade no âmago da existência. A ignorância do homem, que o leva à selvageria e ao egoísmo sucumbirá, embora leve tempo segundo a nossa visão. Uma fé assim, baseada na compreensão do Plano e em vislumbres quanto à universalidade da justiça deve ser comunicada, para que as trevas do mundo sejam mantidas afastadas ainda que por poucos.

6. A Visão Abarcante (Mar. 1994)

O maior benefício que a ciência traz à humanidade é o temperamento científico, um molde de mente que torna possível olhar sem preconceitos, uma mente que não se fecha contra fatos novos e, portanto, expande seus horizontes. Os desenvolvimentos materiais resultantes do aumento do conhecimento científico são comparativamente de menor importância do que a mudança mental que a abordagem científica deve gerar. Infelizmente as religiões têm abastecido as pessoas com dogmas, dizendo-lhes para acreditarem sem questionar, encorajando-as, assim, à observância, à conformidade e à irracionalidade. O advento da era científica foi um avanço; crenças cegas e subserviência a dogmas estavam em perigo de desaparecerem para sempre com o estudo e o progresso da ciência. Mas infelizmente a liberdade mental, que é necessária para a pesquisa e a descoberta científica, não caracterizaram a abordagem do cientista a muitas coisas fora de sua disciplina e campo de pesquisa particulares. A educação moderna, com sua ênfase na ciência, não ampliou a visão, e muitas vezes a estreitou. Fora do campo do especialista, o homem moderno ainda vive com fortes tendências e preconceitos não muito diferentes daqueles que distorcem a percepção de pessoas convencionalmente religiosas. Os verdadeiros frutos da ciência ainda não foram colhidos e utilizados para produzirem progresso humano.

Se o verdadeiro benefício de se entrar na era científica tivesse sido compreendido, e o fruto da abordagem científica da vida tivesse sido colhido, a vida, o mundo de hoje, não estaria fragmentado em grupos amargamente antagônicos, competindo entre si acirradamente. A era científica deveria ser uma era de paz, não de guerra. Não é assim porque os subprodutos da ciência, sob a forma de rápidos melhoramentos nos transportes, comunicação, medicina e assim por diante exercem tão grande fascínio sobre as pessoas que as fazem acreditar que estes são os maiores dons do pensamento científico. Ignoram o fato de que a era científica pode dotar a humanidade de uma forma de progresso muito mais valiosa e abençoá-la com uma visão verdadeiramente aberta, tolerante e oniabarcante.

A ciência provou que não há fim para o conhecimento, o que implica que não há fim para os mistérios do Universo. Só a mente ignorante é que acredita que as fronteiras do conhecimento foram alcançadas e o que conhece é a verdade. O desenvolvimento da ciência tem mostrado repetidamente que a verdade de cada época é ultrapassada pela época seguinte e substituída por uma visão mais ampla. Neste contexto, deve ficar claro que a estagnação da mente é uma forma de ignorância. Isso é verdade não apenas com relação ao conhecimento a ser obtido no campo da física, química e outras disciplinas tais, mas também de todo o conhecimento - ciência no mais amplo sentido da palavra, incluindo conhecimento de ser, significado e valores. Se o temperamento científico prevalecer, os valores que a pessoa detém e os julgamentos aos quais chega a respeito de qualquer coisa não devem ser considerados como finais. Devem ser mantidos cautelosamente, deixando que a mente permaneça aberta a novas percepções de uma natureza mais sutil, mais profunda e mais abrangente.

Como ensinavam os filósofos jainistas, não se pode dizer corretamente "isto é assim" - de um amigo ou de uma árvore, de uma situação ou de um conceito religioso. "Isto é assim" só por enquanto; com mais luz o conhecimento atual poderia expandir-se e mostrar que a verdade percebida é diferente. Aquele que genuinamente busca a verdade não pode se deixar entrincheirar num só lugar; ele deve estar pronto para a consciência se mover para uma percepção mais ampla e uma visão mais abarcante. Como podem as discussões surgir se os julgamentos são tímidos e a mente receptiva a tudo, incluindo outros seres humanos, questões de interesse mútuo, relacionamentos nacionais e assim por diante?

Este espírito de abertura, que é a fonte de humildade, tolerância e gentileza, não caracteriza nossa civilização atual agressiva, conflituosa porque, como mencionado acima, o principal benefício da abordagem científica está perdido e a humanidade em geral está hipnotizada pelas vantagens laterais. O homem é essencialmente consciência. Segundo a filosofia oculta, tudo que existe é essencialmente consciência. Portanto, o verdadeiro progresso deve ser alcançado através de expansão da consciência - de sua sensibilidade, clareza, profundidade e capacidade para inclusão. O que é geralmente chamado de progresso pode contar pouco do ponto de vista da peregrinação na consciência que os seres humanos devem fazer ao supremo santuário da verdade. A abordagem científica e o molde de mente são como um dom concedido para ajudar o peregrino no caminho. Mas ele deve receber o dom e usá-lo para entender a vida em todos os seus aspectos, naquele aspecto que é revelador de desígnio e significado, e também do outro que tem a ver com formas e forças. Então a consciência do ser humano será receptiva, aberta, tolerante. Somente no dia que a humanidade se tornar tolerante, capaz de observar as diferenças sem má vontade ou tendências, quando responder com frescor, e não medo, a novas formas, fatos e percepções, poderemos dizer que ela está totalmente numa era científica.

7. O Comunismo do Amor (Jul. 1988)

Teoricamente, em uma sociedade comunista, cada cidadão deve trabalhar pelo bem de todos e dar à comunidade segundo sua capacidade; e todo cidadão deve também receber o que precisa para viver uma vida de decência e dignidade. Os teósofos concordariam com o princípio de trabalhar pelo bem de todos e compartilhar com os outros o melhor de sua capacidade. Mas a questão vital é: Como isto pode ser alcançado? Pôr-se em prática teorias que envolvam as ações e os relacionamentos de um número muito maior de pessoas não é fácil. Principalmente a natureza dos meios tende a solapar os fins. Quando se busca a justiça obrigando as pessoas a cumprirem seu dever, o resultado é resistência, evasão, trapaça ou revolta. Os meios usados para produzir o bem-estar comum são impiedosos e violentos, todo sentimento de cuidado e preocupação são esmagados no processo e o "comunismo do ódio" vem à existência. A outra maneira de proceder é educar e inspirar as pessoas a se tornarem cientes de suas responsabilidades. Compartilhar, então, surge a partir da preocupação com o bem-estar comum. Esta é a base do "comunismo do amor", aceitável pelos teósofos. A Dra. Annie Besant defendia a ideia de que se as pessoas cumprirem seus deveres devido à preocupação com os outros, os direitos dos outros serão naturalmente levados em conta. Se os direitos são egoisticamente exigidos, sem preocupação com os outros, o resultado é o conflito. É primordial a atenção aos fatores psicológicos na rede de relacionamentos que é a sociedade humana. As desvantagens inerentes aos problemas socialistas devem-se ao fato de ignorar-se a importância dos motivos e das atitudes atuando na tentativa de se tentar construir uma sociedade justa.

A justiça com a qual as pessoas têm sonhado ainda está distante. O Ocidente está testemunhando um período de imensa prosperidade. Mesmo em alguns países em desenvolvimento, o produto nacional bruto tem crescido, e há mais pessoas na faixa superior de renda. Em meio à crescente riqueza, nos países opulentos como também nos mais pobres, cada vez mais pessoas são reduzidas a um estado de penúria sem-teto, especialmente nas grandes metrópoles às quais são atraídas pela perspectiva de emprego. O número de pobres e famintos está crescendo em todo o mundo. Inacreditavelmente, nesta era de fartura, de rápida comunicação e transporte eficaz, a fome afeta enormes populações.

Este quadro sombrio é uma indicação do abismo que existe entre as teorias de vários partidos e governos, sua retórica política e a realidade. A não ser que a consciência social do mundo seja suficientemente despertada, a perspectiva de assegurar condições decentes de vida para todas as pessoas é fraca. Esse desafio deve estar tanto no centro das preocupações com os direitos humanos quanto em questões mais dramáticas.

8. Insegurança e Afeição (Set. 1994)

Como toda a vida é una, por mais diversa que sejam as suas manifestações, existe apenas uma forma de relacionamento que pode ser verdadeiramente satisfatória e pacificadora porque reflete a verdade da unidade. Existe apenas um relacionamento que está em conformidade com a natureza essencial da existência. Esse relacionamento é a "harmonia". A palavra "amor" tem sido tão aviltada e profanada que a pessoa hesita em usá-la, pois pode ser facilmente mal interpretada para satisfazer a luxúria e as limitações da consciência corporal e da mente. Amor no verdadeiro sentido não é isso, mas uma profunda percepção da unidade; a natureza espiritual vibrando em harmonia com todo o Universo.

Quem quer que seja privado de amor, mesmo sob as formas de afeição e atenção imperfeitas e volúveis que as pessoas normalmente tomam por amor, está sujeito à desordem interna, porque é muito antinatural. As crianças tornam-se delinquentes ou imprevisíveis quando não recebem esse alimento psicologicamente vital. Há registros de casos de crianças sendo trocadas de pais adotivos para outros por agências de serviço social seguindo uma teoria perniciosa de que se lhes for permitido permanecerem muito tempo em algum lugar se tornarão muito apegadas. O resultado é que a criança é assim totalmente privada de segurança e afeição e desenvolve agressão incontrolável e se torna criminosa. O obstetra Dr. Leboyer foi aclamado por propor a teoria de que os bebês não devem ser separados da mãe após o parto. Ele ressaltou que o contato físico é necessário para que ela cresça com o sentimento de segurança. (Isto certamente era instintivamente sabido pela vasta maioria das pessoas antes de serem "educadas" para acreditar que novas técnicas são melhores).

Deve-se notar, porém, que a mãe, humana ou animal, transmite não apenas segurança física ao bebê, mas, o que é mais importante, o sentimento de segurança psicológica que vem da afeição. Quando a vaca lambe o bezerro e quando a mãe acaricia o rosto de seu filho, há um cruzamento de ondas de unidade. Sem isto a alma, por assim dizer, é deixada na escuridão e pode emergir moral e espiritualmente retardada se a privação continuar. A tradição teosófica descreve o fado dos totalmente alienados, tão perdidos na separatividade, que experimentam o inferno de *avichi*, que não tem localização espacial, mas é um estado interno. O princípio teosófico da educação dos filhos é certamente deixar que aprendam e cresçam numa atmosfera de afeição. Grandes danos se acumulam sem isso. A maioria dos seres humanos tem um profundo senso subconsciente de insegurança que está por trás de atitudes de agressão, autoglorificação, ações defensivas e uma caixa de pandora de outros infortúnios. Quando bezerros com um dia de vida e outros bebês animais são separados de sua mãe e presos em cercados para engordarem rapidamente, um grande pecado é cometido, não apenas por causa do dano físico causado, mas porque a evolução deles pode ser gravemente afetada. Quem sabe se esses milhões de criaturas prejudicadas não nascerão mais cedo ou mais tarde no reino humano como selvagens peculiarmente violentos?

As coisas simples são frequentemente as mais difíceis de entender. Sem relacionamentos de afeição, harmonia, amizade e todas aquelas qualidades que levam ao amor, há uma insegurança profunda. A insegurança é a fonte de tremendas agressões e violência. Como o mundo está crescendo em insensibilidade e violência, é provável que as pessoas se sintam mais inseguras e a escorregadia estrada do declínio moral esteja à frente. O caminho para a segurança e a bondade jaz em aprender a viver com afeição e a confiança que ela engendra.

9. O Poder Corrompe, o Amor Santifica

Diz-se que o poder corrompe e que o poder absoluto corrompe absolutamente. O poder existe sob muitas formas: poder cerebral, poder monetário, poder do *status*, poder da máquina e assim por diante. Todas as formas de poder cegam os seres humanos e os colocam num viçoso caminho de crueldade e exploração. O sentimento de poder é inebriante e fortifica a consciência egoica da mente inferior. Mesmo pessoas boas são iludidas por *māyā* – que é poder.

A ânsia por poder mostra-se tanto nas pequenas esferas quanto nos grandes negócios. Faz com que as pessoas com autoridade em uma família, numa escola ou numa empresa depreciem os outros que estão "abaixo" delas. Encoraja as pessoas espertas da sociedade a se sentirem importantes. Aqueles que se elevam acima de seus semelhantes intelectualmente ou de alguma outra maneira sentem que têm poder. Mas como sabemos, todas as formas de poder "tornam-se pó e cinzas na boca", pois aqueles que causam sofrimento devem eles mesmos sofrer, segundo a Lei.

A história humana atesta que o poder faz o coração murchar. A exploração e a opressão sobre os fracos – prisioneiros, povos colonizados, dependentes, mulheres, crianças e animais – tem acontecido infinitamente através das idades. Não haverá possibilidade de emancipação do ciclo de sofrimento que isto cria, não somente para as vítimas, mas também para aqueles que estão cegos e se tornam insensíveis?

Um novo tipo de turismo está em prática agora, que leva pessoas, particularmente negros da América, para a África Ocidental, a terra de seus antepassados e, eles veem, em primeira mão, evidência das ações demoníacas cometidas por pessoas que cobiçam o poder do dinheiro. O primeiro registro de uma compra de escravos diz-se datar de 1503. A partir daí até meados do século XIX, um número estimado de seis milhões de pessoas foi capturado por mercadores em conluio com os chefes locais. Desses, somente uma pequena proporção sobreviveu; o número total dos que morreram miseravelmente em agonia durante o cativeiro e transporte passa dos milhões. Os turistas muitas vezes derramam lágrimas amargas quando veem os calabouços escuros, sem ar, onde as vítimas eram trancafiadas até que um navio chegasse, e também os instrumentos usados para as marcar, e a porta única de "sem retorno" através da quais eram postos nos porões dos navios.

No século XX, a história se repetiu. Na Europa, China, África, no Camboja, na América do Sul e assim por diante, a mania de poder de homens monstruosos com autoridade absoluta cumpriu-se torturando, matando de fome e massacrando milhões de pessoas. Todos os dias, em todo o mundo o mesmo tratamento vil é imposto a um número incontável de animais. Em várias regiões do mundo mulheres jovens são trancafiadas quando adolescentes e mantidas em *purdāh* (reclusão). Elas não têm voz ativa em suas vidas. Meninas recebem menos comida e frequentemente não são educadas além do nível primário. Mulheres são estupradas, espancadas, queimadas ou vendidas porque não há ninguém para as proteger, nem elas têm os meios necessários para se manter se conseguirem fugir.

Os escravos eram às vezes considerados como ativo para ser cuidado, mas agora é diferente, um grande número de pessoas pobres é enganado por lucrativas ofertas de emprego em locais distantes e postas a trabalhar sob condições repugnantes. O que elas ganham é descontado das despesas da viagem, refeições e outros itens, para assegurar que estejam sempre devendo e à mercê de seus senhores, que podem ser multinacionais enormemente ricas ou seus chefes locais. Um relatório sobre o assunto diz: "À medida que o livre mercado penetra a economia global ele necessariamente não traz democracia, direitos humanos ou condições melhores". Trabalho escravo desse tipo existe no Brasil, Índia, nos países do Golfo e mesmo em Paris e outras capitais europeias, onde meninas de famílias pobres em áreas subdesenvolvidas são levadas para trabalho doméstico.

Um número crescente de crianças e adolescentes são sexualmente abusados e castigados se não se submetem. Na África do Sul descobriu-se recentemente que muitas estudantes são exploradas por professores e parentes próximos. Mas a história não é muito diferente em outros países.

Há um tipo totalmente diferente de poder que é o único poder que vale a pena possuir, porque não traz sofrimento em seu rastro. Este poder jamais é imposto ou exibido, e nada tem a ver com vontade pessoal. É uma força radiante que santifica e abençoa todos aqueles que entram em contato com ela. Este é o poder do amor. O amor não busca obter. Não se esforça para impressionar os outros. Jamais magoa ou domina, e sempre eleva e inspira. O poder de "nada ser aos olhos dos homens" é o poder do amor. Como escreveu G. S. Arundale, o amor abençoa aqueles que sofrem e aqueles que causam sofrimento.

É bom lembrar sua evocação naqueles tempos de sofrimento intenso e de crueldade:

> Ó Poderes do Amor! Nós vos prometemos nossa lealdade, sabendo que somente o amor pode redimir o mundo. Nós invocamos vossa bênção sobre todos aqueles que se esforçam por vos servir. Nós invocamos vossa bênção sobre todos aqueles que têm de suportar sofrimento, que possam eles alegremente descobrir seu desabrochar no vosso amor e mesmo em meio aos seus sofrimentos e aflições. Invocamos vossa bênção sobre todos aqueles que voluntariamente infligem sofrimento que pode ser deslocado para retornar a vós e vos servir.

Capítulo 11

Religião, Ciência e Tecnologia

1. Verdade – A Mais Elevada Religião (Nov. 2005)

Através das idades, o homem tem lutado para entender os fenômenos naturais à sua volta, e também a verdade a respeito de sua própria existência e posição no Universo. O desejo de conhecer expressou-se de maneiras muito simples, tais como querer entender o que está por trás de uma noite tempestuosa com trovões e relâmpagos (resultando nos mitos e nas lendas a respeito do grande Deus Thor ou Indra, rei dos deuses, libertando vacas mantidas em cativeiro nas nuvens por antideuses); ou em questões mais fundamentais a respeito do que é verdadeiro e duradouro, e por que existe sofrimento. Sem estas sondagens e reflexões, os seres humanos não seriam humanos, mas tornar-se-iam criaturas engajadas somente na sobrevivência física e fazendo o melhor das tristes condições no mundo que são incapazes de entender.

Apesar de inúmeras tentativas para responder à pergunta, "O que é a verdade?", nenhuma resposta satisfatória jamais foi dada. Por outro lado, grande quantidade de trágicas controvérsias e conflitos teve origem em várias alegações dogmáticas para se conhecer a verdade. Poucos deram ouvidos aos Instrutores que proclamavam que a verdade está além de pensamentos, palavras e descrições, e que consequentemente ninguém pode assegurar que suas próprias ideias ou as de líderes religiosos escolhidos são a verdade. A Senhora Blavatsky, uma das Fundadoras da Sociedade Teosófica, disse que sua Obra Magna não contém a verdade, mas somente aponta para ela, o que é tudo que qualquer pessoa ou livro pode fazer.

Ao se aproximar da estrada que leva à verdade, a Sabedoria pode estar em compreender suas ligações com o enorme mistério da Vida. As pesquisas da ciência estão continuamente esclarecendo que no grande e no pequeno, na diminuta partícula atômica como nos vastos espaços do Universo, existe um elemento secreto, um mistério oculto, que a mente do homem não consegue tocar. Há algumas décadas um cientista, Edmund W. Sinnott, escreveu:

> Se soubéssemos o que faz o pinheiro crescer a partir de uma semente e permanecer exatamente um pinheiro através de todas as vicissitudes de sua história, poderíamos chegar perto de saber o que a vida verdadeiramente é.

Mas os porquês da vida iludem cada tentativa, mesmo das melhores e mais brilhantes mentes para plenamente os compreender. Tão logo uma resposta pareça surgir, então juntamente com ela surge um vislumbre de profundezas e dimensões ainda desconhecidas. Por que as raízes de um corte de gerânio não crescem indefinidamente, mas somente até a taxa normal, da raiz para o rebento, ter sido restaurada? Que milagre que a pequena ponta do botão saiba quando parar e o que fazer e onde, que uma força misteriosa no interior do Universo mantenha um equilíbrio impossivelmente preciso entre forças opostas tais como gravidade e expansão! Como tais coisas acontecem e funcionam no todo coordenado que é o Universo?

Uma olhada mesmo numa pequena fração do imenso mistério da vida equivale à verdade, mas não a toda verdade, certamente. Ver qualquer aspecto da vida como ele é – não como os nossos sentidos e mentes limitados, nossos preconceitos e concepções errôneas o apresentam – é o início da jornada. A vida tem dimensões e sutilezas imensuráveis. Ela é rica, criativa, dinâmica. A verdade, sendo a descoberta da beleza, significado e mistério da Vida, é também necessariamente sem limites, necessariamente sutil e dinâmica, uma bençāo sem paralelo.

Um aspecto da verdade da Vida foi proclamado pelos sábios iluminados: A Vida é indivisivelmente una. Portanto, a verdade é una. As escrituras hindus declaram: "A verdade é una: os sábios falam dela de várias maneiras". Ensinamentos semelhantes podem ser encontrados em outros livros religiosos. A Vida, em qualquer que seja a forma que exista - inseto, planta ou humana, *deva* ou Buda - é una, tal como a água que flui através de qualquer torneira é água, o mesmo elemento seja no pote, na piscina, no lago ou no oceano, a mesma na nuvem e na chuva. A vida é una, mas tem aspectos infinitos e perpassa dimensões infindáveis. A verdade também é una, e se manifesta de modos variados.

Quanto mais clara é a percepção que uma pessoa tenha das imensuráveis profundezas da vida, mais ela compreende que não há fim para a verdade, e que aquele que sabe que não sabe é sábio. Acreditar que se conhece a verdade é tolice, uma forma de ignorância. Somente os Budas estão despertos para a totalidade da verdade, porque em seu caso a consciência individual tornou-se una com a Mente Infinita.

A verdade é a mais elevada das religiões, porque nela há todas as outras coisas desejáveis - paz, amor e a inteligência da Mente Divina. Para se chegar a isso, é necessário ser internamente livre de apego a coisas e valores menores. Portanto, como diz a *Bhagavad-Gitā*[48], a devoção à verdade envolve *Yoga* incondicional e renúncia de todos os objetivos e desejos pessoais. "Restringindo e subjugando os sentidos, considerando tudo com equanimidade, regozijando-se com o bem-estar de todos, esses também vêm a Mim." Este é o extraordinário privilégio de se encarnar como ser humano.

---

48 Brasília: Editora Teosófica, 2ª Ed. de Bolso, 2014, p. 210 [XII-4]. (Nota Ed. Bras.)

2. Uma Vida, Um Deus (Set. 1994)

A crença monoteísta tem sido muitas vezes produtora de fanatismo e intolerância extrema, enquanto deveria, na verdade, levar a uma reverência cada vez mais aprofundada para com todas as formas de vida. O problema está em se acreditar que o "Deus Uno" é o deus da *minha* concepção, o deus invocado na *minha* escritura, que é o padroeiro da *minha* igreja.

A Teosofia proclama de modo inequívoco que o Deus Uno é a Vida Una, além da qual nada existe. Como salientaram os Mahatmas na sua bem conhecida carta (Nº 10): "É evidente que um ser independente e onipresente não pode ser limitado por nada que esteja fora dele mesmo". H.P.B., em *A Chave para a Teosofia*[49], descreve simbolicamente a Deidade como uma esfera sem circunferência. Ela diz:

> Nossa DEIDADE, nem está em um paraíso, nem em uma árvore, construção, ou montanha específicas; ela está em todos os lugares, em todos os átomos do Cosmo visível assim como do invisível; dentro, sobre e em torno de todo átomo invisível e toda molécula divisível; pois ELA é o poder misterioso da evolução e da involução, a potencialidade criativa onipotente, onipresente e mesmo onisciente.

Intolerância, desrespeito e ódio são a negação do Deus Uno que é tudo e todas as coisas, e que também está além de todas as coisas. A terra e as estrelas, montanhas e rios, todos os seres vivos, humanos e não humanos, criminosos ou santos, aquele que nega Deus como também aquele que afirma deus, *são* deus. Como declararam os Adeptos na carta acima mencionada, "o macrocosmo é o microcosmo".

Infelizmente o fundamentalismo na religião tem sido identificado com afirmações fanáticas de supremacia no conhecimento de deus e da assim chamada palavra de deus. A exclusividade e a intolerância associadas a ele são, como já mencionado, uma negação do Deus Uno

49 Brasília: Editora Teosófica, 7ª edição, 2020, p. 65-66. (Nota Ed. Bras.)

e uma prova de ignorância. A investigação quanto aos fundamentos com uma mente imparcial deve tornar claro que não pode haver nada fora da Deidade. Se houver, não é o ser uno onipresente. Também, se ele é tudo, tudo deve ser amado e reverenciado. Esta é a essência da religião, e vai aos fundamentos.

O "ecofilósofo" australiano professor Charles Birch fez uma observação importante ao dizer que o Universo não deve ser visto como consistindo de objetos; dos prótons às pessoas eles são sujeitos e não objetos. Isto significa compreender que o Universo é vivo, e não uma máquina. "Deus pode estar encarnado na vida, mas não pode estar encarnado na máquina", segundo o professor. O reconhecimento do deus encarnado em toda parte e a adoração da vida una devem ser a marca do verdadeiro monoteísta, como também do panteísta. Aquele vê o um exibindo seu esplendor através dos muitos, e este compreende que os muitos são o um em trajes variados.

3. A Religião da Unidade (Mar. 1993)

Várias tentativas foram feitas desde a fundação da Sociedade Teosófica por grupos ecumênicos e outras organizações para estabelecer a concórdia entre povos de diferentes crenças. O Parlamento das Religiões do Mundo que ocorreu em 1893, há um século, foi planejado para ser um fórum para troca de pontos de vista, e para a construção de um espírito de tolerância e compreensão entre denominações religiosas muito variadas. Muitas pessoas eminentes falaram naquela ocasião, incluindo a Dra. Annie Besant, cujas palestras foram recentemente publicadas em Adyar, com um interessante prefácio da Srta. Joy Mills. Mas percebia-se que as reuniões não estavam livres da rivalidade a que certos grupos religiosos se entregavam, querendo atrair o maior número possível para o seu próprio rebanho.

O centenário desse nobre evento será comemorado em Chicago este ano, quando se espera que os ensinamentos das grandes religiões sejam vistos, não como rivais e proposições conflitantes, mas como correntes da única Fonte, a Religião-Sabedoria, a que chamamos Teosofia, e outros chamam por outros nomes.

A Teosofia tem sido descrita e definida de várias maneiras, o que meramente mostra o quão abrangente é, pois ela é "um conhecimento ao mesmo tempo científico, filosófico e religioso, mostrando a necessidade e a realidade da ligação do homem com todas as coisas no Universo entre si (H.P.B.). A Teosofia é o conhecimento que abarca tudo que seja verdadeiro aos fatos da Natureza, tudo que corresponda à realidade da existência. Na medida em que a ciência expõe o que é verdadeiro, ela é parte da Teosofia. Nós certamente não podemos dar como certo que pronunciamentos e teorias científicas sejam o tempo todo infalíveis, uma vez que a ciência é fundada sobre o reexame e revisão de suas próprias proposições e avança a partir de um modelo e paradigma para outro, à medida que fatos novos surgem. Mas o que quer que seja verdadeiro, é parte da Teosofia.

Ademais, cada representação correta da vida nos campos sutis que a ciência não se põe a sondar é parte da Teosofia. A percepção de um filósofo do que é fundamental, e sua compreensão das causas, por exemplo, também seriam intrínsecos à Teosofia na medida em que essa compreensão reflita o que verdadeiramente existe. A existência não está apenas no nível da manifestação objetiva, objetos concretos e forças mensuráveis, está também na dimensão mais profunda, que é apreendida na mente humana como significado, valor, beleza. A mente religiosa é aquela que está crescendo na percepção desta dimensão mais profunda, da qual percebe a periferia como parte da totalidade que é o Divino, "Deus" por seus muitos nomes.

A Teosofia é a síntese de ciência, religião e filosofia. É a religião da unidade. Como disse H.P.B.: "A Teosofia não é *uma* ciência, mas abarca toda a ciência na vida, moral e física. Portanto, ela é a tutora *par excelence*, capaz de guiar os estudantes genuínos por todas as vidas vindouras.

No seu artigo "Será a Teosofia uma Religião?" H.P.B. declara que o mundo até aqui tem sido suficientemente amaldiçoado com os "extintores intelectuais conhecidos como credos dogmáticos" e que foi concebida desde o seu início para "protestar em voz alta e liderar uma guerra aberta contra o dogma ou qualquer crença baseada na fé cega".

Para inaugurar uma nova era, o mundo precisa da religião da unidade baseada no conhecimento sintético que mencionamos, ao qual se chega por meio de uma investigação com mente aberta e o sincero desejo pela verdade, não através de dogma e crença cega. O verdadeiro conhecimento encontra expressão espontânea no modo de vida que é harmonioso e beneficente. Portanto, a Teosofia é a arte da vida, além de ser a ciência da vida. Na vida teosófica, não há agressão nem conflito, pois não é baseada no conhecimento de muitas coisas não relacionadas, mas na resposta amorosa à riqueza do Um que aparece como os muitos. Para usar palavras de H.P.B., todas as doutrinas verdadeiras devem suscitar, ao estimularem os poderes de raciocínio e despertarem o *interior* no homem animal, todo poder até aqui adormecido para sempre em nós, e também a percepção do verdadeiro e do real, em oposição ao que é falso e irreal . . . Ela [Teosofia] abre novas vistas além dos velhos horizontes de crenças cristalizadas, imóveis e despóticas.

Até que ponto o próximo encontro de pessoas de diferentes crenças levará a humanidade na estrada para a religião da unidade – uma religião dentro da qual haja liberdade para o indivíduo orar na mesquita ou na igreja, para purificar seu coração pelo ritual ou pela renúncia, e liberdade para desabrochar segundo suas próprias necessidades e natureza na percepção da dimensão suprema, desde que a senda individual esteja iluminada pela luz da tolerância e do amor.

4. Ética e Religião (Set. 1992)

A discussão prossegue periodicamente a respeito da relevância da religião em sustentar os valores éticos, o comportamento civilizado entre as pessoas e a boa ordem na sociedade. A maioria dos racionalistas e secularistas nega a necessidade de crença em deus e na religião para assegurar conduta ética. Eles salientam que um estudo do comportamento humano mostra que os descrentes podem ser, e frequentemente são, tão gentis, bons e bem comportados quanto as pessoas declaradamente religiosas. Exemplos brilhantes de vida altruísta, verdadeira e compassiva podem ser encontrados entre os agnósticos e ateus em todo o mundo. Annie Besant antes de vir para a Teosofia e seu colega Charles Bradlaugh pertenciam às fileiras daqueles que eram chamados de "irreligiosos" pelos ortodoxos. Poderíamos também citar facilmente exemplos de pessoas que professavam crença religiosa, mas que eram hipócritas, cruéis e egocêntricas. Novelistas como Dickens e Thomas Hardy destacaram o fanatismo e a crueldade da religião quando ela é meramente convencional. Para citar São João, "Aquele que não ama seu irmão a quem viu, como pode amar a Deus a quem não viu? (4:20)".

A religião ortodoxa geralmente afirma que uma sociedade estável e padrões morais saudáveis só podem ser preservados por um sistema que instile o "medo de deus", que é de poder sobrenatural. O castigo eterno e a felicidade perpétua são a recompensa e o castigo empregados para controlar ou seduzir mentes acríticas à subserviência e estabelecer a "autoridade moral" da Igreja ou da hierarquia clerical. A autoridade do estado está frequentemente em conluio com a Igreja para reduzir a mente à conformidade. O conceito de um estado secular independente de um sistema religioso é de origem recente.

Todos os ensinamentos éticos são derivados daqueles que viajaram longe nesta busca, e descobriram a verdade. Eles ensinaram que o sofrimento termina com o conhecimento da unidade absoluta da existência, expressado através de elevados valores éticos tais como caridade e perdão, amor e humildade. As leis morais que infringem o princípio da unidade e violam a lei do amor podem ser parte de um sistema religioso, mas nada têm a ver com a verdadeira religião.

A pessoa verdadeiramente religiosa é sempre uma fonte de inspiração para a vida ética, enquanto pessoas que levam vidas nobres e boas, muito embora não subscrevam nenhuma fé conhecida, inconscientemente preparam-se para o conhecimento mais profundo da vida. Quanto mais as pessoas entenderem o que é a religião no verdadeiro sentido, tanto mais certamente a sociedade se colocará em boa ordem. Quando a religião que é autêntica é ignorada, a maioria dos homens se baseia no conceito de que o egoísmo garante a segurança.

A Sabedoria não está em tentar construir uma sociedade ética sem religião. O que é preciso é entender o que é a religião, educando as pessoas para que possam ver que sistemas religiosos que dividem e desencorajam a pesquisa não devem ser igualados à religião *per se*. Uma parte importante do trabalho da Sociedade Teosófica é empreender essa educação rumo a uma religião de amor e unidade universais.

5. Educação Religiosa (Maio 1999)

A educação religiosa, como é normalmente entendida, é sectária, ensinando as escrituras de uma religião particular e inculcando dogmas e premissas específicas à religião em questão, o que promove atitudes e sentimentos de exclusividade. O mundo, por outro lado, precisa de unidade, que significa romper barreiras e divisões na mente. Para alcançar isto, uma pesquisa das premissas de outras religiões, enquanto se continua a enfatizar a grandeza de uma abordagem particular, é insuficiente. Tolerância não é universalidade.

Para a mente ser benevolente, ela deve ser mais do que tolerante. Tal benevolência só acontece a partir da percepção do Eu único como o eu de todos os seres. A verdadeira educação religiosa deve facilitar esta percepção. Deve salientar, entre outras coisas, que no nível físico todas as substâncias materiais estão constantemente circulando. A matéria que compõe nossos corpos, da qual parecemos ser os possuidores, é, na verdade, um empréstimo por um período temporário e estará à disposição de outra criatura ou da Terra em geral num futuro próximo. É tanto mais assim nos níveis emocional e mental. Todas as substâncias pertencem ao "espírito unido da vida".

A compreensão de que o indivíduo não é diferente da sociedade e que estamos constantemente afetando a sociedade mesmo pelas poucas coisas que pensamos, sentimos e fazemos também deve ser parte essencial da educação religiosa. Existe informação suficiente nos dias de hoje para mostrar que o bem-estar pessoal está intimamente ligado ao de todos os outros. Nós afundamos ou flutuamos juntos na "espaçonave Terra". O conceito de fraternidade universal, que é um objetivo tão importante da Sociedade Teosófica, implica a erradicação do egoísmo juntamente com os preconceitos que a maioria das pessoas aprecia como parte de sua autoidentidade. Na Índia antiga as pessoas eram repetidamente lembradas de que os inimigos do homem estão dentro dele, e não fora. A educação deve ajudar tanto os adultos quanto os jovens a rastrear em suas próprias mentes as atitudes e tendências hostis que envenenam a sociedade e maculam o indivíduo.

Ademais, os valores que cada indivíduo absorve devem ser essencialmente de natureza universal, e não regional, sectária ou bitolada. A compaixão, por exemplo, é um valor universal e perene. Ela não pertence à pessoa "religiosa" mais do que ao agnóstico; não pode ser reclamada como especial para os hindus, muçulmanos ou cristãos e não para outras crenças. Tais valores têm um poder unitivo, enquanto valores e virtudes subsidiários podem ser separativos. Ecologia, conhecimento científico, ética e muitos outros ramos do aprendizado podem reforçar ou desencorajar a percepção quanto à unidade da existência. A verdadeira educação religiosa, que é igualmente necessária a jovens e idosos, deve reforçar e não desencorajar.

6. A Realidade Sempre Presente (Fev. 1999)

Seria difícil encontrar entre os membros da Sociedade Teosófica materialistas que neguem a existência de algo além do escopo dos sentidos humanos e da mente humana. Mas há pessoas, particularmente na Índia, que estão inclinadas a imaginar que a filosofia teosófica é uma forma de teísmo, aceitando um Deus de algum tipo. Isto pode ser atribuído à tendência geral de se estudar insuficientemente, ou à ilusão baseada no desejo de muletas e à relutância em romper velhos hábitos de pensamento, ou a crença de que sua própria religião antiga, com muitas incrustações, pode ser incorporada sob o nome de Teosofia.

A insistência de Krishnamurti de que nem a palavra "deus", nem os ídolos e imagens mentais que as pessoas inventam e chamam de "deus" não tem nada a ver com o verdadeiramente sagrado, que é de grande relevância para o progresso da humanidade. As religiões puseram o selo de autoridade sobre um deus ou deuses imaginados pela mente humana e dotados de atributos que caracterizam o ser humano médio. Não é raro os deuses serem retratados comportando-se como seres humanos erráticos ou errantes, exigindo louvor e adoração, recompensando a obediência estúpida e castigando os "inimigos".

A visão teosófica da realidade Sagrada, sempre existente, é diferente. A bem conhecida Carta do Mahatma:[50]

> O Deus dos teólogos é simplesmente um poder imaginário, *un loup garou* . . . nossa principal meta é libertar a humanidade deste pesadelo, ensinar ao homem a virtude pelo bem da virtude, e ensiná-lo a caminhar pela vida confiando em si mesmo, ao invés de depender de uma muleta teológica que por eras incontáveis foi a causa direta de quase toda a miséria humana.

---

50 Brasília: Editora Teosófica, *Cartas dos Mahatmas para A. P. Sinnett*, 2ª Ed., 2017, Vol. II, Carta nº 88, p. 55 .(Nota Ed. Bras.)

Mesmo hoje em dia, quando a maioria das pessoas pensa que está vivendo numa era de progresso, e apesar de qualquer emancipação intelectual que o estudo da ciência tenha atingido, o conceito de deus e a autoridade das igrejas estão causando caos. Os ódios e as rixas amargamente destrutivos entre as crenças de diferentes denominações religiosas – na Bósnia, no Oriente Médio, na Irlanda, no subcontinente indiano, na Indonésia e assim por diante – dão testemunho quanto à tolice da continuada crença num Deus projetado pela mente.

Qual é a alternativa? Obviamente não é um retorno ao materialismo que promoveu o egoísmo crasso, e a ganância, a crueldade e outros males dos quais o egoísmo é o progenitor. Ser teósofo não é necessariamente acreditar e jurar lealdade a algum deus ou deidade especial. Como escreveu a Senhora Blavatsky:

> Basta apenas adorar o espírito da natureza viva, e tentar identificar-se com ele. Reverenciar essa *Presença*, a Causa invisível, que ainda está sempre a se manifestar.

A vida funciona de maneiras deslumbrantes nas menores das formas como nas maiores. Annie Besant cita *Della Causa, Principle ed Uno*, de Giordano Bruno, na sua série de palestras sobre ele ministradas na Sorbonne:

> Seja uma coisa tão pequena, ela tem em si parte da substância espiritual; que, encontrando condições apropriadas, expande-se numa planta ou num animal . . . não há a menor partícula que não contenha essa porção em si mesma, que não seja dotada de alma.

Bruno escreveu também numa outra obra, *Del'Infinito, Universo e Mondi*, que "como tudo procede do bem, sendo assim tudo é bem, trabalha para o bem, e termina no bem". Este fato em si mesmo é uma maravilha que poderia mudar o coração humano quando ele a assimila.

Os Mahatmas são claros sobre a onipenetrante vida universal sendo o Deus único:[51]

> Quando nós falamos da nossa Vida Una, também dizemos que ela não só penetra, mas é a essência de cada átomo de matéria . . . Se as pessoas estiverem dispostas a aceitar e a ver como Deus nossa Vida Una, imutável e inconsciente em sua eternidade, poderão fazê-lo.

O reconhecimento da Presença Divina em tudo, quer apareça animada ou inanimada, deve ser encorajada, e tornar-se parte da educação de cada pessoa, pois ela é o único tipo de religião que pode, nos dias de hoje, salvar os seres humanos e os outros reinos, como também o planeta. Essa percepção forma a base para o desabrochar da consciência humana em níveis cada vez mais elevados e para estabelecer relacionamentos harmoniosos e respeitosos entre os seres humanos, e entre humanos e outras formas de existência.

O número de pessoas interessadas em salvar o meio ambiente está aumentando, mas ambientalistas e ecologistas não necessariamente experienciam a santidade da vida; eles têm planos, eles organizam, às vezes impiedosamente, o abate de rebanhos de animais ou manipulam a natureza segundo suas próprias ideias. De modo semelhante, a filosofia holística nem sempre se torna ação compassiva.

Uma nova religião mundial deve ser fundada sobre o sentido da sacralidade de toda a vida, sendo todas as formas de vida manifestações e revelações da Realidade transcendente. Como diz *Luz no Caminho*[52]: "O princípio que dá vida habita em nós, e fora de nós, é imortal e eternamente benéfico". Esta é a verdade das verdades proposta desde o tempo dos *Vedas*: "A Realidade una jaz oculta em todos os seres, é penetrante, e é o núcleo mais recôndito de todas as coisas".

---

51 Brasília: Editora Teosófica, *Cartas dos Mahatmas para A. P. Sinnett*, 2ª Ed., 2017, Vol. II, Carta nº 88, p. 55. (Nota Ed. Bras.)

52 COLLINS, Mabel. Brasília: Editora Teosófica, 7ª Ed. de Bolso, 2020, p. 69. (Nota Ed. Bras.)

Quando o deus manifestado está sempre presente, sempre próximo, que necessidade há de deuses inventados? Nas palavras do Dr. I. K. Taimni em *Vislumbres sobre a Psicologia do Yoga*[53]:

> "Este Universo físico exterior é uma projeção e um reflexo do Universo espiritual interior, um fato que é seguido na máxima ocultista "Como é em cima, é embaixo".

E neste Universo externo podemos ver, mesmo com nossos olhos comuns, a extraordinária beleza, a maravilha e inexaurível criatividade, a harmonia e a ordem da Vida – mesmo nesta pequena parte da existência na qual a Realidade se manifesta à nossa percepção, ou seja, na Natureza e na consciência. Então por que inventar?

7. Ideologia Social sem Religião Corrompe (Set. 1980)

Uma contraparte correspondentemente infrutífera da [religião convencional] jaz na unidirecionalidade de ideologias que estão preocupadas exclusivamente em estabelecer a solidariedade do homem, e que negam a existência da fonte divina, o substrato dos sublimes valores aos quais o coração humano tem naturalmente aspirado. Sistemas materialistas, tais como o comunismo, previram, pelo menos em teoria, uma sociedade humana na qual todos trabalharão e compartilharão como irmãos. Já se passou tempo suficiente para demonstrar que o comprometimento para produzir uma sociedade igualitária, a partir do ponto de vista puramente materialista, gerou tão graves, se não ainda mais graves, violações no corpo e no espírito do homem, como geraram as ideologias religiosas. A dignidade da consciência humana tem sido impiedosamente ultrajada por aqueles que alegam trabalhar para uma camaradagem mundial. O melhor no homem, a potencialidade de sua consciência para experienciar em profundidade o que é sutil e sublime, tem sido sistematicamente suprimida. Meras reformas e modelos socioeconômicos obviamente não podem ofere-

53 Brasília: Editora Teosófica, 2023, p. 14. (Nota Ed. Bras.)

cer escopo para o crescimento do homem à plenitude de sua própria estatura como uma totalidade moral, intelectual e espiritual.

8. Religião *versus* Ciência (Dez. 1981)

A ciência mudou enormemente desde o tempo de H.P.B.. Ela continua, certamente, a basear suas hipóteses e conclusões sobre a evidência sensorial e a disciplina da lógica estrita aplicada aos fatos de que dispõe. Consequentemente, existem limitações ao que ela pode descobrir uma vez que, por sua própria natureza, seu campo de observação é restrito. Apesar disto, o progresso do conhecimento aproximou a ciência de verdades metafísicas de muito grande importância. Muitos dos comentários e das críticas que H.P.B. fazia à ciência de sua época, certamente, não são válidos nos dias atuais. A Igreja Cristã também mudou desde aqueles tempos. Ela alargou suas portas e não se considera ameaçada pela ciência como fazia no século passado quando as dogmáticas visões religiosas eram muito mais prevalecentes.

É um tanto irônico que a irracionalidade esteja agora levantando sua cabeça sob uma nova forma. Os fundamentalistas – quaisquer que sejam as denominações a que pertençam – são motivados pelo medo. O conhecimento moderno, que é baseado na ciência, criou uma sociedade complexa com problemas de um tipo que jamais existiram antes. A interligação do mundo deu uma nova e diferente dimensão a cada problema e agravou muito o escopo das consequências. Talvez jamais antes tantas pessoas sentiram-se perdidas e impotentes como agora no atual mundo científico. Há uma insegurança generalizada e um senso de desastre iminente.

Não sabendo como lidar com o tipo de sociedade que existe atualmente e perplexa pela aparentemente inabalável natureza dos problemas, existe o desejo de retornar a um passado que não era perturbado pelo conhecimento moderno. O fenômeno do fundamentalismo pode talvez ser responsável pelo desejo de se redescobrir uma era de ignorância segura.

Nos Estados Unidos tem havido demanda para alocação de tempo igual para a versão bíblica da criação, de modo que as teorias científicas não se tornem predominantes. Em dois estados, Louisiana e Arkansas, foram promulgadas leis que exigem que as escolas equilibrem as descobertas científicas referentes à evolução com afirmações improváveis. Aparentemente, acredita-se que se deve dar às crianças a oportunidade de serem condicionadas a crenças e atitudes irracionais.

Reverter às crenças e práticas medievais é a ordem do dia nos países islâmicos. Formas bárbaras de castigo estão em vigor por causa dos ditames das escrituras, e não por razões de justiça. Obviamente, o fundamentalismo é um retrocesso em relação aos medos criados pelo mundo moderno.

O ressurgimento do obscurantismo e do dogmatismo religioso sob qualquer forma não pode deixar de ser deplorado por qualquer um que esteja buscando a verdade. O lema da Sociedade Teosófica "Não há Religião Superior à Verdade", é a tocha a partir da qual as mentes de seus membros devem ser acesas. A mensagem básica de H.P.B. referente à religião e ciência são muito relevantes neste contexto.

9. Religião para o Futuro (Maio 2003)

A Teosofia é religião *per se*, a Religião-Sabedoria no âmago de todas as religiões, desprovida de suas incrustações, interpretações errôneas e superstições. A verdadeira religião deve oferecer a solução para cada problema. A Sociedade Teosófica foi escolhida como a pedra angular, a fundação das futuras religiões da humanidade. Estas declarações são familiares a todos os estudantes de Teosofia e aos membros sérios da ST, mas sua implicação, especialmente para o futuro papel da Sociedade, deve ser muito melhor compreendida. Obviamente o nome Sociedade Teosófica indica a ligação entre o grupo de pessoas que compõe a Sociedade e aquele conhecimento transcendental que é a Religião-Sabedoria, e o estilo de vida autoabnegante que abre a mente do homem ao Eterno e prepara-o para ser um servidor compassivo e sábio do mundo enfermo.

A ST jamais foi destinada a ser uma associação comum de homens e mulheres, no todo bem-intencionados e idealistas, e nada mais. Nem a Teosofia é uma filosofia conceitual. Outros grupos "ocultos" e "exotéricos" tomaram emprestado a substância de nossa Sociedade e às vezes apresentam sua filosofia de uma maneira distorcida ou sensacional para chamar a atenção. Mesmo que atraiam mais membros, não há motivo para se estar desalentado. Uma renovação de energia e uma nova era de trabalho da Sociedade Teosófica está por vir, desde que os membros não permaneçam estagnados no nível das ideias e da informação. O momento é propício para a ST irradiar as mentes com um espírito revigorante, universal, religioso, e viver segundo as sublimes implicações de seu nome.

> O primeiro objetivo da ST é a filantropia, o verdadeiro teósofo é um filantropo – "não para si mesmo, mas para o mundo em que vive". Isso e a filosofia, a reta compreensão da vida e seus mistérios, darão a base necessária para encontrar esferas de influências e mostrar o reto caminho a buscar.

Este conselho do Mahatma KH é seguido por seu comentário sobre a necessidade absoluta da "doutrina do coração em oposição à doutrina do olho". Somente isto pode ajudar a resgatar o mundo de seus sofrimentos morais e espirituais.

Muita coisa está implícita nos Objetivos da Sociedade: a autoabnegação que é a base de uma consciência verdadeiramente religiosa, de um espírito dinâmico, altruísta, voltado a descobrir a verdadeira solução para os sofrimentos morais e espirituais da humanidade; e comprometimento para fazer todos os sacrifícios necessários para penetrar os mistérios da vida, particularmente a natureza do eu. Os objetivos da ST são atualmente praticados de forma superficial porque os membros raramente estão perceptivos de que devem estar ligados à obra de fermentar a mente humana com orientação religiosa e fervor – no mais amplo sentido da palavra "religião".

10. Será a Ciência Nossa Melhor Aliada? (Set. 2002)

Em uma das Cartas dos Mahatmas para A.P. Sinnett consta que a ciência moderna é a nossa melhor aliada. Poderia ser assim a partir de duas perspectivas: ou as descobertas científicas começam a corresponder ao que tem sido ensinado na Filosofia Esotérica; ou porque o cultivo do temperamento científico, que significa uma atitude imparcial, livre de preconcepções, provará ser o maior dos auxílios para se descobrir as verdades da Sabedoria Antiga. Não há dúvida de que o objetivo da ciência, que é descobrir a verdade, e não prosseguir com base em crenças e autoridade, é também o objetivo de todos os aspirantes ao conhecimento espiritual. Porém, muito poucos consideram a questão desta maneira. Eles sentem que qualquer afirmação vinda de cientistas modernos e que pareça confirmar certos ideais e ensinamentos teosóficos é uma questão de satisfação. Mas como salienta o Dr. Edi Billimoria, em alguns de seus escritos, os ensinamentos da Sabedoria Antiga sustentam-se por si só e não precisam ser ratificados pelas descobertas científicas.

Será que as descobertas da ciência moderna verdadeiramente auxiliaram o progresso da humanidade? Não há dúvida de que há mais conforto e conhecimento no mundo de hoje, mas existe também mais luta e sofrimento generalizados. Até certo ponto, as ideias produzem mudança na consciência humana, mas se permanecem no nível da mente inferior, a mudança não é nem radical nem duradoura. Somente aquelas ideias que têm como pano de fundo um ponto de vista universal, que significa que surgem da mente superior, são verdadeiramente benéficas.

Alguns "cientistas de vanguarda" supõem agora a existência de consciência como substrato de toda a existência, como uma solução para problemas vexatórios do tipo: como as partículas subatômicas comunicam-se entre si mesmas a grande distância. Haverá, além do que pensamos ser o mundo real, um vasto campo de energia e luz no qual tudo existe potencialmente? O efeito extraordinário do observador sobre o observado, e o colapso de uma onda transformando-os em partículas quando vista, e não de outra maneira, e assim por diante, são talvez explicados pela postulação de um campo ilimitado subjacente ao mundo conhecido. Isto de fato corresponde a certas ideias antigas. O mundo causal, por exemplo, dizem ser o campo no qual as causas de todas as formas de vida manifestadas existem, mas os efeitos manifestam-se em outro nível menos sutil.

Num livro recente escrito por um jornalista, intitulado *The Field*, são discutidas as especulações dos "cientistas de vanguarda", que são ignoradas pela comunidade científica em geral. Afirma-se que o acima mencionado mar de energia é essencialmente "um meio de registro de tudo, fornecendo meios para tudo se comunicar com tudo mais". Isso parece validar o conceito de registros *ākāshicos*. Sem entrar em detalhes quanto aos tópicos abordados nesse livro, podemos notar que é elevada a expectativa de "uma revolução científica que se avizinha anunciando o fim do dualismo em todos os sentidos . . . demonstrando que a consciência coletiva superior está lá fora".

A questão crucial é – se estas ideias serão por fim aprovadas e aceitas pela comunidade científica em geral ou não – qual o seu efeito sobre os seres humanos do ponto de vista moral? Todas as religiões enfatizaram a necessidade de uma base ética para o conhecimento espiritual. Um dos Mahatmas escreveu que a fraternidade universal é a única fundação segura para a moralidade universal. O modo como nos comportamos, que tipo de relacionamentos temos, não apenas com seres humanos, mas com todos os reinos da Natureza, depende de se temos alguma experiência e uma convicção profunda a respeito da unidade da existência que é refletida na prática da fraternidade universal.

A ligação entre retidão por um lado, e conhecimento que seja benéfico por outro, ainda não foi feita pelos pesquisadores em geral no campo científico, mesmo por aqueles que são brilhantes. Diz-se que o Universo é constituído dos mesmos elementos em toda parte. Do mesmo modo, está agora a se compreender que a estrutura de DNA é a mesma em todas as formas orgânicas. Pesquisas quanto ao comportamento e às vidas de animais, particularmente dos primatas e animais superiores, mostram que não existe tão grande diferença entre eles e os seres humanos como se pensava anteriormente. Cada nova descoberta é considerada como prova da engenhosidade humana e torna-se uma questão de autocongratulação. Mas devemos novamente perguntar: Quais são as implicações morais? Poderemos continuar a tratar outras criaturas – capturá-las, torturá-las, mantê-las em jaulas durante toda uma vida, etc. – se elas são genética, emocional e mesmo mentalmente tão semelhantes a nós?

A regeneração espiritual é a necessidade clamorosa dos seres humanos. Enquanto o "progresso" da ciência não ajudar o comportamento humano a mudar, mas, por outro lado, estimular competitividade, violência e atitudes materialistas, ela não será aliada da Filosofia Esotérica. Somente quando a ciência moderna começar a relacionar suas descobertas à vida como um todo, à miséria ou felicidade de seres vivos, ela se tornará verdadeiramente uma aliada. Enquanto isso, certamente, não podemos negar o valor da objetiva atitude científica na busca da Verdade. Continuaremos a esperar que como resultado de novo conhecimento, os tecnocratas não apenas pensem em quão maravilhoso será explorar uma fonte inesgotável de energia e enviar muitos mais ônibus espaciais, ou desenvolver o turismo espacial, ou usar a visualização remota para espionar outras pessoas; mas sim que eles descubram ser de maior interesse dar uma olhada humanista nos dilemas morais e sociais da sociedade moderna e usar os benefícios crescentes de sua pesquisa para tornar mais próxima uma revolução psicológica e moral. Então a ciência e a Sabedoria Antiga juntar-se-ão para criar um novo mundo.

11. Será Seguro Brincar de Deus?

Num artigo surpreendente publicado pelo *The Guardian* de 30 de maio de 1982, Liebe F. Cavalieri, professor de Bioquímica do Cornell Medical College, e autor de *The Double-Edged Helix*, faz uma comparação reveladora entre ciência nuclear e engenharia genética. Os cientistas em ambos os campos estão eufóricos com o sucesso. "Há quarenta anos, os físicos descobriram que a energia podia ser liberada do núcleo atômico; ao mesmo tempo, biólogos descobriram que o DNA, o material do núcleo das células, era a matéria genética da vida. Essas duas proezas científicas, uma no âmago da matéria, e a outra no âmago da vida, são sem dúvida as descobertas mais importantes do século XX". Ambas as proezas conferiram aos seres humanos "um poder para o qual eles estão psicológica e moralmente despreparados".

Os avanços na pesquisa genética abriram várias possibilidades tanto para o bem quanto para o mal, como o fizeram as pesquisas quanto à composição da matéria. Doenças de uma natureza ainda intratável serão, talvez, controladas e curadas como resultado do novo conhecimento. Cientistas estão buscando neutralizar tais problemas como o derramamento de petróleo desenvolvendo micro-organismos que o absorverão. A autoconfiança destes ávidos minicriadores não é geralmente manchada por excesso de dúvidas a respeito de suas iniciativas. Embora haja conhecimento suficiente a respeito das reações em cadeia que ocorrem quando o equilíbrio da Natureza é perturbado, o fascínio da vantagem imediata em vez de uma abordagem de longo alcance é equiparado ao progresso. Citando um ganhador do Prêmio Nobel que se vangloriou, "Podemos superar a evolução", o professor Cavalieri comenta com a modéstia condizente com um verdadeiro cientista:

Face à infinita complexidade dos sistemas naturais, a ideia de que poderíamos melhorar o desígnio da Natureza é não apenas arrogância, é assustador. Nas palavras de Lewis Thomas, somos ignorantes "antes de tudo a respeito dos enormes, imponderáveis sistemas de vida nos quais estamos inseridos como partes atuantes. Nós verdadeiramente não entendemos a Natureza". Sabemos que a Terra se comporta como um mecanismo indivisível, delicadamente sintonizado, no qual o ambiente inanimado é fortemente condicionado pelas coisas vivas, e vice-versa; mas apenas começamos a decifrar a influência de cada parte do todo.

O arrogante egoísmo do homem tem frequentemente obscurecido o que o bom senso deve mostrar, que a parte não pode compreender ou controlar o todo. O homem é uma pequena parte infinitesimal neste Universo maravilhoso. Pode satisfazer sua fantasia representar o papel de Deus ou imaginar que suas invenções podem melhorar a Natureza. Mas a Natureza pode retaliar de maneira imprevisível, para sua perplexidade e desgosto. Cavalieri salienta:

> A espécie humana evoluiu para se adaptar às condições ecológicas atuais. Se houvesse uma drástica mudança no meio ambiente, algumas formas de vida sem dúvida se adaptariam, mas os humanos, com suas muitas rigorosas exigências biológicas, poderiam não evoluir suficientemente para se tornarem compatíveis com o novo ambiente.

A precipitada corrida pelo progresso é tão estimulante para muitos que eles não prestarão atenção a palavras tão sábias. Mesmo quando um estágio perigoso foi alcançado nos problemas inter-relacionais humanos, não se pensou seriamente em banir, de uma vez por todas, a corrida por armamento nuclear. O destino do homem será até mesmo menos invejável se, recusando reconhecer-se como parte de um todo, ele continuar a produzir problemas ambientais perigosos e insolúveis. Mesmo um pouco de conhecimento teosófico daria ao homem uma interpretação diferente de progresso.

12. Ciência para o Resgate? (Set. 1983)

Em nome da ciência, crueldades inimagináveis foram e ainda estão sendo praticadas, aumentando gradualmente as tendências desumanas e violentas no homem. Poderá a ciência recuperar a situação? Novas possibilidades existem agora por causa dos rápidos avanços que estão sendo feitos.

Science Today (Bombaim, maio de 1993) informa que os computadores conseguem replicar as funções fisiológicas dos animais e em certos casos agem como substitutos. Aparentemente, um argumento para se preferir computadores é que eles eliminam o custo de capturar, alimentar e alojar animais; e um experimento que normalmente levaria várias horas com animais pode ser feito em poucos minutos com um computador. Quais quer que sejam as razões apresentadas, a substituição é bem-vinda. Espera-se também que um número crescente de pessoas se preocupe em reduzir a crueldade e não apenas os custos.

Diz-se que os biólogos foram bem-sucedidos em fundir diferentes tipos de células, não apenas para produzir verduras e frutos híbridos, mas até mesmo fundir as células de um tomate com as de uma vaca! O resultado foi produzir "proteína animal" com pele de tomate. Talvez num futuro próximo as plantas possam ser fonte de leite, "carne" e produtos que atualmente envolvem a exploração de animais.

Ninguém pode negar que a ciência tem conferido grandes benefícios à humanidade. Durante as décadas em que houve um enorme progresso na ciência, ocorreu uma verdadeira revolução. Em países cientificamente avançados o medo da fome ou da peste deixou de existir por cerca de um século, flagelos esses que costumavam levar populações inteiras a um estado de pânico. Nos campos da higiene, medicina, produção agrícola, etc., as condições são totalmente diferentes do que costumavam ser. Porém, é hora agora de ciência e filosofia darem-se as mãos para chegar a um equilíbrio entre os benefícios (muitas vezes apenas aparentes) que advêm de se satisfazer imediatamente fins desejáveis, e os benefícios duradouros e de longo alcance que surgem a partir da percepção da verdadeira finalidade da vida humana.

Obviamente existe um certo glamour e brilho em torno de realizações imediatas. Pode parecer maravilhoso prolongar a vida humana e melhorar a saúde por quaisquer meios possíveis. A mera adição quantitativa à vida física dá a impressão de que quaisquer meios são justificáveis e éticos. Como já foi dito muitas vezes, nos dias de hoje a preocupação é a respeito de quanto tempo o homem consegue viver e não como ele vive.

A vida humana não é meramente uma questão de existência física. Se fosse, de que maneira seria diferente da vida bruta? Obviamente valores tais como gentileza, amor e sensibilidade para com o bem-estar dos outros são parte do desenvolvimento humano. Podemos dizer que não apenas são parte, mas parte vital do desabrochar de cada indivíduo. Do ponto de vista mais amplo do destino humano de longo prazo, estes valores não podem ser rejeitados ou ignorados com impunidade para satisfazer objetivos imediatos.

Paradoxalmente, o aumento do conhecimento tornou cada vez mais claras as limitações do conhecimento. O verdadeiro devoto da ciência como também o filósofo e o religioso têm que aprender a viver com humildade. Se o conhecimento alimenta o orgulho, ele certamente levará a sociedade humana rumo a uma grande queda.

13. A Ampliação das Perspectivas (Dez.1983)

Ministrando uma série de quatro palestras na Convenção Teosófica em 1886 sobre a filosofia da *Bhagavad-Gitā*, T. Subba Row disse: "Todo este Sistema Solar manifestado está, estritamente falando, dentro do campo da pesquisa física. Até aqui pesquisamos apenas as superfícies do Cosmos exterior. É isso, e somente isso, que a ciência física, até este momento, alcançou. Não tenho a menor dúvida de que ao longo do tempo a ciência física conseguirá penetrar profundamente na base subjacente, que corresponde ao *sutrātmā* de nossos escritores vedantinos".

Desde que estas palavras foram proferidas, a ciência mergulhou muito nos mistérios do Universo; tão longe, aliás, que a fronteira entre ciência e metafísica está se desvanecendo dia após dia. O conceito de matéria, tempo e espaço mudou. O campo da vida orgânica é visto como tendo complexidades que antes não se sonhava. Cada nova descoberta aproxima mais a ciência das verdades dos mundos invisíveis, sutis, dos quais o mais sutil é o mundo causal do *sutrātmā*. Botânicos nos Estados Unidos investigaram o que parece adaptação em massa de árvores que estão próximas umas das outras, após o ataque de mosquitos. Este fenômeno foi observado tanto nas costas leste quanto na oeste. Parece que os produtos químicos emitidos pelas árvores sob ataque avisam as árvores da mesma espécie para ligarem seus mecanismos de defesa. Algumas das árvores avisadas desta maneira estavam distantes cem quilômetros. Estudo cuidadoso descartou outras explicações.

Como o relatório deste fenômeno vem da National Science Foundation, não pode ser descartado como sendo um conto de fadas. Testes mais detalhados estão sendo feitos para verificar se as árvores, de fato, comunicam-se umas com as outras. A pesquisa científica pode até mesmo chegar ao ponto de descobrir que cada espécie tem sua própria consciência comum – um tipo de "alma grupo", em si mesma parte da "superalma" universal.

Em cada estágio do progresso científico, a ortodoxia e o pensamento científico convencional têm resistido a proposições dos "hereges" do *avant-garde*[54]. Einstein foi herege durante certo tempo. Mas, lentamente, a ciência está mudando de sua posição rigidamente materialista do século passado para o reino da realidade não material. Alguns de seus atuais postulados e fatos foram os "contos de fadas"

54 Leia-se em português: de vanguarda. (Nota Ed. Bras.)

de ontem. Não há dúvida de que, algumas das "imaginações" de hoje serão aceitas como fatos no futuro. A previsão de Subba Row pode um dia se cumprir e inquiridores da ciência física podem chegar a verdades em todos os níveis sutis de manifestação.

14. Auxiliares Invisíveis (Ago. 1983)

Dia após dia a ciência está descobrindo o inter-relacionamento do mundo, fornecendo assim o andaime para o homem chegar à realização da unidade da vida. Apesar do volume de provas em mãos para mostrar que todos os corpos vivos sobrevivem somente através de um complexo sistema de auxílio, ajustamento e equilíbrio mútuos, designados talvez pelo pensamento cósmico, o homem continua agindo como se ele fosse a autoridade final para decidir que formas de vida são boas ou más, e quem ou o que deve sobreviver ou morrer, e qual será o modo como as criaturas inferiores passarão suas vidas.

Inúmeras vezes o homem cometeu tolices como resultado de presunção e certeza, que encobrem de sua vista a inteligência superior da Natureza. Ele destruiu milhões de pardais na tentativa de salvar os grãos que come, somente para se deparar com um desastre maior, causado por vermes e insetos que se multiplicaram desordenadamente na ausência dos pardais. Os pardais que ele considerava como seus inimigos eram na verdade seus auxiliares. Tais exemplos da visão distorcida do homem são inúmeros.

No interior da rede de auxílio mútuo da Natureza em toda a volta, em toda parte, estão os auxiliares. Criaturas grandes, pequenas, diminutas estão trabalhando para realizar um propósito unitário.

> As minhocas abrem caminho através do solo, recolhendo com a boca a sujeira e fertilizando-a com seus dejetos. Os morcegos voam velozmente através do ar noturno, pegando mosquitos recentemente ingurgitados. Por trás de uma mordida aqui e de uma crosta ali há um rugido silencioso, como na rebentação distante; o som cumula-

tivo de bilhões de criaturas invisíveis transformando rocha em solo, retirando nitrogênio do ar, transformando os detritos da vida em nutrientes dos quais plantas, animais e nós mesmos vivemos.

John P. Wiley, cujas palavras são citadas acima, observa que não podemos viver sem os micróbios, e que eles fazem a maior parte do trabalho do mundo, gratuitamente. À medida que as coisas se tornam cada vez mais difíceis, eles podem terminar fazendo muito mais do nosso trabalho, também. Os microrganismos produzem antibióticos, aminoácidos, álcool e uma centena de outras coisas. Algum dia eles poderão produzir petróleo bruto e comer o petróleo bruto quando vazado; e também produzem insulina, interferon e outras coisas valiosas para os seres humanos. Se o homem trabalhar com a Natureza, a Natureza trabalhará para ele.

Embora os microrganismos, nos quais geralmente só pensamos com relação a doenças, sejam auxiliares invisíveis do homem e do processo vital, eles não são os únicos. Todas as múltiplas formas de vida têm seu papel. A tradição oriental, aliás, previa a existência de muitas criaturas que atualmente são desconhecidas do homem, fazendo, invisivelmente, parte de um ecossistema no qual ninguém pode se dar ao luxo de ignorar ou rejeitar os outros. Nas antigas obras de arte tais como a escultura de Buddhist Sanchi, o mundo é mostrado como povoado por uma variedade de habitantes, alguns visíveis ao homem, outros não. Todos eles são uma parte intrínseca de um ser único manifestado, e todos eles têm um papel na elaboração de um grande plano.

O próximo passo progressivo para a humanidade não será tanto uma façanha realizada no espaço exterior ou a criação de uma nova droga extraordinária, mas a descoberta de que o homem está constante e continuamente em débito com todas as outras formas de vida, que estão ajudando a manter o sistema da Natureza e sem os quais ele não consegue sobreviver.

15. O Dilema do Médico (Fev. 1988)

Avanços na tecnologia médica estão implicando em novos problemas éticos para os médicos. Pacientes e leigos estão também envolvidos em dilemas ligados aos vários estágios de doenças terminais. Antes da invenção de máquinas e de técnicas sofisticadas que agora tornam possível aos médicos manterem pessoas doentes artificialmente vivas, eles meramente ajudavam doentes terminais a se sentirem confortáveis e morrerem em paz. Atualmente os pacientes não são deixados em paz durante as horas solenes de transição para um mundo mais sutil. Seus corpos tornam-se objetos de experimentos; tubos e agulhas são enfiados e transplantes e outros meios de manter a morte afastada são tentados, em total ignorância quanto ao verdadeiro significado de vida e morte.

Já houve muito debate sobre se pacientes terminalmente doentes devem ser compelidos a viver mais. Uma nova questão parece ser se a vida de um paciente particular deve ser prolongada para se usar seus órgãos em outro paciente. Tais questões de ética só podem ser resolvidas pela compreensão do propósito da vida no corpo físico e do destino do ser humano. Do ponto de vista teosófico, a vida no nível material não é uma ilusão afastada ou superada. Ela é uma oportunidade para se compreender que a matéria é outro aspecto do espírito. O propósito de se estar no mundo físico é tornar a vida material radiante com os dons do espírito. É tanto uma falácia a considerar a existência física sem importância quanto pensar nela como sendo de suma importância.

Sob a perspectiva da reencarnação a existência no corpo físico tem apenas um valor relativo. O processo de reencarnação leva todos através de uma variedade de experiências que se destinam a os ajudar a compreender seu indestrutível ser interno, o *Ātmā*. O prolongamento, por umas poucas horas ou dias, de uma vida num corpo comatoso ou em decadência não tem significado na perspectiva da peregrinação humana através de muitas corporificações. A crença de que a vida num corpo particular deve ser sustentada a qualquer custo é uma superstição moderna amplamente prevalecente. Como salienta *Aos Pés do Mestre*, uma superstição não deixa de ser superstição simplesmente porque muitas pessoas a consideram como tal.

A ignorância quanto ao propósito da vida é também a causa do desesperado desejo de se produzir bebês através de inseminação artificial, implante etc. Milhares de bebês em todo o mundo carecem do amor e do cuidado de uma mãe. Uma vez que toda a vida é una, não é preciso adotar medidas extremas para se aprender as lições de cuidado e atenção maternos. Aprender a amar qualquer criança, cuidar de quem quer que precise de cuidado é importante, não o triunfo de se produzir uma criança do próprio ventre usando técnicas artificiais que estão agora sendo popularizadas.

16. Ganância Autodestrutiva (Jul. 1988)

Adultos e crianças conhecem a história da galinha que punha ovos de ouro e que foi morta pela ganância do dono para rapidamente se apropriar de todo o estoque de ovos. Mas a cupidez não valeu a pena. A história teve grande circulação durante muito tempo porque ilustra uma falha fundamental da mente humana. A ganância extrema é obviamente contraproducente, contudo, a lição é difícil de ser aprendida. De uma maneira ou de outra a galinha continua a ser sacrificada na esperança de lucro rápido.

Uma variedade de atividades comerciais extremamente imorais está sendo realizada no mundo o tempo todo, sabendo muito bem o mal envolvido, simplesmente por causa da extrema ganância por dinheiro. Recentemente os noticiários destacaram as atividades de companhias de cigarros que têm estado a suprimir ou a dar um falso colorido aos resultados de pesquisa que demonstra os efeitos desastrosos do consumo de tabaco. Milhões de pessoas sofrem de doenças pulmonares, câncer ou ulceração do estômago e morrem por causa do vício ao tabaco, mas os barões do tabaco gostam de ter seus lucros. Até mesmo se fazem passar por benfeitores da humanidade oferecendo uma fonte deleitável de prazer. A propaganda é um negócio altamente lucrativo hoje em dia por causa do dinheiro envolvido em atrair pessoas por meio de alegações extravagantes e muitas vezes totalmente falsas. O negócio existe mais para arrancar dinheiro do público ingênuo do que para oferecer informações legítimas sobre produtos disponíveis.

Não faz muito tempo o mundo veio a saber que companhias multinacionais tinham o hábito de vender produtos abaixo do padrão, perigosos ou obsoletos no Terceiro Mundo, onde a maioria das pessoas ou é ignorante demais para compreender que tipo de produtos estão comprando, ou há uma escassez tal que as pessoas compram qualquer coisa em situações emergentes tais como doença. Uma das multinacionais que vendem alimentos para bebês adotou programas especiais para persuadir mulheres pobres, analfabetas no Terceiro Mundo a darem o alimento de bebê (na maioria das vezes preparado com a água contaminada de suas aldeias) a seus filhos, em vez de os amamentar. Essa empresa hedionda em particular teve muita publicidade adversa e provocou forte condenação pública. No próprio Terceiro Mundo, a adulteração de drogas e gêneros alimentícios é uma prática comum. Em todos estes casos, grandes lucros são obtidos à custa de um número incalculável de pessoas.

Recentemente foram publicados relatórios a respeito de resíduos venenosos sendo enviados de toda a Europa para o Benin na África Ocidental. O despejo de tal material é considerado danoso para os ricos nos países prósperos, mas, aos olhos dos opulentos, a população de países pobres é dispensável. O tráfico de drogas, de mulheres ou crianças é um negócio notoriamente lucrativo no qual estão envolvidas muitas pessoas aparentemente "respeitáveis". Embora haja necessidade de doação de crianças sem lar e indefesas, e haja casais sem filhos ansiosos para se tornarem pais adotivos, a própria ganância dos pretensos pais construiu um comércio de bebês que traz lucros extraordinários aos intermediários. Quanto mais os governos buscam evitar a exploração da situação através de regulamentações rigorosas, maior é o lucro inescrupuloso no mercado negro por eles criado.

Como mencionado antes, o homem sempre foi ganancioso e sua ganância geralmente tem sido tão desenfreada a ponto de matar a galinha que punha ovos de ouro. Porém, a ganância assumiu novas dimensões nos dias de hoje. Métodos modernos de exploração tornam possível descobrir novos recursos nas profundezas do mar, nas profundezas da terra, e até em florestas impenetráveis. Em toda parte há lucros, tentando a fraca mente do homem. Atualmente, os instrumentos de exploração são também melhores. Não há comparação, por exemplo, entre as técnicas de mineração usadas agora e as que existiam antes do progresso da ciência. As pessoas também estão escaneando o espaço sideral para ver o que conseguem explorar. A poderosa mídia de comunicação de massa está constantemente sendo usada para despertar a ganância e outras paixões primitivas, que costumavam ser chamadas de verdadeiros inimigos do homem. As apresentações da mídia estão incitando as pessoas a fazer como fazem as outras, comprar o que os outros têm e geralmente acumular, não apenas como os Silvas, mas também como os Souzas. O consumo conspícuo está sendo defendido como um modo de vida.

A sociedade moderna também condiciona as pessoas a pensarem que "quanto maior melhor". Tudo que é maior ou que custe mais provoca a cupidez das pessoas. O *slogan* "pequeno é bonito" apela às poucas pessoas sãs e atentas, mas a grande maioria está apaixonada pelo "mais". Este desejo não é necessariamente por mais de uma coisa particular apenas, mas reflete a noção de que mais de tudo é benéfico para si. Dinheiro além de um certo ponto, e sapatos e bolsas que passam de um certo número, não podem servir a qualquer propósito prático, contudo, o desejo sem limites faz com que as pessoas acumulem coisas loucamente.

Às vezes a ganância é como uma pequena semente. Pode estar oculta, como a semente debaixo da terra. Ela parece morta vista de fora. Mas com estímulo ela germina, cresce e destrói. O crescimento da ramificação está descrito nos verbos da *Bhagavad-Gitā*[55]:

> O homem, pensando insistentemente sobre os objetos dos sentidos, concebe um apego a estes; do apego surge o desejo; do desejo vem a ira.
>
> Da ira procede a ilusão; da ilusão, a memória confusa; da memória confusa a destruição da Razão (discernimento); pela destruição da razão, o homem perece.

O desejo por mais não pode ser abolido simplesmente satisfazendo-o, encontrando novos prazeres e confortos. Ele só termina com a convicção de que a estrada para a realização não jaz na cobiça. Por outro lado, a mente cobiçosa está presa a uma série de situações angustiantes, sendo insegura, agitada e vazia. A humanidade terá de aprender a lição da vida simples que os sábios ensinaram. Se o homem não aprender isto usando a inteligência, ele será compelido a conhecê-lo experimentando as consequências dolorosas de suas próprias atividades destrutivas. Portanto, vamos levar em consideração a mensagem dada pelos sábios:

> Não ajunteis tesouros na terra, onde a traça e a ferrugem tudo consomem, e onde os ladrões minam e roubam; Mas ajuntai tesouros no céu, onde nem a traça nem a ferrugem consomem, e onde os ladrões não minam nem roubam. Porque onde estiver o vosso tesouro, aí estará também o vosso coração. . . . Buscai primeiro o reino de Deus, e a sua justiça, e todas estas coisas vos serão acrescentadas. (Mateus 6: 19, 21)

---

55 Brasília: Editora Teosófica, 2ª Ed. de Bolso, 2014, p. 70-71. [II-62-63]. (Nota Ed. Bras.)

17. Tecnologia e Transformação (Out. 1999)

A biotecnologia alcançou um estágio que faz alguns cientistas na área acreditarem que podem transformar a sociedade por meio de engenharia genética, que mudará não apenas as formas humanas e vegetais, ou mesmo produzirão novas formas, e também modificarão o caráter humano. O intenso debate sobre clonagem surge a partir de tais propostas que representam o pensamento dos materialistas, que consideram o comportamento como subproduto da fisiologia, especialmente a composição do cérebro. Os otimistas talvez imaginem que possam povoar a Terra de Einsteins, Beethovens e Budas; os céticos pensam que isto jamais acontecerá; e talvez a maioria das pessoas, que está em parte familiarizada com a natureza das habilidades disponíveis, duvidem que os inteligentes tecnocratas tenham a sabedoria para prever o efeito de seus planos para "melhorar a Natureza".

É verdadeiramente miraculoso que até aqui uma série constante de mutações tenha prosseguido numa direção que culminou na evolução dos seres humanos, com poderes e faculdades que lhe permitem especular sobre *se* e *como* mudar os desígnios e processos da Natureza. As maravilhas do progresso poderiam não ter ocorrido sem uma Inteligência super-humana para guiá-la. Essa Inteligência, ou se quisermos colocar de outra maneira, a própria Natureza, tem um plano e propósito no direcionamento da mudança, um fato que está lentamente vindo a ser reconhecido por pensadores progressistas.

Contra o pano de fundo das intenções da Natureza, os conceitos humanos a respeito do desejo de certas mudanças genéticas e os benefícios que as invenções humanas conferirão aos habitantes da Terra são geralmente irrelevantes, defeituosos e fragmentários. Uma vez que a Natureza é muitíssimo mais poderosa do que toda a humanidade junta e a Inteligência cósmica é incrivelmente grande, todos os planos humanos contrários aos propósitos da Natureza certamente serão descartados. Mas a Natureza fará isto no seu próprio tempo. Seu cronograma, se é que há um, não corresponde aos sentimentos humanos a respeito do tempo que estão ligados ao período de uma vida humana.

Muitos experimentos ocorreram durante milênios de evolução sobre a terra; fracassos em termos do propósito último são descartados, e o progresso ocorre sem ser abalado por esses fracassos. Consequentemente os experimentos comparativamente insignificantes da comunidade humana que não se ajustem serão também invalidados. À medida que a marcha rumo à perfeição evolutiva continua, durante um curto período - mesmo o tempo histórico ou geológico é curto aos olhos da Natureza - o que é irrelevante para os propósitos dela pode parecer sucesso para os inventores humanos, mas, no longo prazo, as satisfações do ego infantil dos tecnocratas que ignoram o estudo do propósito divino de nada valerão. A Natureza permite que seus filhos tropecem durante um tempo, mas quando ela achar apropriado, insistirá na obediência.

18. A Conversão Essencial (Nov. 2006)

Com o tempo, todas as religiões degeneram. O profundo ensinamento original transmitido por um enviado da Grande Fraternidade de Sábios e Seres Sagrados que guiam o destino humano transforma-se numa religião convencional usada para promover costumes e crenças supersticiosos e manter a autoridade dos clérigos. Neste processo, o significado essencial de conceitos tais como conversão foi suprimido e transformado numa ferramenta de fanatismo político e religioso.

Conflitos brutais entre religiões surgem devido à interpretação errônea da importância da conversão. As pessoas são forçadas a transferir sua lealdade de uma religião para outra por meio de conquista, coerção, suborno e outros incentivos. De modo relativamente raro as conversões religiosas ocorrem voluntariamente devido à convicção ou ao gosto por uma determinada apresentação de doutrinas e diretrizes religiosas para a vida espiritual. Os fanáticos não apenas tentam convencer os outros, mas opõem-se à possibilidade da conversão voluntária, negando, dessa maneira, a liberdade pessoal para os indivíduos permanecerem numa religião ou escolherem outra.

Na Índia, há séculos, um grande número de pessoas foi convertido pelos muçulmanos invasores forçando-as a pagar taxas especiais ou instilando o medo. Posteriormente, os missionários converteram ao Cristianismo pessoas pobres das castas inferiores com a promessa de recompensas financeiras e fuga das indignidades de um sistema de castas opressor. Nestes casos, não houve verdadeira mudança de coração ou de compreensão dos ensinamentos da crença recém-adquirida.

Muita luz sobre o que é conversão é lançada por uma publicação da Editora Teosófica, Adyar, que surgiu no início do século XX, e foi recentemente reeditada. É uma tradução para o inglês de extratos de cartas escritas em persa por um Instrutor sufi que viveu na parte final do século XIV no Noroeste da Índia. Annie Besant recomendava essas cartas de Shaikh Sharfuddin Maneri, dizendo: "Elas são totalmente penetradas pelo espírito teosófico – o mesmo em todas as eras – e todos que lerem suas instruções práticas, suas fecundas sugestões, seus sábios ditados, sentirão que estão na presença de um Instrutor que aprendeu ele mesmo a Suprema Sabedoria".

Numa curta seção desta publicação, Shaikh Sharfuddin destaca que a conversão, ou *talbāh,* em persa, significa literalmente "voltar atrás". Isto parece corresponder muito com o conceito hindu de *nivritti*, ou a Senda do Retorno, significando um retorno do mundanismo e do materialismo (*pravritti*), em direção à Eterna e Imperecível Fonte de toda a existência. Semelhante também é o conteúdo da parábola cristã do Filho Pródigo, que após muitas andanças retorna ao Lar Paterno.

Voltar atrás em direção ao Divino assume diferentes formas e ocorre em diferentes níveis, segundo as condições dos peregrinos que empreendem a tarefa de trilhar o difícil caminho "ascendente". Somos lembrados aqui do conceito hindu dos níveis de merecimento (*adhikāri-behda*). Alguns iniciam a jornada por medo das consequências no pós-vida de seus próprios delitos ou pecados, cometidos intencionalmente ou no estado de *avidyā* ou tolice. Eles realizam atos religiosos, mas a vida espiritual não começa simplesmente em se murmurar orações, ir à igreja, mesquita ou templo; ou quando o medo do que possa acontecer no pós-vida induz a pessoa a adotar símbolos externos tais como um manto religioso ou a cabeça raspada.

O verdadeiro peregrino afasta-se internamente de todos os objetos mundanos e das satisfações deste e de outros mundos, compreendendo a sua insignificância e natureza transitória. Esse afastar-se das inúmeras ilusões nos mundos de *māyā* pode levar muitas encarnações. A perseverança é difícil de alcançar nos primeiros estágios, e as palavras de um Santo islâmico são citadas no nosso texto: "Eu voltei atrás setenta vezes e fracassei em cada uma delas; mas o meu septuagésimo primeiro voltar provou ser estável e eu não mais fracassei". Somos lembrados aqui do conselho dado por um Mahatma a Olcott: "Tentai, tentai – tentai!".

Uma declaração esclarecedora neste texto sobre conversão autêntica assinala que as pessoas comuns se afastam dos pecados, mas os Eleitos afastam-se da inquietação. A busca do prazer e das satisfações de um tipo material, emocional ou intelectual é um estado de esquecimento da direção que os seres humanos precisam tomar para o desabrochar do conhecimento espiritual e da virtude. Todos os atos pecaminosos são resultado do obscurecimento dos poderes perceptivos pelo contato com a matéria, que faz os objetos e eventos brilharem e parecerem atrativos durante algum tempo. A quietude é o tipo de atenção que destrói a ilusão e mostra que aparência não é realidade. O *Dhammapada* tem todo um capítulo sobre o assunto de inquietude e plena atenção. A aquisição de reta memória é de importância crucial, já que orienta o peregrino a escolher a reta direção, sendo a reta memória a lembrança, embora fraca, da fonte, do Lar Paterno.

Duas visões são mencionadas com relação ao *talbāh*, a única conversão de importância: uma fala da lembrança de transgressões passadas e de arrependimento; a outra defende excluir do coração toda impressão do passado até que ele esteja absolutamente puro, como se nenhuma transgressão jamais tivesse ocorrido. A consciência de um tal peregrino renova-se espiritualmente o tempo todo e nada do passado o toca mais.

Após longa escravidão às atrações ilusórias nos mundos materiais, a pessoa deve ser resoluta para dar a volta por cima. Num artigo do Sr. Ricardo Lindemann impresso neste periódico, ele argumenta que o destino de ninguém está completamente determinado. Os efeitos são, certamente, os produtos das causas – que é a essência da lei *kármica*. Mas antes que as causas se tornem efeitos, fluem outras forças que podem alterar o rumo da vida da pessoa. No caso de gêmeos que crescem em circunstâncias semelhantes, se um deles exerce a vontade para agir de um modo particular, as circunstâncias externas não mais permanecem concomitantes. A iniciativa é sempre a prerrogativa do indivíduo, e embora a senda espiritual seja ascendente, o peregrino com forte determinação supera firmemente os obstáculos que encobrem seu caminho.

A vida humana é turbulenta porque somente neste nível evolutivo pode o homem-animal ser destruído pelo homem divino. Consequentemente, a conversão é uma abdicação de nossas tendências irracionais, pecaminosas e desordenadas, permitindo o crescimento como pessoas abnegadas, altruístas, sagradas. O texto sufi diz: "Quando o indivíduo se afasta de sua natureza ele se torna outro, isto é, ele não se torna outro homem, mas suas qualidades mudam. Então a paz, a fé e a clara direção moral (*iman*) desabrocham, afastando a ideia de muitos e levando à unidade". A pergunta a ser feita: "Desde que você não se torna um muçulmano a partir do *interior*, como pode se tornar um muçulmano simplesmente a partir do *exterior*?" O mesmo se aplica a cristãos ou judeus, hindus ou budistas. A verdadeira conversão é uma transformação que ocorre na consciência; não é apenas o batismo ou qualquer outro ato externo. A fé convencional e a hipocrisia são comparadas ao asno coxo.

A senda do retorno exige do peregrino que ele deve trilhá-la sem motivo, sem questionamento, sem desejo de recompensa. Como diz *Luz no Caminho*[56]:

> Aprende agora que não há cura para o desejo; que não há cura para a busca de recompensa; que não há cura para o sofrimento de estar ansioso por algo, a não ser na fixação do olhar e da audição naquilo que é invisível e inaudível.
>
> . . . Vive no Eterno.

---

56 COLLINS, Mabel. Brasília: Editora Teosófica, 7ª Ed. de Bolso, 2020, p. 109. (Nota Ed. Bras.)

Capítulo 12

O Verdadeiro Conhecimento

1. O Verdadeiro Conhecimento (Ago. 1984)

A primeira das Nobres Verdades ensinadas pelo Buda é a verdade do sofrimento. Existem muitos prazeres na vida e muita beleza. Mas subjacente ao prazer e à beleza está o sofrimento. Este sofrimento é de natureza dupla – *tanhā* (desejo, sede, desejo por coisas visíveis e invisíveis, e *avidyā* (ignorância, desconhecimento). Pelo fato de o sofrimento subjazer ao prazer, o prazer é passageiro e facilmente se transforma em dor, tédio, inquietação e assim por diante.

Geralmente se pensa que a infelicidade é causada por circunstâncias ou por outras pessoas – por algo fora de nós – mas, na verdade, não é. Ela é causada pela mente, pelo desejo por coisas, e ignorância a respeito da verdadeira natureza dessas coisas. Desejo e ignorância são dois aspectos da mesma condição. Somente a ignorância da natureza da vida é que produz desejo. Não há desejo numa pessoa que vive na verdade, porque a verdade é tão rica e plena que ela não precisa buscar mais nada. Portanto, é importante examinarmos a natureza da ignorância e do conhecimento, uma vez que temos ideias errôneas a respeito de ambos.

O conhecimento, no sentido comum do termo – conhecimento de coisas externas – não pode reduzir ou mitigar o desejo. Um homem de vasto conhecimento pode ainda ser ambicioso, lascivo e mesquinho. Mas onde há o verdadeiro conhecimento não há desejo. O teste da compreensão pessoal, portanto, jaz em se a pessoa está se libertando de *tanhā* e de *avidyā*. Se o estudo dos ensinamentos espirituais não a ajuda a se libertar, existe algo de errado com os ensinamentos ou com a interpretação dos mesmos.

O verdadeiro conhecimento, embora não seja dogmático, é certo. A verdade é autoevidente e clara. Ela não precisa de argumentos e de apoio externo; aquele que sabe, sabe. Somente aquele que é incerto precisa ter sua crença sustentada por outros. Ele gosta de citar e de se basear na autoridade. É dogmático na interpretação das escrituras e de outros escritos, porque suas visões não conseguem repousar sobre sua própria validade. Quanto mais incerto ele é, mais assertivo ele se torna, porque teme que suas visões sejam abaladas. Ele é insistente e repetitivo, teimoso e gosta de argumentar.

Os verdadeiros instrutores não são dogmáticos porque conhecem a verdade. Eles não precisam impor sua opinião ou se afirmar, pois a verdade tudo inclui e é perene e, no tempo devido, justificará a si mesma.

Quando Jesus Cristo e o Senhor Buda caminharam sobre a terra, eles não precisaram de agentes de relações públicas para arranjar coletivas de imprensa. Mas seus ensinamentos tocavam os corações daqueles que os ouviam e estes, por sua vez, comunicavam aos outros. E assim, tal como a Tocha Olímpica, a mensagem era passada adiante e os ensinamentos se disseminaram. Tal é o poder da verdade.

O verdadeiro conhecimento traz consigo um senso de desapego. Há muitas coisas de pouca consequência na vida diária às quais damos grande importância. Contudo, nós não as encaramos corretamente. Nossas respostas aos incidentes da nossa vida diária e particularmente aos de outras pessoas são muito frequentemente cegas e mecânicas, no entanto são valiosos testes do caráter. Se um amigo deixa de nos convidar para uma comemoração, como respondemos? Se decidirmos jogar o jogo do "ela por elas", significa que fracassamos em reconhecer que havia um teste. Qualquer coisa, por menor que seja, pode ensinar um correto senso de valores, ou pode nos tornar infelizes. Pode estragar um relacionamento e levar a um ressentimento que dure anos. Mas quando há verdadeiro conhecimento, não somos perturbados por pequenos acontecimentos, pois nós os reconhecemos como testes com os quais podemos lidar inteligentemente. Se, quando enfrentamos um teste assim, a mente permanece firme, segura e livre de reações, podemos ter certeza de que o nosso conhecimento, no final das contas, é conhecimento verdadeiro.

O verdadeiro conhecimento produz, espontânea e naturalmente, uma profunda quietude interior na qual os sentimentos, pensamentos e as lutas que pertencem à personalidade diminuem e perdem poder.

Toda religião enfatiza o comportamento correto, porque as atividades que são habituais ao ego pessoal cegam a pessoa quanto à verdade. Falsidade, ganância, orgulho, ambição, inveja e as muitas outras expressões do eu mesquinho, pessoal, são todas prejudiciais à descoberta espiritual. O conhecimento espiritual, por outro lado, está alicerçado no autossacrifício e na autorrealização.

O conhecimento espiritual tem a qualidade da inefabilidade, ainda assim transporta poder porque é capaz de se transmitir em um nível mais profundo, inteligível. As palavras proferidas pelo sábio servem principalmente para colocar o ouvinte num tal estado de atenção que ele é capaz de receber esta comunicação sem palavras.

Assim, o conhecimento espiritual tem características não associadas ao que é normalmente chamado de conhecimento. Muitos de nós nos enganamos pensando que temos conhecimento enquanto, na verdade, sofremos de ignorância. A incapacidade para responder à vida com tranquilidade, com gentileza amorosa, humildade e bondade denota um estado de ignorância que, por sua vez, produz desejo por objetos, posição, fama, e coisas sem fim. Essa ignorância é a maior tristeza do homem.

A morte em si mesma não é causa de sofrimento. O sofrimento está em não se compreender o significado da vida e da morte. A perda de uma pessoa, posição, objetos, honra, cria perturbação, resistência, má vontade, porque não entendemos o propósito e a natureza da existência e das leis que a governam. Essa ausência de compreensão é o sofrimento, e não a perda em si.

Para nos livrarmos da ignorância, devemos aprender a ser livres em todas os inúmeros pequenos testes da vida diária. Um pequeno teste pode terminar num grande fracasso ou pode acrescentar mais à nossa compreensão. Depende de quão despertos estamos e de quão responsáveis somos. Não assumir responsabilidade pelo que acontece é ignorância. O nosso sofrimento não surge de um agente externo. Seríamos mais sábios se nos examinássemos e víssemos o que há de errado com nossas próprias respostas e ações.

2. A Busca do Conhecimento (Dez. 1992)

A era moderna difere do passado em grande parte como resultado da revolução do conhecimento, e das grandes mudanças tecnológicas que ocorreram. Há mais confortos, novas formas de cuidados médicos, facilidades para se viajar e comunicação instantânea, todos são subprodutos do sucesso na aquisição do conhecimento. Como é bem sabido, cada passo na estrada para o conhecimento torna mais fácil dar passos futuros num ritmo mais acelerado.

Nos dias de hoje, os noticiários estão constantemente projetando diante de nós novas façanhas da engenhosidade humana. Um dia ouvimos falar a respeito do recorde estabelecido pelo trem mais moderno ao romper o limite de quinhentos quilômetros por hora, transportando mercadorias ou passageiros aos seus destinos mais rapidamente do que antes – para quê? Outro dia, os jornais noticiam um avanço no mundo do diminuto, com um aparelho que pode mapear a superfície do vírus. Alega-se que a tecnologia do micromundo revolucionará o processo de fabricação, fará computadores mais poderosos. Ouvimos dizer que o cérebro está sendo estudado de novas maneiras, acrescentando informações sobre ele já disponíveis através de técnicas de imagem. A magneto encefalografia permite a observação de reações cerebrais, diz-se, em microssegundos, que pode resultar em novas técnicas médicas.

A busca do conhecimento tornou-se um objetivo excitante em si mesmo. Aqueles que são investigadores proficientes ganham os louros e a publicidade com cada novo progresso sensacional. Poucos pesquisadores ou beneficiários se preocupam sobre que meios são usados para se obter o conhecimento e que valores são sacrificados na busca desse objetivo aparentemente sem importância. A excitação com novas descobertas e o desejo por mais amenidades afastam da mente questões a respeito dos valores e das atividades essenciais que trazem harmonia e alegria aos relacionamentos.

O conhecimento no mundo antigo era visto como duplo: um, o superior e o outro, o inferior. O conhecimento superior está inseparavelmente relacionado à bondade e à felicidade duradoura. O conhecimento inferior, tal como o que nós valorizamos no mundo moderno, não pode, por mais impressionante que seja o estoque de informação acumulado, prover nada mais do que benefícios superficiais de natureza duvidosa. A mitologia fala de homens que obtiveram dons poderosos com os quais destruíram a si próprios. O homem de hoje em dia engendrando o abate em larga escala e envenenando a terra onde deve viver é parente próximo daquelas figuras míticas.

O Buda, em sua sabedoria, deu um teste simples para julgar a ação, para saber se ela é sábia ou não. O teste também serve para decidir que conhecimento vale mais a pena buscar. Aquele que desabrocha em amor, compaixão e bondade é certo, importante e vale a pena. O restante é secundário. O conhecimento por si só, divorciado das qualidades do coração, é banal a longo prazo. Somente o conhecimento que faz desabrochar o amor e a compaixão assegura o verdadeiro bem-estar de todos e é, portanto, o pai da habilidade em ação.

A busca do conhecimento está relacionada ao conceito do destino humano. Será o propósito da vida humana acumular informação sem fim a respeito de um Universo infinito, ou será emergir em consciência da finitude para ser um com Aquilo que não tem fronteiras? Religião significa transcender a limitada condição mental da mente pessoal. Por mais conhecimento que se possa colocar nesse recipiente que é a mente pessoal, ela permanece limitada, porque é fechada em si mesma. Somente quando a mente abre mão de seu senso de separatividade é que ela se torna um receptáculo do supremo conhecimento que é também amor ilimitado. Ela alcança "aquilo por meio do qual tudo mais é conhecido".

O processo de se chegar ao conhecimento superior é sinônimo de apagar atitudes, pensamentos e reações egocêntricas a cada passo. Portanto, os meios não são diferentes do fim. Os valores são corporificados no caminho. Assim, aquele que está trilhando o caminho para o conhecimento superior pode declarar: Eu sou o caminho, a verdade e a vida. É hora de o homem moderno descobrir que a busca do conhecimento do mundo fenomenal é um tipo de beco sem saída. Devemos parar e perguntar, e então encontrar o caminho para a sabedoria.

3. Aprendendo a se Contentar (Nov. 2003)

Num jardim mundialmente conhecido e de primorosa beleza no Japão, onde cada planta e árvore, cada pedaço de rocha e pedra, as trilhas sinuosas ao redor do templo e a casa de chá, parecem todos ser parte de uma perfeita harmonia, há uma frase simples escrita sobre um lavatório de pedra expressando um *insight* essencial dos instrutores Zen: "Aprendo apenas para me contentar". Séculos de meditação dos monges Zen, que contemplaram a criação com o foco sobre a essência da vida, dotaram este local único de uma atmosfera de profunda tranquilidade tal como raramente se experiencia. "Aquele que aprende apenas para se contentar", dizem, "é espiritualmente rico, enquanto aquele que não aprende para se contentar é espiritualmente pobre, mesmo se for materialmente rico".

Estar em profundo contentamento, sem ser perturbado por coisa alguma, é uma arte a ser aprendida. A maioria de nós é facilmente perturbada por inúmeros pequenos incidentes, às vezes pela existência de desejos imaginários. Os monges Zen viviam com muito pouco; os seus arredores eram belos e apropriados, eles eram cuidadosos no trato com o jardim e plantavam sementes para expressar a profundeza de sua meditação.

Estar em profundo contentamento, sem nada pedir, é intrínseco à natureza do verdadeiro iogue, que é *santushta*, como declara a *Bhagavad-Gitā*. O verbo *tush* significa estar feliz, alegre. *Santushta* significa ser perfeitamente feliz e contente – não contente após obter algo ou fugir de alguma coisa, mas com o que quer que seja, sem pensar no que deveria ser. Na lista de qualificações dadas para a prática do *Yoga* de oito passos também há *santushta*.

Muitos instrutores falaram sobre isto de diferentes maneiras. Krishnamurti falou certa vez da senda da felicidade que leva à libertação; e ele se referia ao fato de querermos que várias coisas, pessoas e circunstâncias fossem diferentes do que são:

> O problema individual é o problema mundial. Se o indivíduo está infeliz, descontente, insatisfeito, então o mundo ao seu redor está em sofrimento, descontentamento e ignorância. (De um discurso de 1928).

Temos muitíssimas ideias a respeito do que *deveria ser*, segundo nossas próprias percepções limitadas, e assim nós mesmos criamos obstáculos para estarmos contentes com o que quer que seja, seja dor ou prazer, dificuldades ou confortos. Obter o que se quer, ou não conseguir obter, alegra ou deprime nossas mentes. Um estado de paz interior e alegria não perturbadas, porém, só é encontrado quando a mente está perceptiva de uma realidade além dos fenômenos transitórios.

A senda óctupla do Senhor Buda sugere como se viver em contentamento: devemos começar com o reto pensamento, a reta visão de vida. A visão que comumente se tem de que para estarmos seguros e bem, e sermos felizes, devemos obter ou alcançar várias coisas, material e psicologicamente, é parte do pensamento errôneo. O desejo é a causa do sofrimento. Podemos concordar que para evitar grave sofrimento devemos nos libertar do desejo, mas grandes sofrimentos são apenas as formas concentradas de todos os pequenos momentos de infelicidade, descontentamento e carências que experienciamos dia após dia. Acumulados eles se tornam observáveis, mas quando são o material da vida diária, nós não notamos essas pequenas coisas, nem sentimos que nossos pequenos desejos causam algum problema. Isto não significa que não se deva obter alguma coisa de que se precisa. Pode-se precisar de uma chaleira na cozinha, e deve-se obtê-la, mas se acreditarmos que ter aquela chaleira vai nos tornar mais felizes ou nos fazer bem, é uma ideia completamente falsa. É uma forma de ignorância associar a chaleira ou qualquer coisa do tipo com o nosso bem-estar.

Reto pensamento inclui examinar nossos desejos e a psicologia do desejo. Então podemos entender que se nos aferrarmos aos desejos e pensarmos que devam ser satisfeitos estamos criando nossa própria infelicidade. Pensemos em todas as pessoas que têm muito menos do que nós, que vivem sorridentes com tão pouco. Não basta dizer, "Eu tenho pena deles"; devemos aprender que também nós podemos viver com muito pouco. Às vezes as assim chamadas pessoas más desfrutam de todo tipo de vantagens materiais. Podemos sentir-nos infelizes com tudo isto, dizendo, "Eu nada fiz de errado, mas o homem que cometeu muitos erros está desfrutando o que eu não tenho". A inveja, o ciúme e outras formas de descontentamento levam-nos de volta ao mesmo ponto: todos eles surgem deste desejo.

Assim, diariamente devemos questionar nossas atitudes e apego às coisas; tudo que pensamos que precisamos para satisfação emocional, mental ou física deve ser examinado. Quando se é capaz de abrir mão, e ser desapegado mesmo da ideia de encontrar satisfações, é possível viver com contentamento. "Eu aprendo apenas para me contentar" é uma frase maravilhosa para meditação. Podemos achá-la útil a cada noite ao revisarmos os desejos e pensamentos, triviais como possam parecer, contrariamente à verdade desta afirmação, e descobrirmos como a mente imagina que precisamos aquilo de que não precisamos para nossa felicidade.

Felicidade não é exuberância, excitação ou frivolidade, mas um profundo senso de paz. Se pudermos aprender a ter isso, sob todas as circunstâncias, estaremos a nos mover na senda para a liberdade. Infelizmente, nós nos tornamos escravos de coisas, pessoas e circunstâncias. Imaginamos que a não ser que tenhamos a companhia de uma pessoa particular – marido, esposa ou filho – a felicidade não é possível. Na próxima encarnação, a mesma pessoa será o filho, a esposa ou o marido daquela pessoa! Precisamos nos contentar com quem quer que estejamos, mesmo com pessoas que são irritantes. Às vezes o *Karma* nos coloca nessa posição e temos de viver com alguém que é enfadonho e irritante.

Um dos Mahatmas escreveu, "Saia do seu mundo e venha para o nosso". Qual é o mundo deles? No nosso estágio não podemos saber plenamente, mas sabemos que eles experienciam a paz que ultrapassa o entendimento, a paz do Eterno. O mundo deles está além dos mundos de mudança. Mesmo a própria terra muda e tudo que tem forma muda, e consequentemente é preciso entender a verdade da impermanência. Se acreditamos que o impermanente é permanente, ou deveria ser permanente, não podemos ser felizes. Por outro lado, ao enfrentarmos com equanimidade o nascimento e o desaparecimento de todas as coisas, podemos aprender a ser verdadeiramente contentes. Às vezes o nascimento de certas criaturas parece-nos questionável. Nos países tropicais, logo após a chuva, certos tipos de formigas criam asas e invadem os lares. Podemos não querer que elas nasçam, mas elas nascem quer queiramos ou não. Escorpiões, mosquitos, centopeias e outras criaturas aparecem e desaparecem independentemente de nossa vontade. Tanto os nossos apegos quanto a nossa desaprovação causam frustração e dor porque permanecemos cegos ao fato de que a dor é um produto da mente, tal como é o prazer.

H.P.B. comparou o mundo a um teatro onde temos papéis a desempenhar, mas temos que desempenhar bem o papel. Não podemos ser irresponsáveis. Em cada encarnação, há um papel - de criado ou patrão, mãe ou filho. Qualquer que seja o papel, somente uma parte de nossa verdadeira natureza transparece através dele. Essa natureza é muito maior do que o que é revelado pelo nosso papel particular, cada um dos quais devemos desempenhar o melhor que pudermos. Isto é *svadharma* (*dharma* pessoal). Ao trocarmos de papéis em diferentes encarnações, ocorre um desenvolvimento completo. Se tivermos de desempenhar o mesmo papel o tempo todo, ficaremos desequilibrados, com fortes defeitos. Quando vemos o quadro total, aprendemos a estar contentes e perdemos o desejo de fugir da lição que a encarnação está oferecendo e querendo algo mais.

A literatura teosófica diz que a consciência no nível causal (*kārana*) é um repositório de lições aprendidas em cada encarnação, e com cada nova inserção ela cresce e brilha com um novo esplendor. Existe assim um vasto potencial em cada ser ainda a ser manifestado. Sendo assim, a mente deve ser mantida aberta para descobrir o mundo real dentro de si e de todos os outros seres vivos. Quando os Mestres dizem: "Saia de seu mundo e venha para o nosso", eles nos estão convidando para ir além de todo conhecimento fragmentário, toda ilusão e pretensões, para a terra da verdade, para uma dimensão onde há beleza, sabedoria, paz e todos os valores imperecíveis que residem na consciência pura. A frase "Eu aprendo apenas para me contentar" abre amplas vistas para a meditação. Quanto mais nos apercebermos de que este nosso mundo não é o mundo da verdade, mas um mundo de experiência, e que existe uma dimensão diferente onde estão todas as coisas abençoadas, mais fácil será para permanecermos contentes com o que está aqui.

4. Ser Esperto Demais (Ago. 2002)

"A mente é a assassina do Real" quando ela é obtusa e não perceptiva (*tamásica*); agitada ou passional (*rajásica*), e também quando é "esperta demais". Isto não significa, certamente, que a mente exista sem propósito. Ela tem suas próprias utilidades quando empregada na esfera apropriada, da maneira apropriada. Mas quando ela domina a vida humana e reduz outras faculdades para um nível subordinado, ou as suplanta, um perigoso desequilíbrio é criado na sociedade. Em vez de agir como um dos instrumentos de *ātman*, ela finge ser o Eu, o repositório de conhecimento e poder.

Viveka ou discernimento espiritual não é um tributo da mente esperta, mas de *buddhi* brilhando através da mente, o que ele não consegue fazer quando esta última erige uma resistente muralha de presunção e confiança em sua própria autoridade última. A evidência disto é, infelizmente, por demais comum: *viveka* está ausente de muitas discussões e debates ao redor do mundo.

De um ponto de vista mais elevado, *ahimsā*, ou respeito pela vida, é um princípio inviolável. Só a Mente Divina sabe quando qualquer existência individual precisa das experiências de se manifestar num corpo físico, e quando precisa deixar esse corpo para assimilar o significado daquelas experiências. A mente comum, não iluminada, individualizada é incapaz de retas decisões e ações em tais questões. Daí a admoestação: não matar. A Inofensividade é um dever supremo.

O que dizer então de assassinatos em massa – de seres humanos, animais e outras criaturas vivas? Um estranho ponto de debate – que pode também ser considerado como um dilema judicial – diz respeito à diferença entre genocídio e guerra. Ambas as ações causam sofrimento inimaginável, além de pôr fim a um grande número de vidas. Os hutus cometeram genocídio ao assassinar os homens, as mulheres e crianças tutsis como fizeram, ou estavam defendendo seu país contra os invasores, como alegaram? Serão os bombardeios e semelhantes atos de violência, genocídio, contra grande número de populações civis ou uma parte justificável da guerra justa? Certamente ambos os lados numa guerra alegam que o direito está do seu lado e, portanto, ambos acreditam que não são culpados do ódio ligado ao genocídio.

O assassinato de um político na Europa, cujos pontos de vista sobre reprodução animal eram uma abominação para vários outros, a execução de um rapaz por um crime cometido quando era não mais que uma criança, a pretensão de caçadores escoceses que protestam dizendo que os direitos humanos são violados porque novas leis no país proíbem a matança de animais na Natureza – todas as ações desse tipo provocam fortes argumentos e mesmo sentimentos violentos porque a luz de *buddhi* está apagada pelo "assassino do Real", a mente pessoal, condicionada.

Essa mente alcança níveis extraordinários de sofisticação e argúcia, e pode ser um esperto defensor de qualquer visão que satisfaça seu autointeresse. Ela diz que o certo é errado, que matar é justiça, e busca tornar a prática da crueldade um direito humano. Inúmeros conflitos nacionais e internacionais e uma ampla variedade de atos imorais originam-se numa mente que é esperta demais para levar o bem a qualquer um. Por que de outro modo está a humanidade em geral prosseguindo de forma constante num curso de autodestruição? Conflito contínuo, aquecimento global, doenças provocadas pelo homem e assim por diante estão causando danos maiores do que as calamidades naturais.

5. A Ameaça do Conhecimento (Out. 2001)

O tempo está mostrando com mais clareza e com maior urgência que a posse de conhecimento não é uma benção incontestável. Conhecimento é poder, e o poder corrompe a mente. O recente e chocante ataque aos Estados Unidos é uma prova mais do que convincente de que o conhecimento – técnico, científico ou qualquer outro – colocado em mãos malignas ou indignas pode ser uma ameaça a todo o mundo. Algumas centelhas ou uma pequena chama, sopradas pelo vento, podem causar grande devastação; assim também, algumas pessoas estúpidas ou cheias de ódio, armadas com o conhecimento e as habilidades modernas, têm o poder de causar dano inimaginável tanto a terra quanto ao progresso da humanidade.

Permanece, porém, o fato de que a expansão do conhecimento e sua transferência para um grande número de pessoas não pode ser parado. À medida que as pessoas recebem educação, que não era o caso em épocas anteriores, e que agora é, um número crescente - incluindo jovens imaturos, os de tendência criminosa, e os mentalmente perturbados - terão livre acesso ao conhecimento. Hoje em dia o conhecimento não está sendo passado aos poucos, em pequenos estágios, através do processo da comunicação; está sendo passado a um grande número de pessoas em quantidades inassimiláveis, e de uma forma não integrada e que até mesmo distorce a mente.

Será que estender o conhecimento é desejável ou não? - pergunta Annie Besant em seu muito instrutivo artigo sobre "Ocultismo" reimpresso nesta edição do *The Theosophist*. Sua própria resposta é: "Se o conhecimento se voltar para o serviço humano, sim; se for para aumentar a miséria humana, não". Mas como nem o avanço do conhecimento nem a expansão da informação podem ser revertidos, como o mundo pode estar seguro?

O perigo não virá apenas de terroristas e de seus atos malignos. Ameaças piores pairam sobre nós de acadêmicos e cientistas arrogantes, que anseiam superar ou desfazer a Natureza com suas próprias criações bizarras. Novos tipos de germes resistentes, novas doenças, cérebros genética ou cirurgicamente modificados, Frankenstein sob muitos moldes e matrizes podem surgir de um excesso de conhecimento na humanidade. O que devemos fazer?

Os produtos do estudo e da pesquisa no campo do que é normalmente conhecido como ciência representam ameaças que devem fazer a humanidade ficar alerta e repensar, se ela de fato está inclinada a pensar e não apenas perecer sob suas próprias maquinações. Há indícios de nações dedicando-se às "ciências ocultas", tais como telepatia e controle mental para suprimirem com sucesso seus inimigos. A ameaça que o conhecimento dessas nações representa, se obtiverem mesmo algum grau de sucesso neste sentido, é imponderável. A mitologia oferece indicações de situação semelhante. O grande oponente da encarnação divina, Rāvana, no épico *Rāmāyana,* estava armado de poderes mágicos em virtude das severas austeridades por que passou e foi preciso a intervenção divina para destruir seu poder. Todos aqueles que adquirem poder através do conhecimento devem, de uma maneira ou de outra, disciplinar-se para progredirem em seu próprio campo. Mas aqueles que têm poderes suprafísicos devem, como diz a Dra. Besant, "vestir a armadura da pureza e o capacete do altruísmo". Seus motivos devem ser inquestionavelmente altruístas; caso contrário, eles apenas se tornarão parte das hostes de Satã.

A partir deste ponto de vista a sociedade fracassou, resultando no progresso ilusório conseguido no século passado ou coisa assim, e identificando o progresso com o aumento do conhecimento e sua disseminação às massas populares. Não se pensou seriamente quanto à qualidade da mente que usará o conhecimento cada vez mais potente como ferramenta. Paradoxalmente, a sociedade adotou a palavra de ordem da ciência e se orgulhou de ser livre de valor. Produtos químicos letais foram produzidos, ambientes naturais profanados, animais explorados e pessoas indefesas oprimidas, sem se pensar no certo ou no errado. Numa sociedade livre de valores tudo é permissível.

O que faremos agora quando começamos a despertar para a ameaça diante de nós quando terroristas e outras pessoas totalmente irresponsáveis, mas tecnicamente habilidosas, tomam a lei em suas próprias mãos? Será de algum modo possível fazer a percepção moral alcançar o avanço do conhecimento? Esta é uma questão crucial dos tempos modernos, que não podemos nos dar ao luxo de negligenciar.

6. Conhecimento e Prática (Maio 2002)

Todo aquele seriamente interessado na vida espiritual sabe que conhecimento e sabedoria não são a mesma coisa. O conhecimento pode existir não relacionado à vida diária; muito conhecimento das escrituras, das filosofias, da tradição oculta e de outros assuntos não impedem as pessoas de ser egoístas, medrosas ou tolas. No *Shandogya Upanishad* (cap. 7) há um bem conhecido diálogo entre Nārada e Sanat Kumāra sobre este assunto, e começa com Nārada declarando que estudara muitas coisas, incluindo as escrituras, as artes e ciências, e, contudo, carecia do essencial - sabedoria.

Os instrutores espirituais, que apareceram de tempos em tempos para ensinar e guiar a humanidade, buscaram levar o mundo em direção à sabedoria, e o que eles ensinaram, até onde foi corretamente passado adiante, forma um conjunto de conhecimento que não pode ser descartado como irrelevante à busca pela sabedoria. Nem todo conhecimento está relacionado a essa busca, mas a verdadeira tradição espiritual é comparável ao andaime que ajuda na construção de um edifício, ou a uma jangada que serve para alcançar a outra margem, na qual tem início uma longa jornada rumo à realização da sabedoria.

Aos Pés do Mestre diz: "Todo conhecimento é útil, e um dia tu terás todo o conhecimento; enquanto, porém, tu tiveres somente parte dele, toma cuidado para que essa seja a parte mais útil".[57] Isto é particularmente relevante agora, quando conhecimento e informação estão inundando o mundo, sem o tornar correspondentemente mais feliz ou mais pacífico. As condições prevalecentes de violência, corrupção e egoísmo provam que mesmo um vasto conhecimento não consegue transformar a natureza humana, reduzindo o egoísmo, e ensinando amor e cuidado para com os outros. Pelo contrário, o excesso de co-

57 KRISHNAMURTI, J. , Brasília: Editora Teosófica, 8ª Ed. de Bolso, 2023, p. 30. (Nota Ed. Bras.)

nhecimento parece criar condições favoráveis para intenso orgulho, insensibilidade e outros traços que deformam a natureza humana.

Sendo assim, podemos ter a impressão de que a atenção às instruções e aos ensinamentos de homens iluminados e santos tais como o Buda e Jesus são desnecessários. Em seu artigo "Haverá uma Senda para a Verdade?" De abril de 2002, o professor Krishna diz corretamente:

> Ao ler tudo que o Buda disse, e o que várias pessoas disseram que o Buda disse, a pessoa torna-se um erudito ou instrutor de filosofia budista; mas o instrutor não é o Buda . . . O instrutor pode até mesmo falar e explicar questões melhor do que o Buda, mas sua consciência não é a consciência do Buda. A não ser que haja uma transformação da consciência não há sabedoria, somente conhecimento. . . . No campo científico, o campo do conhecimento, onde uma declaração precisa é uma verdade, pode-se usá-la; por exemplo, pode-se usar a lei de gravidade sem ter qualquer percepção profunda a respeito de espaço, tempo, matéria e energia.

O professor Krishna continua explicando que no campo do conhecimento, as fórmulas funcionam, sendo expressões precisas do que verdadeiramente existe, mas na busca religiosa, fórmula e ideias não têm utilidade.

Vale a pena examinar se isto é de fato assim, ou se o problema é que prontamente acreditamos nas fórmulas fornecidas por cientistas perspicazes e, portanto, fazemos uso prático delas, mas se o Buda faz uma afirmação que é verdadeira, refletindo fatos da vida que ele descobriu e experienciou num estado de amor e sabedoria ilimitado e profundo, nós não acreditamos. Por exemplo, a declaração de Gautama de que "o ódio não cessa com o ódio, cessa com o amor" é uma fórmula que funciona, caso contrário ele não teria dado; um Buda não pode proferir uma falsidade. Mas os milhões de pessoas que conhecem essa prescrição não acreditam plenamente que funcione, e daí são relutantes em pô-la em prática incondicionalmente. A aplicação superficial, causal, não pode ser eficaz, assim como uma fórmula científica não garante produzir resultados se for aplicada parcialmente.

7. O Elefante e a Formiga (Jul. 2001)

No livro sagrado dos sikhs (o *Guru Granth Sāhib*) podem ser encontradas muitas declarações interessantes do Guru Nānak e seus sucessores. Entre elas está a seguinte: Deus é como o açúcar espalhado sobre a terra. Um grande elefante não consegue pegá-lo, mas pequenas formigas conseguem. Quando aspiramos ser grandes elefantes, perdemos a doçura da vida sobre a terra, na qual somente uma mente simples experiencia e se deleita. Uma mente mundana não pode ser simples - exceto no sentido de ser obtusa, ingênua ou não desenvolvida. A mente só se torna verdadeiramente simples quando está livre de emoções e pensamentos turbulentos e complicados a que o egocentrismo dá origem; estes são os produtos do egoísmo e de valores e objetivos materialistas. Simplicidade não é apenas uma questão de se possuir poucas roupas ou viver na cabana ou sob o céu. Ela está na mente que não se desgasta com coisas não essenciais.

Quando somos egocêntricos, tendemos a ligar muitas coisas a nós mesmos. Lemos motivos nas palavras de outras pessoas e presumimos que devem estar falando de nós. Pelo fato de o mundo dizer que devemos nos elevar acima dos outros, permitimos que o medo, a ira e a insatisfação cresçam como cancros dentro de nós. Uma mente simples e livre de problemas, por outro lado, é clara e pacífica. Ela não mais é perturbada por antigas emoções e pensamentos a que a autopreocupação e o interesse próprio dão origem. Daí, grandes instrutores ensinaram sobre a necessidade não apenas de se viver simplesmente, mas de ser internamente simples. Muitas vezes também expressaram verdades profundas com palavras, metáforas e parábolas simples que tocavam os corações de seus ouvintes. Thomas à Kempis escreveu: "Quanto mais o homem está unido consigo mesmo, e se torna internamente simples, tanto mais e mais elevadas coisas ele entende sem esforço".

No *Yoga Sūtra*, o *Pranava* ou sílaba sagrada *OM* representa *Ishvara*, a realidade subjacente à manifestação, o açúcar que adoça a terra. Diz-se que a meditação sobre esta realidade é auxiliada, pelo menos no início, pela repetição da sílaba ou som que a representa, ou seja, *OM*. Essa *japa* ou meditação era enfatizada em certas tradições espirituais, incluindo a dos sikhs. Porém, a mente complicada, achando isso simples demais, inventou teorias e convenções a respeito de quantas vezes o nome divino deve ser repetido, por quem, quando e assim por diante. A repetição ou *japa* tornou-se uma formalidade, e não um estímulo para experienciar a sacralidade da existência, que os videntes dos *Upanishades* chamavam de a Verdade das verdades.

Lembremos que tal como o açúcar misturado na terra, a substância divina tudo penetra. Não permitamos que a mente mundana, seduzida por uma imagem de si mesma ocupando o centro do palco, ou pelo menos alguma parte do palco, nos engane.

Frágeis como somos, somos capazes de nos distrair e nos confundir. Exercícios tais como fazer soar uma frase ou nome sagrado e a leitura de literatura espiritual são auxílios destinados a nos lembrar que o esplendor da vida existe invisivelmente nos corações de todos os seres vivos, como "o creme no leite". Shri Krishna diz na *Gitā:* "Eu sou a vida em todos os seres". E aqueles que sabem dizem, como disse Nānak: "Eu durmo sentindo-me feliz, acordo feliz, vivo cada dia feliz sem qualquer preocupação ou ansiedade"; que é semelhante à declaração de Jesus Cristo: "Meu jugo é fácil e meu fardo é leve". Na presença do Real, o medo e a ansiedade desaparecem.

Uma Mente que não está preocupada ou sobrecarregada com ambição, a mente simples, ela somente começa a sentir, e depois a conhecer, o Real. Por que nos permitimos irritar com trivialidades? De nós saem palavras que não queremos dizer. Por que então não simpatizamos com outras pessoas que também dizem o que não querem dizer? Conseguiremos elevar-nos acima do tumulto dentro e fora de nós? Meditando sobre o elemento divino que está no âmago de toda a vida, como a formiga que prova o açúcar na terra, a mente aproxima-se mais da verdade e se torna livre, calma e clara.

8. A Alquimia da Experiência (Jul. 1999)

A vida é um processo alquímico contínuo. Todas as experiências na vida pelas quais se passa tem o potencial de facilitar a transmutação da consciência. Aliás, vida significa transmutações que muitas vezes superam nossa imaginação e conceitos. No nível físico, forças invisíveis estão eternamente convertendo formas e substâncias de maneiras misteriosas. Na maioria das vezes estamos inconscientes destas mudanças dinâmicas que diferenciam a vida da inércia ou do não ser.

O nascimento de uma rã é um exemplo do processo alquímico onipresente. Após estudar os vários estágios, os cientistas descobriram o seguinte: a rã põe ovos no que parece ser espuma; cada ovo divide-se em dois, depois em quatro, e assim sucessivamente. Forma-se uma pequena boca; após o que aparece uma depressão que tem a forma de um trato intestinal. Em poucas semanas, em progressão ordenada, pernas, rabo e todas as outras partes do corpo tomam forma. O processo foi filmado, e quando visto em modo acelerado parece como se algumas células são retiradas, algumas inseridas, e todo o corpo moldado por *mãos invisíveis* no que irá se tornar o pequeno girino, e depois a rã.

A literatura oculta diz que verdadeiramente há mãos invisíveis, as de inteligências menores, que as pessoas chamam de fadas, auxiliando esta criação. Mas há também uma mente atuando por trás de tais desenvolvimentos maravilhosos que prosseguem como se obedecendo a um plano. Eles não podem ser explicados atribuindo-se o mérito aos genes, pois então a questão apenas regride: o que dota os genes deste poder?

Em milhões de árvores e também em plantas, a transmutação está ocorrendo de modo invisível o tempo todo. Vemos o que acontece fora: crescimento, florescimento ou frutificação. Água, materiais e outros nutrientes invisíveis absorvidos pela planta são transformados em seiva, em energia, no que é essencial para a vida física, tais como crescimento, reprodução e reconstrução como e quando necessário.

É muito admirada a transformação da humilde lagarta na bela borboleta. Mas poucos sabem o que ocorre dentro do casulo, o que é fantástico, pois os órgãos e tecidos da lagarta são descartados e uma estrutura totalmente nova se desenvolve, um fenômeno que os cientistas verdadeiramente não entendem. Os órgãos não se desintegram como num corpo morto, mas através da atividade dos glóbulos brancos do sangue que normalmente atacam as bactérias nocivas quando estas invadem o corpo, os tecidos são devorados dentro da própria lagarta. À medida que os tecidos velhos são devorados, novos órgãos vêm à existência. Essa transformação também prossegue, como no caso da rã, passo a passo, novamente indicando um plano – uma mente atuando?

A compreensão de que viver é um processo alquímico, nos níveis físico e mais sutis, faz toda a diferença sobre como vivemos nossas próprias vidas. Cada uma das experiências pelas quais passamos deve ter uma contribuição no processo total de transmutar a consciência, cuja meta está delineada no plano divino.

A transformação interior às vezes se faz conhecida, porém mais frequentemente prossegue invisivelmente. Annie Besant após ter experimentado a pobreza, o ostracismo da sociedade, e finalmente a separação de sua amada filha, elevou-se cheia daquele amor para com todos e ardor pelo serviço que fizeram dela uma extraordinária figura espiritual. Krishnamurti verteu lágrimas amargas quando seu irmão morreu, mas o sofrimento foi transmutado numa profunda compreensão de perda, morte e apego que o tornaram radiante de felicidade com poucos dias do evento.

Estes foram talvez casos excepcionais, mas assim como a cada dia a ingestão de material do solo pela planta é transmutada na seiva que leva a vida, mesmo as experiências comuns são transmutadas na sabedoria que expande a alma quando há verdadeira atenção no presente. O *Dhammapada* diz que a inconsciência é uma forma de morte. A consciência é um processo de constante renovação, sem o qual a vida não é vida.

9. A Mente Aberta (Nov. 1989)

A religião convencional é amplamente baseada em crença na tradição, costumes, intérpretes oficiais das escrituras e assim por diante. Uma religião assim é conveniente de muitas maneiras. Uma congregação de crentes oferece escopo para o exercício de poder e autoridade de uns poucos, e frequentemente facilita um sistema de exploração, tanto material quanto psicológico. Os membros da congregação gostam de acreditar e ser salvos do incômodo de pensar e assumir responsabilidade por suas próprias vidas. Portanto, os sistemas de autoridade e obediência substituem a investigação religiosa, muito embora grandes instrutores religiosos repetidamente salientem que o *insight* e a iluminação surgem do interior, e não podem ser comparados ao conhecimento mental derivado de uma fonte externa. Conformidade à tradição e a um padrão de pensamento não podem produzir o despertar de um novo mundo de realidade, que implica em progresso espiritual.

Neste campo como no científico, o questionamento de todas as suposições com uma mente objetiva, livre de preconceitos e conclusões, é necessário para o avanço. O mais elevado respeito que um devoto pode ter por um sábio instrutor é examinar com grande cuidado e em profundidade suas declarações e tentar conhecer por si mesmo o que é a verdade. Cair numa irrefletida atitude de crença é uma maneira de mostrar pouca consideração, pois equivale à suposição de que não há muito a fazer, nenhum significado de natureza séria no ensinamento dado.

O rápido progresso da ciência só começou quando as mentes estavam prontas para questionar e pôr de lado a crença cega, e quando a legitimidade foi conferida à investigação dos fenômenos naturais. A observação de dados e o uso da razão e da lógica emergiram triunfantes sobre o dogmatismo religioso. Mas um novo tipo de certeza e afirmações autoritárias a respeito da base materialista da vida, etc., entrou em cena, até que a ciência mudou sua perspectiva cedendo a uma visão de vida mais ampla com seus campos de energia como também a relatividade do que previamente aparecia como identidades fixas. Agora sabemos, teoricamente, que aparências são enganosas e que a realidade dos quadros transmitidos pelos sentidos e pela mente escondem aspectos e dimensões de existências que não podem ser conhecidos a partir da superfície, casualmente. A Sabedoria Antiga sempre indicou isso.

Porém, o espírito de investigação ainda não ganhou a batalha contra a forte tendência da mente de se fixar em novas posições de certeza. A investigação hoje em dia está geralmente circunscrita à área favorável aos meios e modos de investigação adotados pela ciência. A ciência do Eu está fora desta área. Os louros e sucessos obtidos dentro deste campo limitado desencorajam e desviam a atenção da busca da investigação com mente aberta para outros campos, e tenta descobrir de que maneira tal descoberta pode prosseguir eficazmente.

A Sabedoria Antiga ensinou que processos e fatos fenomenais subjacentes são níveis mais profundos de vida e de verdade. Essas coisas não são apreendidas senão adotando-se a disciplina necessária, e jamais chegando a uma conclusão final a respeito da realidade do que é conhecido. O conhecimento interior não é necessariamente de fatos e formas, mas deve ser em termos de propósito, significado e valor. Portanto, não pode haver finalidade com relação ao conteúdo do conhecimento, ao tipo de conhecimento ou aos modos e meios de descoberta. Ao descrever a "escada de ouro" que leva ao templo da sabedoria, a Senhora Blavatsky diz que é o "aprendiz" que pode galgar os degraus e alcançar a Sabedoria – sendo o aprendiz aquele cuja mente jamais está fechada, que permanece livre de apego ao conhecido, de que falou Krishnamurti.

Há sérias dificuldades em manter a mente verdadeiramente aberta, pois isso não é meramente uma questão de se estar pronto para ouvir outras opiniões. Para cada perceptor o nível em que percebe parece ser a única realidade e, portanto, suas ações estão condicionadas por essa realidade. A mente aberta reconhece que existe *māyā* nisto e que a esfera de sua experiência é sempre limitada. O imenso desconhecido que é a vida não pode ser engaiolado em nenhum setor.

Por outro lado, as portas da mente não se abrem através da ambição para se alcançar níveis exaltados ou imaginar coisas extraordinárias. Estas são expressões do eu insignificante que se extraviam. O eu está acostumado a buscar sensação, projetando-se em imaginação e atribuindo glória a si mesmo. Estes são os materiais da ilusão. A abertura da mente às profundezas de realidade ou verdade significa libertá-la daquelas condições e permitir que ela cresça em pureza, sensibilidade e harmonia. Então ela pode não apenas observar a Natureza, mas comungar com ela, e obter o significado secreto de suas manifestações através do conhecimento interno que é comunhão.

10. Percepção Suprassensorial? (Jun. 1988)

As grandes planícies da Índia ao sul dos Himalaias são regadas por dois rios, o Ganges e o Yamuna. Mas a tradição diz que existe um terceiro rio, o Saraswati fluindo invisivelmente na mesma bacia e juntando-se aos outros dois na sagrada confluência de Prayāg, nos arredores da cidade de Allahabad. Milhares de peregrinos banham-se no ponto de junção dos três rios. O antiquíssimo *Rig-Veda* faz menção ao rio Saraswati. Ele está também incluído entre os sete rios sagrados da Índia, mas durante muitos séculos seu paradeiro esteve desconhecido. Recentemente, enquanto se prospectava em busca de petróleo, uma contraparte subterrânea do Ganges com 2.000 quilômetros de extensão foi descoberta fluindo sob o leito do rio visível. Este é provavelmente o Saraswati da tradição. Os povos do mundo antigo parecem ter sabido da existência desse rio subterrâneo, embora não tivessem os modernos meios de exploração à sua disposição.

Os jornais também noticiaram que um geólogo tivera grande sucesso em descobrir água subterrânea usando bioindicadores listados numa obra antiga, o *Brihat-samhita,* escrito por Varāhamihira. Os indícios indicados pelo texto incluem a presença de diferentes tipos de árvores, a natureza de suas formações, a existência de cupinzeiros e assim por diante. Segundo o cientista, o texto dá uma compreensão notável da hidrologia da água subterrânea. Diz-se, também, que os aborígenes na Austrália têm um excepcional instinto para encontrar água no deserto.

O conhecimento nem sempre resulta do uso dos sentidos que temos atualmente ou dos instrumentos conhecidos da ciência. As pessoas que viviam mais próximas da Natureza, cuja percepção não foi distorcida por um intelecto supersofisticado, podem ter visto o que o homem moderno é incapaz de ver.

11. A Ligação Mente-Corpo (Fev. 1989)

O desejo nasce da união da mente com os sentidos na busca do prazer. A sensação por si mesma não constitui desejo. A sensação conspira com a mente para projetar uma repetição do prazer e gera desejo.

Um homem cego, questionado a respeito dos detalhes de sua deficiência congênita, confessou que não sentira qualquer impulso sexual até que a ideia foi colocada em sua cabeça, pois ele não tinha olhos para ver a diferença entre homem e mulher; ele apenas ouvia vozes.

Mas quando lhe falaram sobre sexo, sua mente começou a pensar a respeito dessa experiência e surgiu o desejo.

O relacionamento mente-corpo é intrincado no ser humano, e é difícil saber o que é necessidade natural do corpo e o que é inventado pela mente. O corpo precisa de alimento e pede, mas a vontade de comer pode não ser pedido do corpo, mas desejo da mente.

O sentimento de divisão entre o externo e o interno existe em todos. "Fora" estão os objetos e as fontes de experiência, enquanto "dentro" estão as experiências, as memórias e reações – todos os quais são o "eu". Muito poucas pessoas questionam a base dessa divisão aparente entre o externo e o interno.

O corpo físico de cada criatura é certamente delimitado por seu tamanho e forma, mas os componentes de todos os organismos físicos são redutíveis a uns poucos elementos. Todo corpo ou organismo é meramente um agregado temporário de elementos que são comuns a todos. A mente também é um agregado impermanente, e memórias, experiências e relações são praticamente as mesmas em todas as pessoas.

Mas o nosso pensamento é condicionado a acreditar que esses agregados, físicos e mentais, são de extrema importância, pois que são as substâncias do eu. O pensamento projeta imagens para fortalecer e sustentar esse eu, e cria divisão entre o interno e o externo. Não nos agrada pensar que o agregado que é o "meu corpo" irá se desintegrar em alguns anos como também a mente. Uma pequena reflexão mostra que a diferença é uma criação mental; a realidade é mudança contínua num substrato de unidade.

12. Conhecimento, um Meio (Set. 1983)

Em certas civilizações a busca do conhecimento não era considerada um fim em si mesma. Seu valor dependia de se servia para produzir transformação interior. Quando a mudança interna era total e irreversível, recebia nomes variados como Libertação (*Moksha*), *Nirvāna*, Iluminação (*Bodha*), Sabedoria (*Prajñā*) e assim por diante. Pensava-se que o verdadeiro objetivo da vida humana era ser um estado de Libertação, um estado de Sabedoria e Iluminação. Todos os outros objetivos eram considerados ilusórios, dando uma sensação temporária de realização. Quando o único objetivo verdadeiro e valioso era transcender os elos da ignorância e da autolimitação, a aquisição de conhecimento tinha de ser usada para a consecução desse objetivo. A partir deste ponto de vista, o conhecimento era um dos meios possíveis para o despertar, dependendo da natureza do conhecimento e do modo como era usado.

Filosofia, ciência e religião eram indistinguíveis entre si para as pessoas que assim consideravam ser o objetivo último do homem, não o ganho material ou o sucesso, ou o brilho intelectual, mas uma verdade experimental, além do alcance dos sentidos e da mente. A própria palavra "filosofia" indica que sua função é promover o amor pela Sabedoria. Ela tem de esclarecer ao intelecto o relacionamento dos detalhes com o Todo. Como os detalhes existem no tempo, a filosofia preocupa-se igualmente com a questão de temporalidade e eternidade, de irrealidade e realidade.

A percepção da verdade de que as particularidades do eu não têm existência válida e não são relacionadas em si mesmas é um aspecto essencial do ponto de vista religioso. "A heresia da separatividade", para usar a frase da Senhora Blavatsky, faz a mente cair nos caóticos lamaçais da ilusão. Ela perde o ancoradouro e é jogada daqui para ali em contradições e lutas. Ao oferecer ao intelecto os primeiros vislumbres de compreensão referentes à natureza do eu e seu relacionamento com o resto da existência, a filosofia, no verdadeiro sentido do termo, provê uma base para o despertar religioso.

O conhecimento da Natureza ou da Ciência tem de ser usado para a compreensão da vida, e o pano de fundo do sentimento por trás das buscas do intelecto tem de ser de preocupação para com o bem-estar de todas as criaturas. Em textos antigos tais como a *Bhagavad-Gitā*, há repetida referência à atitude da busca pelo bem de todos (*sarva-bhuta-hita*). Quando divorciada deste sentimento de parentesco e preocupação com o restante da vida, a busca do conhecimento torna-se não apenas fútil, mas perversa. Na famosa parábola do Buda diz-se que se pode usar um barco para atravessar um rio. Não há dúvida de que o barco é essencial para esse propósito. Mas se fosse carregado nos ombros depois de ter alcançado a outra margem, não seria mais do que um fardo inútil. Também o conhecimento é um barco que deve permitir ao homem cruzar o oceano do egoísmo e alcançar a outra margem da não separatividade. É um peso morto, a não ser que produza uma mudança no coração humano e na sociedade humana. É até mesmo pior do que um peso morto, é uma perversão quando se torna uma desculpa para a indulgência na atividade humana.

13. Aqueles que Pedem Obterão (Out. 2006)

Membros eminentes da Sociedade Teosófica de Annie Besant a Krishnamurti disseram que se uma pessoa verdadeiramente desejar alguma coisa, ela o conseguirá. No antigo clássico teosófico *Luz no Caminho*[58] também encontramos a declaração: "Os que pedem terão". Isso ressoa com as palavras do Sermão da Montanha (Mateus., 7:72): "Pedi, e dar-se-vos-á". À primeira vista, isto mal parece correto, mas do ponto de vista esotérico é lógico. O pedido pode assumir a forma de um desejo; pode ser ambição, que significa um desejo intenso; pode ser aspiração. Qualquer que seja a forma, é uma força. Todo desejo é energia, uma força que traz sua própria resposta. Na seção sobre oração em *A Chave para a Teosofia*, de H.P. Blavatsky, ela explica que o que ela chama de "oração da vontade" é uma força ativa que pode ser usada para o benefício dos outros. Em todos estes casos, o desejo pode

58 COLLINS, Mabel. Brasília: Editora Teosófica, 7ª Ed. de Bolso, 2020, p. 64. (Nota Ed. Bras.)

não ser realizado imediatamente como se queira, mas produzirá seus próprios resultados no momento oportuno.

Se a pessoa está pedindo um benefício material, por exemplo, um desejo intenso de obter fortuna e as coisas que o dinheiro pode comprar – se essa é a coisa que ela deseja – ela o conseguirá nesta encarnação ou em outra. Mas juntamente com isto virão todos os problemas, tensões, ansiedades que combinam com as posses. Uma outra pessoa pode desejar afeição e atenção. Ela também conseguirá, mas, ordinariamente, a afeição está unida ao desejo de posse pessoal, ciúme, e outros males. Assim, não será muito satisfatório. Até que a alma gradualmente se torne perceptiva de que as coisas que ela tem pedido ao longo das idades não são desejáveis como pareciam antes, mas na verdade são quase um castigo – ela sofre por pedir. Isto está implícito no ditado: "Quando os deuses querem punir alguém, eles ouvem suas preces". A maioria de nossas orações e desejos estão baseadas na ignorância e, portanto, são tolas do ponto de vista superior, espiritual.

Após as palavras "Os que pedem terão", *Luz no Caminho*[59] diz: "Porém, mesmo que o homem comum peça perpetuamente, sua voz não será ouvida, pois ele pede só com a mente". Este é um ponto importante. O sofrimento é muito real para as pessoas, e geralmente pedir é uma prece para ser salvo das dores e dificuldades por que se está passando. Mas considerado espiritualmente, se a vida for para sempre fácil e suave, o progresso pode ser retardado; não sendo desafiadas, as pessoas mergulham numa forma de letargia. A longo prazo, muito do que a mente pede pode não valer a pena, porque a mente é superficial, e pede coisas triviais. Ela pode pensar que é muito esperta e que sabe, mas, sendo superficial, ela apenas brinca com as irrealidades do mundo material. Assim, pedir com a mente é espiritualmente infrutífero. A maioria das pessoas não sabe o que realmente quer, e a mente inventa

---

59 COLLINS, Mabel. Brasília: Editora Teosófica, 7ª Ed. de Bolso, 2020, p. 64. (Nota Ed. Bras.)

objetivos. Um dia ela pode pedir uma coisa, e depois outra. Assim, inúmeras contradições podem nela existir.

Enquanto a mente estiver apenas pedindo, nada é ouvido nos níveis mais profundos, e embora ela obtenha respostas em seu próprio nível superficial e se sinta feliz, logo isto, como todo outro prazer, se transformará em dor ou se tornará ultrapassado. Então, como resultado de um lento processo de experiências desapontadoras, um vislumbre pode penetrar a mente da pessoa e ela começar a questionar o que vale a pena pedir.

O verdadeiro pedido é caracterizado por entusiasmo. Mente, coração e alma devem todos ansiar pelo que é pedido. Como a mente é apenas um aspecto da pessoa, e a qualquer momento pode haver confusão causada por desejos conflitantes, todas as contradições internas devem terminar, e então o pedido é integrado e sua força é maior. Mesmo que o que a pessoa peça com sinceridade seja dinheiro, ela o obterá e sofrerá por isso; mas aprenderá que para se pedir e ter, a pessoa deve verdadeiramente voltar todas as suas energias para a tarefa. Isto é relativamente fácil no plano material, mas nem tanto com relação às coisas não materiais – coisas que tenham um valor duradouro, como indicado em *Aos Pés do Mestre* – porque os sentidos e a mente não conseguem apreender o seu valor. Consequentemente, a maioria das pessoas se distrai ou é atraída, e corre atrás de confortos transitórios ou deseja um pouco disto e um pouco daquilo. *Luz no Caminho*[60] diz: "Deseja somente o que está dentro de ti. Deseja somente o que está além de ti". A pessoa pode desejar posses, mas elas devem ser para o "espírito unido da vida", não para si própria. Normalmente, o desejo está tingido de egoísmo pessoal, e considerações materialistas. *Moksha*, uma das qualificações listadas na tradição vedantina, implica

---

60 COLLINS, Mabel. Brasília: Editora Teosófica, 7ª Ed. de Bolso, 2020, p. 43. (Nota Ed. Bras.)

renunciar aos desejos pessoais e colocar toda energia, atenção e devoção na descoberta daquilo que é de valor duradouro, aquilo que é Real.

Isto nos leva a outro ponto. O que é real e o que é irreal? A mente está presa nas muitas irrealidades deste mundo ilusório de sombras que parece tão real, mas não é *verdadeiramente real*, se podemos dizer desta forma. Como saber o que é verdadeiramente real? Devemos aprender, através da prática da reflexão (*vichāra*), a não chegar a conclusões precipitadas, ou se deixar atrair inconscientemente por certas ideias ou teorias. Reflexão, atenção, calma observação são todas necessárias para se descobrir se o que parece real às nossas mentes é de fato real, ou se é apenas um aspecto da ilusão existente nos mundos da forma – nos níveis físico, astral e mental, onde há muitas ilusões. "Debaixo de cada flor há uma serpente enrolada", diz *A Voz do Silêncio*[61]. Se estamos perceptivos e somos capazes de permanecer sem sermos enganados por essas ilusões dos mundos inferiores, pode haver ilusões mais sutis nos planos superiores. Assim, a conscientização e a atenção devem ser mantidas.

As ilusões são criações de nossas próprias mentes; não estão nos objetos. Há considerável bom senso na afirmação de Oscar Wilde: "Eu consigo resistir a tudo exceto à tentação". Talvez isso tenha sido dito em tom de brincadeira, mas é verdade. Pode-se resistir a qualquer coisa que seja externa, se internamente não houver ambição; ambição, desejo e anelo são todos aspectos de *māyā* que nos iludem, levando-nos a acreditar que certas coisas são boas, reais, e que vale a pena possuí-las quando não são. E assim, temos de parar e ponderar.

Há pessoas cegas por amor ao dinheiro. Podemos não ser assim, mas talvez ainda sejamos apegados. Será que não estaríamos mais satisfeitos se tivéssemos muito mais dinheiro? Caso positivo, ainda estamos sob o feitiço da ilusão da posse. O desejo por sensação, posses, poder e assim por diante estão todos na mesma categoria. Se ainda nos

---

61 Brasília: Editora Teosófica, 6ª Ed. de Bolso, 2023, p. 98-99 [aforismo 26]. (Nota Ed. Bras.)

são atraentes, devemos ficar de guarda. Por outro lado, se prestarmos firme atenção - não a todo momento, porque isso apenas gera tensão, mas consistentemente - a faculdade de discernimento (*viveka*) se desenvolve. Então o que acontece é maravilhoso: deixamos de sentir atração e apego pelas coisas desta terra - coisas que não são duradouras. Somente nos atraem aquelas bençãos que pertencem à esfera do atemporal.

Sendo assim, para termos o que pedimos, devemos pedir as coisas certas, com sinceridade, e o crescente poder de discernimento nos permitirá lançar fora para sempre, um após outro, nossos desejos, crenças, apegos e conclusões falsos e enganadores. Tudo isso está implícito na afirmação: "Os que pedem terão". "Deseja unicamente o que está em ti", dizem. Mas não temos noção do que está dentro de nós. Como então podemos pedir o que está dentro de nós? Somente começando a olhar cuidadosa e honestamente para nós próprios. Os revestimentos que envolvem o verdadeiro Eu devem ser retirados antes de conhecermos o que está no interior, não apenas em nós mesmos, mas em toda parte. Um Mestre aconselhou: "Aprenda a olhar para os homens abaixo da superfície e não condene nem confie nas aparências". Isso se aplica também enxergar a nós próprios como somos. É fácil ser enganado pela própria imaginação. Portanto, o processo de observação e investigação deve ser mantido. A prática de (*viveka*) não pode ser casual ou intermitente; mas firmemente, à medida que observarmos e aprendermos a adorar, a luz divina interior se tornará mais forte. O que é referido não é um deus ou Mestre imaginário, mas a luz que é o Eu imortal interior, que é uno com o grande Eu de todos.

Krishnamurti declarou durante discussões: "Se fizer a pergunta certa, você mesmo encontrará a resposta correta". A pergunta certa não é necessariamente o que parece certo do ponto de vista intelectual; é mais uma questão que nos levará para níveis mais profundos de compreensão, para grandes bençãos que devem ser encontradas somente na esfera do eterno.

Capítulo 13

Maturidade da Mente

1. Maturidade da Mente

Existe um mundo de diferença entre uma mente que é madura e aquela que não é. No Fragmento intitulado Os Sete Portais em *A Voz do Silêncio*[62], constam as seguintes palavras:

> A tua Alma tem de se tornar como a manga madura: macia e doce como a sua brilhante polpa dourada para as angústias dos outros, duro como o caroço dessa fruta para as tuas próprias agonias e sofrimentos.

O amadurecimento ocorre lentamente através da experiência de muitas encarnações, ou rapidamente em um certo estágio ao se descobrir em que consiste a maturidade.

Do ponto de vista espiritual, maturidade não é habilidade de um tipo mundano. Assim como uma manga plenamente madura não tem partes verdes[63] em si, a mente madura é livre de todo elemento verde. A palavra "verde" significa, entre outras coisas, "não treinado". Um recruta verde é, por exemplo, uma pessoa não treinada. A palavra significa também "não curado", "dolorido" ou "inflamado", como uma área ferida que não restabeleceu a saúde. Essas palavras ajudam a entender o estado de imaturidade.

62 Brasília: Editora Teosófica, 6ª Ed. de Bolso, 2023, p. 218 [aforismo 261]. (Nota Ed. Bras.)

63 No original em inglês: *Raw*. (Nota Ed. Bras.)

Pensamentos e emoções brotam constantemente na mente, muitos ou a maioria deles sendo reações desordenadas a pessoas e circunstâncias. Essas reações são sintomas da condição subconsciente. A insegurança do *eu* é exibida de inúmeras maneiras: emoções que se inflamam facilmente, sensibilidade às opiniões dos outros, pensamentos de vanglória e assim por diante. As pessoas que parecem fortes podem na verdade estar se endurecendo, porque são incertas e sentem necessidade de se proteger. Querer se tornar duras, fortes ou espertas é um sintoma de fraqueza oculta.

Entre as sete virtudes descritas como as chaves para os Sete Portais em *A Voz do Silêncio*[64] está *kshānti*, "o portal da fortaleza e da paciência"[que nada pode alterar]. Na ausência de egoísmo não há nada pelo qual se ofender ou se perturbar. A mente é como um lume que arde continuamente, não afetado por condições externas.

Firmeza, um real senso de paz e liberdade de vontades e temores são todos característicos da maturidade. A verdadeira felicidade descrita por Plotino é também um estado de maturidade:

> O sinal de que este estado foi alcançado é que o homem nada mais busca . . . Logo que o homem se torna um adepto, os meios para a felicidade, o caminho para o bem, estão no interior, pois nada há de bom fora dele. Qualquer coisa que ele deseje mais do que isto, ele busca como uma necessidade, e não para si próprio, mas para um subordinado, para o corpo preso a ele, ao qual uma vez que tem vida ele deve ministrar as necessidades da vida, não as necessidades, porém, para o homem verdadeiro.

Aquele que cresce em maturidade não se apressa a oferecer opiniões e chegar a conclusões. Sua mente é perceptiva e inteligente, mas a própria inteligência faz com que ele pause e espere. Ele não considera como certo que as suas opiniões sejam de valor e, portanto, nele

64 Brasília: Editora Teosófica, 6ª Ed. de Bolso, 2023, p. 203 [aforismo 236]. (Nota Ed. Bras.)

não há obstinação, assertividade ou orgulho. O primeiro sinal de maturidade é reconhecer as próprias limitações, e ser humilde e simples.

2. Mata a Ambição (Nov. 1995)

Este conselho que ocorre como parte das regras em *Aos Pés do Mestre* aos peregrinos sérios, juntamente com o corolário na regra 4, "Trabalha como aqueles que são ambiciosos", é familiar aos estudantes teosóficos sérios.

Ambição não é muito diferente de desejo pessoal, e mais de uma fonte antiga oferece conselhos semelhantes para se pôr fim a todo desejo e trabalhar para o bem-estar do mundo sem nada querer. *A Bhagavad-Gitā*[65] é uma destas fontes. O verso 25 do capítulo 3, por exemplo, diz: "Tal como o ignorante age do apego à ação, Ó Bhārata, do mesmo modo deve o sábio agir sem apego, desejando o bem-estar do mundo".

Embora o valor das regras acima citadas seja aceito por estudantes teosóficos, muitos parecem ter dificuldade em verdadeiramente dar ouvidos ao significado das afirmações. Frequentemente surge a pergunta nas salas de aula e em outros locais: Não será necessário bons desejos – desejo de sabedoria, libertação e outros objetivos bons e sublimes? Se todo desejo tem fim, o que a pessoa fará? Não haverá nada para ela alcançar e, consequentemente, nenhum impulso para fazer alguma coisa para melhorar a si própria ou servir aos outros.

Outra forma de resistência à ideia de erradicar a ambição e o desejo surge daqueles que estão engajados no trabalho prático de ajudar os pobres e os aflitos. Eles acreditam que o trabalho prático, externo, visível é serviço altruísta, e é uma demonstração de altruísmo; o pressuposto é: Sacrificariam eles conforto, tempo, energia ou o que quer que seja, se não fossem altruístas e livres de ambição?

---

65 Brasília: Editora Teosófica, 2ª Ed, de Bolso, 2014, p. 84 [III-25]. (Nota Ed. Bras.)

Obviamente, um pouco de leitura e estudo de instruções como "Mata a ambição . . . Trabalha como aqueles que são ambiciosos" não são suficientes para clarear a mente de sua obstinada resistência em descobrir o significado profundo e a importância de tal conselho dado pelo sábio. A dúvida pode ser um sério obstáculo à compreensão, porque expressa a resistência de posições psicológicas há muito cultivadas e adotadas para manter a autoidentidade. A mente subconsciente quer estar num estado de ambição e desejo, porque estes são fortes elementos na composição da entidade separada que é o *eu*. O *eu* não quer ter fim e, portanto, a ideia de ser sem desejo é assustadora.

Pela mesma razão, é satisfatório acreditar que fazer serviço social equivale a ser altruísta. Por esta crença a pessoa alivia-se do cansativo e árduo trabalho da auto-observação e da erradicação do desejo pessoal. Ao enfatizar a natureza exaltada do objeto a ser alcançado e ignorar o estado mental atuando para obter o objetivo desejado, a autoidentidade e o senso de existência separada são mantidos. Como sugere *Luz no Caminho*, o aspirante espiritual que simplesmente amplia os limites de seu desejo e transfere seu egoísmo para coisas que dizem respeito ao seu maior período de vida está enganando a si próprio. Uma mudança de objetivo não elimina o *eu*. A observação atenta mostra que as pessoas que são chamadas de trabalhadores altruístas são capazes de ser tão egocêntricas nas relações com a família ou vizinhos quanto qualquer outra pessoa. O serviço que prestam pode estar acompanhado de um desejo subjacente de reconhecimento e recompensa.

Viver e agir com um coração puro exige grande vigilância sobre a qualidade das próprias limitações, pensamentos e motivações que jazem na região subconsciente. Os teósofos devem ouvir em profundidade, porque os vícios do homem comum passam por uma transformação sutil e reaparecem com aspecto mudado no coração do discípulo. Um coração puro é a marca de um verdadeiro teósofo. O estudo teosófico, quando de algum valor, encontra realização na purificação do coração do estudante e na sua transformação num teósofo.

3. Mente Aberta (Nov. 1995)

É relativamente fácil ser intelectualmente aberto, especialmente nos dias de hoje. Manter abertura de mente envolve um interesse genuíno em examinar diferentes pontos de vista para levar em conta cada fato e descoberta válidos. A principal preocupação de uma mente assim é chegar à verdade, não defender a sua própria posição por preconceito, obstinação ou orgulho.

Porém, isto não cobre a plena implicação de ser aberto. Olhando com o intelecto apenas a pessoa pode dizer: "Examinei as frases "Mata ambição . . . Trabalha como trabalham aqueles que são ambiciosos", e após consideração descubro não ser possível fazê-lo". Assim o assunto pode terminar.

A mente que é verdadeiramente aberta mantém o julgamento em suspenso e continua a contemplar qual o significado subjacente que poderia estar em afirmações a respeito da senda para a sabedoria, particularmente quando vêm de várias escolas da Sabedoria Antiga. A mente verdadeiramente aberta não se contenta em encontrar uma resposta intelectual para resolver o problema. Nem declara levianamente: "Certamente é possível agir sem ambição, mas o amor pode ser a força motivadora – amor que não seja pessoal ou egoísta". Ela entende que nem uma afirmação verbal nem uma ideia bem concebida pode aproximá-la da verdade.

A mente aberta, portanto, está atentamente observando a verdade ou não de tais declarações na vida diária. Quando chega a compreender que dentro dela mesma há resistência para examinar a questão, a resistência começa a ceder. Enquanto há resistência consciente ou oculta, a mente não pode ser aberta.

O passo seguinte será testar a verdade nos relacionamentos diários e compreender o benefício prático de experienciar a verdade mesmo parcialmente. Quando desejo e ambição pessoais estão diminuindo, há mais energia, estabilidade interior, e serenidade. Cada estudante pode provar isto por si mesmo. Como indicou Thomas à Kempis, quando há muitos desejos, a vida é complicada e um fardo. À medida que os desejos são podados e reduzidos, a vida pessoal torna-se mais simples. Portanto, Jesus pôde dizer "O meu jugo é fácil e o meu fardo é leve".

Viver com mente aberta e coração puro significa ser abençoado com compreensão mais profunda e tranquilidade de espírito que são recompensas imediatas e não buscadas. Esta qualidade de vida naturalmente verte uma influência benigna ao derredor que os outros conseguem sentir e à qual responderão. Esta é uma forma de serviço que pode verdadeiramente ser chamada de espiritual.

4. Não Compareis (Nov. 1995)

"A verdade é uma só; o sábio a revela de muitas maneiras", dizem os *Vedas*. É possível considerar as coisas de ângulos diferentes e estar perceptivo de que existem diferentes abordagens para muitas questões. Isto enriquece a compreensão. Infelizmente, quando uma verdade é colocada com palavras diferentes por pessoas diferentes, a conclusão a que se chega é que as duas são opostas entre si; e então surge a controvérsia. É assim que as afirmações das escrituras, interpretadas de diferentes ângulos, transformam-se em atitudes sectárias.

A frase "Não compareis" pode, à primeira vista, parecer não ter relação com o assunto tratado. Com um olhar mais atento ver-se-á que se refere à mesma coisa que a nota sobre ambição, que a descreve como "a grande tentadora do homem que está se elevando acima de seus semelhantes". A autopercepção é especial para a consciência humana. Possibilita que ela se eleve a grandes alturas, mas nos primeiros estágios de autoconsciência, resulta em fazer comparações infundadas e construir o senso de ego. A pessoa que está se elevando acima de seus semelhantes quer elevar-se cada vez mais. Uma vez que isto seja visto como uma tolice, a tentação para comparar enfraquece, deixando a mente livre para ver o valor intrínseco em cada forma de vida.

Isto serve como ilustração da verdade da frase dos *Vedas*. Os dois conjuntos de palavras "não compareis" e "a ambição é a grande tentadora do homem que está se elevando acima de seus semelhantes" podem, à primeira vista, parecer não estar relacionadas, contudo estão dizendo a mesma coisa. Aqueles que não comparam não apenas estão livres de ambição, mas também de inveja, ciúme e outros problemas. Não comparar é um aspecto essencial da paz interior.

5. Entrar na Arena (Jul. 1999)

Em 1881 foi recebida uma mensagem que posteriormente veio a ser conhecida como a carta do Mahachohan, na qual encontramos a frase: "É hora de a Teosofia entrar na arena". Essas palavras poderiam muito bem aplicar-se ao presente, quando as pessoas estão falando entusiasticamente a respeito do novo milênio, acreditando ou esperando que mudanças maravilhosas acontecerão a partir do momento em que a folha do calendário virar no final do atual milênio. O que será novo a respeito do novo milênio – se a mente humana permanece a mesma?

Nesta mesma mensagem, há referência a duas tendências proeminentes daquele tempo que estão causando estragos mesmo nos dias de hoje, ou seja, a entrega do intelecto resultando em fanatismo e superstição degradantes por um lado, e indulgência irrestrita em "propensões animais" que levam a brutal materialismo por outro. A carta desafia-nos a enfrentarmos a questão de como os instintos combativos do homem devem ser refreados. Podem os teósofos oferecer uma solução que irá salvaguardar a humanidade desses perigos e das misérias que os acompanham?

Nas circunstâncias prevalecentes a necessidade gritante da humanidade é por inspiração da religião – religião que a livrará do total egoísmo e da degradante brutalidade do extremo materialismo, e que esteja livre do "peso morto das interpretações dogmáticas, nomes pessoais, concepções antropomórficas e sacerdotes assalariados". Que religião é essa senão a Teosofia? A Teosofia, quando seriamente estudada e apresentada de maneira apropriada, pode afastar a mente das pessoas de se agarrar a prazeres evanescentes e elevar suas consciências rumo à bem-aventurança atemporal da realização espiritual. Como diz *Aos Pés do Mestre*[66]:

> Os homens que não sabem trabalham para adquirir a riqueza e o poder, porém estes bens são quando muito para uma vida somente e, portanto, irreais. Há coisas maiores do que estas – coisas reais e duradouras; quando as tiveres visto uma vez, não mais desejarás as outras.

Em primeiro lugar, é uma mensagem simples que deve ser passada de várias maneiras com argumentos convincentes para combater tendências materialistas. Quando as coisas maiores que são reais e duradouras são reconhecidas como as únicas a ser desejadas, a luta pela vida a que se refere a carta do Mahachohan será menos intensa e destrutiva.

Em segundo, quanto mais pessoas tentarem satisfazer-se através do desejo, menor a probabilidade de que venham a descobrir algo novo, pois o desejo é o filho do passado, de memórias e imagens de eventos passados. Nossa sociedade contemporânea infelizmente está centrada em promover o desejo. Até que haja uma nova cultura que não seja organizada para ceder à satisfação do desejo, mas que enfatize a necessidade da percepção do que é verdadeiro e duradouro, o milênio vindouro não será verdadeiramente novo. Para novamente citar *Aos Pés do Mestre*:[67]

> Aqueles que estão ao lado de Deus sabem por que aí se encontram e o que devem fazer, e estão tentando fazê-lo; todos os outros ainda não sabem o que devem fazer, e assim agem insensatamente, tentando inventar maneiras para si próprios que pensam que lhes serão agradáveis, não compreendendo que todos são um, e que, portanto,

66 Brasília: Editora Teosófica, 8ª Ed. de Bolso, 2023, p.15. (Nota Ed. Bras.)

67 *Ibid.*, p. 17-18. (Nota Ed. Bras.)

somente aquilo que o Uno quer pode ser realmente agradável para todos. Estão seguindo o irreal ao invés do real.

A onipresente máquina de propaganda dos dias de hoje exerce enorme poder sobre as vidas das pessoas. Grande número de pessoas simples está sendo instado noite e dia a adquirir o que não precisa e ir buscar o prazer da novidade em atividades triviais. Esta é uma das causas do enorme dano ambiental e de conflitos devastadores, e deve terminar se o mundo quiser entrar numa nova era. O poder da propaganda terminará quando as pessoas aprenderem a inquirir e descobrir o que elas verdadeiramente são. Quando sentirem o toque de sua natureza divina, elas não mais acreditarão em adotar atitudes egoístas.

A Teosofia deve entrar na arena para oferecer a nova religião de universalidade, investigação e relacionamento amoroso. Os períodos mais criativos na história humana ocorreram quando havia um profundo sentimento religioso entre as pessoas. Somos orgulhosos de nossa inventividade, mas o que precisamos é de verdadeira criatividade. A mente inventiva pode ser destrutiva, mas não a mente criativa, que dá origem apenas à beleza e bondade, e não à violência e ao egoísmo.

6. A Ilusão das Palavras (Abr. 1995)

Os antigos filósofos faziam referências a alguns dos fatores primários na ilusão que aflige a mente humana. Eles diziam que a mente pode libertar-se compreendendo como nome, forma, tempo e identificação espacial obscurecem a percepção. A não ser que haja grande vigilância, palavras e aparências ocultam a verdade tão completamente que as trevas parecem luz do dia. Como diz a *Bhagavad-Gitā*[68]:

68 Brasília: Editora Teosófica, 2ª Ed. de Bolso, 2014, p. 73 [II-69]. (Nota Ed. Bras.)

O que para todos os seres é a noite, para o homem disciplinado é o tempo de vigília; quando todos os seres vigiam, então é noite para o Sábio que vê.

Nome significa palavras, descrições e definições, e no mundo de hoje, onde as palavras proliferam é essencial entender como elas obscurecem a mente. A capacidade para usar a linguagem deu ao ser humano o poder para explorar o Universo, adquirir conhecimento, racionalizar e levar a cabo uma variedade de atividades especificamente humanas. Mas todo poder tem dupla face. O conhecimento tem sido tanto destrutivo quanto útil. Portanto, o uso de palavras que tornou possível a aquisição de conhecimento deve ser estudado e compreendido para tornar o mundo seguro, tanto física quanto espiritualmente.

Uma palavra como "paz", muito banalizada por políticos, líderes religiosos e outros, perde totalmente o significado quando se torna nada mais do que uma combinação de sílabas sem conteúdo. Não é preciso muita inteligência para entender que a palavra paz não é a mesma coisa que a paz verdadeira. Há outras palavras como fraternidade, amor, Mestre, Deus, que são e podem ser usadas sem muita significação, porque a significação só é derivada por essas palavras quando por trás delas está alguma experiência viva dos valores que representam. E a conduta por si só atesta a verdade da experiência.

Quanto mais palavras são usadas, mas é fortalecida a ilusão de se ter compreendido, ou pelo menos tocado a verdade simbolizada pelas palavras. A descrição substitui a realidade. A pessoa que fala muito de paz ou amor pode não ser nem pacífica nem amorosa de coração, pode mesmo ser iludida a se sentir hipocritamente virtuosa por causa da crença em sua própria fala. Este é um fato observável, no entanto muitos presumem que aquele que fala é aquele que sabe. Embora populações inteiras sejam deliberadamente enganadas por pessoas que falam de paz ou de deus, devemos também notar que há pessoas "sinceras", mas autoiludidas que confundem os outros porque elas mesmas estão sob a ilusão de que as palavras representam os fatos.

Em tempos recentes algumas pessoas se autoenganaram ao acreditar que estavam em contato com os Mestres. Várias organizações proclamam publicamente suas assim chamadas conexões e distribuem fotos. Infelizmente, alguns membros da Sociedade Teosófica, que deveriam ter mais entendimento através do estudo da Teosofia, também são seduzidos e se deixam levar pela ideia de que conseguem contactar os Mestres por causa da associação com uma dessas organizações ou com pessoas que falam a respeito dos Mestres. Eles ignoram a declaração que H.P.B. trouxe ao conhecimento dos leitores: "Os iniciados são tão difíceis de alcançar quanto uma faísca do sol que ilumina a onda dançante num dia de verão".

A crença de que cada vez mais informação a respeito da aparência física, personalidades e atividades do Mestre permitiria às pessoas aproximarem-se deles leva-as ao engano. Falar a respeito dos Mestres não é devoção a eles, e as palavras não substituem a realidade. Como escreveu um dos Mahatmas:

> A cantilena a respeito dos "Mestres" deve ser silenciosa mas firmemente descontinuada. Que a devoção e o serviço sejam àquele Espírito Supremo somente, do qual cada um é uma parte. Anonimamente e em silêncio nós trabalhamos e as contínuas referências a nós e a repetição de nossos nomes levantam uma aura confusa que atrapalha nosso trabalho.

A verdade a respeito dos seres sagrados e libertos só pode ser conhecida por aqueles que trabalham seriamente para erradicar cada forma do eu, removendo cada pedacinho de ilusão e ignorância dentro de si mesmos. Somente os puros podem conhecer os puros, e na medida em que haja pureza e se esteja livre de ilusão, a sintonia é estabelecida. Afinidade é o meio de contato, não palavras ou declarações de devoção. As proclamações públicas a respeito dos Mestres e a fala inapropriada agem como uma barreira, pois aqueles que se entregam a tal atividade ajudam a profanar e trivializar o que pertence ao reino sagrado.

7. Meditação é Renúncia (Abr. 1989)

Não é de surpreender que a meditação se tenha tornado um assunto de interesse popular nos dias de hoje. Nesta era de crescente complexidade, excesso de organização e intensa competição, as pessoas sofrem do sentimento de solidão e estresse mental, e se voltam para o que quer que prometa ser um meio de alívio e repouso psicológico. Aqueles gurus que tentam seus discípulos com a certeza de resultados rápidos conseguem grande número de seguidores. Discípulos de quem pouco é exigido, salvo dinheiro e conformidade, logo se tornam vítimas dos instrutores de espiritualidade que os enganam levando-os a pensar que podem se livrar da responsabilidade sobre suas próprias vidas e confiar no guru para conduzi-los à felicidade do autoesquecimento. A popularidade de um ensinamento ou uma técnica nestes casos está na proporção direta de sua superficialidade e falta de valor.

Mas do ponto de vista teosófico, a meditação não é uma forma de compensação para os problemas que temos de enfrentar, uma fuga da responsabilidade, um meio de tranquilizar a mente ou uma técnica para se acalmar numa sensação de segurança através da crença na graça de alguém, fórmulas rotineiras, um regime físico ou habilidade para realizar truques como levitação. A verdadeira meditação exige que se dê atenção à qualidade dos próprios pensamentos e das buscas do dia a dia, e também a vontade de sacrificar a personalidade no altar de uma vida maior.

Os estudantes teosóficos que estudaram o "Diagrama de Meditação" da Senhora Blavatsky provavelmente compreenderam que meditação envolve libertar-se das fronteiras do egoísmo para a vastidão da unidade. O *eu* como sensação, personalidade, posse, divisão, apego etc., tem de ser anulado sem equívoco. A tranquilização das flutuações da mente que se ensina no *Yoga* é de fato isto, pois as ondas de perturbação constantemente agitando a mente emanam de um eu separativo. Toda flutuação é um sintoma do eu atuando, quer assuma a forma de libertinagem, desejo, amor à facilidade ou qualquer outra coisa. Algumas dessas manifestações podem ser sutis e outras não, mas têm de ser notadas e postas de lado.

Meditação implica também aprender a esvaziar a mente da memória inútil e de mensagens e conceitos ocultos no subconsciente. O desejo pela vida está na raiz do apego ao passado. Desde tempos antigos os verdadeiros instrutores têm falado a respeito da necessidade de se libertar a mente de sua propensão para projetar imagens fúteis (*vikalpa*) e de todas as formas de autovontade (*samkalpa*). Isso significa que deve haver uma observação e penetração tranquila, objetiva e sustentada na profundeza da natureza pessoal. Por meio da vigilância constante, a mente deve ser purificada de toda intenção egoísta. Meditação não é apenas renúncia do eu, mas realização da vida una universal. A mente deve despertar para a necessidade de ser livre, e tornar-se sensível, alerta, harmoniosa, capaz de responder ao sutil e ao profundo. Sem uma disciplina espontânea, tanto física quanto interna, esse estado mental não pode surgir.

Muito poucos se preocupam em viver um tipo de vida ou adotar a disciplina necessária para a meditação no verdadeiro sentido do termo, que é *Rāja Yoga* e o caminho para a Sabedoria Divina. Para trilhar a senda fácil, há muitos. Para aceitar a disciplina e o trabalho duro há poucos. Portanto, não se pode esperar que grande número de pessoas se volte para a Sociedade Teosófica para aprender o que é meditação. Somente aqueles que têm prazer em seguir a senda genuína serão atraídos para o caminho que mostramos.

A verdadeira meditação não pode ser ensinada aos outros, porque é um processo de despertar, transformação interior do ser para o não ser, do eu para o não eu. Somente diretrizes podem ser oferecidas aos estudantes que são sérios, e eles são encorajados a fazer o trabalho por si mesmos. As diretrizes estão disponíveis em quantidade na literatura teosófica, começando com a *Voz do Silêncio* e *Luz no Caminho*, seguidos por inúmeros outros ensinamentos. Em anos recentes a beleza e profundeza da meditação têm sido faladas nos termos inspiradores de J. Krishnamurti, que indicou tanto o que a meditação é quanto o que não é. Aqueles que estão prontos receberão; os outros podem dizer que a Sociedade Teosófica nada tem a oferecer – mas isso não tem importância.

8. Alguns Aspectos da Mente (Jun. 2007)

Muita coisa tem sido dita a respeito do pensamento, mas apenas ouvir alguém mais não esclarece a nossa compreensão, a não ser que nós mesmos mergulhemos no assunto e descubramos sua importância. Neste contexto, talvez seja útil também considerar rapidamente o que o pensamento indiano tinha a dizer a respeito do processo de pensar; dizia ele que o que é chamado de "mente" não pode ser equiparado ao pensamento e ao poder de pensar, porque há vários aspectos a considerar.

Talvez algumas pessoas estejam mais confusas do que nunca a respeito das diferentes palavras que estão ligadas ao pensamento e à mente e qual é a sua verdadeira conotação. Essas palavras são cérebro, pensamento, mente, consciência, inteligência, etc. Muita investigação chamada "pesquisa da consciência" está em andamento, mas muito dela baseada em pesquisa neurológica, e o cérebro, que consideram como objeto de investigação, é apenas uma pequena parte de todo o quadro.

Desde tempos antigos dizia-se na Índia: Existe a grande Mente do Universo – em toda parte podemos observar essa Mente atuando. Mas, quando funciona através de certos tipos de instrumentos, essa mente é mudada, limitada, condicionada. Assim sendo, podemos falar a respeito de diferentes aspectos da mente. E os sábios, principalmente, projetaram o conceito de quatro maneiras nas quais ela funciona: (1) a mente pensante, (2) a mente que raciocina (pensar nem sempre pode ser equiparado a raciocinar, ou pelo menos ao bom raciocínio), (3) a mente egocêntrica, e (4) a mente perspicaz ou intuitiva. Eles diziam que a mente atuando através do corpo físico – ou seja, do cérebro – é a mente pensante, e o pensamento é o seu produto.

Mas este nosso corpo é penetrado por matéria mais útil que varia em diferentes graus de sutileza, e a mente funcionando através da matéria sutil é condicionada um tanto diferentemente. Isso se nota, por exemplo, quando se diz: "A atmosfera aqui é boa" ou "não é boa". Não é o cérebro físico que sente a atmosfera. Não é apenas pensamento imaginário, porque muitas pessoas são sensíveis à atmosfera, e também às emanações ou vibrações oriundas de diferentes pessoas. Assim, elas podem se tornar sensíveis às vibrações, ou seja, à resposta da mente através da matéria mais sutil que interpreta o corpo físico.

Existe também a construção contínua do sentimento de ego, ou seja, o sentimento de se estar separado do restante da vida. Quando essa ideia ou sentimento surge, ela se ramifica em muitas direções diferentes, e há um processo constante da construção do sentimento de ego. Pensamos em tudo em termos de "eu" e "meu", ou seja, *ahamkāra*, ou mente egocêntrica. Mas, além de todos esses aspectos da mente quando ela funciona através do cérebro material e mesmo através da matéria mais sutil, existe a mente em si mesma.

Interessante que não faz muito tempo um ilustre cientista da Universidade de Cambridge, Prof. Conram Smith, escreveu a respeito do desenvolvimento da inteligência através do processo de evolução. Não está muito claro o que ele quer dizer por "inteligência", já que esta é uma palavra muito difícil. Ele é um paleontólogo evolucionário, e uma grande parte de seu livro contém referências às fontes das quais ele derivou sua teoria. Após ter acumulado uma grande quantidade de evidências, ele disse que ao longo de milênios de evolução, em qualquer parte do mundo que o processo tenha ocorrido, ajudou a produzir inteligência – da inteligência rudimentar à grande inteligência dos melhores dos seres humanos – e talvez não haja fim para o desabrochar dessa inteligência.

Uma das grandes tolices do pensamento moderno é imaginar que a evolução parou com o ser humano como ele é. Por mais tolo, violento, rude, egoísta e ganancioso que possa ser o ser humano, nós gostamos de pensar que estamos no pico da evolução e que não há nada além. Mas isso pode não ser verdade, porque este movimento da evolução já ocorre há milênios, melhorando os organismos: o sistema nervoso tornou-se cada vez mais sensível, e diferentes faculdades se desenvolveram. Existem, ou existiram, criaturas que tinham apenas a faculdade de sentir, mas posteriormente outras faculdades se desenvolveram. O professor Smith diz que todos os desenvolvimentos convergiram para produzir o desabrochar da inteligência. Aliás, o título de seu livro é *Convergência*. Podemos imaginar como os grandes rios do mundo vêm à existência: do topo das montanhas, pequenas gotículas fluem para baixo à medida que a neve derrete, e as gotinhas convergem para se tornar pequenos riachos, os pequenos riachos então convergem para formar pequenos rios, e muitos rios se juntam para se tornar grandes rios como o Amazonas e outros grandes rios do mundo. Assim, este processo de convergência na evolução, segundo ele, atua de maneira semelhante.

9. A Mente Atuando em Diferentes Níveis (Jun. 2007)

Podemos ver que, quer seja inteligência ou mente, a vasta mente do Universo atuando através de vários organismos – alguns muito primitivos e outros mais desenvolvidos – funciona de maneiras cada vez mais "inteligentes", por falta de palavra melhor. Não podemos dizer se vírus e bactérias, por exemplo, conseguem pensar. Eu não sei a respeito das últimas descobertas científicas, mas é muito difícil imaginar que tais organismos possam pensar.

Um eminente professor, E. O. Wilson, que ensina nos Estados Unidos, é especialista em vida de insetos, e escreveu um grande livro sobre formigas. Ele ressalta que a cabeça da formiga é muito pequena, assim pode-se imaginar quanto de cérebro consegue conter. Talvez a formiga não seja uma criatura inteligente no sentido normal da palavra "inteligência", mas o que é notável é que a colônia de formigas é muito inteligente. Pelo menos algumas das características da mente pensante desenvolvem-se na colônia, e parece que, até certo ponto, elas já se desenvolveram em insetos tais como as abelhas.

O professor Wilson diz também que as colônias de formigas realizam notáveis façanhas de engenharia, por exemplo, quando encontram um pedaço de madeira e têm de o transportar através de uma superfície irregular. As formigas sabem também que devem manter sua casa escrupulosamente limpa; nem todos os seres humanos compreendem isto! Elas reúnem todo o lixo, levam-no para fora, colocam-no em pilhas ordenadas, e assim por diante. As abelhas parecem também saber como separar o pólen do mel. Elas põem o mel em compartimentos ou células herméticas em suas colmeias. Cada célula é selada num formato hexagonal, a melhor forma de evitar que o mel vaze. Isto significa que algum pensamento e seus resultados já existem nestes níveis inferiores de evolução.

Um outro cientista, Prof. Eric Laithwaite, menciona um fenômeno diferente no seu livro *Design in Nature*. Ele diz que alta voltagem estava sendo transmitida num fio sobre o qual estava sentada uma aranha. Eles pensaram que, quando a corrente atravessasse, o pequenino ser encolheria e morreria, mas nada do tipo aconteceu. Antes que a corrente se aproximasse de onde ela (eles a chamavam de Sammy) estava sentada, a aranha projetou um fio e desceu até onde não seria ferida pela voltagem. Depois de a corrente ter passado, ela subiu novamente e voltou ao seu lugar. Eles realizaram vários experimentos com ela, por exemplo, aumentando ou diminuindo a voltagem, e a extensão do fio que ela projetava variava a cada vez para satisfazer seu próprio conforto. Como a aranha sabia até onde descer? O professor diz que tudo que o cérebro do ser humano é capaz de fazer é produzir grandes voltímetros para medir a voltagem em tais lugares, mas essa pequenina aranha tinha um voltímetro em seu diminuto cérebro que parecia funcionar perfeitamente!

Desta forma, a Mente parece estar atuando na Natureza, mas atua de maneira limitada através de diferentes tipos de cérebros, quer seja da formiga, abelha ou aranha, ou de animais maiores como cães, elefantes, macacos, golfinhos e, dizem, até mesmo de papagaios. Há muitas criaturas extraordinariamente inteligentes, algumas delas capazes de pensar de maneira muito modesta. Talvez você tenha lido a respeito de uma senhora que estava estudando gorilas e que encontrou um bebê gorila fêmea e a criou como se fosse sua filha. Ela ensinou a linguagem de sinais dos surdos-mudos àquela bebê gorila que conseguiu aprender cerca de 800 palavras durante um período de tempo. Quando chegava um visitante, a gorila se interessava pelas joias e várias outras coisas. Ela olhava para o anel que o visitante usava, mas não sabia a palavra para "anel", e assim dizia em sua própria linguagem: "O bracelete do seu dedo é bonito". A gorila foi suficientemente inteligente para converter as palavras para dizer aquilo! Tudo isto está impresso numa entrevista entre um jornalista e a gorila numa revista australiana.

Assim, existem vários níveis de inteligência. O elefante, por exemplo, tem inteligência e memória extraordinárias, mesmo o que chamamos de um sentimento de consideração para com as pessoas que conhece e assim por diante. Mas quando se trata do ser humano, a mente atuando através do cérebro humano parece tornar-se muito mais capaz. Há uma grande diferença entre a mente atuando através de todas essas criaturas, mesmo nos animais muito inteligentes, e a que atua através do ser humano. A capacidade pensante aumentou enormemente. Podemos nos perguntar: Como isto teve início? Talvez possamos começar com o bebê humano. Como ele começa a pensar? Foi sugerido que é através da habilidade de fazer correlações. Alguns animais conseguem fazer correlações – a gorila, por exemplo. Mas a capacidade humana para relacionar uma coisa a outra, que se transforma em raciocínio, é muitíssimo maior, pelo menos em muitos seres humanos. Assim, mesmo dentro da espécie humana há uma ampla gama de capacidade pensante.

10. Mente Humana ou Inteligência? (Jun. 2007)

Comecemos por onde a inteligência pode ter começado. Sugeriu-se que ela talvez tenha começado com o bebê humano ou com toda uma comunidade de pessoas que internamente estava mais ou menos no "estágio de bebê". O bebê sente-se um tanto desconfortável quando não há nada em seu pequeno estômago, e então recebe leite e tem a sensação de prazer. Em algum momento ele começa a ligar o leite e o prazer que o leite proporciona à mãe, ou talvez posteriormente a uma babá que seja a fonte do leite. Assim, o relacionamento entre a mãe e a fonte de prazer é reconhecido pelo bebê, e isso se transforma em processos de pensar altamente sofisticados. Mas, como dissemos, todas as crianças e animais pensam um pouco, mas de modo inconsistente. Quando o pensamento se torna consistente, transforma-se em raciocínio, unindo causas e efeitos. Tem-se, então, uma imagem mental do efeito antes de ele ocorrer. Assim é possível projetar o que pode acontecer quando se produz certas causas.

Um grande número de invenções humanas é resultado desta capacidade de ligar causas e efeitos. O raciocínio, o pensamento lógico, ou seja, a matemática que está envolvida na tecnologia atual, não poderia ter vindo à existência a não ser que essa capacidade de pensar se tivesse desenvolvido em grande medida. Isto é essencialmente a capacidade para ver características, analisar coisas. Estão agora explorando a matéria, as galáxias, através de análise e comparação de várias coisas que observam e as qualidades e características que possuem, avaliando-as e inferindo – que é o processo mental onde, na verdade, não se espera até que os efeitos ocorram. Por exemplo, ao se ensinar lógica elementar, na Índia, pelo menos, usa-se como exemplo uma afirmação do tipo: "Onde há fumaça, há fogo". Na verdade, não vemos o fogo, mas fazemos a ligação entre a fumaça e o fogo. Assim, toda esta conceitualização, lógica, matemática, etc., produziu o mundo moderno em seus aspectos externos. Ou seja, todos os confortos, modos de comunicação, viagens, tantas coisas de que desfrutamos, são todas resultado do pensamento. A sociedade de hoje em dia é muito diferente da que existiu mesmo há cem anos.

Ademais, esta capacidade do ser humano está abrindo novas perspectivas de todo o Universo misterioso. Há muitas décadas cientistas como *Sir* James Jeans já diziam que o Universo é misterioso. E agora parecem estar desvendando os mistérios do mundo diminuto das partículas subatômicas, como também do céu imenso, das galáxias. E chegaram à conclusão, sem jamais terem ido lá, de que as mesmas substâncias estão lá; que as leis que atuam em nossa galáxia, a Via Láctea, são as mesmas que estão atuando em outras galáxias, e assim por diante. Parece ser toda uma existência unificada que contém materialmente todas as galáxias e tudo que está ocorrendo "lá fora".

Todos os pequenos mistérios – da formiga ao elefante e ao ser humano – estão aumentando nosso conhecimento de algo de que de outro modo não teríamos conhecimento – ou seja, da totalidade do Universo. Qual é a origem de tudo isso? Quando a mente que raciocina e pensa é aplicada a tais questões como "Será tudo impermanente ou haverá algo perene, eterno?" e "Qual é o relacionamento deste ser humano mesquinho – que é tão inseguro, que pode morrer a qualquer momento – dentro deste vasto Universo, onde as coisas acontecem não em termos de dias ou mesmo anos, mas em termos de milênios?", entramos então no reino da filosofia.

Assim, o ser humano inventou, ou reconheceu, muitas filosofias diferentes. Isto também é parte do nosso mundo. O fato de existirem confortos, conhecimento, filosofias, deve-se em grande parte ao poder pensante do homem, significando tudo que já mencionamos: observar, raciocinar, analisar, inferir, conceitualizar, criar um modelo do Universo e assim por diante. Mas há subprodutos. Vivemos num estágio relativamente avançado de conforto e conhecimento, mas este é um mundo muito perverso, se posso usar tal palavra. Talvez seja mais perverso do que jamais tenha sido. Qual será a razão? Isto também se deve à mente pensante, que é capaz não apenas de inventar coisas boas, mas também de planejar e organizar métodos de ferir os outros, de crueldade e destruição, ganância, exploração da terra e de tudo que ela contém, para que tudo seja ampliado. E, portanto, lado a lado com as coisas boas, há também o desenvolvimento do mal. Todos os tipos de formas horríveis de guerra estão sendo inventados, soa quase como o que as pessoas antigas teriam dito que os magos negros fazem.

Todo progresso aumenta o poder. Diz-se que "Conhecimento é poder". Assim, aumentar o conhecimento é dar uma ilusão de poder cada vez maior ao ser humano médio. Uma grande parte da destruição da Natureza está também baseada no senso de orgulho: interferir com a Natureza, engenharia genética, e o tratamento dado aos animais em laboratórios. O mundo inteiro foi informado a respeito do que é sistematicamente feito a prisioneiros ou pessoas indefesas – às vezes à esposa ou ao filho em casa, que não têm meios de subsistência. O comércio de carne humana atualmente é um sistema altamente organizado, opressor, que tem sob seu domínio inúmeras mulheres e crianças indefesas, porque elas não têm quaisquer tipos de recursos.

Outra coisa que devemos notar é que o poder de pensar, e todos os diferentes aspectos desse poder, desenvolveram-se tanto que outras faculdades foram suprimidas. Supostamente somos mais avançados em evolução do que o cão ou o gato, mas dizem que os cães podem cheirar cem vezes mais eficazmente do que os seres humanos. Podemos ter tido essa habilidade em nós, mas ela foi suprimida pelo avassalador avanço do pensamento. Há poucos seres humanos cujos sentidos sejam altamente desenvolvidos. Certa vez conheci um holandês que vivia na Índia, que podia provar apenas uma colher de chá e dizer que tipo de chá era, a partir de cento e cinquenta variedades diferentes! O perito musical ouve muito mais do que o faz a pessoa comum. Mas a pessoa comum perdeu esse sentido de audição que, novamente, cães e outros animais possuem. Assim, nossos sentidos - audição, paladar e mesmo de observação, diminuíram todos em poder, enquanto a capacidade mental para pensar continua aumentando.

Como foi dito anteriormente, no pensamento indiano antigo, talvez em todo o pensamento oriental, dizia-se que essa capacidade de pensar é apenas um aspecto da mente, que atua em toda parte na Natureza, e certamente também no ser humano. Mas nós nos tornamos completamente desnorteados. Nós nos concentramos na mente porque ela aumenta nossos prazeres. Nosso ardor para pensar melhor é tão grande que ignoramos todas as outras possibilidades de nossa consciência e de nosso ser.

14

Direitos e Responsabilidades

1. Onde está a Responsabilidade?

Em fevereiro deste ano um antigo fumante com câncer de pulmão inoperável recebeu cinquenta milhões de dólares em compensação por um júri em São Francisco (*The Guardian* 21.02.99). As companhias do tabaco tiveram de pagar outras quantias enormes, mas não estão consternadas, porque encontraram amplos mercados nas áreas mais pobres do mundo, onde podem alegremente levar a cabo seu comércio de envenenar as pessoas utilizando atraentes técnicas de publicidade. Os países ricos estão interessados em proteger cidadãos da exploração até um certo ponto, mas também asseguram que os lucros de suas corporações multinacionais em regiões subdesenvolvidas permaneçam não afetados.

Enquanto se nota estes fatos e sem parcialidade para com as companhias de tabaco, a pessoa é levada a se perguntar se o pagamento de quantias surpreendentemente grandes aos sofredores individuais não encoraja a ideia de irresponsabilidade pessoal. O vício ao tabaco ou a qualquer outra coisa não é o destino inevitável das pessoas que têm acesso a tais substâncias. Todo ser humano tem uma mente e deve fazer escolhas; todos têm o dever de adotar um estilo de vida sensato.

O ambiente de uma boa sociedade deve, certamente, encorajar as pessoas a fazerem escolhas corretas - escolhas que levem à saúde mental, física e moral. A sociedade moderna, que consistentemente promove a autoindulgência, carece desta qualidade. Ela promove o desejo por prazeres momentâneos que têm uma maneira de se transformar em dores de longo prazo, de um tipo ou de outro, tal como o hábito de consumir tabaco. Somente agora as pessoas estão começando a entender que engordar animais por meios anormais, que gera lucros imediatos, é um desastre a longo prazo. Dos trinta milhões de quilos de antibióticos produzidos a cada ano nos Estados Unidos, cerca de cinquenta por cento é dado a animais, resultando em que bactérias resistentes transportadas através da carne impeçam que as pessoas doentes sejam curadas. Noticia-se que o governo dos Estados Unidos remediou esta situação a seu próprio modo, mas certamente os indivíduos que consomem tais produtos devem assumir a responsabilidade por escolher permanecer entrincheirados em velhos hábitos ou consumir apenas alimentos organicamente cultivados. A total responsabilidade não recai sobre a administração, mas sobre os indivíduos. Quando é fácil demais conseguir grandes quantias das cortes, ajudado por advogados que se beneficiam substancialmente do processo, a tendência a repudiar a responsabilidade aumenta.

2. Pensamentos são Coisas (Jun. 1999)

Esta é uma ideia com a qual os estudantes da literatura teosófica estão familiarizados. O pensamento é uma força que molda a si mesmo para se tornar uma entidade objetiva, ativa, sobrevivendo por um período de tempo mais longo ou mais curto dependendo da intensidade do pensamento e da paixão que o animam. Se os pensamentos são repetidos, uma nova energia é acrescentada à forma que foi criada. Como resultado, toda pessoa vive em meio a um mundo autocriado de entidades mentais. Um pequeno mundo de influências. Assim, criamos *karma* comum e incorremos em responsabilidade para com mais do que apenas as nossas vidas pessoais. Como é dito em *Luz no Caminho*[69]:

---

69 COLLINS, Mabel. Brasília: Editora Teosófica, 7ª Ed. de Bolso, 2020, p. 39. (Nota Ed. Bras.)

Lembra-te que o pecado e a vergonha do mundo são o teu pecado e a tua vergonha; pois tu és parte do mundo; teu *karma* está inextricavelmente entrelaçado com o grande *Karma*.

As pessoas que são sensíveis muitas vezes têm um sentimento do mundo do pensamento ao redor de outra pessoa ou numa localidade em particular e são às vezes atraídas e outras vezes desencorajadas por aquilo com que entram em contato. Nas culturas onde a "magia" não é descartada como tolice ou fantasia como o é pela moderna e cética mente moderna, algumas pessoas são perturbadas pelo que lhes parece ser uma força nociva na vizinhança, ou por uma ameaça distante e fisicamente sentida, e a Sociedade Teosófica é procurada para proteção e auxílio! Elas pouco compreendem que a proteção mais potente para cada pessoa são seus próprios pensamentos.

"Portanto, tomai toda a armadura de Deus, para que possais resistir no dia mau e, havendo feito tudo, ficar firmes"(Efésios, 6:13). Aquele que está armado com pureza e virtude não apenas está protegido contra influências maléficas, mas está equipado para dispersá-las, pois a armadura de Deus é a armadura de luz, e a luz dispersa as trevas com a sua simples presença. A proteção mais forte em qualquer situação c a qualquer momento contra danos à alma, não necessariamente ao corpo, é a atmosfera que cada pessoa cria por meio de intenções e pensamentos puros. Pensamentos puros formam um escudo, e sendo entidades ativas, estimulam o bem nos outros. Em algumas culturas antigas havia uma forte crença de que uma pessoa verdadeiramente espiritualizada não pode ser ferida externamente ou mesmo internamente. Aqueles que tentam prejudicar um Ser Sagrado apenas ferem a si próprios, como o homem que tenta cuspir num outro de maior estatura do que ele próprio e vê o cuspe caindo de volta para sujar sua própria pessoa. Conta-se a respeito do Buda que, quando um criminoso violento se aproximou dele, a presença do Buda era tão poderosa que subjugou e converteu o rufião sem qualquer ação externa.

O reverso disto também é verdadeiro. Até o ponto em que os pensamentos, as fantasias e os desejos pessoais estejam centrados em coisas vulgares, e paixões como orgulho, ciúme e amor-próprio dominem sua vida, ele se abre a influências indesejáveis. Cada um de nós é vulnerável às forças divinas ou ímpias, dependendo de como lidamos com nossa natureza *kama-manásica*.

Já que estamos continuamente "povoando" o mundo ao nosso redor com nossos pensamentos e afetando o mundo maior no qual vivemos, uma grande responsabilidade é lançada sobre todos nós como indivíduos. E quando fazemos parte de um grupo maior, como é o caso da Sociedade Teosófica, temos também oportunidade de criar um núcleo de pensamento puro e de forte energia espiritual para ajudar a humanidade em sua jornada posterior rumo à sabedoria. Uma parte importante do trabalho de nossa entidade mundial é construir um depósito de força elevadora que os Guardiões da humanidade possam usar para propósito futuro. Ninguém é impotente para servir nos níveis mental e moral.

H.P.B. ressaltou em *A Chave para a Teosofia* que a verdadeira oração é um mistério, um processo oculto por meio do qual pensamentos e desejos condicionados sofrem uma transformação espiritual. A aspiração altruísta para com o divino, mesmo se o divino tiver uma forma tradicional, ajuda a refinar a mente e a elevá-la. A pura autoentrega devocional vertida como uma oferenda a uma imagem sagrada, mesmo quando essa imagem é criada pela mente, harmoniza e purifica. Somente poucos podem contemplar a verdade não manifesta no nosso atual estágio de evolução. Os outros devem começar a purificar e refinar o conteúdo de suas mentes. A oração, como definido acima, a devoção pura, e a meditação sobre o que quer que seja sublime e sagrado, tudo ajuda a transformar a consciência individual e, através do indivíduo, a do trabalho maior.

3. Responsabilidade Universal (Nov. 1998)

Nos dias de hoje muitas pessoas inocentes são vítimas de atividades terroristas; todos nós arriscamos nossas vidas quando viajamos, ou vamos a um teatro ou a um encontro, pois quem sabe onde uma bomba pode explodir num mundo onde a dissidência política ou o descontentamento pessoal prontamente encontra uma saída em atos criminosos. Diariamente milhões de pessoas estão inspirando gases tóxicos em cidades superpovoadas, comendo alimento adulterado ou bebendo água poluída. Malária, tuberculose e outras doenças são novamente uma ameaça, porque as bactérias se tornaram imunes a drogas previamente eficazes. Muitas são as ameaças enfrentadas pelo cidadão comum, que "nada fez de errado".

O ensinamento teosófico diz, "o teu *Karma* está inextricavelmente entretecido com o grande *Karma* do mundo". Todos nós temos "responsabilidade universal", como enfatizaram o Dalai Lama e Krishnamurti. Nós não estamos separados e isolados; todos nós estamos engajados em criar *Karma* mundial por aquilo que somos, pensamos, fazemos ou não. A responsabilidade universal não é um estado passivo de não causar danos. É uma força poderosa para o bem. A responsabilidade é um aspecto da percepção espiritual, e o *Karma* ensina o senso de responsabilidade por estágios. A princípio está misturado com expectativas egoístas de segurança, apoio e assim por diante de família e amigos. Mas até que se torne universal e totalmente altruísta, não há como fugir do compartilhamento do *Karma* mundial, incluindo os perigos que se apresentam, dos quais uns poucos exemplos são dados anteriormente.

"Não deixes que o sol feroz seque uma única lágrima de dor antes que a tenhas, tu mesmo, enxugado dos olhos de quem sofre". As lágrimas podem ou não ser físicas, o sofrimento pode assumir a forma de ignorância moral e espiritual. Um verdadeiro e incondicional senso de responsabilidade manifesta-se numa atitude compassiva que encontra meios de expressão para enxugar as lágrimas e eliminar toda ignorância. Um altruísmo assim ilumina o *Karma* do mundo e diminui os males que ameaçam todas as pessoas.

4. Aceitar Alegremente (Ago. 1996)

Outra questão que é colocada de vez em quando expressa desapontamento com os membros inativos. O número de trabalhadores em toda parte é pequeno, e muitas vezes um fardo considerável, embora doce como possa ser, recai sobre os ombros dos poucos que se lançam, de coração, mente e mãos na tarefa de manter a Loja local viva e bem, dirigindo a Sociedade Nacional, ou dando palestras e realizando inúmeras outras tarefas. Um número um tanto maior participa dos encontros e das diversas atividades da Sociedade, mas não assume responsabilidade. Há outros membros ainda que pagam suas contribuições e nada mais fazem. Assim, surge a pergunta – felizmente, ou apenas raramente: Por que não retirar os membros inativos dos registros?

Aqui se deve lembrar que nenhuma obrigação é imposta a ninguém que é admitido na Sociedade. Ele ou ela só é requisitado a subscrever os objetivos da Sociedade. Deve ser uma questão de muita alegria para todos nós encontrarmos pessoas que estejam em simpatia com os objetivos e que queiram ser parte dela. Na Índia e em alguns outros países a adesão inclui juízes, advogados, funcionários públicos e outros, cujo trabalho profissional não lhes permite estar ativos na ST, mas sua filiação à Sociedade e o apoio quando surge a necessidade é muito valioso. Aliás, há muito valor mesmo em ter um amplo círculo de "simpatizantes", sendo isto uma indicação de mudança de atitudes e um crescente senso de universalidade na vizinhança.

O impulso para trabalhar por uma instituição totalmente altruísta tal como a Sociedade surge das profundezas do ser. Surge juntamente com o desejo de sacrificar alguns aspectos da vida pessoal, e a dedicação de energia e esforço a tarefas que não produzem resultados imediatos. Paciência e perseverança são qualificações essenciais para os trabalhadores, porque a estrada continua a ser ascendente ou pode ser assim durante muito tempo.

Nem todo mundo está internamente preparado para este trabalho, nem devemos exigir de ninguém mais do que a pessoa esteja pronta para dar. Fiquemos felizes com aqueles que apoiam a ST da maneira que lhes seja possível, continuando como membros ou desejosos de prosseguir os estudos teosóficos para alcançar a visão holística. No tempo devido, e quando chegar a hora certa, cada um sentirá o impulso para esquecer o eu e começar a trabalhar por um mundo melhor.

5. O Direito de Ser (Out. 1989)

O direito de morrer e viver de maneira digna está sendo agora reconhecido, embora às vezes de modo relutante, no que diz respeito aos seres humanos. Contudo, existe percepção insuficiente do direito de cada ser humano ser o que deve ser no plano da Natureza. O esquema evolutivo, como ressaltado por alguns cientistas, está continuamente desabrochando unicidade e individualidade. Essas qualidades estão contidas na semente de energia sem a qual não pode haver existência animada. Embora não seja sempre imediatamente visível, a unicidade existe mesmo nas menores das criaturas e mais proeminentemente nos animais desenvolvidos, incluindo os seres humanos. Como é impressionante que nenhuma entre as bilhões de impressões digitais e vozes replique umas às outras, nem uma única folha tenha uma gêmea idêntica. É claro que a Natureza pretende que cada criatura desabroche certas qualidades incomparáveis e talvez um potencial oculto que pode não ter limites para o seu crescimento.

Desafiando de modo ignorante a sabedoria inerente na Natureza, o homem assume a perspectiva de interferir com todas as outras vidas. Ele tem enjaulado pássaros e animais e às vezes outros seres humanos também. Isto é não apenas uma restrição sobre o direito de liberdade do pássaro, da fera e do peixe, é também uma violação grosseira da natureza própria deles. Um pássaro ou um tigre não pode se realizar quando privado e seu modo característico de atuar, voando no ar ou vagueando na Natureza. Quando o homem força os animais a realizarem atos num circo ou em corridas e lutas organizadas, mais uma vez ele está desprezando a natureza que lhes é própria. O poder físico e mental do homem faz com que ele acredite que pode distorcer o caráter e a forma de tudo. Com a habilidade para clonar e manipular traços genéticos, ele pode invadir ainda mais os processos naturais e descobrir para seu próprio desapontamento que liberou gênios do mal que não consegue controlar. "O poder tem razão" é um princípio perigoso, pois não está de acordo com a verdade das coisas.

Atualmente, milhões de criaturas, criadas pelo homem para uso de carne e outros produtos que ele delas arrebatada, são compelidas a existir em condições atrozmente não naturais desde o momento que nascem até serem abatidas. A loucura por conhecimento é também uma desculpa para penetrar o cérebro, os nervos e o corpo de criaturas cativas. Não é de surpreender que esta linha de conduta tenha levado a exemplos de interferência chocante também com vidas humanas. Está na lógica macabra das coisas que prisioneiros de guerra serviram como cobaias na época da última Guerra Mundial porque se tornaram "objetos" de utilidade. Uma vez que se acalente a ideia de que outras criaturas não têm o direito de ser elas mesmas e funcionar segundo sua própria natureza, não é difícil avançar mais e se intrometer também nos direitos dos seres humanos. Os comportamentalistas acreditam que têm o direito de usar métodos de castigo e recompensa para transformar meninos maus em meninos bons. Especialistas médicos e jurídicos assumem autoridade para colocar pacientes numa condição de degradação que nem os pacientes nem seus parentes desejam.

The Journal of Medical Ethics publicou recentemente um artigo sobre o uso da tortura em seres humanos. A tortura envolve atualmente não apenas dano aos corpos físicos, mas lavagem cerebral por meio de drogas, ameaças e novas técnicas. O artigo declara que o uso de técnicas médicas avançadas para se obter informação é justificado, e que hoje em dia é possível infligir dor sem dano físico ou efeitos colaterais! Isto é prova de quão distante está o pensamento de reconhecer o direito de ser. Mesmo um tolo tem o direito de ser o que é, que é a razão pela qual santos e pessoas iluminadas "toleram os tolos alegremente". Ninguém pode ser forçado além do ponto onde está, nem ninguém deve ser reduzido a algo menos do que ele é, o que é feito por operações no cérebro destinadas a retirar a maldade de pessoas "indesejáveis" e colocá-las em condição inócua.

Advertências estão sendo feitas de que, por volta do final do século, a Terra estará privada de cerca de cinquenta por cento de sua maravilhosa diversidade, se a atividade humana continuar pautando-se na crença que o homem é a coisa mais importante na Terra. Mas seus atos insensíveis podem produzir sua própria anulação. O empobrecimento do ambiente poderia ter resultados inimagináveis. Pode ser igualmente perigoso interferir com as características individuais e a integridade das criações da Natureza.

A longo prazo, a Natureza ou o Plano Divino não pode ser contrariado. Quem sabe o que a Natureza pretende dotando cada criatura de beleza e habilidades únicas? Um artigo em *The Guardian* a respeito do andorinhão diz que este pássaro pode permanecer no ar durante pelo menos setecentos dias, possivelmente mais, alimentando-se inteiramente de insetos que captura sem pousar na terra. Ele dorme enquanto desce lentamente de grandes altitudes. Qual é o propósito de uma vida assim, com suas próprias características especiais? Para o ser humano, nenhum propósito particular pode ser visível nas sempre presentes maravilhas da Natureza, porque ele está tão perturbado por um subjacente senso de vazio que o "propósito" parece estar fora dele mesmo. Mas para criaturas que vivem em harmonia com a ordem natural, alegria e propósito, isso está em ser o que são. Sua realização não depende de obterem ou se tornarem algo, mas de agirem segundo sua própria natureza. O homem deve cuidar para não perder o privilégio de observar as maneiras da Natureza e obter *insights* quanto à sabedoria que atua através dela.

6. Os Direitos do Homem (Ago. 1989)

A celebração do bicentenário da Revolução Francesa desencadeou uma controvérsia na interpretação do evento. Alguns historiadores e escritores veem-na como a aurora de uma nova era abrindo caminho para os direitos do homem. Outros discordam fortemente. A sumária e indiscriminada matança de pessoas na guilhotina durante o terror foi certamente muito diferente dos postulados anteriores referentes aos direitos do homem. E, até agora, nenhum dos países do mundo consagrou inequivocamente os princípios de liberdade, igualdade e fraternidade em seus programas.

Os pais da Revolução Americana, fazendo eco à visão dos filósofos da Revolução Francesa, reafirmaram o compromisso com os direitos do homem; contudo, eles não asseguraram a igualdade para os sexos no enquadramento da Constituição dos Estados Unidos. O Movimento pela Igualdade de Direitos está, até o dia de hoje, lutando para salvaguardar os direitos das mulheres exigindo que não deva haver discriminação baseada no sexo. Nem as declarações francesa ou americana pensaram nos direitos das pessoas negras. A consequência de outras revoluções foi um massacre sem paralelo. O desrespeito seletivo aos direitos humanos é uma característica da vida social e política, mesmo de países que estão estabelecidos em linhas democráticas bastante sólidas. A declaração das Nações Unidas é uma nova tentativa para manter a dignidade humana, mas a organização é geralmente impotente para garantir o cumprimento.

Há muitas perguntas que são feitas com referência a este assunto. Pode-se perguntar como o estado deve tomar decisões em nome dos indivíduos sem o princípio dos direitos humanos. Estarão os direitos humanos respeitados quando pacientes gravemente enfermos e moribundos são compelidos a viver na miséria, mesmo que eles e seus parentes não o desejem? Alguns estados democráticos se encarregam de decidir se os pais terão seus filhos tratados por homeopatia ou medicina não convencional. Outra pergunta é se a autonomia das nações é tão completa que tentativas para proteger as minorias oprimidas, como no caso dos judeus na Alemanha de Hitler, equivalem a interferência em afazeres domésticos. Repetidamente, temos testemunhado o maltrato e a supressão impiedosa de alguns grupos pelo estado, e, no interesse da diplomacia, o mundo tem assistido sem uma palavra de protesto. Estarão os direitos humanos subordinados a interesses nacionais, ou deve o mundo em geral se esforçar para recuperar os poucos que estão numa situação desesperadora em qualquer área particular? Esta não é uma pergunta fácil de responder e, contudo, não se pode ignorar o fato de que os governos estão armados com poder que nenhuma minoria ou grupo dissidente pode resistir.

Além do Estado há grupos religiosos e outras instituições que estão de tal modo entrincheiradas que seus ditames se tornam invioláveis. A dignidade humana é muitas vezes profanada pelas práticas imorais defendidas por instituições sociais ou religiosas. Elas são imunes à crítica porque estão há muito estabelecidas, e nenhuma pessoa ou grupo pode ser considerada responsável.

A desigualdade no nível externo é parte da vida. Ela existe em termos de aparência, capacidade, inteligência e assim por diante. Não está nas mãos de nenhum homem ou mulher abolir a diversidade da existência. Todavia, um senso de igualdade deve guiar os relacionamentos e as atitudes humanas para produzir uma boa sociedade. Este é um desafio perante os seres humanos que só pode ser enfrentado através do aprendizado para experienciar um senso de igualdade no interior do coração. O problema dos direitos humanos (e dos direitos de outras criaturas além do homem) jamais pode ser adequadamente resolvido a não ser que seres humanos individuais nutram dentro de seus corações um senso de respeito por cada criatura senciente. O antigo ditado "faze aos outros o que gostarias que fizessem a ti" contém uma verdade baseada no fato profundo de que os "outros" são tu mesmo. A experiência da unidade leva, à medida que cresce, a um respeito espontâneo pelos outros, e a uma relutância natural em invadir os direitos alheios. Os direitos humanos não podem ser protegidos meramente por meio de declarações, leis e afirmações ideológicas. Tão logo tais pronunciamentos são feitos, começam as violações, que é o que aconteceu na época da Revolução Francesa e revoltas semelhantes.

A maneira mais segura de se estabelecer uma sociedade humana fundada em liberdade, igualdade e fraternidade é enriquecer o coração e a mente do indivíduo com um senso de paz e reverência pela vida. O mundo jamais conheceu paz duradoura. O que é chamado de paz é, na maioria das vezes, um período de armistício ou guerra fria. Se a paz tiver de ser estabelecida sem o risco de desmoronar, um número suficiente da população humana deve tornar-se internamente pacífica e abolir cada pensamento de má vontade no interior da mente. De modo semelhante, quando um senso de parentesco universal e um profundo respeito pela vida nascerem nos corações de um número suficiente de indivíduos, os direitos do homem estarão plenamente assegurados – não apenas os direitos do homem, mas os direitos de criaturas menores também. Indubitavelmente é o indivíduo quem constrói a sociedade, e as mudanças sociais não podem ocorrer sem transformação individual.

7. O Direito de Morrer (Dez. 1983)

Uma das notáveis ironias dos dias de hoje é que, por um lado, vastos arsenais estão sendo criados para destruir a vida numa escala sem precedentes enquanto, por outro lado, algumas pessoas são obrigadas a viver, mesmo quando desejam morrer e serem salvas de uma miséria prolongada. Muita publicidade tem sido feita através do teatro e de filmes sobre o trágico destino de pessoas paralisadas do pescoço aos pés, sem qualquer esperança de recuperação, e obrigadas, por meio de alimentação forçada, a subsistirem num estado de frustração e agonia. O

Estado muitas vezes torna-se esquizofrenicamente reticente a respeito da perda de vida em casos individuais, mesmo enquanto persegue uma política de conquista global qualquer que seja o custo em vidas.

Num exemplo recente, noticiou-se que os médicos num hospital americano, em concordância com os pais, decidiram não operar uma criança que sofria de vários defeitos congênitos. Sem a operação o bebê poderia viver até dois anos, segundo os médicos. Operação lhe conferiria o privilégio de viver numa condição mentalmente retardada, acamada, por cerca de vinte anos.

Uma Corte Federal foi contrária à decisão dos pais e dos médicos para proteger os supostos direitos civis do bebê. O assunto foi encaminhado pelo tribunal ao Departamento de Justiça. Este é um dos muitos exemplos de uma abstração, que é o Estado, fazendo-se o árbitro final da vida e da morte de seus cidadãos. Em certos países, os cidadãos não desfrutam de liberdade para se tratar com medicina homeopática ou outros sistemas de medicinas bem testados, uma vez que o *establishment* exerce a prerrogativa de decidir em nome deles o que é bom para eles. Os governos de países democraticamente estruturados podem ser tão autoritários e arbitrários em tais questões quantos governos não democráticos.

Deixando de lado as nossas dúvidas a respeito das pretensões arrogantes do Estado em decidir sobre a vida, a morte e a saúde de seus cidadãos, a questão importante que se apresenta é se a vida física da pessoa tem significado e propósito, ou se a existência em um corpo, por mais miserável, imbeciloide ou mutilado que seja, é um fim em si mesmo. A cultura moderna, que é uma consequência do pensamento materialista, está cheia de contradição e confusão, porque somente quando o homem individual é visto como parte de uma perspectiva total e quando há *insights* quanto ao seu potencial e real natureza, pode haver uma abordagem sadia à questão de viver e morrer. Na ausência de uma perspectiva filosófica, contradições, tais como aquelas acima notadas, são inevitáveis.

Era a prática em certas culturas antigas para aqueles que assim desejassem, por razões de extrema incapacidade mental ou física, renunciar à vida voluntariamente reduzindo a ingestão de alimento. Quando o corpo se desintegrava até um certo ponto onde nenhuma experiência útil poderia ser feita ou não servia a nenhum propósito, eles o deixavam facilmente e assim que possível. Eles confiavam em que o propósito da vida seria alcançado posteriormente com outros veículos e de outras maneiras. Um exemplo recente foi visto na passagem de Vinoba Bhave, um respeitável líder na Índia, que terminou seus longos anos de trabalho abstendo-se de alimento.

O privilégio de morrer com dignidade e paz, como desejam, onde desejam, é o direito de cada homem, mulher e criança. Os outros não devem ter o direito de enfiar vários objetos em seu corpo, aprisioná-los em enfermarias, fazer-lhes respirar e comer, e forçá-los a viver a vida de um vegetal em nome da medicina ou da justiça.

8. O Direito de Viver (Dez. 1983)

O protesto do público contra as armas nucleares, e contra o agravamento das já perigosas tensões, tem aumentado em alguns países. Certamente, nenhum protesto ou demonstração do sentimento público deve-se esperar naqueles países onde a liberdade de pensamento e expressão não existe. Mas o movimento antiguerra na Europa e em outras partes têm concentrado sua campanha contra o uso de armas nucleares e ignorado as preparações secretas para a guerra química e bacteriológica.

Existe evidência de preparações em larga escala para esta terrível forma de destruição em massa, que pode produzir sofrimento tão agudo e intenso quanto a radiação. A Convenção de Genebra de 1925 proíbe tal tipo de guerra, mas isso não detém nenhuma das partes de realizar pesquisa, estocar material e alocar para este propósito enormes somas de dinheiro que poderiam ser beneficamente despendidas com outros fins. O Japão estava pronto para bombardear seus inimigos com germes mortais por volta do final da última guerra, tendo realizado pesquisa sobre a produção em massa de germes e adequados sistemas de distribuição desde 1933. O orçamento dos Estados Unidos inclui preparações para "outro" tipo de guerra. As atividades da União Soviética neste sentido ganharam publicidade através de acidentes inesperados, notícias às quais não puderam ser totalmente suprimidas. Possivelmente existem outras nações igualmente prontas para lançar fora os escrúpulos morais convencionais. Se um povo não tem o direito de viver - na guerra moderna, o direito de viver não é concedido às populações inimigas - pode parecer legítimo não se preocupar sobre como as pessoas morrem.

Aliás, novas perspectivas emocionantes são vistas na concepção e fabricação dos meios para privar os povos de vida.

Toda guerra criminosa evoca entusiasmo na indústria de armamentos. O Sr. Willy Brandt, em seu importante relatório sobre os problemas envolvendo Norte-Sul, afirmou: "É uma ironia terrível que a mais dinâmica e terrível transferência de equipamento e tecnologia altamente sofisticados dos países ricos para os países pobres tenha sido na maquinaria da morte".

O escopo para a expansão da indústria de armamentos e, portanto, dos lucros envolvidos, depende de se manter vivas as guerras e conflitos o máximo possível. Graças ao ritmo com que as melhorias da moderna tecnologia ocorrem, as armas estão continuamente ficando ultrapassadas, e têm de ser substituídas. Armas obsoletas devem ser descartadas, e são vendidas para o terceiro mundo que, sendo pobre, não tem recursos para estar no topo da competição. A indústria de armas está, portanto, numa posição mais do que favorável comparada a outras fontes de riqueza, e o poder existente do setor exerce uma pressão constante sobre os formuladores de políticas nacionais.

Circunstâncias físicas, como também o vácuo filosófico, tornam difícil levar a cabo a luta pelo direito que a humanidade tem de viver, como defender o direito de morrer daqueles que não mais têm trabalho no Plano Físico. Mas, embora as probabilidades sejam fortes, nosso trabalho deve continuar.

9. O Direito dos Animais (Jun. 1985)

Os direitos dos animais estão intimamente ligados aos direitos humanos, um fato que só é compreendido por uma pequena minoria de pessoas. Ao endurecer o coração à dor de outras criaturas vivas e defender experimentos cruéis por motivo de que eles aumentam o conhecimento, o homem abre uma verdadeira Caixa de Pandora do mal. Um coração insensível é uma indicação segura de uma mente desequilibrada. É a fonte de desequilíbrio, injustiça e maldade na sociedade. Uma mente assim não pode produzir nenhum bem no campo político, social, educacional ou qualquer outro, pois projeta sua própria doença em todas as suas atividades.

Na bem conhecida a carta nº 88, o Mahatma KH escreve:[70] "O mal não tem existência *per se* . . . O verdadeiro mal surge da inteligência humana e sua origem está inteiramente no homem que raciocina e que se dissocia da Natureza. Só a humanidade, portanto, é a verdadeira fonte do mal. O mal é mais o exagero do bem, . . . produto do egoísmo e da ganância humanos . . . a *origem* de cada mal, seja pequeno ou grande, está na ação humana, no homem, cuja inteligência faz dele o único agente livre da Natureza".

Tão grande é a indiferença do homem para com os animais nos dias de hoje que ele acredita poder usá-los da maneira que lhe convém. Através da engenharia genética, os pesquisadores planejam criar novos tipos de animais. Jeremy Rifkin, no seu poderosamente discutido livro *Algeny*, condena peremptoriamente esses projetos. Os cientistas conseguem agora identificar os microscópios filamentos de DNA e manipulá-los. Ao se transplantar as características de uma espécie

70 Brasília: Editora Teosófica, *Cartas dos Mahatmas para A. P. Sinnett*, 2ª Ed, 2017, Vol. II, Carta 88, p. 60 (Nota Ed. Bras.)

para outra algum bem pode resultar, mas há também a possibilidade de se produzir formas monstruosas. Uma vez que a ideia seja aceita e as fronteiras estabelecidas pela Natureza, o passo seguinte seria "melhorar" não apenas espécies animais, mas também seres humanos. No decorrer dos experimentos de bioengenharia, tem-se por certo que todos os animais são objetos legítimos para todo tipo de manipulação.

Atualmente existem discussões sobre a questão de se implantar embriões humanos nos ventres de animais. Diz-se que tais experimentos com ovelhas ou coelhos poderiam aumentar o nosso conhecimento do desenvolvimento de embriões humanos. Por hora, os pesquisadores dizem que não há intenção de se permitir uma gravidez; isto pode ser uma estratégia para evitar protestos contra os transplantes entre espécies. Embora muitas pessoas possam não gostar da ideia de o ventre de uma macaca dar à luz um bebê humano, elas têm pouca consciência a respeito de obrigar um animal indefeso a carregar embriões implantados dentro de si. Tem-se como certo que os animais são as ferramentas do homem e que não têm direitos. Deve-se ter pena do homem nestas circunstâncias. Citamos mais uma vez a carta de KH[71]:

> Quando a sua raça - a quinta - houver alcançado o seu zênite de intelectualidade *física*, e desenvolvido a civilização mais elevada (lembre-se da diferença que nós estabelecemos entre civilizações *físicas* e *espirituais*), incapaz de elevar-se em mais nada em seu próprio ciclo, seu avanço em direção ao mal absoluto será interrompido (como seus antecessores, os lemurianos e atlantes, foram interrompidos em sua marcha no mesmo rumo) por uma destas mudanças cataclísmicas; sua grande civilização será destruída, e todas as sub-raças desta raça serão vistas decaindo ao longo dos seus respectivos ciclos, depois de um curto período de glória e aprendizado.

71 Brasília: Editora Teosófica, *Cartas dos Mahatmas para A. P. Sinnett*, 2ª Ed, 2017, Vol. II, Carta 93B, p. 120. (Nota Ed. Bras.)

10. Direitos Humanos (Jun. 1985)

Apesar da ênfase colocada sobre os direitos humanos pelas Nações Unidas, violações flagrantes deles continuam a ocorrer em muitas partes do mundo. Certas seções da humanidade são consideradas menos aptas aos direitos do que outras, sendo os árbitros aqueles que têm poder, dinheiro ou mais astúcia. Os políticos que planejam guerras e os barões da indústria que as incitam mentalmente violam os direitos humanos mesmo antes de o conflito ocorrer, já que presumem que podem usar os outros como "bucha de canhão". Comerciantes de narcóticos e de carne humana são homens e mulheres astuciosos para quem somente o dinheiro interessa, e assim eles exploram impiedosamente a debilidade mental, a inocência e a pobreza das pessoas para torná-las escravas.

Tais coisas acontecem desde o início da história humana. Porém, a aquisição de novas técnicas científicas equipou os violadores dos direitos humanos com poder extra para levarem a cabo seus atos vergonhosos numa escala mais ampla com maior sigilo e crueldade.

Pode haver algumas pessoas que pensam que as piores ofensas ocorrem nos países totalitários, mas a publicidade dada recentemente a experimentos em controle mental conduzidos em nome da CIA Americana deve desiludir aqueles que acreditam na proteção oferecida pelas democracias a seus cidadãos. Sabe-se que os experimentos da CIA foram realizados nos Estados Unidos e no Canadá para compensar certas vantagens que os soviéticos e os chineses supostamente possuem. Inúmeras instituições e psiquiatras individuais receberam fundos secretos para conduzir experimentos em pacientes sem o conhecimento destes ou de seus parentes próximos. Sabe-se que homens e mulheres sob seus controles, submetidos a um excesso de choques elétricos e drogas perigosas, foram levados ao suicídio ou sofreram danos cerebrais permanentes. A maioria das vítimas não foi rastreada.

A CIA se refugiou sob a lei da Liberdade de Informação e se recusa a divulgar qualquer informação, e a Suprema Corte dos Estados Unidos sustenta que o Congresso lhes deu o direito ao sigilo com relação a informações obtidas a partir de fontes de inteligência. Algumas poucas vítimas tentaram obter compensação monetária, mas não obtiveram muito sucesso. De qualquer maneira, o dinheiro dificilmente é uma compensação para tão terríveis sofrimentos físicos e mentais.

Não há dúvida de que há muitos países além dos Estados Unidos onde ultrajes semelhantes ocorrem sem esperança de proteção ou alívio para as vítimas. Os relatórios da Anistia Internacional são um lembrete constante do trágico destino que espera as pessoas em inúmeras prisões e delegacias em todo o mundo. A justiça muitas vezes segue caminhos desonestos que fazem da palavra motivo de troça. Mesmo em democracias cujos governos dizem ser "para o povo, pelo povo", a maioria das pessoas é totalmente impotente nas mãos dos inescrupulosos.

11. Pode a Guerra Ser Certa?

No *Guardian Weekly* de dezembro de 2005, Martin Woollacott revê dois livros sobre guerra e artes militares como meios para um fim. Suas palavras são um chamado para se reconsiderar e obter novos *insights* quanto aos certos e errados de se recorrer à guerra. Ele diz:

> Parece tautológico dizer que existe algo de errado com a guerra. Moralmente errado, certamente, mas também errado no sentido em que a função desta instituição perigosa, cara e etnicamente dúbia, se tornou cada vez mais obscura na última metade do século.

Woollacott ressalta que a guerra moderna parece nada alcançar senão cada vez mais miséria. O recente ataque ao Iraque e as prolongadas guerras civis na América Central são exemplos de fracassos da guerra como meio para um fim. Os exércitos estão agora pesadamente reforçados com tecnologia altamente avançada que, embora enormemente destrutiva, não obtém êxito em forçar um acordo e chegar a um fim. Além disso, embora os resultados tornem-se cada vez mais amorfos, os custos estão disparando para níveis fabulosos - no caso do gasto nos Estados Unidos sobre a "conquista" do Iraque, já foram gastos aproximadamente dois trilhões de dólares, enquanto as pessoas estão morrendo de fome em toda parte. Woollacott chama a atenção para "o registro particularmente tortuoso da guerra em grande parte malsucedida" pelos países ocidentais em passado recente.

Historicamente, houve épocas quando a guerra era a preocupação - pode-se dizer o *hobby* - de uma pequena minoria de pessoas privilegiadas buscando ou possuindo poder político e financeiro. Seus exércitos lutavam em campos abertos, enquanto os camponeses continuavam a arar ou semear em áreas próximas. As pessoas comuns não eram drasticamente afetadas ou afligidas pela guerra. As condições são totalmente diferentes nos dias de hoje. As pessoas são mortas em grande número, mas não somente o combate causa dano. "O conflito continua, muito embora a guerra termine". Guerras são "episódios de violência num longo processo de confrontação em vez de lutas definitivas". Qualquer que seja a terminologia preferida, existe agora, além do massacre de combatentes, o que é chamado de dano "colateral" a civis e enormes danos à vegetação, à vida não humana, ao ar, à água e outros elementos.

Talvez porque antigamente as vidas das pessoas comuns não fossem tão terrivelmente afetadas, havia espaço para discussão sobre guerra justa e injusta, e muitas questões a respeito da "ética" da guerra podiam ser resolvidas pelas facções em conflito. Essa perspectiva sobre a guerra continuou durante um longo tempo, mesmo até a Convenção de Genebra. Mas uma mudança radical é agora exigida de todos aqueles que desejam o bem-estar mundial, vendo que países poderosos estão desrespeitando as disposições da Convenção de Genebra. A Corte Internacional de Justiça é desdenhada ao declarar que não tem jurisdição sobre os privilegiados. As leis internacionais são repudiadas quando conveniente. Em outras palavras, não há mais uma questão da ética na guerra.

Do ponto de vista espiritual, toda guerra, conflito, ódio e instigação ao ódio são não apenas moralmente errados, mas prejudiciais ao progresso humano e impedem a percepção do propósito da vida. Reflexões sobre se a guerra tem um propósito são irrelevantes sem se entender o propósito da própria vida – da vida humana bem como de toda outra forma de vida. O progresso está no desabrochar da consciência e de todas as faculdades da consciência, até que o mistério da vida não mais seja obscuro e toda a existência seja vista como parte de uma revelação ampla, sagrada.

A violência, interna ou externa, a brutalidade e a animosidade são propícias à degradação da consciência, e todas as paixões obnubilam a inteligência. Portanto, a guerra justa ou (*dharma-yuddha*) pode apenas ser simbólica da conquista através da sabedoria, do amor e da compaixão de paixões maléficas e tendências destrutivas que mantêm a humanidade girando miseravelmente sobre a "roda de nascimentos e mortes". O verdadeiro significado de guerra justa é trazido à tona por conceitos tais como "soldados da luz", cujas armas são "a armadura de Deus". Todo grande Instrutor espiritual falou a respeito de se conquistar o ódio pelo amor, e a injustiça pela virtude e a gentileza. Se queremos um mundo pacífico, devemos renunciar completamente à guerra. Não há outro caminho.

Capítulo 15

Civilização

1. O Que Aflige o Mundo? (Abr. 1999)

Os grandes instrutores religiosos têm sido às vezes descritos como "curadores da doença do mundo". Que doença do mundo eles curam? Olhando superficialmente, a maioria das pessoas estaria inclinada a dizer que é pobreza e fome, ganância, guerra, indiferença aos valores, egoísmo e assim por diante. Aprofundando-nos mais na questão, talvez possamos dizer que o mundo, que significa a vasta corrente de humanidade fluindo de geração a geração, sofre do estupor da conformidade e carência de verdadeira inteligência (*prajñā*). A humanidade não está aquém em capacidade cerebral ou brilho intelectual, evidência disso está nas inúmeras invenções, teorias inteligentes e descobertas espetaculares que fez. Mas ela parece carecer da inteligência necessária para não cometer os mesmos erros gravemente prejudiciais repetidas vezes. Os homens e as mulheres em geral jamais questionam as atitudes e ideias que repetidamente terminaram em violência e outras formas de sofrimento; elas são aceitas como parte inevitável da vida humana.

Conflitos de diferentes dimensões levaram a sofrimento indescritível durante milhares de anos em todas as civilizações e regiões do mundo. Separaram famílias, causaram fome e criaram uma rede mundial de ódio e miséria. Embora todo mundo saiba como é terrível o impacto da guerra e do conflito, eles jamais cessam porque as pessoas continuam a nutrir atitudes divisoras e objetivos egoístas. Este é apenas um exemplo de como a humanidade irracionalmente repete e repete ações que são prejudiciais a si própria bem como aos outros seres vivos.

Todas as ações surgem de estados mentais. O comportamento cego, repetitivo que causa sofrimento é o resultado de um tipo de obtusidade psicológica; o mundanismo é uma combinação de letargia espiritual (*avidyā*) e atividade externa quase imparável num padrão estabelecido de ganância, violência, falsidade e egocentrismo. Estranhamente, sua própria carência de inteligência permanece desapercebida pelo mundo e até mesmo parece "progresso", porque a atividade intensa motivada pelo medo e a ambição produz a ilusão de um movimento de avanço.

A palavra *samsāra* significa girar e girar, preso num movimento involuntário. Krishnamurti usava a ilustração da "torrente" de mundanidade à qual as pessoas acorrem quer queiram quer não. Ambas as imagens se referem a compulsões psicológicas que motivam geração após geração e impedem o mundo de mudar de rumo. Isto foi descrito nas *Cartas dos Mahatmas para A. P. Sinnett*[72] da seguinte maneira:

> Quanto à natureza humana em geral, ela é igual agora como era há um milhão de anos atrás: preconceito baseado no egoísmo; uma resistência generalizada a renunciar à ordem estabelecida das coisas em função de novos modos de vida e de pensamento . . . Orgulho e uma teimosa resistência à Verdade, quando ela abala as suas noções prévias das coisas.

2. Nossa Civilização Selvagem (Set. 1993)

A mente humana é dupla. Assim diziam os antigos filósofos também, e assim também prova a nossa civilização moderna, se é que pode ser chamada de civilização. A mente de hoje em dia, que é sofisticada e aguçada, é ao mesmo tempo surpreendentemente estúpida.

---

72 Brasília: Editora Teosófica, 3ª ed., Vol. I, 2021, p. 38. (Nota Ed. Bras.)

Ela consegue vasculhar os céus distantes, mas não vê o que está à sua porta. O seu poder de lógica converte o simples metal em cérebros substitutos, mas sua irracionalidade supera todas as fronteiras. Ela aprendeu a examinar as partículas mais diminutas, mas não consegue ver as gritantes anomalias dentro de si mesma.

Portanto, nossa assim chamada civilização mostra uma estranha mistura de brilho, ao qual se deve atribuir o que acreditamos ser progresso, e um excesso de selvageria que nenhum outro bruto na Natureza jamais consegue superar. A chacina e a crueldade têm sido ingredientes na história de todos os povos, com algumas variações, mas há uma pungência peculiar e uma tragédia intensa nos eventos de hoje em dia, porque são postos em prática no contexto de fenomenal desenvolvimento mental e de realizações de tirar o fôlego.

Como pode a mente que se abriu para os reinos da Natureza selados em segredos durante eras ceder a tão grande violência que parece estranha aos desígnios da Natureza? Num conto espirituoso, diz-se que um europeu falou a um canibal dos milhões de mortos nas guerras mundiais. Esses milhões, ele foi obrigado a confessar, os vitoriosos não podiam comer. Perplexo, o canibal retorquiu, "Como vocês são selvagens!". No mundo mais natural, ao qual pertence até mesmo o canibal, não há chacina e crueldade arbitrárias tais como vemos em nossa civilização em larga escala. Os bósnios, curdos e cambojanos são bombardeados, morrem de fome, são obrigados a fugir ou morrer por serem o que são. Somalis definhando boquiabertos de fome, enquanto seus compatriotas bloqueiam o auxílio de alimento com armas. Impiedosamente, as bombas terroristas são colocadas em locais movimentados para causar grande número de vítimas humanas. Entre os recentes atos de horror que abalaram a mente do público estava o assassinato de uma criança pequena por outras crianças.

As crianças não podem ser culpadas. Nos países ricos, elas são privadas de amor e segurança enquanto os pais lutam suas batalhas egoístas, e transportam as crianças daqui para ali. Elas crescem insensíveis às cenas de violência e à sexualidade vulgar, já essas coisas são constantemente transmitidas pela televisão para excitar os adultos. Nos países mais pobres, as crianças vivem nas ruas mal tendo o que comer, lutando para sobreviver a ameaças e a perigos físicos e morais. Enquanto milhões de pequeninos são vítimas indefesas, o mundo se congratula pelo "progresso" de descobrir uma nova droga ou inventar um procedimento engenhoso para salvar, a preço proibitivo, um punhado de crianças que sofrem de uma doença rara. Há racionalidade nas nossas mentes ou na nossa estrutura social?

As mesmas nações que reforçaram o Iraque com armas, só para guerrear contra o poder que elas mesmas construíram, estão agora falando a respeito de "auxílio humanitário" para reconstruir o que destruíram. Teriam eles sido menos humanitários se tivessem renunciado à venda de armas e trabalhado para alcançar um mundo sem armas? Como observou o Dalai Lama, "quando eles proliferam e vendem armas, certamente não esperam que as pessoas façam música com elas".

Haverá lógica em encorajar ou subsidiar o cultivo do tabaco e depois criar centros médicos para curar aqueles atingidos pelo câncer, tuberculose e outros efeitos conhecidos do vício ao tabaco? Pior de tudo é o sistema de valores construído, no qual jovens e velhos são educados para ser cruéis, impiedosos, sem vergonha de fracassar no agressivo negócio da autopromoção. Neste sistema, o que importa muito é a capacidade, e não um bom coração; as habilidades devem ser adquiridas e os sentimentos de ternura suprimidos. Por que então nos admirarmos com a decadência moral de nossa sociedade?

Dupla é a mente humana; quando guiada por desejo e ambição egoísta ela é impura, até mesmo suja; livre desse desejo, é pura, capaz de se elevar a sublimes alturas morais e percepção espiritual. No mundo de hoje, parece que os desejos da mente egoísta estão esmagando sua habilidade para ter sentimentos. As ações cruéis mal conseguem chocar; são itens dos noticiários, ocorrências do dia a dia. Uma vez que objetos de prazer e meios de destruição existem em abundância, graças à tecnologia, de todos os lados há agravamento – do desejo de desfrutar e também de destruir. Fiquemos avisados. A crueldade poderia tornar a nossa selvagem civilização perversa demais para continuar. Existe a necessidade urgente de se estar alerta às anomalias da mente e trazer a percepção das suas mais elevadas possibilidades. A mente destituída de seus sentimentos mais refinados, que surgem da não separatividade, está em exílio terrível da espiritualidade, a fonte de nossa existência.

3. Um Lamaçal de Estagnação (Jul. 1981)

As descobertas e invenções do homem capacitaram-no a fazer alterações de tremendas consequências no seu ambiente. Meios de viagem e comunicação, máquinas para trabalhar por ele e armazenar conhecimento para seu benefício, e muitos outros produtos da proeza mental do homem tornaram o mundo de hoje muitíssimo diferente do que era há séculos. A rapidez da mudança, porém, é apenas no nível material.

Psicologicamente, o mundo é o que é porque o homem é o que sempre foi. Ele não está mais livre do ódio, da opressão, do egoísmo e da ignorância; ele não está mais sábio, mais gentil, mais cooperativo ou inteligente, do que sempre foi. Ele sempre esteve em guerra. Ele feriu, lutou e matou para conseguir o que queria. A história de toda nação presta testemunho à incrível crueldade e opressão de que os seres humanos são capazes. Os costumes sociais e as estruturas econômicas ajudaram os fortes a explorarem os fracos. Psicologicamente, o homem tem estado num lamaçal de estagnação, geralmente preferindo o *status quo* que ele conhece, a uma mudança que pode confrontá-lo com o que não lhe é familiar. "Ela [a natureza humana] é igual agora a como era há um milhão de anos atrás: preconceito baseado no egoísmo; uma resistência generalizada a renunciar à ordem estabelecida das coisas em função de novos modos de vida e de pensamento . . . orgulho e uma teimosa resistência à Verdade, quando ela abala as suas noções prévias das coisas". É assim que a mentalidade da humanidade parece ao sábio.

Escrava de compulsões e condicionamentos psicológicos milenares, mas equipada com os produtos de rápidos desenvolvimentos no mundo material, a humanidade prodigiosamente aumentou seu próprio escopo para sofrer. A mente que exigia o "olho por olho e dente por dente" não era diferente da que adota "arma por arma" como lema. Mas a situação na qual esta última se encontra é mais severa.

A bizarra tragédia da mente humana é que ela ignora sua própria estagnação. Ela mal questiona seus próprios modos de pensar e de viver. Ela questiona e examina somente condições e fatores externos – geralmente condições que produzem dor e fatos que estimulam o prazer.

4. A Civilização no Banco dos Réus [Julgada] (Nov. 1984)

Existem certos critérios por meio dos quais o nível de qualquer sociedade civilizada pode ser testado. Um deles é a eficácia na proteção que oferece àqueles seus cidadãos que são fracos e incapazes de se defender contra a agressão dos mais poderosos. Numa sociedade bem ordenada, a estrutura e a própria atmosfera devem se unir na salvaguarda dos direitos e da dignidade dos fracos, provendo oportunidades para o seu crescimento. O Estado, a administração, os guardiões da justiça, bem como as atitudes sociais e a opinião pública estão todos envolvidos.

Antigamente, a classe *kshattriya*, ou dos cavaleiros, da Índia, tinha o *dharma* ou dever específico de defender os menos capazes e cuidar para que ninguém tirasse vantagem de sua fraqueza. Era uma mancha sobre o nome de qualquer governante se alguém em seu reino sofresse indignidade e permanecesse desamparado quando atacado. Ideal semelhante existiu no Ocidente na época da cavalaria, quando os cavaleiros se engajavam em socorrer os aflitos e lutar por justiça.

Na nossa atual sociedade altamente populosa e superorganizada, o modelo da era da cavalaria não é mais válido. Contudo, a não ser que meios eficazes possam ser encontrados para tornar a vida segura e os valores humanos protegidos para os fracos bem como para os fortes, a nossa era não pode, de maneira alguma, ser chamada de civilizada. Existem incontáveis maneiras de as pessoas com poderes físicos, econômicos ou políticos tentarem explorar e subjugar os outros. Mesmo em países onde se diz que as mulheres são livres, elas verdadeiramente não o são. As estatísticas de muitos países sobre estupro apresentam um quadro terrível da selvageria do homem. Crianças indefesas e idosos desamparados estão também sujeitos a assalto. Em parte, como resposta a este problema, outras sociedades aprisionam mulheres por trás de véus escuros e restringem sua liberdade. Elas são proibidas por seus companheiros de viver uma vida livre, o que lhes daria oportunidade para desenvolver as faculdades intelectuais e outras. Em ambos os casos, existe opressão de uma seção da população por outra e a dignidade humana é totalmente desprezada. Se mulheres, crianças e idosos não podem ser livres e ao mesmo tempo ser tratados com o respeito que é devido a todo ser humano, a civilização não é mais do que uma tênue aparência.

Pelo fato de as mulheres serem, via de regra, fisicamente menos poderosas do que os homens, e biologicamente mais vulneráveis, elas raramente tiveram uma posição de igualdade na sociedade. Os homens decidiam de tempos em tempos que as mulheres são inadequadas para a educação, para votar, para herdar ou deter propriedade, para estudar e mesmo ouvir as escrituras, para ter profissões, para escolher maridos por si mesmas, para participar na administração e assuntos de estado, etc. Embora na maioria das sociedades (não em todas), as mulheres sejam fisicamente livres e tenham oportunidades para a educação e o emprego, existem ainda preconceitos tradicionais a respeito de sua suposta inconstância, fragilidade moral e propensão à tentação. Houve inúmeros casos em que juízes do sexo masculino consideraram que vítimas de estupro devem ter desejado parceiros, mesmo em casos de brutalidade cometida por gangues, ou que elas devem ter provocado o crime por seu próprio comportamento. A balança também tem pendido pesadamente contra a infidelidade real ou suposta das mulheres. Em quase nenhuma sociedade houve igualdade em atitude e tratamento.

Em todo o mundo, aqueles que estão econômica e socialmente nos degraus inferiores da escada são também vítimas de um sistema social altamente desigual. Na maioria dos países os pobres não têm recursos para recorrer à justiça e não podem pagar por assistência jurídica. O seu analfabetismo e sua simplicidade tornam-nos vítimas fáceis de médicos, policiais e advogados gananciosos. Eles superam aos milhões as classes abastadas e educadas, e, no entanto, são indefesos.

Os filhos dos pobres são levados ao crime em função do ambiente em que vivem. Nascidos nas ruas ou em favelas e indesejados, eles aprendem desde a infância a pedir, roubar e mesmo fazer coisas piores. Eles são privados de toda oportunidade de aprender qualquer outro modo de vida, pois as assim chamadas casas de correção apenas os ajudam a endurecer, pelo que a própria sociedade é verdadeiramente responsável. A pobreza torna-os fracos moral e mentalmente, e então sua fraqueza é condenada.

A Dra. Annie Besant, cuja obra magnífica pelos oprimidos é bem conhecida, era da opinião de que se houvesse uma maior percepção do dever, haveria menos necessidade de reclamar por direitos. Aqueles que detêm poder de qualquer tipo – físico, político, econômico – devem ser mais responsáveis, e seu primeiro dever é proteger os direitos e a dignidade daqueles que são fracos. Ela escreveu também que quando o coração amoroso desperta na pessoa, ela considera aqueles que sofrem, que são ignorantes ou fracos, como filhos de quem deve cuidar.

O estado frequentemente torna-se uma máquina opressora que controla as vidas de seus cidadãos e extrai receita para levar a cabo atividades nefastas e manter a classe dominante em seus assentos de poder. Seus procedimentos podem ser tão morosos e obstruídos pela burocracia que as pessoas são levadas ao desespero e à indiferença. É preciso ainda que se desenvolva uma forma de Estado que será pai e mãe de todos os seus cidadãos, em cuja tarefa os mais afortunadamente dotados compartilharão protegendo voluntariamente o interesse de seus irmãos mais fracos. Civilização, no sentido mais elevado, tem ainda de ser alcançada.

5. Uma Lei para os Governantes (Set. 1987)

Segundo o sábio Confúcio, aquele que não consegue governar a si próprio não consegue governar sua família, aquele que não consegue governar sua família não pode governar o estado. Se o governante não é digno, se ele se considera acima das leis que promulga, embora possa obter uma vantagem temporária, ele perde muito, ele perde muito a confiança e o afeto do povo.

Governar envolve relacionamento maior do que manter a lei e a ordem; tem um papel vital a desempenhar no crescimento da virtude e da promoção da prosperidade e da felicidade. Quer o sistema de governo seja democrático ou monárquico, o governo sempre tem que ser para o povo. O monarca, o ministro e o administrador dão o tom para tudo que acontece em seu Estado e, assim, tanto têm privilégios quanto responsabilidades acima das outras pessoas. "Tal como é o rei, é o povo", diz um antigo ditado. O povo sempre considera o exemplo do governante e administrador e não apenas seus preceitos e ordens. A responsabilidade pelas más condições repousa principalmente sobre eles. A iniquidade e a injustiça só existem quando o poder é exercido por corruptos, incompetentes e preguiçosos, e por aqueles que buscam o lucro e a diversão à custa da sociedade.

Assim, a lei que governa os governantes deve ser mais rigorosa do que a aplicada às pessoas. Tanto os governantes *Kshattriyas* quanto os cavaleiros europeus de antigamente se sentiam desonrados se não obtivessem êxito em proteger os fracos e manter a justiça. Eles empreendiam a tarefa mais difícil pelo bem das pessoas. O poeta em língua sânscrita Kālidāsa declarou a lei aceita para os governantes, ou seja, "as armas são para a proteção daqueles que sofrem e não para a opressão dos inocentes". Os soberanos e administradores têm de ser tanto pai quanto mãe das pessoas. E a prosperidade não deve ser julgada em termos de ganho, mas em termos de retidão.

Platão defendia um governo de reis filósofos, pois a filosofia é necessária para entender os deveres e os relacionamentos. Ela provê sabedoria. Ele dizia: "Não há esperança para a cessação dos males para os Estados, e na minha opinião, nem para a humanidade – exceto através de uma união pessoal entre poder político e filosofia". Como não é fácil obedecer ao modelo platônico, existia uma alternativa na tradição indiana onde governante e administrador eram aconselhados por homens sábios que nada tinham além de sua autoridade moral. Sendo respeitados pelo povo, eles eram admitidos aos conselhos de governo para realçar a estatura moral [do governo].

Nos processos democráticos, o poder chega às mãos daqueles que não estão necessariamente preparados para as responsabilidades que acompanham o poder. A irresponsabilidade por parte dos homens de poder tem desencadeado guerras e criado desastres nacionais e internacionais. Pela mesma razão, os recursos da maioria dos países estão sendo desperdiçados na preparação para agressão em vez de assegurar prosperidade e virtude. A maioria dos governantes carece de sabedoria para terem uma visão ampla do bem-estar humano. As perspectivas tribais e nacionalistas e as objeções etnocêntricas devem ter menos espaço ainda nas mentes de governantes hoje do que jamais houve. Em um mundo armado até os dentes, nenhum governante pode se dar ao luxo de causar danos ao povo de um outro país sem expor sua própria nação aos mais graves perigos.

A corrupção também se tornou lugar-comum em todo o mundo, e o lucro e o prazer têm precedência sobre o senso de responsabilidade e preocupação para com o povo. Em toda parte do mundo aqueles que desfrutam de poder, seja por causa de sua posição ou riqueza, pouco têm a temer quando infringem as leis e normas que são aplicáveis a todos os cidadãos. Pessoas endinheiradas frequentemente cometem atos criminosos em larga escala com impunidade, enquanto o homem pobre é acusado de ofensas de pouca consequência. Inúmeros governantes consideram-se acima da lei. Isto explica a rápida degeneração e a queda nos padrões éticos entre os povos do mundo. Quando o governo da retidão prevalece, "os homens de pouca virtude submetem-se aos de grande virtude". Quando o governo é de pessoas que carecem de senso de responsabilidade, acontece o oposto. O conselho de sanidade exige que os governantes devam se submeter a um rígido e nobre código de conduta que trará o bem às pessoas e a paz ao mundo.

6. Movendo-se Lentamente para um Único Mundo (Set. 1989)

Tennyson teve uma previsão assombrosa a respeito do futuro do mundo quando escreveu a respeito do "Parlamento do Homem, da Federação do Mundo". O mundo parece estar se movendo lenta e dolorosamente rumo a federações regionais que podem no final das contas culminar numa federação mundial. Embora os moinhos de Deus moam lentamente eles moem excessivamente bem e podemos esperar dos passos vacilantes que estão agora sendo dados rumo à unificação em algumas regiões, particularmente na Europa, uma estrutura definitiva de paz e cooperação.

Apesar de apreensões, confrontações e disputas, as barreiras entre países na Europa Ocidental estão desmoronando. A proposta de se introduzir uma moeda única, o Mercado Comum, a abolição de passaportes separados e medidas semelhantes são os tijolos com os quais a estrutura da unidade europeia está sendo construída. Pode-se até mesmo pensar na possibilidade de uma federação maior incluindo também países da Europa Oriental. Existe uma conscientização crescente de que os povos da Europa não podem viver num estado de hostilidade durante um período indefinido de tempo, e é de interesse comum das nações aprenderem a respeitar os modos de ser e valores mútuos. Num encontro recente com intelectuais em Paris, o presidente Gorbachev disse que acreditava firmemente que a Europa se mostraria capaz de elaborar um projeto para um lar comum europeu e realizar sua consumação. Como preliminar a este objetivo desejável, ele falou a respeito das crescentes mudanças em todos os níveis – cultural, político, militar, econômico e, presumimos, também no nível pessoal. Quando as fronteiras entre Oriente e Ocidente forem abertas e o turismo e as viagem de um lado para outro aumentarem, pode haver um novo clima de compreensão e apreciação mútuas.

Em outras partes do planeta, mudanças semelhantes devem ser organizadas para reduzir a desconfiança e promover a apreciação mútua. Existem interesses comuns naturais entre os povos do subcontinente indiano, por exemplo, que devem ser utilizados para fortalecer os laços mútuos. De modo semelhante, no Sudeste da Ásia, os diferentes países estão unidos por um histórico cultural comum e também por exigências regionais. Associações regionais como ASEAN são úteis para unir os povos cuja situação econômica e geográfica pode levar a pensar em termos de federação. Interesses econômicos compartilhados aproximam as pessoas, enquanto as rivalidades políticas dividem. Embora interesses econômicos mútuos devam superar outras condições, a ação coordenada é muitas vezes retardada por vestígios a favor de soberania nacional e atitudes separatistas.

A diversidade de natureza cultural, étnica ou política deve deixar de ser considerada um obstáculo à cooperação e à unidade. Por outro lado, essas formas de diversidade devem ser acolhidas como um enriquecimento da futura civilização mundial. A Índia foi durante séculos um quebra-cabeça em constante mudança de estados politicamente divididos. Enormes diversidades existiam entre os povos que viviam ao sul dos Himalaias por causa de sua origem étnica, hábitos, idioma, religião e assim por diante. Contudo, como observaram os estudiosos, havia uma unidade básica de cultura e uma visão de mundo comuns em meio a esta diversidade que tornou possível usar o termo único "Bharata-varsha" para todo o subcontinente.

A Federação do mundo deve, portanto, ser visualizada como um padrão de pluralidade integrado em unidade pela convicção de que os seres humanos não conseguem sobreviver ou progredir senão juntos. Tal convicção deve ser engendrada nos corações de um número crescente de pessoas, particularmente dos jovens, por meio de discussões inteligentes. Uma vez que quase todos os principais problemas da humanidade são agora problemas mundiais, a solução só pode surgir num nível global. Para finalmente se alcançar isso, deve haver políticas acordadas no "Parlamento do Homem".

7. Uma Nova Luz no Horizonte? (Fev. 1989)

O discurso de Mikhail Gorbatchev nas Nações Unidas estabeleceu o tom para um esforço internacional para a construção de uma nova ordem mundial baseada em perspectivas globais, cooperação e uma perspectiva humana. Ele lançou um desafio aos governantes bem como aos povos do mundo para enfrentarem os atuais problemas críticos com sabedoria. O conceito de reestruturação (*perestroika*) que ele apresentou implica entender os princípios do relacionamento – tolerância, mutualidade, benevolência – sem os quais não há uma base sólida para um mundo novo livre da guerra, do hiato entre ricos e pobres, e da agressiva competição para se alcançar o domínio.

Os membros da Sociedade Teosófica não podem deixar de concordar que o progresso global só pode ser alcançado abrindo-se mão da ideia de senhorio excessivo. Durante muito tempo, os conquistadores do mundo – César e Alexandre, Napoleão e outros imperadores – foram colocados em pedestais e considerados heróis. As realidades dos dias de hoje estão nos forçando a "abandonar os estereótipos tradicionais e as visões de vida ultrapassadas e nos libertar da ilusão".

Nas circunstâncias atuais, nenhum país pode alcançar prosperidade por si próprio estabelecendo hegemonia sobre os outros. A segurança nacional deve ser assegurada somente através da cooperação internacional e do planejamento para o bem-estar de todos os povos. "O que precisamos é unidade na diversidade". Esta afirmação surpreendente do presidente da União Soviética é um eco do pensamento teosófico. Como ele diz corretamente, para que isto seja realizado as relações internacionais devem estar livres da abordagem ideológica. É preciso uma apreciação das diferenças e uma disposição para negociar, num espírito de respeito mútuo, de equilíbrio necessário entre os interesses de diferentes nacionalidades e povos.

Agora todos os problemas são problemas mundiais. A produção de alimentos, a economia, a questão da população, a ecologia, o uso da mídia, todas estas coisas deixaram de ser responsabilidade de apenas um número limitado de pessoas. Como o mundo está interligado, todos os povos têm o direito de compartilhar e contribuir, num espírito de liberdade e compreensão, para as decisões que farão a humanidade avançar. A interdependência do mundo moderno exige hegemonia em pensamento e planejamento. O nacionalismo aliado à ideologia e apoiado por interesses particulares tem envenenado o mundo. A ideia há muito aceita de que alguns podem ganhar à custa dos direitos e das liberdades de outros deve ser totalmente rejeitada, juntamente com o uso da força para se alcançar objetivos nacionais e regionais.

As Nações Unidas foram criadas num momento em que os horrores da Segunda Guerra Mundial voltaram as mentes das pessoas para a paz. Havia então grande esperança de que finalmente a humanidade aprendera uma lição e que pelo processo de discussão, negociação e ação conjunta, para os quais as Nações Unidas ofereciam uma plataforma, os problemas internacionais poderiam ser resolvidos, e ocorrer uma nova era de desenvolvimento. Infelizmente, essas esperanças foram desmentidas sistematicamente. Agora mais uma vez há indicações de que o pensamento mundial está se voltando para a paz. Também isso pode terminar em futilidade a não ser que em termos mundiais se pense vigorosamente sobre os princípios da cooperação mútua e da confiança entre as nações no mundo. Este é o desafio que Gorbachev lançou, não apenas perante os líderes de nações que têm assento nas Nações Unidas, mas perante todos os homens e mulheres do mundo. Ao dar início ao desarmamento unilateral, reavaliando a ideologia e métodos socialista, e abrindo a comunicação, ele iniciou uma linha de ação que pode inaugurar a aurora de uma nova era de cooperação e paz, com liberdade e dignidade para todos.

8. Somos Civilizados? (Nov. 1986)

O estado de civilização do Século XXI é bastante questionável. Civilização implica o estabelecimento de um relacionamento entre as pessoas que seja favorável ao progresso de todos. A ganância desenfreada tornou-se uma característica tão proeminente dos dias atuais que para se ganhar dinheiro grandes organizações criminosas são criadas e são instituídos sistemas de exploração com impunidade. A fabricação, contrabando e venda de narcóticos está crescendo para se tornar um dos negócios mais rentáveis. Aqueles envolvidos nisto incluem funcionários, banqueiros e outras pessoas aparentemente respeitáveis, e não apenas a máfia. No Ocidente e no Oriente, tanto os ricos quanto os pobres estão se tornando viciados. Eles são induzidos por todos os tipos de meios a experimentar heroína ou cocaína e o resto de suas vidas é arruinada.

Muita coisa está sendo agora escrita a respeito do horror do abuso infantil. Os pais que se supõe cuidarem de seus filhos estão por demais envolvidos na busca de prazer para cuidar ou amar. As crianças são espancadas, esmurradas e abusadas com terrível brutalidade.

Vários países do mundo legalizaram a prostituição dando-lhe a sanção do Estado. É comumente sabido que uma grande parte das mulheres envolvidas neste negócio infeliz são vítimas da pobreza e são induzidas a acreditar que vão conseguir um emprego decente quando forem levadas e empurradas para esse negócio. Alega-se que a prostituição legalizada é uma medida necessária para a prevenção do estupro e a proteção da saúde pública. Raramente se pensa na saúde das pobres mulheres abandonadas. São sempre as mulheres que são consideradas pecadoras e criminosas, e os homens que as usam não são culpados aos olhos da lei ou do público.

O século atual é testemunha de enorme brutalidade e crueldade. Obviamente, o crescente conhecimento de natureza técnica não torna o homem mais civilizado. A competição, que é a tônica dos tempos atuais, aumenta a dureza do coração, a violência e a crueldade. O homem está se tornando uma criatura altamente mental com conhecimento crescente, e é duro de coração. Não pode haver verdadeira civilização numa sociedade onde os sentimentos mais refinados cedem espaço a conceitos astutos e a uma grande quantidade de informação.

Capítulo 16

Evolução

1. Os Poderes Latentes no Homem (Abr. 1982)

A crueldade, a opressão e a miséria desempenham papel importante na vida e na atividade humanas. Em grande medida a ânsia de poder é responsável por este estado de coisas. A ânsia de poder está muitas vezes mesclada com o desejo de prazer e lucro de vários tipos. Na tradição oriental o desejo por estas três coisas – poder, prazer e dinheiro fácil – é considerado a fonte de sofrimento e dor. A mente que anela por qualquer uma ou todas elas é distorcida e levada a empreendimentos que são destrutivos, mas que às vezes parecem louváveis. Certas ações parecem valer a pena quando vistas de fora, mas são, na verdade, consideradas ignóbeis e maculadas quando se examina seus motivos. O homem se orgulha do grande conhecimento que obteve em várias áreas, mas a pessoa se pergunta quanto dessa sua busca por conhecimento representa um interesse puro na verdade, e quanto dele é adquirido para propósitos ulteriores tais como dominar os outros.

Embora poucas pessoas tenham questionado os objetivos e a validade ética de se buscar o conhecimento nas áreas mais usuais, há graves dúvidas a respeito do desejo de se adquirir poderes psíquicos. Os poderes psíquicos e o conhecimento do extrassensorial não são qualidades diferentes do conhecimento e do poder que o homem tem no nível físico. Aquele é meramente uma extensão deste, comparável, por exemplo, à extensão da visão através do uso de instrumentos tais como o microscópio e o telescópio. Assim, a clarividência, quando é precisa e confiável, é uma extensão do campo de visão. O fato de se ver através de um telescópio ou de um microscópio, ou se tornar clarividente liberta o homem ou o ajuda a se libertar dos motivos egoístas. Por outro lado, o amor pelo poder e o desejo de novas experiências têm levado as pessoas a adquirir conhecimento no campo psíquico. Por isso, muitas advertências foram feitas contra a aquisição de *siddhis* (poderes psíquicos) inferiores enquanto houver um mínimo que seja de impureza na mente.

A verdadeira meta espiritual é um estado de perfeito altruísmo. Homem espiritual é aquele no qual não há toque do desejo por poder ou lucro pessoal. "Não para si próprio, mas para o mundo ele vive". Ele não busca dominar os outros nem ocupar uma posição de comando. Uma leitura das *Cartas dos Mahatmas para A. P. Sinnett* torna claro que o escritor está repleto de humildade e não faz esforço para sujeitar à sua a vontade de outrem. Como disse H.P.B., todos os *siddhis* estão presentes num homem assim, e ele é naturalmente dotado de força interior. É uma força que busca servir e não pressionar ou suprimir.

A Sociedade Teosófica existe para produzir a regeneração do homem, que implica a realização da profunda harmonia e unidade que subjaz à existência e é o significado da vida. Como foi dito anteriormente, a extensão do conhecimento e, através dela, a obtenção de poder nos campos físico e psíquico, não produzem mudança radical na natureza do homem. Um mágico, um ilusionista, um clarividente ou um pesquisador no campo psíquico é como qualquer outro ser humano, confuso e egoísta. Suas ações não tendem a ser menos contraditórias ou mais gentis e harmoniosas porque ele agrega ao conhecimento PES (percepção extrassensorial) ou é habilidoso na produção de fenômenos.

O terceiro Objetivo da Sociedade Teosófica é muitas vezes mal compreendido. Pensa-se que a investigação de PES, fenômenos psíquicos e assim por diante, é parte do trabalho a ser empreendido pela Sociedade. O significado do terceiro Objetivo, porém, deve ser considerado no contexto da *raison d'être* dentro da própria Sociedade, que é produzir uma mudança radical na humanidade - de um estado de egoísmo para um de perfeito altruísmo, de um estado de conflito e discórdia para a realização de total harmonia e plenitude. A busca da pesquisa PES ou a extensão das respostas visuais e outras, numa área um pouco maior, são triviais do ponto de vista do sublime objetivo colocado perante a Sociedade Teosófica, que exige a descoberta num nível muito mais profundo do que o físico ou o psíquico.

Nas profundezas da consciência humana jazem potenciais ocultos com os quais poucas pessoas sequer sonham. Esses [objetivos] florescem plenamente nos homens libertos que são perfeitos em amor, sabedoria e pureza altruísta. Aquele que se preocupa com a regeneração da humanidade deve aprender a deixar desabrochar o poder que é puro amor e sabedoria, para que possa se tornar um benfeitor no verdadeiro sentido. Os poderes latentes no homem não podem ser "adquiridos" porque a busca por poder é destrutiva e causa sofrimento. Os poderes espirituais manifestam-se naturalmente à medida que a pessoa aprende a abrir mão do egoísmo com o qual tem tentado se proteger durante longas eras e muitas encarnações.

É importante, especialmente neste ponto crítico na história da humanidade, que os membros da Sociedade Teosófica se preocupem com o que é essencial, e não com o que é sem importância do ponto de vista da transformação moral e espiritual. Existem fatos intermináveis a respeito do Universo que ainda são desconhecidos. Sendo assim, poderíamos buscar interminavelmente os detalhes da informação obtenível nos vários níveis, mas que nos deixam inalterados. O mundo moderno provê testemunho contínuo para o fato de que o crescimento do conhecimento não cria um mundo melhor. Talvez apenas acentue os problemas. O que é essencial não é mais informação, seja nos campos físico ou psíquico, mas um crescimento em amor e sabedoria, tranquilidade e altruísmo por cujo poder e virtude a humanidade pode verdadeiramente se redimir.

2. Os Poderes Latentes no Homem (Nov. 1990)

O terceiro Objetivo da Sociedade Teosófica é "investigar as leis inexplicadas da Natureza e os poderes latentes no homem". Para entender a verdadeira importância deste Objetivo, é preciso examinar sob a perspectiva mais ampla do objetivo geral da ST. Devemos ver que os três Objetivos da Sociedade estão intimamente relacionados entre si e a Sociedade tem um propósito único, abrangente, que compreende os três Objetivos. Isto pode ser resumido nas palavras "regeneração humana".

Regeneração implica o surgimento de uma nova qualidade mental. A mente humana está habituada a dividir, compartimentalizar e rotular tudo que vê. Ela separa o mundo em nações, raças, os altos e baixos, o agradável e o desagradável. Isto, para tristeza do homem, o ilude e envolve em rivalidades, ódios e as múltiplas formas de lutas que conhecemos.

Fraternidade universal sem distinções é o antídoto para esta condição. Uma mente que não está iludida por distinções é fundamentalmente diferente daquela que é condicionada e fragmentada. O segundo Objetivo da Sociedade tem a verdade como meta, sendo religião, filosofia e ciência diferentes caminhos para ela. A percepção da verdade transforma a mente, e assim o lema não "há religião superior à verdade" é basilar para os propósitos da Sociedade. Pelo fato de não se pensar nos três Objetivos como estando interligados, a Sociedade perde força e seus membros frequentemente puxam em direções díspares.

O terceiro Objetivo não se refere ao desenvolvimento de poderes psíquicos tais como clarividência e clariaudiência. Essas coisas não são muito diferentes de se expandir a visão pelo uso de um microscópio ou telescópio. As pessoas que veem mais do que outras necessariamente não saem da ignorância e da tolice, enquanto suas mentes permanecerem no mesmo nível de percepção. Elas até mesmo arriscam-se a se tornar vaidosas, e, portanto, mais tolas. O que torna uma pessoa mais sábia é compreender a importância do que vê.

A palavra "poder" geralmente tem o sentido pervertido. Sugere o desejo de se utilizar ou dominar outros e realizar propósitos pessoais e egoístas. O interesse em obter poder é expressão da avidez que é uma característica importante da mente humana mediana. Não estando plenamente satisfeita com o ganho material, ela quer coisas novas, entre as quais o poder que outras pessoas não têm. Não é objetivo da ST satisfazer tal avidez. O terceiro Objetivo da Sociedade refere-se apenas àqueles poderes que são completamente livres do elemento egoísta e pessoal, poderes que são da natureza da vida e da consciência e que compartilhamos com todo o Universo.

O poder em seu sentido puro significa energia. Todo o Universo é energia, mesmo cada átomo de matéria, cada criatura, grande ou pequena, é um depósito de energia, pois vida é energia e consciência é energia. A energia que é vida é extraordinariamente criativa; é também uma manifestação de suprema inteligência e amor. Pelo fato de poder, amor e inteligência de uma ordem sublime serem todos igualmente aspectos seus, os caminhos da Natureza são sempre bons. A destruição só existe na mente humana. Como dizem as *Cartas dos Mahatmas para A.P. Sinnett*[73]:

> Só a humanidade, portanto, é a verdadeira fonte do mal. . . . a origem de cada mal, seja pequeno ou grande, está na ação humana, no homem, cuja inteligência faz dele o único agente livre da Natureza. . . Portanto, não é a Natureza nem uma Divindade imaginária que devem ser acusadas, mas a natureza humana transformada pelo egoísmo em algo mau. Pense bem sobre estas poucas palavras.

O homem não é o corpo. Ele é essencialmente um foco de consciência, mas sua consciência tem uma percepção especial não possuída por outras criaturas. Isso significa descrevê-lo como o único agente

73 Brasília: Editora Teosófica, 2ª Ed., Vol. II , 2017, p. 60-61. (Nota Ed. Bras.)

livre na Natureza. O homem é capaz de perceber valores que não são concretos, mas que também não são abstratos, pois eles têm uma realidade que as abstrações não têm. Os valores pertencem ao reino não material da verdade, e a especial habilidade da consciência humana é elevar-se a esse nível.

Seria um truísmo dizer que a consciência deve ser consciente, mas a observação mostra que a capacidade do homem de ser consciente é extremamente precária, mesmo no nível mundano. As pessoas constantemente não percebem o que está diante delas, o que se torna claro ao se comparar a sua visão com a de grandes artistas. Por que os artistas precisavam mostrar o que todos deveriam ser capazes de ver por si próprios? Não apenas muitas coisas no nível da forma são ignoradas pela pessoa mediana, e o que ela não percebe nos níveis mais sutis é muito maior.

H.P.B. deu uma ilustração útil. Um selvagem olhando para um quadro maravilhoso sequer compreende que ele representa um desenho, porque em sua mente as cores e formas não estão relacionadas. Se a consciência do selvagem se tornasse mais refinada, ele veria um padrão emanando do caos anterior. Ele começaria a ver o relacionamento entre as linhas e imagens do quadro com um senso de totalidade. Quando sua percepção se tornasse ainda mais sensível, ele despertaria para a beleza. Certamente que há grandes profundezas que ele pode alcançar na percepção da beleza.

Todo esse tempo a tela permaneceu a mesma, mas à medida que a consciência se torna mais sensível, ela descobre significado e beleza crescentes. O poder inerente da consciência para conhecer – para conhecer a beleza, a verdade, a harmonia e outros valores – expandiu-se. O que estava latente antes, desabrochou.

Quando uma pessoa não está consciente de algo, ela não se relaciona com essa coisa. Embora possa ser verdade que no nível profundo tudo esteja relacionado, isto não é um fato para alguém que não esteja perceptivo. Se ele passa por uma flor sem a ver, ele não se relaciona com ela. Se não dá atenção a uma pessoa, não tem relacionamento com ela. Se está pensando apenas de um modo restrito, os seus relacionamentos são correspondentemente inadequados.

Infelizmente jamais dispensamos nossa plena atenção a alguma coisa. A mente é distraída por seus hábitos de avidez ou de medo. A inquietação e a fragmentação impedem-na de funcionar segundo sua verdadeira natureza, que é conhecer.

Tal como o selvagem no nosso exemplo, nós vemos cores e imagens sem sentido na tela da vida, mas quando nosso poder latente para conhecer desperta, há um novo tipo de cognição. Um mundo oculto de verdade e beleza é revelado a cada momento da vida, e sua importância é conhecida. Quando uma pessoa vê a natureza espiritual interior de todas as coisas, a verdade em todos os seres, a realidade em cada partícula, ela é diferente, plena de amor, sabedoria e compaixão.

O poder para conhecer pode expandir-se até a onisciência. Um Adepto, dizem, não tem de passar por todo um laborioso processo de pesquisa para conhecer algo. Ele simplesmente volta sua atenção para essa coisa e a conhece totalmente em sua essência, porque sua consciência tocou o nível do conhecimento universal.

Na consciência do homem, conhecimento, verdade, beleza e amor estão latentes. Todos estes são aspectos de poder. Existe um ditado latino *omnia vincit amor*: "O amor tudo conquista". Isto é literalmente verdadeiro, pois todas as verdades da natureza espiritual são expressões da energia universal sem limites.

3. Evolução Acidental? (Abr.1982)

A visão materialista da evolução tem sido questionada e desafiada por cientistas eminentes. A espantosa medida de ordem a ser encontrada nos processos do Universo e o funcionamento da vida orgânica inevitavelmente provocaram a reflexão a respeito de um desígnio subjacente e uma inteligência penetrante. A especulação sobre a existência, se é uma inteligência universal em atuação, ou se é uma inteligência amorosa, não equivale a adotar uma postura teísta.

Falando recentemente a uma plateia de cientistas, *Sir* Fred Hoyle mencionou que, para seu funcionamento, os seres humanos dependem de 200.000 cadeias de aminoácidos organizadas num padrão particular. As probabilidades quanto a se chegar a este padrão por uma série de acidentes é semelhante às probabilidades contra se lançar o dado e dar cinco milhões de vezes consecutivas o número seis. Em vista deste fato, a fixação da mente em uma posição estritamente materialista não é menos racional e dogmática do que a postura adotada por muitos crentes religiosos.

Sir Fred especulava sobre a possibilidade de a vida ter vindo de outra parte do Universo e do ressurgimento da inteligência sobre uma distância de espaço e tempo, sendo tudo isso de interesse daqueles familiarizados com a literatura teosófica.

A complexidade da vida é desconcertante e a beleza e a ordem inerentes aos processos e às estruturas do Universo atordoam a imaginação. É quase fútil para uma mente humana limitada pretender que consegue penetrar os vastos mistérios de tudo isso. O intelecto tem de sondar, aprender, especular. Mas o espírito é tranquilizado pela maravilha de tudo isso todos os dias, tal como era nos tempos do vidente vedantino que cantava:

Quem conhece o segredo? Quem o proclamou aqui?
De onde, de onde surgiu esta manifestação múltipla?
Os próprios deuses vieram depois –
Quem sabe de onde surgiu esta grande criação?
Isso, de onde veio toda essa grande criação,
Se Sua Vontade criou ou ficou muda,
O Mais Alto Vidente que está no céu mais elevado,
Ele sabe – ou por acaso nem mesmo ele sabe.

4. Um Futuro sem Limites (Maio. 1981)

O homem foi chamado de "animal inacabado", o que sugere que embora estenda-se diante dele a possibilidade de se tornar um "produto acabado", esse produto ainda seria um animal. Os estudantes de filosofia esotérica não aceitariam uma tal visão. Embora o homem físico possa ser a culminância do processo evolutivo dos biólogos, embora a projeção do espírito-consciência em formas cada vez mais complexas e desenvolvidas possa vir para a fruição do homem, o homem não é o mero produto desse processo. A possibilidade nele latente é infinitamente maior do que a de se transformar em um animal perfeito e desabrochar as potencialidades da natureza animal e da forma animal, pois "a alma do homem é imortal, o seu futuro é o futuro de algo cujo crescimento e esplendor não têm limites".

Os *Dhyan Chohans* são forças da Natureza, duplas em aspecto. Eles são os "deuses" dos crentes em poderes divinos extracósmicos. Mas, na verdade, eles não são agentes super-humanos fora da Natureza, dirigindo e controlando os processos naturais. Eles são parte da própria Natureza. Um aspecto dessas forças é a "energia bruta", irracional, inerente à matéria. Aqui, "energia bruta" não implica violência ou brutalidade. A palavra "bruta" refere-se a inconsciente, funcionamento e ação não racionais, como numa besta ou animal. A energia bruta na Natureza opera através de leis que são mecânicas e não transgressíveis. Pelo fato de a energia inerente na Natureza atuar segundo um padrão inflexível, é possível prever efeitos, bem como neutralizar, alterar e controlar as condições.

Os *Dhyan Chohans* são também a "alma" inteligente ou a consciência cósmica que guia e dirige a energia bruta na matéria. Na perspectiva destes dois aspectos da Natureza, o homem tanto é forma humana quanto ser humano. A forma humana evoluiu e é moldada segundo os processos da Natureza, e está sujeita às leis inerentes à evolução. A evolução, salienta H.P.B., traz à existência objetiva aquilo que já existe. Isto parece paradoxal, porque normalmente pensamos que o que é objetivo é real e o que não é objetivo e tangível para os nossos sentidos é irreal. Os cientistas geralmente negam a existência do que não lhes é objetivo – não necessariamente no nível físico, substancial, mas também objetivo ao intelecto na esfera da lógica. Mas, segundo o ensinamento oculto, a projeção em "realidade" objetiva coloca a coisa percebida no plano da ilusão. Ela se tornou transitória no campo do tempo e a própria ação de objetivação circunscreve a realidade.

A forma humana é um produto do processo evolutivo que ocorre no campo da objetivação. À medida que as formas evoluem, vida e consciência manifestam-se mais plenamente. Elas mesmas não evoluem, porque a consciência é o que é, sempre completa, pura e perfeita, mas pode parecer não ser assim quando sua manifestação ou expressão é restringida. H.P.B. diz em *A Doutrina Secreta* que as formas humanas existiam na eternidade como protótipos astrais e etéricos, o que significa que, como tudo o mais que vem à manifestação, o que depois se torna objetivado já existia na Mente Divina, no mundo das Ideias Divinas, algo como um templo ou uma peça musical pode já existir na mente de seu criador antes que se lhe dê forma externa. Dizem que na mente de um grande músico existe toda uma peça musical, complexa e bela, num estado de completude. O templo com toda a sua beleza, *design* e decoração, pode existir como um todo na mente do arquiteto. O quão perfeitamente existe depende, por certo, da capacidade do indivíduo humano, mas no caso do Divino Arquiteto, a Mente Divina, nada há senão a perfeição.

No processo da evolução biológica, que ocorre segundo certas leis, uma forma não pode surgir do nada. O corpo humano é o resultado do mesmo processo, e evoluiu em moldes minerais, vegetais e animais. Do molde ou protótipo básico, ocorre uma variedade infinita de desenvolvimentos. O processo evolutivo é o desenvolvimento de inúmeras variações. As melhorias comuns no padrão de um organismo ocorrem através dessas variações. Milhões de variações são rejeitadas pela Natureza e umas poucas são usadas para produzir uma mudança significativa. Então ocorre o salto, que é chamado de mutação. Mas mesmo quando ocorre uma mutação, sua base é normalmente a forma que já existia; nada é produzido através de um truque de magia. Vejamos, por exemplo, a rosa selvagem. Como resultado de uma mutação, pode ser produzida uma rosa com características que não são rastreáveis na forma anterior. A nova variedade ainda é uma rosa. Não é algo que surgiu do nada; ela está ligada ao passado. Da mesma maneira, toda mutação e toda variação está ligada ao molde básico. Assim, o processo de evolução segue em frente, e o desenvolvimento ocorre da forma animal para a forma humana. Por isso H.P.B. diz: "A casca externa do homem, que é o *upādhi*, seu corpo físico, passou através de todo corpo vegetal e animal antes de assumir a vida humana". Isto implica que as peculiaridades, características e tendências, que pertencem ao passado biológico, estão na herança do corpo humano que inclui o cérebro humano.

O cérebro humano, sendo parte do sistema físico, não é diferente do corpo. Inerente a esse cérebro e a esse corpo e a cada célula do corpo, estão os traços que vêm do animal e do vegetal. É bem sabido que o cérebro registra tudo instantaneamente. Esse registro era necessário para a sobrevivência física do organismo. Talvez quanto mais desenvolvido seja o cérebro, mais habilmente ele registre. Um cérebro obtuso, não desenvolvido, registra parcial e lentamente, ou talvez não consiga registrar. O cérebro animal registra os fatos inconscientemente, mas o processo é muito lento, leva muito tempo para o animal aprender uma lição que é necessária para sua segurança. Mas à medida que o cérebro é aperfeiçoado, ele registra muito melhor.

No cérebro humano existe a capacidade para o registro instantâneo, necessário do ponto de vista biológico. Agora isso não é mais preciso, já que o homem superou todos os seus inimigos físicos pela astúcia de seu cérebro. Mas registrar tornou-se um hábito. Tendo herdado este traço biológico, o cérebro continua a fazê-lo. Todas as capacidades e tendências do passado podem não ser exibidas por cada ser humano, mas são mantidas ocultas em sua própria estrutura. Portanto, pode ser correto dizer que o cérebro humano individual e o corpo humano contêm toda a história da raça humana. Isso é o que H.P.B. parecia sugerir. Algo semelhante pode ser encontrado no crescimento do feto humano que delineia a história passada. A energia bruta, irracional, então, atuando na matéria e obedecendo a leis mecânicas, desenvolve a forma, quer essa forma seja um animal inacabado ou um animal acabado. Ambos são a mesma coisa – produtos do processo. Mas existe também aquilo que não é um produto de nada. A consciência ou vida não evoluem; ela não é um resultado; não pode ser. A questão para o homem é se, em vez de ser um animal inacabado, ele quer se tornar um animal acabado, o que significa seguir o ímpeto biológico. Ou se ele consegue reconhecer a existência do incriado, não padronizado, não resultante de um processo evolutivo, e, portanto, atemporal dentro de si. Quando o Buda foi perguntado a respeito disto, ele disse: "Se não houvesse o nascituro, o inapropriado, ou não feito e incondicionado, não haveria a libertação". O homem material é a culminância do movimento mecânico conhecido como *pravritti*, o processo evolutivo. Mas há um ponto crítico para o homem. Ele deve reconhecer que a possibilidade de uma transformação completa jaz no interior, não em seu cérebro, por mais maravilhoso que possa ser, mas através de algo que não é absolutamente condicionado – o *upādhi*, o veículo ou veste.

A escravidão *kármica* só existe no campo da ação mecânica. Quando uma pessoa sofre de pressão alta, a pressão tende a criar tensão psicológica. Assim, a pessoa é inclinada a se chatear ou se aborrecer. Se ela se torna agitada, a pressão arterial aumenta e um círculo vicioso é criado. Quanto mais dura essa condição, pior ela se torna. Este é um exemplo menor de como uma pessoa é levada a ser o que ela é por condições, e como, sendo o que é, ela molda as condições. É uma parte do ciclo do *Karma*. A herança biológica do homem – o conteúdo dos genes por assim dizer – impele-o a certas formas de ação. Portanto, o homem continua a pensar que deve lutar por sua segurança, enquanto é essa mesma luta que cria um mundo extremamente inseguro. Há um imenso perigo no mundo porque milhões de pessoas estão competindo e lutando entre si, formando grupos exclusivos para se proteger, criando incontáveis divisões dentro da sociedade. Nós não pensamos a respeito das complicações e dos problemas porque a nossa herança biológica nos faz agir mecanicamente.

A função é sempre mais importante do que a forma; na verdade, ela altera a forma. No seu opúsculo *Como Estudar Teosofia*, a Senhora Blavatsky diz que é possível talhar "novos caminhos cerebrais". Annie Besant e Krishnamurti também falaram de uma mudança nas próprias células do cérebro. Elas não conseguem mudar enquanto estivermos no círculo da escravidão, ou seja, da ação mecânica. Mas a beleza da vida humana jaz na possibilidade de presenciar isto e sair, caso em que a pessoa não é mais um "animal acabado", mas algo muito maior. O ser humano está destinado a romper com o passado e permitir ao espírito oculto, que não está sujeito a condições, circunstâncias, ou qualquer processo mecânico, desabrochar e florescer.

O ser humano como ele é representa a natureza material, e como ele pode ser, é um ser espiritual, com nada de mecânico nele. A palavra "espiritualidade" denota criatividade, e no estágio humano há um certo amadurecimento para isso.

5. Evolução (Mar. 2005)

Aquilo que chamamos de evolução é uma força ou movimento cósmico que se revela na natureza de todas as coisas. Assim como uma flor dobrada em seu pequeno envoltório abre sua beleza natural, tudo na manifestação desabrocha e revela o que *parecia* não estar lá. O movimento evolutivo é uma revelação de perfeição, de beleza, de uma verdade indefinível. A energia da ordem cósmica empurra constantemente em direção a esse desabrochar.

Nesse processo, parece haver um estágio onde o movimento se torna individualizado. Embora todas as outras criaturas estejam inconscientes e lentamente sendo levadas na corrente do movimento cósmico, crescendo de várias maneiras externa e internamente, no estágio humano a força evolutiva, que foi "espalhada", por assim dizer, concentra-se como um foco de luz através de uma lente de aumento. Maior desabrochar e desenvolvimento ocorrem através da iniciativa que surge do ponto bem definido que é a consciência humana individual.

Nos primitivos estágios da vida humana, a energia se apresenta como desejo e ambição, que é um movimento cego em direção ao que parece melhor, maior. O desejo representa a força motriz, mas é também a força da ilusão. *Luz no Caminho*[74] diz: "A ambição é a primeira maldição ... contudo é um instrutor necessário". Se desejo e ambição não existissem nos estágios primitivos, haveria inércia e estagnação, porque a força cósmica que empurra tudo para uma maior perfeição deixa à consciência individualizada manter a continuidade do movimento.

No reino animal, não é responsabilidade dos animais combater a estagnação. Eles não podem empurrar-se, e se desenvolverem! O seu progresso fica aos cuidados da Mãe Natureza, a própria força cósmica. Assim, não há o problema do desejo e da inércia no seu caso. Eles apenas vivem e são parte da grande corrente de evolução. Mas no ser humano a inércia é um problema, pois ele é o responsável por seu próprio progresso.

A maioria das pessoas fica estagnada não tanto fisicamente, mas espiritualmente. Elas estão engajadas apenas em tentar sobreviver tanto física quanto fisiologicamente. Este é um estágio transitório, du-

74 COLLINS, Mabel. Brasília: Editora Teosófica, 7ª Ed. de Bolso, 2020, p. 32. (Nota Ed. Bras.)

rante o qual o desejo se fortalece através das atividades, experiências, sensações, divertimentos e assim por diante.

Dizem, com ou sem razão, que o grande pecador está às vezes melhor preparado para se tornar um grande santo do que o homem fútil, porque sua energia se fortaleceu! Assim como pequenos riachos se juntam para se tornar um rio poderoso, arrastando tudo de modo irresistível, assim o grande pecador se torna forte com energia, e quando essa energia se vira na reta direção, o progresso é rápido. Isso não deve ser um incentivo para se tornar um pecador! Mas pode indicar que a energia tem de se acumular no interior do indivíduo. A maioria de nós não avança porque a nossa energia é fraca. Ouvimos muitas coisas a respeito da Senda e de suas qualificações. Podemos encontrar um grande instrutor, ter o privilégio de receber grande ensinamento e ainda assim nada se move!

Estar perto de um grande instrutor apenas para chamar sua atenção ou obter seu favor, em vez de encontrar a sabedoria, é perda de oportunidade. O impulso que vem do interior, o fluxo de energia individualizada, não deve ser dirigido para coisas triviais como poder, posses, e outras coisas mesquinhas da vida mundana. Então a ambição devora o coração, tornando a pessoa infeliz e insegura. Mas quando a energia se volta na reta direção, a mente se liberta das distrações, do tumulto e da maioria de seus problemas. Miraculosa e paradoxalmente, quando o movimento chamado *mumukshutva* "desejo de libertação", a qualificação chamada de "Amor" em *Aos Pés do Mestre*, principia e segue adiante, muitos problemas simplesmente terminam. Ou seja, se for verdadeiramente um desejo de liberdade e não um desejo para o eu. Essa é a beleza da coisa. A diferença é sutil; todos os outros objetivos e direções que a mente seguiu previamente, enquanto acumulava energia, baseavam-se no desejo para o eu. Isto é diferente, pois existe apenas um objetivo, uma clara direção, a simplicidade de intenção, como colocou Thomas à Kempis. A vida se torna dinâmica no sentido espiritual.

Como surge o desejo de libertação? Há duas coisas de que se fala na tradição. Em primeiro lugar ver e sentir o sofrimento da existência, como assinalou o Buda. Isso significa também compreender que deve haver uma saída. Se a pessoa diz, como mais ou menos todo mundo faz, "Não há saída; o sofrimento é um fato muito terrível e omnipresente, é impossível pôr fim a ele", isso é inércia. É como um homem cego que diz que é normal permanecer cego. Essa inércia pode coexistir com ambição e atividade aparentes. A inércia espiritual é quase sinônima de ambição produtora de sofrimento. Mas *mumukshutva* ajuda a pessoa a se libertar do sofrimento, pois ela vê que existe uma saída para o sofrimento.

Ver com clareza que existe um fim para o sofrimento é o início da senda. Se alguém está num labirinto sombrio, e pensa que não há uma porta de saída, ele simplesmente se senta e morre de fome. Por outro lado, por mais escuro que seja o labirinto, por mais complexa que seja a rota, se ele está convencido de que há uma saída, ele irá procurá-la e encontrá-la. Ele pode se cansar, pode descansar, mas retomará a busca. Assim, convicção e clareza devem despertar na mente para dar origem ao desejo de buscar o caminho. Talvez o Buda enfatizasse a necessidade de se ver o sofrimento como uma verdade, porque o desejo de libertação tinha gradualmente se tornado não uma questão de encontrar a saída, mas outra forma de obter algo para o eu.

O Buda ensinou também que o eu é o maior obstáculo à liberdade, à luz e à verdade. É a essência da ignorância, a raiz de todos os problemas. Ver que existe um fim para o sofrimento significa também compreender que o caminho não pode ser buscado para o eu. A energia só é dirigida corretamente quando estes dois aspectos são compreendidos: existe a libertação da ignorância e do sofrimento; o eu é a maior barreira para a liberdade e a compreensão.

O eu nasce da ânsia; é filho do movimento anterior do desejo. Aliás, ele *é* desejo e deve ser observado, como disse o Buda muitas vezes, "com plena atenção". Deve-se observar e ver se o que ele está fazendo, pensando, sentindo produz harmonia e amor, ou o oposto. As palavras que o Buda usou foram *kushala* e *akushala*, que são difíceis de traduzir. *Kushala* é uma bela palavra, que significa *bem*; *akushala* é a negação do bem. O que produz o bem é a ausência de eu.

Mumukshutva jamais pode ser energia egoísta. Não basta dizer: "Eu quero mais luz, eu quero sabedoria, eu quero me aperfeiçoar espiritualmente". As pessoas que buscam a religião degeneram nesse tipo de atitude. Obviamente, deve haver energia fluindo a partir do interior para se chegar à perfeição. Mas ela deve ser pura, compassiva, altruísta – consequentemente, da natureza do amor.

6. Mudança Gradual ou Imediata? (Maio 2005)

Uma questão que intriga muitas pessoas e que de vez em quando é trazida à tona é: "Krishnamurti falava a respeito da mudança imediata, mas isso não parece ser prático. Ninguém passou por uma tal mudança durante todos os anos em que ele esteve ensinando. Por outro lado, as muitas tradições religiosas do mundo estão pacientemente nos instando a crescer em virtude e conhecimento, o que exige tempo. Será a transformação imediata realista? Se nos pedem para trabalhar para que nos tornemos menos egoístas, ou nos devotemos mais vigorosamente à senda da sabedoria, nós podemos iniciar com mais esperança".

A literatura teosófica diz que quando o *Logos*, ou *Ishvara*, demarca a esfera na qual a manifestação deve ocorrer, a força vital – que é sua vida – se difunde. Tudo que flui para fora é parte dele mesmo, sua energia, sua luz, sua sabedoria. Desce nos vários níveis de materialidade e assume forma. No reino mineral, a vida está oculta de nossos olhos porque, como disse Jalaluddin Rumi, ela está adormecida no mineral. O materialista dirá que lá não existe vida, mas para a percepção iluminada, ele é vibrante de vida. Segundo a visão teosófica, mesmo no nível mineral, no que parece ser uma condição completamente estática, o desenvolvimento está ocorrendo sem termos conhecimento.

O mais belo dos minerais manifesta os estágios avançados no reino mineral. Belas esmeraldas, rubis e outras pedras preciosas parecem refletir uma luz que vem do interior. O crescimento, ou o movimento da vida em expansão, continua através de eras, segundo o nosso tempo, que não tem relevância no processo cósmico.

Após éons, a força vital passa para o reino vegetal, animal, e depois para o humano. O que é importante notar é que de um reino para outro ocorre uma mudança dimensional; caso contrário, não poderemos falar de reinos. Há um fluxo de vida contínuo, mas periodicamente a vida passa para um novo nível onde pode se expressar de modo diferente e melhor do que anteriormente. A vida no mineral, que para os nossos olhos ignorantes parece estática ou não existente, surge no reino vegetal como uma força quase visível que permite à planta crescer, estender ramos, flores, dar frutos e se renovar livrando-se das folhas velhas e vestindo-se de folhas novas.

Em cada reino, a energia vital se expressa de novas maneiras, mas sempre pressionando na mesma direção. No notável livro *Human Destiny*, o cientista e autor salientou há décadas que a individualidade se desenvolve firmemente desde os estágios mais primitivos. Recentemente, o professor Simon Conway Morris, da Universidade de Cambridge, comentou a favor da convergência evolutiva rumo a uma inteligência em constante crescimento.

Uma bela pedra preciosa pode ser mais como um indivíduo, imperceptivelmente para nós, do que a vasta massa de existência mineral. Mas podemos ver nos reinos vegetal e animal que há características individuais distintas. Cada espécie tem suas próprias qualidades, e os indivíduos dentro das espécies – cada elefante, leão ou cão – tem seu próprio caráter. O animal pode sentir afeição, lealdade e muitas outras coisas além dessas, muito mais do que pode uma planta.

Porém, por mais desenvolvido que o animal possa ser, quanto mais características individuais se expressem através do animal, há uma diferença dimensional entre o animal e o ser humano. Não há dúvida de que um enorme número de seres humanos são mais como animais, e comportam-se da mesma maneira; eles têm reflexos automáticos e reações mecânicas como os animais. Mas poderá um animal saber o que é poesia, percorrer os mistérios do Universo, engajar-se na busca científica ou religiosa da verdade? Não, porque a consciência alcançou outro nível no humano. A revolução interior de que falava Krishnamurti parece ser esta mudança dimensional. Sem pretender saber o que ele queria dizer, podemos tentar compreender. Aqui é apresentado um certo ponto de vista.

A mudança gradual não pode ser ridicularizada. Certamente não é bom dizer mentiras ou enganar as pessoas, melhor ser gentil do que cruel. Essas mudanças graduais ocorrem. O próprio Krishnamurti não repudiava a bondade comum. Ele certamente parecia fazer uma distinção entre abater animais e comê-los, e um modo de vida que não cause danos aos outros. Mas além de fazer melhorias no próprio nível, a pessoa deve passar à mudança completa que transfere a consciência para um outro nível, o da iluminação, da verdadeira sabedoria.

Existem aqueles que foram além do estágio humano de discórdia para um estágio de total harmonia, compaixão e sabedoria, aqueles em quem não há absolutamente autointeresse. A qualidade de sua consciência é diferente. Assim como o animal não pode saber a respeito da consciência de um poeta, filósofo ou santo, de modo semelhante, embora permaneçamos no que para nós é o nível normal, não podemos saber o que é iluminação. Consequentemente, o conselho para passarmos de nosso mundo para outro, não geográfica, mas internamente – um mundo no qual não há compromissos ou condicionalidade, onde às vezes a pessoa é gentil, às vezes egoísta. Na iluminação não pode haver um mínimo sequer de egoísmo, ou um mínimo de ganância. É impossível ser iluminado e ao mesmo tempo ser mundano. Isto foi mencionado de várias maneiras por muitos instrutores. Como é dito poeticamente em *A Voz do Silêncio*[75]: "As águas puras da vida eterna, límpidas e cristalinas, não podem misturar-se com as torrentes lamacentas da tempestade de monção".

7. Nós e Nossas Vestes (Jun. 2000)

Muitos leitores devem estar familiarizados com as seguintes palavras em *Aos Pés do Mestre*[76]:

> O corpo é o teu animal – o cavalo sobre o qual montas. Portanto deves tratá-lo bem e cuidar bem dele; não deves sobrecarregá-lo de trabalho, deves alimentá-lo corretamente só com alimentos e bebidas puros, e mantê-lo sempre minunciosamente limpo, sem o menor resquício de impureza. Pois sem um corpo perfeitamente limpo e saudável não podes realizar o árduo trabalho de preparação [para a vida espiritual].

O corpo foi também comparado a uma vestimenta em *Bhagavad-Gitā*[77] e chamado de revestimento (*kosha*). É irônico que o morador do corpo que, usa a vestimenta, pense que é a vestimenta. A *Gitā* aconselha claramente que, tal como roupas esfarrapadas, um corpo desgastado tem pouco utilidade para os propósitos da alma.

> Tal como um homem que, despojando-se de suas vestimentas velhas, toma outras novas, de igual modo o morador do corpo, despojando-se dos corpos gastos, entra em outros que são novos.

A comparação com um cavalo sugere que o corpo deve ser bem cuidado; a analogia da vestimenta indica que a utilidade do corpo depende de sua condição. Todos os corpos, emocionais ou mentais,

---

75 Brasília: Editora Teosófica, 6ª Ed. de Bolso, 2023, p. 110 [aforismo 52]. (Nota Ed. Bras.)

76 Brasília: Editora Teosófica, 8ª Ed. de Bolso, 2023, p. 22-23.(Nota Ed. Bras.)

77 Brasília: Editora Teosófica, 2ª Ed. de Bolso, 2014, p. 56 [II-22]. (Nota Ed. Bras.)

são meros agregados de matéria física – que servem para obter experiências para o desabrochar das faculdades latentes da consciência. O corpo é inestimável para uma estadia temporária, mas não indispensável. Ele deve ser mantido em boas condições dentro dos limites do *Karma*, mas não considerado como um objeto ao qual se agarrar como se fosse a própria vida. Quando com o tempo a vestimenta se desgasta e fica esfarrapada, não há motivo para lamentação, pois há outras vestimentas a serem usadas que são novas e boas.

Entre os jainistas a renúncia voluntária de um corpo desgastado sempre foi considerada como altamente louvável. Isto não é suicídio, pois a decisão para se desfazer do corpo não é impulsiva, não há desespero ou desejo de escapar da realidade. Num estado mental calmo, tranquilo, com bons sentimentos para com todos os seres, é feita a resolução de se abster de alimentação, e não prolongar a vida no corpo. Orações e meditação sobre coisas elevadas tornam o último estágio harmonioso e pacífico. Esta prática, conhecida como *sallekhanā* ou "desbastar adequadamente" (as paixões e o corpo) e a completa abstinência de alimentação (*samthāra*), ainda existe.

A visão de C. W. Leadbeater de uma futura sociedade humana mais avançada descreve uma comunidade onde as pessoas vivem totalmente saudáveis sem doenças. Quase ninguém morre senão de velhice. Mas quando o corpo não tem mais utilidade eles abrem mão do corpo sem o sentimento de que estão desistindo da vida. Os efeitos pessoais não incluem nada da natureza do dinheiro, pois o dinheiro não mais é usado. Pode haver livros ou um amuleto – que a pessoa passa para seus futuros pais. (Como a sociedade humana seria diferente se o dinheiro não mais fosse uma atração de propriedade!) Leadbeater relata que aquele que está se preparando para a morte do corpo físico não altera seu modo comum de vida. Ele não nada faz que, no mínimo, se assemelhe a cometer suicídio; e simplesmente perde a vontade de viver – deixa sua vida ir, por assim dizer, e geralmente morre pacificamente durante o sono após um curto período de tempo

. . . Não há cerimônia funeral de qualquer tipo, já que a morte não é considerada um evento de importância. Tal atitude para com a morte corresponde intimamente à do jainista de mente religiosa, que adota o *samthāra*.

A moderna obsessão com a existência corporal opõe-se totalmente a este modo natural de se olhar para o fenômeno recorrente de nascimento num corpo e da passagem para fora dele como parte de um grande ciclo de encarnações. Os métodos legais e médicos usados para obrigar ocupantes relutantes de permanecerem aprisionados em corpos doentes é tanto resultado da ignorância quanto do mau uso do corpo pelo excesso de tolerância aos prazeres ou a uma vida de constante tensão e agitação.

A luta pela vida, que o Maha Chohan chamou de uma maldição, começa com noções falsas a respeito do corpo e de seus desejos. Ele escreveu:

> Nós respondemos: porque nenhuma religião, com exceção do Budismo, ensinou até agora um desapego prático por essa vida mundana, enquanto cada uma delas - sempre com aquela única e solitária exceção - através de seus infernos e danações, inculcou o maior pavor em relação à morte.[78]

A ignorância é a causa do sofrimento e do erro. A reta atitude para com as vestes física e *manāsica* gera uma visão clara e uma inteligência brilhante. A vida diária oferece oportunidade constante para aprender a desidentificar o Eu em relação às sensações do corpo e das mudanças de humor da mente-desejo. Um dos aspectos da meditação é perceber com desapego as atividades do corpo, das emoções e da mente, sem o sentimento de que "estas são *minhas* atividades". A tranquilidade e o contentamento interior surgem naturalmente de uma tal contemplação.

---

78 JINARAJADASA, C., Brasília: Editora Teosófica, *Cartas dos Mestres de Sabedoria*, 3ª Ed., 2019, Carta 1, p. 19-20. (Nota Ed. Bras.)

8. O Ciclo da Existência (Fev. 1999)

Mesmo as experiências comuns, quanto mais as críticas, como a passagem do estado corporificado para outra condição de vida, são melhor compreendidas à luz de perspectivas mais amplas, que o ensino teosófico proporciona aos estudantes da vida, quando seu estudo investiga os significados.

Uma tal perspectiva surge da observação de que em toda a Natureza existem ciclos: o dia segue a noite, como a noite ao dia; da primavera ao inverno e vice-versa é o ciclo das estações do ano; a atividade corporal deve alternar com o repouso do sono. Os ciclos são encontrados em muitos níveis. Nas palavras da Senhora Blavatsky:

> Toda a vida é morte, e assim a morte é vida, e todo o grande ciclo de vidas forma apenas a Existência Una.

O ciclo de vida e morte foi chamado de peregrinação, pois é a jornada da consciência, por meio de experiências tanto no corpo quanto fora dele, para um estado de vigília e percepção sempre crescentes. A relutância em examinar o campo mais amplo e tentar explicar todas as experiências em termos das ferramentas materiais que a consciência usa é mais como um nutricionista recusando-se a aprender a respeito do processo digestivo, mas apresentando teorias a respeito de regimes alimentares.

Sir John Eccles comentou que o surgimento da consciência não é explicável pela evolução Darwiniana nem pela ciência biológica. A consciência tem imensas profundezas e, portanto, é um mistério profundo. Não pode ser explicada por nenhuma quantidade de pesquisa quanto às complexidades de sua ferramenta física. O ceticismo extremo que considera a existência da vida e da consciência independentes de suas vestes físicas pode equivaler ao medo de se separar do conhecido, de que falava Krishnamurti, e do qual um instrutor chinês escreveu o seguinte:

Como posso dizer que o amor pela vida não é uma ilusão? Como posso dizer se um homem que teme a morte não é como um homem que saiu de casa e que teme retornar?

9. A Semente da Perfeição (Out. 1996)

Viver teosoficamente significa também tornar-se perceptivo de outra verdade, ou seja, que existe a semente da perfeição em tudo – não apenas nos seres humanos, mas em tudo, mesmo no que acreditamos ser inanimado. Em toda a existência, a consciência está presente: em alguns casos, despercebida e adormecida; em outros movendo-se, agindo, visível em seus efeitos. Porque em cada unidade de vida, existe oculta a semente da perfeição, a consciência que desabrocha em miríades de formas, como uma bela flor que posteriormente irá espalhar fragrância e despertar um senso de beleza no observador. E onde há beleza, há alegria.

Na forma externa pode haver a imperfeição, mas devemos notar que ela se manifesta em nós quando vemos *somente* imperfeição em outra parte. Os grandes videntes e os seres iluminados percebem em seres humanos imperfeitos, e também em animais "selvagens", plantas "venenosas" e em todas as coisas "belas" ou "feias" a luz que crescerá e se tornará beleza e verdade radiantes. Devido às nossas atuais limitações, não vemos essa luz, essa bondade latente, profundamente adormecida no coração de tudo o que é. Ela está oculta por muitas camadas circundantes e velada pela imperfeição em nós que nos faz ver apenas nos outros, ou na maioria, imperfeição. Mas quando a luz dentro de nós se expande e nossas mentes são poderosamente iluminadas por ela, veremos que muito embora externamente possa haver imperfeição, feiura ou o que quer que seja, tudo que vive está se movendo rumo a um futuro glorioso, um destino que é agora incompreensível aos nossos olhos; a semente brotará, crescerá e se tornará grande. A pequenina luz, agora oculta, finalmente lançará grande luz sobre todos que se aproximem.

A perfeição em potencial, espiritual e moral é o Budado: é a essência da existência. Viver teosoficamente significa não fecharmos nossos olhos e dizer: "Eu sei o que é certo e não preciso olhar mais. Fecharei meus olhos e meus ouvidos. Significa aprender a ser humilde e aberto. A humildade e a sensibilidade que caracterizam o verdadeiro teósofo ensinam-lhe a dizer: "Eu vejo apenas, ou na maioria das vezes, defeitos, feiura, porque ainda não aprendi verdadeiramente a ver. Se eu pudesse ver, veria Deus em toda parte, como o fazem os verdadeiros santos e os seres sagrados que vivem na consciência de Deus". Se não gostamos da palavra Deus, outros termos podem ser usados, tais como "divindade" ou "luz".

Devemos aprender a não ter certeza a respeito do que vemos e sabemos atualmente. J. Krishnamurti ensinou muito a respeito da importância de não saber. Não permitamos que a mente fique estagnada na satisfação, no conforto do "eu sei". Pode-se passar vinte ou cinquenta anos com outra pessoa e não conhecer a beleza da essência divina, a perfeição potencial, a verdade que desabrocha naquela pessoa. Pode-se ter teorias a respeito disso, e não compreender no coração. Se, de algum modo, pudermos verdadeiramente sentir e perceber a existência da perfeição universal, não podemos deixar de ser mais amorosos, pois o coração da vida foi tocado. Uma abordagem modesta à vida, humildade com relação às próprias percepções e não acreditar em demasia no próprio conhecimento – tudo isso é importante para se preservar o caráter da Sociedade Teosófica, que é absolutamente não dogmático.

10. Elos Internos (Nov. 1996)

"Leis" naturais são o que os seres humanos entendiam dos elos entre as várias coisas que observavam, alguns aspectos da ordem na Natureza que podem não ser aparentes imediata e externamente. A ligação entre a maçã que cai e a terra não foi apreendida durante um longo tempo, embora fosse um fenômeno comum. Foi preciso percepção criteriosa para interpretar o evento que apontava para o elo entre as duas, e igualmente entender o padrão de ligações existentes em outras áreas do Universo.

Uma borboleta deleita o olho enquanto esvoaça de um lugar para outro, pousa levemente sobre uma flor durante um instante, e depois flutua para uma outra flor para se alimentar. Sua curta vida é nutrida pelas flores, que, por sua vez, dependem do toque da borboleta para a polinização. Será este um fato superficial no complicado mecanismo da Natureza como algumas pessoas presumem? Existem miríades de outras interligações vitais na Natureza. Nada parece existir por si só, isolado e não relacionado. As mudanças e os contatos externos podem, porém, indicar elos mais profundos entre incontáveis entidades aparentemente discretas, unidas numa "Lei" suprema.

Nós seres humanos descobrimos somente *algumas* das ligações e relações internas e as chamamos de leis. "Lei" é apenas uma palavra, artificial como todas as palavras, apontando para um conteúdo, uma realidade simbolizada pela palavra. Talvez pelo fato de as palavras serem importantes para a vida prática, e porque viemos a acreditar que somente o que é afirmado em termos racionais é real, a palavra "lei" foi dotada de um significado limitado. Ela não é aplicada à compreensão dos elos e relacionamentos num nível mais profundo, aqueles que não podem ser racional e verbalmente declarados. Existem não apenas leis científicas, mas leis que são pertinentes à ordem estética e moral do Universo. Poetas e artistas com intuição e visão aguçadas sugeriram, por meio de suas criações, a existência de ligações ocultas que não podem ser chamadas de leis científicas e, contudo, são muito reais. É esta qualidade sugestiva que contribui para que as expressões poética e artística sejam uma perene fonte de inspiração.

O falecido presidente internacional da ST, C. Jinarajadasa, disse: "A vida para um homem culto é sempre sugestiva". Permitam-nos alterar as palavras para ["A vida para a pessoa sensível é sempre sugestiva".] . . . Mares, paisagens e montanhas podem se tornar janelas para se olhar para um outro mundo". Ele disse também que todas as nossas experiências são apenas pontes do mundo dos sentidos para um mundo supersensorial.

Quando os elos ocultos, por meio dos quais todos os seres e coisas existentes estão ligados numa teia sutil, infinitamente complexa, não são percebidos, o caos parece reinar na criação. Nossos sentidos são limitados. Eles naturalmente não conseguem ver a complexidade e beleza dos filamentos de que a teia da vida é tecida, não somente no nível físico alcançado pelos sentidos, ou no nível matemático da mente lógica, mas nos níveis mais sutis.

Somente o olho interno consegue ver as leis da Natureza em todos os seus aspectos e profundidade. Embora o sentido da visão veja apenas a maçã e a terra, o sentido interno torna-se perceptível do que é chamado "lei", ou seja, da ordem e relacionamento ocultos. Como mencionado anteriormente, o poeta e o artista que respondem à Natureza com percepção exaltada conhecem a ordem estética na Natureza e conhecem instintivamente as leis que tornam a beleza manifesta. Os verdadeiros filósofos e pessoas religiosas percebem igualmente a ordem moral, e compreendem os relacionamentos inatamente corretos, as leis universais de moralidade.

Todos os *insights* quanto às conexões profundas – lampejos quanto à "lei", científica, estética, moral ou espiritual – lançam luz sobre o Todo, sobre a ordem universal, infinita beleza, e a bondade ilimitada, que é a Realidade. Investigar as leis ocultas da Natureza não deve ser uma ocupação periférica, um *hobby*, ou uma questão de inclinação pessoal.

O ser humano não é o ápice da evolução sobre a Terra, embora o cérebro humano possa representar um tipo de clímax na evolução física. Existem várias áreas de enormes profundezas às quais a consciência humana pode se abrir, realizando assim o seu destino de se tornar mais do que humana – um sábio que conhece a paz do Eterno e o poder que torna todas as coisas como uma só. Os Objetivos da

Sociedade Teosófica mostram o caminho para o futuro àqueles que os leem corretamente.

11. Evolução ou Egoísmo (Set. 1996)

O progresso, segundo a vasta perspectiva apresentada pela filosofia esotérica, está longe do que a maioria das pessoas querem dizer agora por essa palavra. Eles a consideram de um ponto de vista totalmente materialista ou, na melhor das hipóteses, equiparam-na ao desenvolvimento intelectual. Novas invenções e o conforto sofisticado da vida moderna glamorizam tanto as mentes dos entusiastas que eles acreditam que a esperança futura jaz em novas habilidades, tais como engenharia genética, tecnologia da informação ou magia cirúrgica. É pura ingenuidade pensar que a revolução da informação transformará o mundo. Tal como fez a revolução industrial, ela pode transformar a face externa de nossa sociedade sem libertar a humanidade de seus infortúnios psicológicos e dilemas morais e espirituais. Todas as ferramentas só são úteis e benéficas segundo o uso que delas se faz. A falta de sabedoria naqueles que empregam ferramentas poderosas poderia resultar numa grave inversão da direção evolutiva por um tempo.

Em *Aos Pés do Mestre* encontramos uma sugestão surpreendente de que o conhecimento que importa é aquele que leva à evolução, e não ao egoísmo. Uma vez que o livro foi escrito em 1910, a humanidade encontrou na matéria uma fonte ilimitada de energia. Curiosamente, há alguma informação disto em *Man: Whence, How and Whither*[79] publicado em 1913. Na última parte do livro, C. W. Leadbeater tentou de modo clarividente obter um vislumbre do distante futuro do mundo. Segundo ele, tendo descoberto a força contida em cada átomo de matéria física, as pessoas usam-na para todos os tipos de propósitos naquela era distante e, "poder ilimitado é fornecido livremente a todos

---

79 BESANT, Annie, LEADBEATER, C. W., São Paulo-SP: Ed. Pensamento, *O Homem, Donde e como Veio, e para Onde Vai*, 1974. (Nota Ed. Bras.)

em todo o mundo". Se somos inclinados a acreditar nele, devemos presumir que haverá uma feliz mudança no caráter humano. Até agora, os esforços têm sido dirigidos principalmente ao emprego da energia nuclear para propósitos destrutivos. Nem o *know-how* nem a tecnologia beneficiou substancialmente as populações do mundo fora das áreas privilegiadas. Mesmo quando a energia se destina a uso benéfico, os subprodutos tóxicos são despejados em países que são impotentes e dispostos a trocar a saúde de seu povo pela fome do lucro. A aquisição de poder nuclear não causou uma melhora automática do mundo.

De igual modo, a euforia sobre a velocidade e eficiência com que a comunicação pode ser realizada nos dias de hoje se revelará infundada, a não ser que aqueles que têm a oportunidade e os meios desenvolvam um mais amplo e verdadeiro senso de responsabilidade, e talvez até mesmo adquiram alguma sabedoria. A comunicação eficiente pode ser fundamental na difusão do ódio, do preconceito racial e de uma infinidade de ideias degradantes. O quão benéfica nossa tecnologia da comunicação pode se tornar dependerá totalmente de se o conteúdo de nossas mentes e corações é benevolente ou não. Como as ferramentas por si só obviamente jamais mudarão o mundo, os usuários devem aprender a mudar a si próprios, do egocentrismo ambicioso para uma profunda preocupação para com o bem-estar de outros seres vivos e da própria terra. O conhecimento da direção evolutiva é, certamente, de importância fundamental.

A evolução, como já foi mencionado, segue na direção oposta ao egoísmo. O destino final da humanidade é um estado de amor divino, e é por isso que nos é dito em *Aos Pés do Mestre*[80]:

> De todas as Qualificações, o Amor é a mais importante, pois se ele for bastante forte num homem, impele-o a adquirir todas as demais, e todas as demais sem o Amor nunca seriam suficientes.

80 Brasília: Editora Teosófica, 8ª Ed. de Bolso, 2023, p. 78. (Nota Ed. Bras.)

Todo ensinamento religioso autêntico desencoraja a aquisição dos *siddhis*, ou poderes extras, pois na ausência de um estado mental puro e altruísta, o poder corrompe não apenas os poucos que o possuem, mas com o tempo, todo o mundo. Um poder adicional é agora conferido à humanidade pelo espetacular aumento do conhecimento e da tecnologia. Isso também pode corromper totalmente o mundo, tornando-o um terrível campo de ódios mútuos e separação mais intensa, a não ser que as pessoas se tornem conscientes da necessidade de purificar a mente e abrir o coração em caridade e amor para com todas as criaturas. Somente quando há progresso moral e percepção espiritual, que é amor, podem todas as habilidades e ferramentas ser usadas para ajudar e acelerar a evolução.

12. A Humanidade Futura (Nov. 1996)

Uma das ideias mais valiosas apresentadas ao mundo através da Sociedade Teosófica, desde sua criação, refere-se à futura direção que a humanidade deve tomar, ou seja, o modo como a consciência humana desabrochará em dimensões mais sutis de percepção. Não será a direção de cada vez mais desenvolvimento intelectual, cada vez mais daquilo que é normalmente chamado de conhecimento, ou de informação acumulada mais eficientemente do que antes por causa das tecnologias a que o conhecimento das coisas materiais deu origem. Esse conhecimento está apenas no campo do intelecto e essa área da mente é chamada, na literatura teosófica, de "mente inferior".

O futuro jaz numa transmutação da consciência que iluminará a mente com um novo tipo de conhecimento, às vezes referido como de gnose, intuição, *insight* ou *prathibā*, que assimila a própria essência das coisas. A mente inferior comum está estruturada para os propósitos práticos de funcionar nos mundos materiais da forma. Ela se desenvolveu enormemente ao responder às exigências da existência material, e se tornou perita em viver em termos de distinções – de raça, forma, crença, *status* ou o que quer que seja. Devido ao hábito antigo, adquirido ao longo da progressão evolutiva, ela dividiu a vida em categorias, analisou, mediu e registrou todas as coisas vivas e não vivas e deu provas de sua habilidade para dominar os outros. Até recentemente ela estava tão fascinada com seus próprios métodos de funcionamento e realização que não tinha noção do perigoso beco sem saída rumo ao qual estava seguindo. Obviamente, não há futuro para a humanidade ao continuar neste caminho, não há esperança de uma redução da miséria.

Antes que ocorresse rápido progresso nesta direção enganadora, os teósofos estavam ressaltando a urgente necessidade de se dar uma guinada à direita e preparar a mente para se abrir às intimações da outra faculdade amplamente não utilizada, a intuição. Certas partes do mundo, que pela tradição não tinham muito peso, pensava-se ser os prováveis locais de nascimento da nova mente.

A preparação para isto está claramente no desdobramento de muitos conceitos e memórias acumulados juntamente com o hábito de dividir e classificar. Os preconceitos assim formados devem ser varridos antes que a mente possa penetrar a dimensão do conhecimento verdadeiro, que é o conhecimento da essência, e não apenas da forma. Como declarou um dos Mahatmas, a natureza humana tem sido a mesma durante milênios por causa de seus preconceitos e da relutância em mudar seus hábitos.

Os *Rishis* de antigamente chamavam todo conhecimento adquirido pela mente analítica e pelo intelecto de "conhecimento inferior". O "conhecimento superior" é perceber o Eterno no âmago de todas as existências transitórias, compreender que ele é a essência de cada criatura, visível e invisível. Aqueles que não estão perceptivos do Eterno e Imperecível subjacente ao mundo fenomenal verdadeiramente não sabem. O seu conhecimento não é um conhecimento do que é Real.

O primeiro Objetivo da Sociedade Teosófica é raramente entendido em profundidade. Ele se refere àquele estado de completa lucidez e abertura que existe quando se está liberto de todo preconceito, seja consciente ou profundamente oculto. As pessoas frequentemente tomam o conteúdo do primeiro Objetivo como sendo fraternidade. Portanto, somente uma importância e senso de inspiração superficiais são dele derivados. A palavra "universal" é, porém, crucial. A pessoa que experimenta o estado de universalidade é espontaneamente una com toda a vida, e suficientemente sensível para começar a "conhecer" o verdadeiro sentido do termo. Universalidade de empatia e compreensão é a qualidade de *buddhi-manas* ou a mente desperta.

Os Mestres declararam enfaticamente que a fraternidade universal não é uma frase ociosa, pois ela abre à humanidade a porta para o futuro. É também um passaporte para o conhecimento ilimitado da verdade oculta e do extraordinário significado da vida. O tempo é propício para realizar o elo entre o verdadeiro conhecimento ou sabedoria e um modo de vida que seja livre de preconceitos, aberto, puro e universal, referido pela declaração do primeiro Objetivo.

13. Eles Estão à Nossa Frente? (Set. 1994)

Além das pesadas barreiras que os seres humanos erigiram uns contra os outros, eles têm a triste ilusão de que a vida humana supera tudo mais em importância. Vivemos com espessas muralhas de preconceito contra as outras espécies, e pensamos mais em como as explorar e matar do que em como as amar e ajudar. Entre os artigos mais atraentes no jornal inglês *The Guardian* estão as anedotas da vida real de Ralph Whitlock, relacionadas aos outros reinos, algumas das quais poderiam causar vergonha à superioridade imaginária das criaturas humanas, que se deve admitir, excedem em trabalho cerebral, mas são, todavia, analfabetas em questões simples de conduta e cuidado para com os outros.

Uma história verdadeira é a respeito de um impala caçado à exaustão por uma matilha de cães selvagens. Ele estava encurralado perto de uma represa quando um jovem hipopótamo, afastando-se da manada, nadou em direção ao impala e então, cutucando-o, o persuadiu a permanecer em segurança sobre um banco de areia.

Lá estava o impala, tremendo e incapaz de dar mais um passo. Ao que o hipopótamo se aproximou bastante do antílope e abriu sua enorme boca o máximo possível. Os observadores pensaram que ele estava tentando engolir o impala, mas em vez disso ele repetiu a ação várias vezes como se tentando insuflar nova vida no animal apavorado. Qualquer que tenha sido o seu motivo, funcionou. O impala se recuperou suficientemente para se afastar cambaleando, com o hipopótamo bem próximo protegendo-o. Ambos desapareceram na escuridão que se aproximava.

Várias outras narrativas estão disponíveis mostrando como as criaturas de uma espécie prestam serviço às de outras espécies totalmente diferentes. Estas não são relações simbióticas formadas para assegurar vantagem mútua, mas atos positivos de ajuda e proteção. Será que alguns de nossos "irmãos mais jovens" já nos ultrapassaram na quebra de barreiras?

14. Um Destino Comum (Nov. 1986)

O desastre de Chernobyl provou mais uma vez que o destino de cada ser humano e de cada grupo – racial, nacional ou qualquer que seja – está ligado ao destino do restante do mundo. Cada reator nuclear tem, certamente, uma localização particular, mas as consequências de um acidente não podem ser localizadas. Em maior ou menor grau o mundo inteiro é afetado por qualquer radiação poderosa, porque ela não pode ser contida ou dirigida por seres humanos. Cada teste nuclear levado a cabo pelos países engajados em tais experimentos provavelmente está alterando as condições da Terra até um certo ponto.

Em muitos países a vegetação está sendo destruída, mas este não é apenas um problema nacional; está afetando as condições climáticas de todo o planeta. Enquanto a produção e o uso de veículos automotores em larga escala está somando perigosamente para o aumento do dióxido de carbono na atmosfera, nenhum indivíduo que possui um automóvel ou caminhão pode mais dizer, "se o meu veículo produz emissões, é problema meu, não seu", pois o impacto total das ações é tornar a atmosfera mais venenosa. Inúmeros outros exemplos podem ser dados para mostrar que circunstâncias e eventos no mundo moderno estão obrigando a humanidade a reconhecer que tem destino comum inseparável.

O que é verdadeiro no nível físico é muito mais verdadeiro nos níveis psíquico e mental. As atitudes, os preconceitos e as opiniões de cada indivíduo e grupo afetam toda a atmosfera psíquica e mental do mundo. A mente do homem está cheia de preocupações egoístas. Animosidade, temor, ambição e tudo que existe em maior ou menor grau em cada um de nós. Uma gota de pigmento não muda a coloração de um balde de água. Mesmo duas gotas podem não produzir mudança, mas existe um ponto crítico além do qual não é possível acrescentar gotas coloridas sem alterar a coloração e composição da água. De igual modo, o efeito cumulativo de todas as ideias e sentimentos egoístas que prevalecem em toda parte é obscurecer a atmosfera psíquica do mundo de um modo indesejável. A atmosfera por sua vez faz pressão sobre os indivíduos. Portanto, o destino individual e o destino da humanidade como um todo são inseparáveis e cada pessoa é responsável pelo que acontece com todos os outros.

As pequenas agressões em cada um de nós somam-se à violência do mundo, pois elas são parte intrínseca da atmosfera mental total em que vivemos. Os pequenos impulsos de aquisição em inúmeras pessoas juntam-se para criar um mundo externo altamente competitivo e estressante. Mas a maioria de nós não quer ver este fato. Continuamos fingindo, como o proverbial avestruz que enterra a cabeça na areia, para que possamos buscar os nossos próprios interesses e objetivos egoístas e sair ilesos.

A Sociedade Teosófica existe para ajudar as pessoas a entenderem que nenhum problema básico pode ser considerado como problema separado. A prosperidade futura da humanidade depende de um número suficiente de pessoas entendendo com clareza que a felicidade do indivíduo só pode ser produzida trabalhando-se para a felicidade de todos. O altruísmo é a única maneira de assegurar que haverá paz, felicidade e segurança no mundo.

Capítulo 17

Progresso

1. O que é o Progresso? (Jul. 1995)

O quanto os seres humanos verdadeiramente ajudam a produzir progresso através de suas invenções é uma questão que ninguém consegue responder; ou diremos "Só Deus sabe a resposta". Graves temores existem agora a respeito do efeito das intervenções tecnológicas no campo da projeção genética. Reportagens a respeito de uma mulher preta querendo que se lhe implantassem um óvulo de uma mulher branca para mudar os traços raciais de seu filho criou fortes reações não faz muito tempo. Noticia-se que eclesiásticos, parlamentares, médicos e outros expressaram ansiedade a respeito de bebês projetados. Justifica-se pais acreditarem que suas escolhas melhorarão as coisas sejam para eles mesmos ou para a humanidade como um todo?

O que impulsiona o progresso evolutivo é uma questão de especulação apenas. Alguns pensadores conjecturaram ou intuíram que existem objetivos embutidos na evolução. Le Comte du Nouy apresentou esta visão do seu livro *Human Destiny*, publicado há várias décadas. Outros apoiaram-no com evidências extraídas de seus próprios estudos biológicos e evolutivos. Edmundo Sinnot, no seu livro *Biology of the Spirit,* escreveu:

> Um organismo, à medida que se desenvolve a partir de um ovo ou de uma semente, regula de tal modo o seu crescimento que se move firmemente para a produção de um indivíduo maduro de um tipo definido. Uma direção e autorregulação semelhante fica evidente no comportamento, e também nos traços mentais. Sugeriu-se que essa

tendência em direção ao cumprimento de metas, que se manifesta nas atividades do corpo e da mente, é uma característica básica de *toda* a vida.

Se a própria evolução tem objetivos embutidos, a não ser que se façam tentativas para entendê-los, a tecnologia que produz bebês projetados, ou mesmo porcos projetados ou ovelhas projetadas pode não ser benéfica a longo prazo. Será que pessoas confusas devem escolher o tipo de progênie que terão? Que características verão o desabrochar futuro da inteligência superior, da sabedoria e da compaixão? Quem sabe?

Estudos do cérebro humano avançaram agora a tal ponto que algumas pessoas pensam que podem mudar as características psicológicas de pacientes e clientes. Um repórter diz: "À medida que os neurocientistas aprenderem que produtos químicos causam tais ou quais traços da personalidade, a tentação para se brincar com a natureza será irresistível". Poucos otimistas e aventureiros no campo da neurociência acreditam mesmo que estarão em condições de projetar cérebros no futuro.

Até onde podemos ver, a capacidade humana para agir com sabedoria não aumenta com mais conhecimento e habilidades tecnológicas. Poderá o cérebro insensato, que parece ter enorme talento para causar sofrimento, terminar projetando cérebros que melhorarão as coisas para a espécie humana e para todos os outros seres incorporados na corrente evolutiva?

A destruição da diversidade da Terra é outra causa de ansiedade, mas a grande maioria das nações e das pessoas não se preocupa, e anseia por um estilo de vida que torna a destruição inevitável. Quem poderia adivinhar o futuro do humilde mamífero de uma era prévia e imaginar que ele se tornaria algo que propõe reprojetar cérebros por si mesmo? Também se houvesse a oportunidade para alguma criatura como o homem intervir, ela poderia ter destruído o humilde mamífero. Clonar e se intrometer com os traços existentes que definem a diversidade de espécies e subespécies pode ser antiprogresso.

Na evolução, a direção só pode se originar da inteligência ilimitada do Universo, operando naquela esfera eterna onde passado, presente e futuro são um. Os Adeptos dizem que para eles passado, presente e futuro são como um livro aberto. Somente uma consciência assim pode saber o que é bom no final das contas. Um cérebro e uma mente tacanhos que sequer reconhecem que existe inteligência superior podem tomar medidas retrógradas e imaginar que existe progresso. Presumir que possam decidir que parte da diversidade do planeta deve ser preservada ou destruída; que tipo de progênie é melhor para a vaca, o porco ou o ser humano; como o cérebro deve ser moldado, e como substituir características indesejadas, pode satisfazer nada mais do que sua própria vaidade.

A confiança na Natureza e na inteligência universal surge ao se compreender que nós humanos verdadeiramente somos parte de uma grande família indivisível. "Deus sabe o que é melhor" é um bom ditado quando sabemos que deus é a Vida Una, a Inteligência Suprema, sob cuja a visão a direção é clara.

2. O Significado de Progresso (Jul. 1982)

Os conceitos de progresso estão normalmente ligados a necessidades e desejos. Portanto, o progresso é um alvo variável e frequentemente ilusório. Uma vez que as necessidades e os desejos podem ser contraditórios, o conflito é inevitável na busca do progresso. As necessidades nacionais, por exemplo, podem necessitar da captura de um máximo de recursos e a conquista de território que os contenha. Aqui "progresso" não se distingue de engrandecimento, por mais pesadamente que isto possa estar velado pela verborragia hipócrita. Por outro lado, o progresso em ideologia dogmática, seja religiosa ou política, equivale a conquistar as mentes pela persuasão ou pela força.

As necessidades do indivíduo e do grupo mudam e seus objetivos são flexíveis. Onde há pobreza, o progresso é alcançado erradicando-se essa pobreza. Logo que as necessidades básicas são atendidas todo o conceito de progresso muda. Nos países mais ricos do mundo, a economia está voltada à produção de tantas variedades de mercadorias quanto possível para satisfazer as mesmas necessidades e torná-las rapidamente obsoletas para alcançar uma rápida rotatividade. Pensamentos a respeito do desperdício de recursos não retardam o "progresso" de tais economias aceleradas. A degradação ambiental, a poluição generalizada e a venda competitiva de armas são alguns dos ramos deste tipo de progresso.

Já que progresso é um objetivo universal, é da mais alta importância se descobrir seu verdadeiro significado, é isso não é possível até que o homem saiba o que ele é na verdade e quais são suas reais necessidades. Atualmente ele está caçando fogo fátuo. Sem entender a si próprio, ele não está em condições de avaliar suas próprias necessidades; quando seus desejos e ambições o arrastam, ele é iludido a pensar que está seguindo adiante. A antiga advertência "Homem, Conhece-te a Ti mesmo" é mais do que nunca relevante agora quando falsos objetivos estão levando a humanidade em direção à catástrofe.

3. Progresso e Profissões (Ago. 2002)

Numa edição recente na revista *Time*, a seção de negócios apresenta a indústria inglesa de jardinagem, que dizem arrecadar receitas da ordem de cinco bilhões de dólares anuais. O show de flores anuais da Real Sociedade de Horticultura atrai um grande número de entusiastas em jardinagem que vai do Príncipe Charles a outros amantes de jardinagem no país e no exterior. A reportagem diz que, pelo segundo ano consecutivo, estabelecimentos sociais e comerciais da Europa foram atraídos a este evento de quatro dias, e a cobertura televisiva estendeu-se a algumas horas a cada dia. Revistas de jardinagem, seções de horticultura nos jornais de fim de semana e programas de televisão sobre jardins "verdadeiramente fertilizaram o mercado".

Esse negócio "florescente" certamente oferece emprego a milhares de pessoas, que se beneficiam não apenas por ter empregos, mas por estar engajadas diariamente numa profissão onde várias qualidades humanas são nutridas. Cuidar de quaisquer seres vivos com carinho, protegendo-os, assegurando que tenham um ambiente melhor para crescerem e se exibirem no que têm de melhor, faz brotar o lado bom dos seres humanos. Isto pode ser parte do mundo dos negócios, mas é um negócio bom.

Existem outros negócios que são o oposto. Infelizmente, na Índia, existe uma proposta oficial para se criar animais em escala intensiva e extensiva, construir grandes matadouros, e auferir lucros com a exportação de carne. Isto certamente oferecerá emprego para muitos, incluindo jovens e mesmo crianças (as crianças ainda trabalham em vários estabelecimentos de abate). Porém, as pessoas que estão ocupadas neste negócio tornam-se imunes à brutalidade e ao derramamento de sangue. Matar é parte de suas vidas diárias; o sofrimento e os gritos de lamento de criaturas vivas não abalam seus corações.

São enormes os efeitos sobre a consciência humana das atividades diárias nas profissões: cultivar flores é edificante, enquanto a ocupação no negócio do abate é degradante. As rotinas do exército também, dessensibilizam as mentes dos muitos homens que estão planejando guerra, inventando armas ou verdadeiramente participando na destruição. O comércio pode ser feito numa variedade de áreas, mas escolhas acertadas estão sempre abertas ao governo, bem como aos indivíduos. A Índia, para dar um exemplo, teve uma maravilhosa tradição na indústria têxtil e de artesanato, e cérebros inteligentes conseguiram transformar isto num comércio em expansão, em vez de planejar degradar a antiga cultura espiritual do povo desenvolvendo o abate como negócio. "Reto meio de ganhar a vida" é algo bastante importante para o progresso humano, tanto que foi incluído pelo Buda na senda óctupla para a iluminação. A paz é a base da cultura e do verdadeiro progresso.

4. Dois Tipos de Sucessos (Nov. 2002)

Oriana Fallaci, uma jornalista italiana que disse ter estado em Nova Iorque na época do ataque ao World Trade Center, causou furor em dezembro passado. Liberais de toda parte ficaram indignados pelo conteúdo de seu livro, *Anger and Pride*, seguido de um artigo que ela escreveu para um jornal sob o mesmo título. Dizem que ambos são raivosamente racistas, representando todos os muçulmanos como desejosos de pilhar e destruir o Ocidente. Ela ignora a história colonial, que mostra que a principal causa da contínua pobreza e da frustração de inúmeras nações no Sul foi e talvez seja a exploração pelos conquistadores. O irresponsável bombardeio pelas nações ocidentais do Vietnã, Camboja, Sudão, Líbia, Colômbia e outros países é também levado em consideração, como se a violência perpetrada sobre as nações ocidentais equivalessem a criminalidade, mas quando praticadas sobre pessoas de cor é correto. "Todos os filhos de Alá" são coletivamente considerados como delinquentes, estupradores, prostitutas, portadores de AIDS e muito pior.

Diz-se que o sucesso deste livro surpreendeu muitos intelectuais liberais. Logo que foi publicado, um milhão de cópias foram vendidas. A revista semanal *Panorama*, uma das revistas de Berlusconi, também saiu com um ataque de Fallaci aos judeus. Na Itália e na Espanha o seu livro esteve na lista dos mais vendidos durante algum tempo. Tudo isto é um aviso de que o racismo não terminou absolutamente, nem a tendência perniciosa da mente humana de atribuir a toda uma comunidade os fracassos, ou supostos fracassos, de alguns de seus membros.

Outro tipo de sucesso incrível é registrado nas páginas do *Le Monde* (incluído no *The Guardian Weekly*). Uma nova empresa nos Estados Unidos, Clean Flicks, está vendendo vídeos de filmes clássicos após eliminar cenas de sexo, violência e outras indesejáveis. O responsável comercial diz: "Estamos crescendo como erva daninha. Eu quero que meus filhos vejam grandes filmes e não creio que eles precisem assistir todo o sexo, ouvir todos aqueles insultos e olhar para toda aquela sanguinolência".

Podem surgir objeções sobre remover partes de qualquer filme porque sua integridade é considerada perdida. Por outro lado, uma vez que o "vídeo" limpo é alugado com sucesso ou vendido mesmo com o dobro do preço normal, é claro que existem pessoas que preferem entretenimento inocente a entretenimento sensacional e degradante. Noticia-se que a companhia abriu inúmeros pontos de venda nos Estados Unidos e espera ter um em cada estado o mais cedo possível. Sua popularidade parece ser uma salvaguarda contra possível ação legal. Será este o início de uma nova tendência de sucesso em diferentes áreas? Talvez seja chegada a hora para que o bem e o mal sejam mais claramente confrontados, e para todas as pessoas escolherem entre os dois.

5. Revertendo a Tendência (Ago. 2003)

Peter Singer, Professor de Bioética na Universidade de Princeton, escrevendo em *The Guardian Weekly*, (22-28 de maio de 2003), menciona como o pensar a respeito do relacionamento do homem com os animais está mudando, em parte porque a ciência está começando a auxiliar a mudança. Alguns cientistas e pesquisadores estão começando a reconhecer que os animais não devem ser tratados como objetos inanimados, incapazes de sentimento, para serem utilizados apenas para lucro ou prazer do homem. No Instituto Roslin em Edimburgo, Lynne Snedon e outros cientistas realizaram pesquisa convincente para mostrar que os peixes sentem dor; até agora os pescadores preferiam acreditar que estando fisgados nos lábios não importava aos peixes, muito embora obviamente ele se retorçam e lutem no processo. Esta é uma teoria conveniente que aqueles que gostam de pescaria podem continuar a sustentar, porque seu próprio "prazer" importa mais do que a terrível dor que o peixe possa sentir. Porém, a tendência egoísta está sendo enfraquecida pelas recentes visões muito divulgadas contra esportes tais como pesca e caça.

A literatura sobre animais e ética também está crescendo e existe muito questionamento a respeito do aspecto ético do enorme sofrimento que lhes é causado em fazendas industriais, laboratórios e coisas assim. Desde que o genoma do rato bem como do macaco mostram o estreito relacionamento entre estas criaturas e o ser humano, não será totalmente imoral fazer experimentos com eles e torturá-los em fazendas intensivas? Esta se tornou uma questão mais insistente. Como diz o professor Singer:

> Agora o mapeamento e sequenciamento do genoma humano e do genoma do chimpanzé estão a nos mostrar exatamente o quão intimamente relacionados estamos. Para as pessoas acostumadas a dividir o mundo em "humanos" e "animais", é como um choque entender que as diferenças genéticas entre humanos e animais são menores do que as entre chimpanzés e gorilas.

A União Europeia, dizem, está no processo de eliminação gradual de algumas das características mais brutais da pecuária industrial. "Por volta de 2012 centenas de milhões de galinhas terão mais espaço, poleiros e caixas de nidificação, e vitelas e porcas não mais ficarão abrigadas em currais individuais apertados demais para elas se virarem, ou darem alguns passos". Por causa da atividade incessante dos compassivos amantes dos animais, a atitude ferozmente egoísta dos seres humanos que leva ao encarceramento, tortura e abate de milhões de criaturas em todo o mundo está sendo desafiada – infelizmente de forma muito lenta e de modo insuficiente – não apenas pela nova pesquisa, mas pela disseminação de informação a respeito dos riscos à saúde dos seres humanos que indiretamente consomem antibióticos e vacinas injetados nos animais para forçá-los a sobreviverem em condições intoleráveis.

É triste dizer, a nova tendência de pensar na União Europeia dificilmente causou impacto no mundo em desenvolvimento, onde auferir moeda estrangeira é considerado imperativo. A agricultura intensiva é amplamente praticada na Ásia, África e outras áreas do mundo. A indústria de frangos da Índia é a quarta maior do mundo e cerca de cento e vinte milhões de galinhas de capoeira são mantidas e transportadas nas piores condições possíveis, sem ser dada a menor consideração à lógica das reformas que estão sendo feitas na Europa. Talvez somente quando os consumidores sofrerem uma reação adversa de doenças perigosas, esta "indústria" seja obrigada a lançar um novo olhar sobre a situação.

Pesquisas modernas estão também nos revelando muito mais a respeito de como os animais pensam e sentem. Um artigo que apareceu na *The Reader's Digest,* em dezembro de 2001, trazia um belo relato de como Chantek, um orangotango, se comunicava com sua mãe adotiva e com visitantes. Ele tinha dominado um grande número de palavras, mas não tendo as cordas vocais para as enunciar, ele tinha de se expressar na linguagem de sinais. A notícia dizia que "ele é um de um grupo seleto de grandes símios que inclui Bonobos, ou chimpanzés pigmeus, e foram criados num ambiente culto, com incríveis resultados". Chantek gosta de pintar e recebia papel e pincéis para praticar este *hobby*. Outros Bonobos "trabalham com computadores, ouvem música e assistem televisão". Se esses macacos e outros animais inteligentes podem ser descartados como criaturas inferiores sobre quem se pode praticar experiências dolorosas, como observa o Professor Singer, pela mesma lógica, os seres humanos inferiores poderiam também ser torturados e mortos. A inferioridade não pode ser calculada somente com base na atividade cerebral. Embora criaturas não humanas possam não ter o poder de raciocínio do homem, de certas outras maneiras importantes elas superam os seres humanos. Jeffrey Masson, em livros tão bem vendidos como *Dogs Never Lie About Love*, e *The*

Nine Emotional Lives of Cats, relata feitos de coragem, autossacrifício, lealdade e outras qualidades que muitos animais possuem.

Para aqueles que entendem a Lei do *Karma*, fica claro que deve haver uma reversão das atitudes cruéis dos seres humanos para com outras criaturas. Não pode haver bem-estar na Terra sem uma tal mudança, porque estamos todos inextricavelmente unidos pela vida una que anima tudo e assegura a evolução. Todas as coisas vivas experienciam prazer e dor e consideram a vida que lhe foi dada como preciosa. A ciência está apenas começando a perceber o que é óbvio para aqueles que respondem com sensibilidade a toda a vida e não são motivados meramente pelo pensamento egocêntrico.

6. Rumo ao Eterno (Ago. 2003)

O grande épico indiano *Mahābhārata* retrata o treinamento de cinco príncipes Pāndavas nas artes marciais. Acima de tudo, um incidente é lembrado pela maioria das pessoas, talvez por causa de sua importância para a vida espiritual. Os príncipes Pāndavas eram tutelados pelo renomado e altamente respeitado guerreiro Drona. Uma certa ocasião, ele colocou um pássaro artificial numa árvore, e chamou os príncipes, um a um, e perguntou: O que você vê? Cada um deles respondeu, "Eu vejo a árvore, o pássaro, meus irmãos e você", ao que lhes dizia para ficarem de lado. Mas quando chegou a vez do herói Arjuna, ele respondeu: "Eu vejo o pássaro". Quando Drona lhe pediu para que o descrevesse, Arjuna teve de confessar que via apenas a cabeça do pássaro. "Atire", disse-lhe o Instrutor. Arjuna era certamente o melhor dos arqueiros, porque, como ressalta Annie Besant em suas belas palestras sobre o *Mahābhārata*, ele tinha a capacidade da plena atenção no que estava fazendo. Esta é em uma das qualidades que precisamos cultivar na senda – o poder da atenção.

No Oriente, permanece a tradição de simbolicamente relacionar arco e flecha à vida espiritual, mas o alvo é de uma natureza totalmente diferente para o estudante espiritualmente orientado, sendo transcendental. O *Mundaka*, um dos mais belos dos principais *Upanishades*, diz claramente que para o aspirante na senda espiritual o alvo é o Eterno (*Brahman*), aquilo que é sempre um todo ilimitado, não sujeito à destruição ou diminuição.

A Luz da Ásia[81], que relata a vida do Senhor Buda de modo inspirador, descreve como vários príncipes foram convidados para um desafio pela mão da princesa Yashodharã, e cada pretendente tinha de demonstrar sua destreza no arco e na flecha e outras artes marciais. Devadatta, primo de Siddharta, o futuro Buda, colocou um tambor além de todos os outros, fazendo-o parecer tão pequeno quanto um búzio, e atirou uma flecha através de ambos os lados dos búzios. Mas quando chegou a vez de Siddharta, cada arco que ele dobrava quebrava, exceto um especial mantido num templo. Siddharta elevou-o e lançou sua flecha através de todos os tambores colocados em fila, simbólico da força e da firma determinação necessárias para superar obstáculos na senda espiritual.

Dizem que os índios americanos que tinham adquirido habilidades semelhantes conseguiam atirar não apenas pequenos objetos a grande distância, mas atravessar vários objetos enfileirados com uma flecha bem confeccionada. Um dos testes do grande arqueiro era atirar, digamos, cinco flechas ao céu tão rapidamente que todas as cincos ainda estivessem no ar antes de a primeira ter caído na terra. Tais feitos eram possíveis somente quando o arco e as flechas eram excelentemente fabricados.

Voltando ao *Mundaka Upanishad*, o Absoluto, o Eterno (*Brahman*) está além da palavra e do pensamento, e consequentemente não é um alvo fácil. Ele é a fonte e a causa de tudo nas dimensões mais grosseiras como nas mais sutis. Ele é vida (*prãna*), fala, mente, verdade, imortalidade. Cada nome dado a esta Causa sem causa, como a chamou H.P.B., reduz o Imensurável aos confins da mente conceitual.

---

81 ARNOLD, Edwin. Brasília: Editora Teosófica, 2011. (Nota Ed. Bras.)

Assim, não podemos conhecê-lo no sentido comum. Devemos penetrá-lo como a flecha do arqueiro penetra o objetivo, fazendo uso da habilidade e das melhores armas.

O ensinamento essencial dos *Upanishades* é a poderosa arma ou arco para lançar o aspirante no caminho espiritual, destilado no significado esotérico da sílaba sagrada *Om*. A flecha é o próprio indivíduo, refinado e bem preparado pela devoção e pela meditação (*upāsanā*). Uma flecha assim enfiada no arco sagrado do ensinamento dos *Upanishades*, lançada com uma mente sem distração, preocupada apenas com a sabedoria eterna (*Brahmavidya*), rapidamente alcança e é absorvida no Imperecível. Não pode retornar ou ser arrancada, pois tornou-se una com a Vida Universal. "A gota de orvalho desliza para dentro do oceano brilhante".

A mente não distraída não está presa nas ilusões e seduções do não eterno. Quando totalmente atraída para o Eterno pelo estudo e a meditação, as coisas menores reduzem-se à insignificância. Todos os objetivos desvanecem, exceto um, como escreveu Thomas à Kempis. A energia desperdiçada nos níveis físico, emocional, e mental, em coisas inúteis, que antes pareciam importantes, fica disponível para avançar firme e rapidamente.

Uma mente assim, livre e calma, permite à pessoa agir no nível prático, sem estar envolvida. *Samsāra* é envolvimento psicológico – com esposa, filhos, negócios e outras coisas. Mas alguém que seja internamente livre pode cumprir os deveres e trabalhar pelo bem-estar do mundo sem estar apegado e envolvido. *Aos Pés do Mestre* aconselha cumprir com os deveres, mas não artificialmente adquirindo novos; e a *Bhagavad-Gitā*[82] refere-se ao sábio Janaka, que exercia suas funções como rei pelo bem-estar do mundo.

Todos os *Upanishades* têm uma única mensagem – a mensagem teosófica de que a vida não é fragmentada, não é dividida. A ilusão faz

82 Brasília: Editora Teosófica, 2ª edição, 2014, p. 83 [III-20]. (Nota Ed. Bras.)

a pessoa perceber todas as coisas como separadas de tudo mais. Mas "Tu és *Brahman*", o Eterno, que está em toda parte, pois nada há que não Aquilo. Medite em frases tais como "Tu és a Aquilo" (*tat tvam asi*), "Eu sou *Brahman*" (*aham brahmāsmi*), e compreenda que "eu", no sentido comum, não existe, somente Aquilo (o Eterno) existe.

A sílaba sagrada *Om* representa a quintessência desse ensinamento, pois não tem significado literal e, portanto, aponta para Aquilo que tem supremo significado – a Realidade Una dentro do conhecido, do cognoscível, e do incognoscível em todos os níveis. O *Yoga-Sūtra* (1.28) diz: Medite no *Om* (*Panava*) com toda atenção e coração. Tente experienciá-lo cada vez mais profundamente.

Não podemos nos tornar imortais no corpo, tudo que existe no mundo da forma é perecível. Tornar-se imortal significa fundir-se com aquilo que existe para sempre, e aquilo é a Vida Eterna, Universal.

7. Tempo e Transformação (Out. 1999)

Transformação é uma das palavras usadas para denotar uma radical mudança interior por meio da qual as limitações da mente egoísta são transcendidas e um estado de sabedoria e de amor altruísta caracteriza a consciência. A transformação dos indivíduos é uma condição para a transformação do todo, ou seja, da sociedade ou da humanidade. Portanto, este tema é de profundo interesse para todos que estão numa séria busca espiritual.

Desde tempos muito antigos, houve alguma especulação quanto se a transformação é uma meta distante envolvendo mudanças ao longo de um período de tempo extenso, ou se pode acontecer imediatamente. Aqueles que ouviram declarações no sentido de que a transformação pode ser ou é instantânea ficam confusos, pois os anos se passam e nada lhes acontece ou a alguém que conheçam. Se o tempo é um obstáculo, então obviamente não se pode esperar por ele para produzir uma mudança radical. Também seria fútil se preparar por meio de autopurificação, exercícios devocionais e outros, como aconselha o ensinamento religioso convencional, pois todas essas coisas envolvem tempo. Frequentemente surgem perguntas a respeito da natureza da libertação ou da transformação instantânea por causa da dúvida sobre a espera e o trabalho bem como sobre a mutação inesperada.

Talvez precisemos considerar como o tempo psicológico é criado dentro da mente, e como ele se torna lento ou rápido dependendo da natureza da experiência pessoal. Durante um episódio doloroso o tempo passa lentamente, mas durante um período de alegria parece voar, tornando óbvio que o tempo psicológico é subjetivo e relativo. Depende de várias atitudes internas, tais como desejo e desapontamento, e dos pensamentos que nascem dessas condições internas. A quietude da mente não é uma pausa artificialmente induzida nos processos mentais; ela ocorre quando as atitudes mencionadas acima estão ausentes e, portanto, nada há para provocar o pensamento e fazê-lo correr para o futuro ou se demorar no passado. A mente então permanece tranquilamente atenta ao presente.

Talvez possamos nos perguntar se descobrir a resposta para a questão da transformação instantânea é um verdadeiro problema ou se resulta do desejo de alcançar o objetivo rapidamente. Como seria bom se, sem ter de renunciar ou sacrificar, a pessoa pudesse atingir a libertação, iluminação ou transformação imediata! Um quadro de uma mudança imediata assim é um sonho tão sedutor, é tão maravilhosamente tentador que incita a mente a fugir do presente em favor de uma possibilidade futura. Querer a transformação imediata – quer a vontade esteja articulada ou esteja no nível subconsciente – é, como todo querer, uma fuga da realidade para "as mandíbulas do Dragão do Tempo". Talvez a pessoa precise mudar a pergunta e se perguntar por que a resposta para esta questão particular é importante, enquanto há questões de maior quilate tais como a necessidade de se entender o sofrimento e o egoísmo. Se o desejo está na raiz da questão, a mente está encurralada no tempo e não pode ir além. A porta para a transformação está fechada.

O presente, o aqui e agora, é o único momento em que existimos, agimos, experienciamos, vemos ou realizamos. A ação não pode ocorrer seja no passado ou no futuro, pois o passado é apenas memória, e o futuro apenas uma projeção da mente. A experiência do Real, portanto, só pode ocorrer no aqui e agora, naqueles momentos quando há *insight* quanto à verdade, à realização da beleza, do amor que esquece de si próprio. Amar não é a mesma coisa que pensar a respeito do amor; o pensamento a respeito de coisas belas não é a experiência da beleza; as construções mentais não são a verdade. Nos verdadeiros momentos de verdade, beleza ou amor, pensamento e tempo não têm papel nem lugar. Existem momentos de liberdade interior quando a consciência desliza das constrições do centro egoico para o reino da liberdade.

A transformação só ocorre quando o tempo, sob a forma de memória ou desejo, não existe. Pensar sobre como chegar à transformação instantânea é desejo, que é tempo. A habitual relutância da mente para repousar satisfeita no presente, livre de memórias e desejos invasivos, é um sério impedimento. Para remediar isto, que maneira há senão ensinar a si próprio, através da plena atenção, a estar muito mais no aqui e no agora? A atenção revela os aspectos não vistos mesmo das coisas comuns. As palavras a seguir de J. Krishnamurti são instrutivas:

> Se você quer aprender a respeito de uma flor – uma folha da primavera ou uma folha do verão – você deve verdadeiramente olhar para ela, ver sua simetria, sua textura, a qualidade da folha viva. Existe beleza, existe vigor, existe vitalidade numa única folha. Assim, para aprender a respeito da folha, da flor, da nuvem, do pôr do sol ou do ser humano, você deve olhar com toda intensidade.

Assim, devemos perguntar a nós mesmos se é possível viver uma vida diariamente alerta com uma mente que esteja recolhida e focada, não dispersa. Querer saber quando, como ou por que a iluminação instantânea pode acontecer é uma distração, uma forma de escravidão ao tempo. Todos os desejos, esperanças e ambições com relação à sublime meta da transformação são tentativas ilusórias para alcançar no campo do tempo o que está fora desse campo. Ao sermos mais atenciosos, e internamente livres de preocupações, e ao vivermos, falarmos, e agirmos vigilantemente, podemos simplesmente nos transformar inconscientemente.

8. Onde Está Deus? (Jul. 1995)

Para muitas pessoas, o medo do desconhecido é a base da crença em deus ou nos deuses. Até que explicações científicas fossem encontradas, o mistério cercava vários fenômenos da Natureza: trovão e relâmpago pareciam ameaçadores; a chegada da escuridão após o pôr do sol, e o eclipse solar e lunar eram mágicos. Deidades de vários tipos personificavam as forças da Natureza ou simbolizavam o desconhecido no Universo, e as pessoas acreditavam que esses deuses e deusas deviam ser aplacados.

Com o avanço do conhecimento muitos mistérios aparentes foram resolvidos. A ciência começou a se desenvolver no mundo antigo através do estudo das leis da Natureza e das ligações entre as coisas. Nas civilizações indiana, chinesa, egípcia, caldeia e outras, a astrologia e a astronomia, que eram uma ciência, tinham um papel importante na explicação de fenômenos naturais e em trazer a racionalidade a mentes assustadas. Outros aspectos da Natureza eram também investigados, por exemplo, as propriedades das plantas e dos minerais. Isso levou a um conhecimento tal da medicina e da literatura sobre o assunto, que mesmo agora mostra ser um depósito de novas descobertas.

Apesar de tudo isso, para a maioria das pessoas o desconhecido ainda permanece assustador; muitas coisas estão além da sondagem e da especulação humanas. Somente umas poucas mentes perceptivas reconhecem que os reinos transcendental e misterioso da existência podem ser explorados subjetivamente produzindo-se mudanças na consciência, e assim que essas percepções mais sutis e a visão mais clara são alcançadas, a verdade de todas as coisas é conhecida por experiência direta. A maioria das pessoas permanece temerosa e geralmente tenta reduzir o terror do desconhecido fingindo que ele é cognoscível. Portanto, as pessoas "de mente religiosa" estão aptas a dar forma concreta a "deus" e inventar imagens com características humanas. A religião organizada de modo geral tem explorado as pessoas e as tem mantido num estado de medo – da morte, da existência após a morte, etc. A hierarquia da autoridade eclesiástica gosta que as pessoas sejam dependentes, em vez de as encorajar a mudarem e avançarem da consciência infinita para o oceano de infinidade.

O finito, o concreto, o conhecido e o cognoscível fornecem segurança psicológica não apenas para aqueles que têm medo porque são ignorantes, mas também àqueles que acumulam conhecimento, incluindo cientistas e ateus que zombam dos crentes. Eles também se agarram à segurança dos mapas familiares que eles mesmos desenharam. Também eles são perturbados por qualquer desafio às suas certezas colocados por especulações não convencionais e sutis.

Um grupo de cientistas está agora assumindo a liderança na exploração de áreas que até aqui se pensava estarem fora da área de circunscrição. Até mesmo introduziram a palavra "deus" em suas especulações. Num artigo sobre esta nova tendência publicado em *The Guardian Weekly* de 14 de maio de 1995, o escritor diz: "Quando se vasculha as prateleiras de uma livraria sofisticada nos dias de hoje encontra-se uma epidêmica perseguição a deus". Isto é tanto mais irritante porque é assim "até mesmo nas áreas dedicadas às ciências". Stephen Hawking é apontado como o culpado que deu início "à nova corrida por deus" em 1988 ao terminar seu livro *Uma Breve História do Tempo*[83] com as palavras: "Se encontrássemos a resposta [uma teoria completa do Universo] . . . seria o triunfo último da razão humana –

83 Duque de Caxias-RJ: Editora Rocco, 1988. (Nota Ed. Bras.)

pois então verdadeiramente conheceríamos a mente de deus". Entre outros que são também culpados do ponto de vista do escritor está Paul Davies, autor de *A Mente de Deus*[84], que ganhou o prestigioso prêmio Templeton dado àqueles cujo trabalho realce a compreensão de religião, Leon Lederman e Frank Tipler, que são chamados o novo esquadrão de Deus. Para onde um ateu honesto pode se virar em busca de uma tranquila consolação científica? É a pergunta que se faz.

Por que um ateu quer a consolação, e do quê? Estará o ateu buscando conforto mental em ideias fixas tal como o crente religioso? Por quererem ambos a segurança do conhecido eles não são basicamente diferentes. Um leitor respondeu corretamente: "A ciência verdadeiramente parecia a proteção perfeita contra o incompreensível e o misterioso. . . . É improvável que a física moderna resolva o mistério da vida ou do Universo, que está além do pensamento racional, mas que nos pode levar além do mundo estéril, sem cores, criado pela ciência mecanicista dos três últimos séculos".

A ciência de fato ajudou o progresso da humanidade, libertando-a até certo ponto do estrangulamento das crenças, superstições e rotinas que formam a religião convencional. Agora parece estar indo além das posições fixas do pensamento materialista também, e pode assim ajudar as pessoas a emergirem dos falsos objetivos que acompanham a visão materialista. Mas o mistério da vida é por demais profundo e sutil para ceder totalmente aos métodos científicos e à abordagem lógica. Portanto, eles podem não trazer conhecimento da mente de deus como esperava Hawking. Pode ser preciso desenvolver sensibilidade de outro tipo. "O Universo é mais verdadeiramente compreendido quando visto não como uma máquina ou processo, mas como uma obra de arte em evolução", como indica outro pensador. Este é um *insight* quanto a um reino de significado onde razão e percepção estética não estão relacionadas, mas fundidas, permitindo à consciência tor-

---

84 Rio de Janeiro-RJ: Editora Ediouro, 1994. (Nota Ed. Bras.)

nar-se perceptiva da ordem divina, na qual tanto beleza quanto deleite têm lugar intrínseco. A música e a matemática são complementares, como pensava Pitágoras. A música do Universo é sua matemática. Portanto, físicos como Dirac podem dizer: "Uma teoria da beleza da matemática é mais provável que esteja correta do que uma teoria feia que se encaixe em alguns experimentos".

As mentes que acreditam apenas na razão, excluindo respostas para o amável e o bem, podem não estar na melhor condição para o conhecimento de deus. A história religiosa mostra que as pessoas puras e simples podem muitas vezes tornar-se perceptivas do sagrado e intuir a verdade mais facilmente do que os intelectualmente dotados. Existe uma maneira direta de entrar em contato com o sagrado, (ou seja, com deus), que é chamado também de o outro, o Desconhecido, e assim por diante, porque é ele suprarracional e inefável.

Todos nós já vimos pássaros engajados no extraordinário trabalho de arte, a confecção do ninho; as formigas dirigindo-se para casa com um fardo. Quem lhes ensinou essas habilidades? O pássaro, a formiga e a flor selvagem contêm o mistério que é deus tanto quanto o vasto Universo, e este só é desvelado àqueles desejosos de se aproximarem respeitosamente, num estado de mente humilde, que nada quer e, portanto, sem receio.

A verdade está acessível ao coração puro e à mente aberta, não às mentes que buscam a segurança no conhecido, seja sob a forma de dogma religioso ou teoria científica. Os buscadores da verdade devem aprender a perder o medo, e olhar com um profundo senso de maravilha e humildade. Maravilha e beleza cercam-nos nas árvores floridas, na mudança das estações, no interminável movimento dos oceanos, na complexidade do inter-relacionamento. Como escreveu um observador: "A evidência de um plano divino está em tudo à nossa volta, na terra, no mar, no céu", e como declaram as escrituras, céu e terra estão plenos da Glória de Deus.

9. Uma Nova Ordem Mundial (Mar. 1991)

Não foi preciso muita presciência para entender que a détente entre as duas grandes potencias do Oriente e do Ocidente, sobre as quais as pessoas naturalmente se regozijavam, não poderiam por si próprias dar início a uma nova ordem mundial. Nem um único passo no nível da diplomacia e do realinhamento, por mais consequente que pareça no momento, pode assegurar a paz ou a estabilidade. Somente o nascimento de uma nova mente humana resultará numa ordem mundial verdadeiramente nova, livre dos graves problemas e desequilíbrios que têm existido até agora. A eclosão da Guerra do Golfo, com todos os perigos que a situação acarreta, logo após ter sido despertada a esperança de uma era mais pacífica sobre a Terra, demonstra como é temporário e frágil o resultado de soluções externas. A solução duradoura está dentro da consciência humana.

Este é o cerne do trabalho teosófico – produzir uma transformação interna a partir de um estado de ilusão e egoísmo para uma condição iluminada de amor e harmonia. Qualquer objetivo menor converteria a Sociedade Teosófica numa organização impotente e bastante trivial, dissipando-se em caminhos não pretendidos pelos Fundadores.

Os três Objetivos da Sociedade foram formulados cuidadosamente para apontar o caminho para a regeneração da humanidade. Eles estão intimamente relacionados no nível que pode não ser imediatamente visível àqueles que não se dão ao trabalho de entender o significado destes Objetivos.

Diz-se que a última parte de cada século é uma época para um novo impulso que ajudará a acelerar a evolução humana. Este pode ser o momento para os membros da Sociedade Teosófica e de suas Lojas darem início uma percepção mais profunda da situação na qual a humanidade tem de viajar. Deve-se empreender discussão séria a respeito da profunda importância dos Objetivos da ST em termos de transformação humana, pois é pela exploração, discussão e reflexão profundas que nasce a compreensão. Não basta a crença nos Objetivos ou numa nova mente. Entre crença e prática abismos se abrem. É preciso substituir a crença e a mera cognição mental por uma reflexão e compreensão profunda, trabalho duro e perseverança. As Lojas podem fracassar no seu dever se não servirem para encorajar os membros, e outros que estão interessados em entender o profundo propósito da ST, e a extraordinária importância de seus Objetivos, para produzir uma nova consciência humana e uma nova ordem mundial.

10. Nossa Idade Mental (Fev. 1988)

O desenvolvimento da mente é uma parte necessária do processo evolutivo. Mas como o Sr. J. Krishnamurti questionava às vezes: "Algo deu errado?" Será que o progresso da mente seguiu numa direção e chegou a um ponto onde está bloqueando o avanço para um estágio futuro?

Por sua própria natureza, a mente é inclinada a analisar e jogar imagens. As diferenças que ela percebe são a base de seu "pensar", e a constatação de "fatos" é a observação de elementos identificáveis em uma totalidade. Quando a pessoa vê uma árvore, isto implica a apreensão de características separadas pela mente – casca, folhas, cores, a textura, a diferença entre a árvore percebida e outras árvores, e classificá-las todas juntas como uma árvore. No processo, a totalidade do objeto é perdida, e juntamente com ela, os aspectos não diferenciados e mais sutis da verdade que ela contém, sua beleza, harmonia e significado oculto. Existe um mundo invisível de significado diante do espectador, para onde quer que ele olhe, mas ele é cego a esse mundo. Suas imagens e conceitos mentais exibem a verdade essencial do que é visto.

Pela concentração sobre os assim chamados fatos e estando muito ocupada em analisar e classificar, esta área da consciência que está ligada aos sentimentos, resseca. O sentimento que não é pessoal ou egoísta é a base para a percepção do que está abaixo da superfície. Um sentimento assim não é emocionalismo, nem uma forma suave de paixão egoísta. É sensibilidade quanto à natureza essencial e unitária da existência, cuja ausência levou a nossa sociedade atual para um estado de violência crônica e desrespeito a tudo na Natureza, incluindo até mesmo os recursos dos quais nossas próprias vidas dependem.

É estranho que a humanidade como um todo, embora defrontando-se com a total destruição através de armas nucleares e outras armas igualmente letais, e também com a poluição e o esgotamento de recursos, permaneça tão indiferente a seu próprio futuro. Umas poucas pessoas estão agora ansiosamente observando o alargamento dos buracos na camada de ozônio acima da Terra, pois isto pode significar desastre para a vida aqui embaixo. Mas a humanidade como um todo não está disposta a deixar de lado os benefícios oferecidos por algumas engenhocas prejudiciais a fim de garantir seu próprio futuro.

Nos Estados Unidos noticia-se que cada vez mais crianças em idade escolar estão se armando com armas, e envolvendo-se em crime de morte. Mesmo na adolescência sua sensibilidade e inocência estão perdidas. Elas são endurecidas e levadas a atitudes que estariam associadas anteriormente apenas aos espécimes mais brutais da raça humana.

Existe também em toda parte um declínio na preocupação por um modo de vida ordenado e gracioso. As pequenas cortesias e os sentimentos afetuosos que normalmente devem ser estendidos aos vizinhos, visitantes, idosos, animais e plantas que estão associados ao homem, são destruídos pelas demandas de ambição, riqueza e desejo de importância.

A faculdade mais sutil da consciência humana tem sido às vezes chamada de "intuição". Esta é uma palavra que poderia denotar sensibilidade aprimorada, ou mais comumente, seguir palpites pessoais e desejos subconscientes. A verdadeira intuição, de fato, só surge a partir de um sentimento crescente de unidade e uma visão holística. Os padrões habituais da mente devem romper e desaparecer antes que a intuição aja, tal como as nuvens no céu devem se espalhar para dar espaço para que os raios da lua brilhem.

Intuição não é apenas uma questão de se descobrir um fato novo ou adivinhar algo que os outros não entendem. Está relacionada à palavra *buddhi* que significa "despertar". Todos nós devemos despertar do hábito de análise mental e classificação para compreendermos a indiferenciada e significativa natureza da vida. É perigoso para a humanidade estar tão enamorada de sua proeza e progresso mental que levam à atrofia de outras faculdades, simbolizadas pelo que foi chamado de "coração", que é a sede do sentimento. Sem uma fusão de sentimento intuitivo e mente, o homem é pior do que o sub-humano. Quando os dois estão mesclados, ele pode começar a jornada em direção às realizações superiores e criar uma nova era de harmonia e bondade.

11. Sê uma Lâmpada (Fev. 1988)

O tema da 112ª Convenção Internacional foi "Sê uma Lâmpada para Ti Mesmo", que foi o conselho dado pelo Buda antes de sua morte. A palavra páli traduzida como "lâmpada", também tem sido interpretada como "ilha". Em ambos os casos, refere-se a um estado de consciência que não é afetado por circunstâncias externas. Uma lâmpada lança luz sobre a escuridão circundante, mas a escuridão não pode apagar sua luz. Uma ilha representa um terreno estável, separado do oceano com suas correntes e ondas turbulentas.

A sociedade humana seria totalmente diferente se o conselho do Senhor Buda fosse atendido e as pessoas aprendessem a ser psicologicamente livres de circunstâncias externas. É fácil modelar as próprias ações segundo o que os outros exigem. Portanto, é difícil para um judeu em Israel sentir a trágica situação dos árabes na Faixa de Gaza, ou para uma pessoa rica não olhar com desprezo a miséria dos pobres, como se fosse culpa deles. As condições criadas pela guerra, o estado da economia, o ambiente religioso, a tradição social, todos ditam ao indivíduo que atitude adotar e que ações empreender. Ser assim dirigido de fora é uma abdicação da inteligência. A verdadeira inteligência é como a lâmpada constante e o terreno firme da ilha. A inteligência se desenvolve através da observação e do exame imparcial. A retidão, não afetada por distinções de raça, religião, *status* e assim por diante, caracteriza a vida de um homem inteligente. A ausência de retidão é uma característica flagrante da vida de hoje em dia em todo o mundo porque, como mencionado anteriormente, as pessoas se deixam levar pela corrente das circunstâncias em vez de se orientarem pelo uso de seu próprio discernimento e inteligência.

12. Progresso sem Luta (Jul. 2006)

Dizem que o Universo manifestado é a autoexpressão da Realidade Divina, mas aos olhos de seres humanos imperfeitos ele é cheio de falhas. Alguns podem até mesmo acreditar que poderiam melhorá-lo se tivessem a oportunidade! Isto pode estar subconsciente, senão conscientemente, por trás de perguntas tais como: "Por que Deus criou o mundo desta maneira? Por que existe o mal? O ser humano poderia ter sido diferentemente dotado, em vez de ser uma criatura miserável, sempre lutando e se esforçando. Talvez os nossos olhos sejam falhos, não o Plano Divino, conforme percebido por aqueles que veem através dos olhos da Sabedoria, e que dizem que o Universo é a manifestação do Divino.

Existem diferentes perspectivas a partir das quais esta questão pode ser vista, mesmo no nosso nível, e percepções provenientes de diferentes direções poderiam ser muito úteis. Entender os processos, mesmo apenas em nossa pequena Terra, é extremamente difícil, pois eles são complexos, sutis e profundos. Por exemplo, não é fácil entender como crescimento e morte estão interligados no processo de evolução; como a Realidade absoluta e o princípio de *māyā* atuam juntos para dar autoexpressão à Vida Una; como o Um se torna os muitos, inspirando e expirando. Esta expansão e recolhimento continua por toda parte na manifestação. Nas escrituras indianas há a ilustração da semente de figueira, que é pequena como uma semente de mostarda, mas que tem imenso poder de crescimento. Ela pode expandir-se tornando-se uma árvore enorme e abrigar todo um exército, pois aparentemente o poder para crescer está também em cada pequenina célula e em cada parte da árvore.

Crescimento sempre envolve multiplicação e separação. Alegoricamente, afirma-se que Prajāpati, o Senhor da Criação, disse, "Quero tornar-me muitos", significando que a Realidade invisível, inefável tem este impulso para se expandir, para revelar os elementos ocultos e belos em si mesma, como o sol verte seus raios de luz e calor. Assim, da unidade surge a vida vasta e variada em todos os níveis do Universo manifestado.

À medida que a diversificação continua, todas as faculdades latentes na consciência são também gradualmente reveladas. Os sentidos, a emoção e a mente que permanecem devolutos, são estimulados e nutridos pela experiência até que a mente alcance um certo estágio. Então o senso de separatividade alimenta a mente e talvez seja o que é preciso para o seu crescimento e ação. Ela está consciente do "outro", e quer combater, remodelar, competir, comparar e avaliar. Assim cresce a mente, às vezes tornando-se um intelecto brilhante, capaz de compreender o mundo fora de si mesma, como fazem os melhores dos filósofos, cientistas e pensadores. Mas quando vista através do "buraco da fechadura" de uma mente pequena, este estágio - onde egoísmo, maldade, injustiça e confusão parecem reinar - aparenta ser um erro, e surgem perguntas a respeito de por que planos melhores não puderam ser elaborados a partir da mente divina. Ao longo de um vasto período de tempo, um maravilhoso edifício está sendo erigido, mas por enquanto carecemos de compreensão e nossos julgamentos são falaciosos. Ficamos perplexos e perturbados pelo jogo de prazer e dor em nossas vidas.

Todos os problemas parecem intensificar-se no nível físico, e quando encarnamos em corpos físicos, opostos como dor e prazer, esperança e medo causam o mais forte impacto em nossa consciência. Mas dor e prazer não são diferentes entre si; são como os dois lados de uma mesma moeda. Existe também a necessidade de se compreender que nada doloroso ou agradável verdadeiramente existe. Nossas próprias reações às coisas nos fazem rotulá-las de dolorosas ou agradáveis. Certamente, se a pessoa fura a pele com um alfinete, existe uma sensação de dor, que é física – a reação do corpo. Mas dor e prazer psicológicos são causados por reações. É ilusão acreditar que a dor esteja fora, e que devemos dela fugir ou mudá-la. O que devemos mudar é a nossa própria resposta, que não deve ser uma reação, um reflexo condicionado ou mecânico. Cuidadosamente, a mente deve aprender a refletir e entender sua própria natureza, deficiências e propensões. Então ela começa a perceber a partir de um nível mais profundo.

Impaciência, frustração, ambição e desejo para ver resultados dentro de um certo período de tempo são obstáculos, porque surgem da consciência egoica, que limita a habilidade para ver com clareza. Por outro lado, quando compreendemos que nem prazer nem dor são duradouros, que são experiências psicológicas transitórias, a mente é esclarecida e acalmada. Ela não mais fica agitada, esperançosa ou temerosa. O conceito usual de *viveka*, muitas vezes traduzido como discernimento, implica notar diferenças, separatividade, multiplicidade. É discernimento entre o real e o irreal. Mas existe um estado de consciência onde *viveka* culmina na pura percepção e a mente permanece calma. Ela penetra a natureza interior, o significado e o propósito do que quer que seja. Isto também é parte do crescimento das faculdades.

Não haveria progresso no nível material sem uma mente racional, que consiga discernir, mas isso deve crescer em profundidade e sutileza para permitir a percepção da natureza interna de tudo. A ideia de que existe separatividade ativa um nível da mente; é parte de um processo transitório. Ver, com as faculdades pessoais mais sutis, o real como o real, e o irreal como o irreal é o estágio seguinte. Em todos os seres humanos existe um "terceiro olho" que consegue ver além do que vemos normalmente, e que reduz e depois elimina a luta.

Quando a vida espiritual se torna uma luta, ela é autodestrutiva. Para progredir na Senda, deve-se aprender a ser completamente calmo e sem ambição. Isto dificilmente é entendido, mesmo por estudantes sérios: essa luta fortalece o egoísmo. A energia usada na Senda deve ser livre de motivação pessoal, egoísta. Como vimos, em toda manifestação há crescimento que está ocorrendo externa e internamente. A alma cresce como a semente de figueira transformando-se numa árvore com muitos ramos, folhagem e frutos. "A alma do homem é imortal, e o seu futuro é o futuro de algo cujo crescimento e esplendor não têm limites". Pelo fato de crescimento e expansão serem partes dos vários processos da Natureza, e inerentes a cada um de nós, é fútil se esforçar em demasia para alcançar um objetivo que seja preconcebido. Não podemos fazer uma semente de figueira tornar-se uma grande árvore. Tudo que podemos fazer é protegê-la de danos e lhe dar um bom solo e água suficiente. De igual modo, podemos nutrir o crescimento da alma eliminando condições adversas e oferecendo um ambiente agradável, absolutamente livre de ambição. O que é preciso não é ambição e dinamismo, mais uma convicção profunda a respeito da benevolência da vida.

Capítulo 18

As Mulheres e Outros Assuntos

1. A Questão das Mulheres (Jun. 1994)

Uma questão que surge, especialmente nos dias de hoje, é a respeito das mulheres, seus direitos e papel na sociedade. O que faz a Sociedade Teosófica a respeito? E assim por diante. Existe naturalmente uma profunda ansiedade em relação a este problema, porque o "sexo mais fraco", sendo fisicamente fraco, tem sido subordinado, suprimido e explorado há eras. Às mulheres foram negados o direito de votar e de propriedade, e foram privadas de educação, emprego e salários justos. Foram colocadas atrás de véus, tiveram os pés amarrados e sofreram inúmeras indignidades. Em uma grande parte do mundo, mesmo hoje em dia, as meninas não recebem a mesma alimentação que os meninos quando não há alimento suficiente para todos.

Injustiça e maus tratos devem certamente ser combatidos onde quer que existam, e as causas, eliminadas. Aqueles que cuidam da justiça, da equidade e de outros valores inquestionavelmente apoiam a aplicação desses valores com relação às mulheres tanto quanto trabalham para incorporá-las em outros relacionamentos. A defesa de valores não é genuína quando há compartimentalização dentro da mente, e sua aplicação é uma questão de conveniência e escolha. Porém, do ponto de vista teosófico, todo ser humano é essencialmente uma unidade individualizada de consciência, é *Ātman*, não uma mulher ou um homem. O corpo usado numa encarnação particular pode ser masculino ou feminino. A diferença de sexo no corpo pode ajudar a desabrochar as faculdades da consciência de uma maneira um tanto diferente, por causa de fatores biológicos, oferecendo também experiências que são diferentes. Mas basicamente, a abertura dos poderes da consciência, que não é nem masculina nem feminina, é o que é preciso ocorrer. Por não se reconhecer este fato importante, existe a tendência de enfatizar os direitos das mulheres porque elas são mulheres, e não porque são almas cujo crescimento é tão importante quanto o crescimento de todas as outras almas e de toda consciência corporificada, vestida temporariamente numa forma masculina ou feminina, no nível humano, mamífero ou outra criatura.

A evolução material é a mera infraestrutura, do ponto de vista dos teósofos, para a consciência se elevar até níveis sublimes e manifestar perfeições inerentes. O sexo teve um papel a desempenhar na infraestrutura. O advento da reprodução sexual foi um evento importante na evolução das formas, pois tornou possível a combinação de uma ampla variedade de características genéticas que levam a uma individualização mais profunda das vestes externas. Provavelmente este, como todos os outros aspectos do Grande Desígnio, tem seus propósitos em trazer à culminância criativa cada unidade de consciência como uma parte indivisível da consciência universal, tal como o glorioso surgimento de inúmeras flores em uma grande árvore. A divisão das formas em sexos é, assim, parte da poderosa sinfonia da evolução na qual a música é aquela da consciência, e a infraestrutura material é como o instrumento usado para produzir a música.

O fato essencial, como acima mencionado, é o desabrochar da consciência, e o que é verdadeiramente certo é prover a oportunidade e o ambiente a tudo que vive – mulher, homem ou criança, pássaro, fera ou árvore – da melhor maneira possível para que a vida e a consciência interior fluam e se expressem segundo sua unicidade inata e poder interior. Restringir a liberdade e negar amplas oportunidades para educação e experiência significa um grande erro sendo cometido.

Observada deste ponto de vista, a questão das mulheres é parte da grande questão de se compreender a vida do ponto de vista do desabrochar espiritual e fazer o que é certo para isso.

2. A Falta de Teto (Mar. 1994)

Na antiga Índia, os "sem-teto" chamados (*aniketa*) eram a elite espiritual do país. Eles eram uma pequena minoria de pessoas que renunciaram à ideia de posse, material ou mental. Eles não possuíam casa ou lar, não reivindicavam laços familiares, nem títulos mundanos, pois estavam relacionados igualmente a tudo. Tais pessoas eram livres e verdadeiros *sannyāsis* – "aqueles que puseram de lado" tudo que é transitório sabendo que tem apenas valor relativo; e mais valioso do que tudo mais é a bênção que vem ao se sentir a beleza do Eterno. O uso de uma túnica açafrão, a assunção de um nome especial e outros atos superficiais não santificam o *sannyāsi*. Somente a autenticidade da existência, conferia a esses sem-teto um prestígio e uma veneração que os poderosos da Terra não conseguiam merecer. O fato de os *sannyāsis* não terem casa era voluntário, um chamado espiritual. Eles levavam uma existência gloriosa, interna e externamente livres de estorvos e de agitação.

O mundo moderno é a triste testemunha de um tipo diferente de desabrigado, um desabrigado compulsório, que implica pobreza tanto de bens espirituais quanto de bens materiais. Este é o destino do número vergonhosamente grande de pessoas deslocadas, cujas misérias são muitas vezes tão grandes que desafiam descrição. Noticia-se que há dez anos havia onze milhões de refugiados expulsos de seus países por guerras, perseguições ou fome. Seu número agora é mais do que o dobro. Esta avaliação não leva em conta os pobres desabrigados dentro das fronteiras de seus próprios países. Bangladesh, superpopulosa, recebeu um influxo da minoria perseguida de Myanmar. Em toda a África, grandes populações fugiram para terras estranhas, apenas para sair de um tipo de dificuldade e cair noutro. A guerra contínua no

Afeganistão tem tido um custo trágico. A história é longa e sinistra. Uma nova dimensão para o problema dos refugiados é acrescida da violência racista que surgiu mesmo em países com tradição liberal; o espírito de hospitalidade diminui quando os governos querem evitar complicações. Nos assim chamados campos e centros de detenção temporários, pessoas deslocadas definham às vezes durante anos em condições tão terríveis que os jornalistas não têm permissão para entrar.

Não devemos esquecer outra categoria de desabrigados, os pobres que dormem nas estações de metrô, nas ruas e nas portas, onde quer que encontrem abrigo. Eles têm pouca chance de emprego, porque devido à aparência maltrapilha são certamente suspeitos. É um círculo vicioso. Eles precisam parecer mais decentes e limpos para conseguir emprego, mas as calçadas e a sarjeta não oferecem meios para torná-los mais apresentáveis.

A consciência mundial como tudo foi despertada para esta situação, com a qual a Organização para Refugiados da Nações Unidas mal consegue lidar. As pessoas estão muito menos prontas para entender o fato de que o aumento no número de desabrigados no sentido espiritual, desapegados, não possessivos, não agressivos irá assegurar a redução em números dos carentes e miseráveis, os sem-teto no sentido material.

3. Como a Lógica Falha (Dez. 1995)

Nas discussões a respeito do trabalho teosófico realizadas com membros numa ampla variedade de lugares, certas questões surgem repetidamente. Uma delas é: Não será o objetivo da fraternidade universal que os membros se responsabilizem em realizar os trabalhos "práticos", tais como ajudar os física e mentalmente deficientes, ou alimentar os pobres? Não será isto primordial para o trabalho da Sociedade Teosófica? A resposta foi dada muitas vezes. Em 1887 H.P.B. escreveu em *Lúcifer* (*CW*, vol. 8, p. 164):

Não se deve esquecer que a caridade prática não é um dos objetivos *declarados* da Sociedade. É evidente, e não precisa "declaração", que todo membro da Sociedade deve ser filantropo na prática, se for de todo um teósofo; e o nosso trabalho declarado é, na verdade, mais importante e mais eficaz do que o trabalho no plano diário que produz frutos mais evidentes e imediatos, pois o efeito direto em uma apreciação da Teosofia é tornar caridosos aqueles que antes não o eram. A Teosofia cria a caridade que posteriormente, e por sua própria iniciativa, se manifesta em obras.

A lógica por trás destas declarações não encontra eco e há relutância em se examinar matérias como esta em profundidade, porque existe um ângulo pessoal de pensamento.

Na revista *Newsweek* de 6 de novembro de 1995, há uma reportagem especial sobre descobertas antropológicas que fornecem provas e confirmam que sacrifícios humanos eram oferecidos pelos Incas a seus deuses. Eles não eram o único povo, certamente, que se entregava a sacrifícios de sangue para aplacar e agradar os deuses; esta superstição era bastante difundida. Como informa o artigo recente, os tipos de ocasiões quando meninos ou meninas eram mortos para agradar os deuses eram celebrações de ciclos sazonais c agrícolas, eventos ligados à família real, que afastavam o mal, etc.

Para a maioria das pessoas atualmente, sacrifícios humanos – com razão – parecem uma abominação e uma superstição. Mesmo os conquistadores europeus do que é agora conhecida como América Latina acharam conveniente justificar seus atos arbitrariamente brutais e gananciosos alegando que estavam erradicando crenças supersticiosas e não cristãs de Astecas e Incas. Porém, em tom irônico, a notícia acima mencionada comenta:

> Os povos modernos são suficientemente sábios para não pensar que o sol precisa de um novo coração para nascer a cada dia, ou que os desastres naturais possam ser comprados com cadáveres. Engraçado, porém, é que continuamos matando uns aos outros. Simplesmente

não temos quaisquer razões que pudessem fazer sentido a um sacerdote Inca.

A lógica da era moderna se desfaz na crença de que matar pessoas na guerra e de outras maneiras por razões religiosas e outras seja mais civilizado do que as mortes praticadas pelos Incas, que eram cerimoniais. Também não há qualquer lógica em se acreditar que o sacrifício cerimonial de seres humanos seja uma atrocidade, porém que derramar o sangue de outras criaturas – pássaros e animais – sobre um altar, seja menos supersticioso ou mais aceitável. A reportagem diz que os Incas sacrificavam lhamas, que eram animais peculiares da região, na razão de um por dia. Mesmo nos dias de hoje, milhões de criatura são sacrificadas em templos e mortas para celebrar eventos religiosos e festivais, sendo a crença, desde a antiguidade, que deus ou os deuses regozijam-se com derramamento de sangue. Isto é lógica ou religião?

As pessoas que acreditam que a fraternidade que é prática deva se concentrar em aliviar o sofrimento não aceitam plenamente a conclusão lógica de seus interesses filantrópicos. Vejamos o abuso de crianças como exemplo. Crianças são usadas impiedosamente na indústria, espancadas em casa, e são mandadas para as ruas, onde as táticas de sobrevivência dos carentes as endurece tornando-as pequenos ou grandes criminosos. Uma nova forma de exploração está se tornando moda: usar crianças de até oito anos de idade como soldados. Esta é uma tendência crescente porque as mortíferas armas modernas são leves o suficiente para elas carregarem, e crianças puxam o gatilho mais facilmente do que adultos. Essas crianças tornam-se mentalmente perturbadas, sofrendo de fobias, alucinações induzidas pela guerra e reações violentas. O dano psicológico infligido às crianças não é facilmente remediado. C. W. Leadbeater escreve que suas auras carregam os efeitos da experiência traumática durante longo tempo.

O trabalho prático que atrai pessoas com essa inclinação é certamente necessário para ajudar as vítimas e reparar os danos que lhes foram causados, tanto físicos quanto psicológicos. Mas a lógica dos filantropos falha quando eles se recusam a examinar as causas mais profundas por trás das tragédias e reconhecer a necessidade urgente de trabalho preventivo, que significa tomar medidas para mudar atitudes mentais e acabar com as limitações de entendimento. Obviamente, ideias erradas a respeito do propósito da vida e o fato de se ignorar as leis que governam o progresso levam à exploração, à crueldade e a outros comportamentos aéticos. Enquanto essas atitudes persistirem, haverá sofrimento sem fim e demanda de caridade. Não se pode esperar nenhuma mudança básica na sociedade humana se a mente humana não mudar.

Portanto, a Sociedade Teosófica está voltada principalmente a purificar a visão e apresentar uma visão verdadeira da vida e seu propósito, que é filantropia em sentido profundo. Há falha de lógica quando as pessoas insistem que a ação paliativa imediata é o teste de verdadeira fraternidade, e que a ST deve dirigir seus recursos para este fim. Certamente, os indivíduos são livres para concentrar suas energias, segundo temperamento e chamado, sobre um aspecto ou outro do trabalho, e a ST apoia o espírito de serviço, qualquer que seja a forma por ele assumida.

Por que a dificuldade em aceitar a lógica simples envolvida nestes casos? Por que a geração atual considera como certo que o horrendo massacre e a violência dos dias modernos sejam menos hediondos do que as crenças e práticas bizarras de Incas e Astecas? Por que é difícil perceber que o espírito de filantropia é constrangido quando a questão de se pôr um fim total ao sofrimento não é abordada? A raiz da irracionalidade está na mente pessoal. Seu artifício, sua autoimagem, reveste-se de um sentimento de virtude, de ser útil, quando atos externos de caridade tenham sido praticados, e seu conforto psicológico é perturbado quando ouve que não basta abordar o problema no nível superficial. Isto está no mesmo nível do conforto obtido ao se imaginar que as práticas modernas são necessariamente mais civilizadas. É gratificante imaginar que formas ultrapassadas de superstição e massacre sejam mais repreensíveis e não civilizadas do que as superstições e programas de violência contemporâneos.

A *Bhagavad-Gitā*[85] menciona que a mente e a memória se tornam confusas quando surgem desejo e ira, ou seja, quando há motivação pessoal. O poder de discernimento é perdido, a razão falha e a lógica é comprometida. Isto fica claro em muitas situações. A pessoa que afirma a verdade da unidade, e trabalha para uma organização como a Sociedade Teosófica durante anos, porque o objetivo da fraternidade é intelectualmente apreciado, pode, no entanto, fracassar totalmente ao agir a partir de um senso de unidade quando interesse pessoal, orgulho e desejo estiverem envolvidos. Estando a mente então obscurecida, não há discernimento entre certo e errado, e fica difícil ver que a lógica afundou.

4. Transcendendo as Divisões (Jun. 2002)

Os grandes mensageiros espirituais que apareciam na Terra de tempos em tempos para elevar a humanidade sempre tiveram de romper o duro condicionamento e as limitações de coração e mente que impedem as pessoas de ouvir o ensinamento a respeito da liberdade interior e da estrada para a sabedoria. Pelo fato de o condicionamento assumir diferentes formas em diferentes épocas e culturas, a ênfase variava quando cada instrutor falava. Às vezes a falta de conteúdo metafísico da religião cristã foi criticada por protagonistas das religiões orientais. Mas não estamos em condições de julgar ou criticar o que as pessoas iluminadas sentiam ser necessário para o mundo numa época particular. Quando Jesus nasceu na Judeia havia muito respeito pela lei, mas faltava amor. Isto está referido no belo hino "Nos reúna . . ." do Reverendo G. Matheson, usado no ritual da Estrela Mística realizada em Adyar e em alguns outros locais. Jesus ensinou, acima de tudo, o

85 Brasília: Editora Teosófica, 2ª Ed. de Bolso, 2014, p. 70 [II-62]. (Nota Ed. Bras.)

amor sublime, a piedade e o serviço, porque a metafísica não era a grande necessidade da época para retificar os desequilíbrios na cultura e na sociedade existentes.

Qual é a grande necessidade do nosso mundo atual globalmente ligado? Que mensagem deve a religião dar ao povo? Vemos conflitos entre pessoas violentas de diferentes crenças, e vemos o antagonismo religioso sendo insuflado, tornando-se fogueiras de ódio em muitos locais por homens sedentos de poder. Nestas circunstâncias, precisamos nos tornar conscientes, não tanto do que a religião ou as religiões ensinam, mas do que é verdadeiramente religioso. J. Krishnamurti, respondendo às modernas necessidades, falou inúmeras vezes da mente religiosa e do espírito religioso que transcendem todas as divisões sectárias e interpretações egoístas.

A Teosofia, como claramente declarou a Senhora Blavatsky, não é uma religião, mas a religião *per se*, que une todos os seres num todo harmonioso. É um modo de vida aberto à dimensão transcendental, além de nossos sentidos e percepções mentais. Nenhum ensinamento verdadeiramente religioso jamais foi dado em nenhum lugar sem atrair a atenção para este aspecto da vida religiosa, mas as pessoas acham conveniente ignorá-lo e seguir com suas batalhas e mortes.

Na sociedade atual, onde armas mortíferas são abundantes e as religiões organizadas brincam de política, a verdadeira religião – a religião da unidade – deve ajudar as pessoas a romper as graves limitações que reforçam a mente no egoísmo. As limitações existem em todos os níveis de nosso ser e assumem inúmeras formas, mas a forma mais danosa é a autoidentidade que diferencia cada indivíduo de todos os outros. Isto leva a duas outras limitações: empatia restrita e conhecimento superficial. É normal para a maioria das pessoas sentir empatia somente por uns poucos escolhidos, e somente até um certo ponto. Ocasionalmente, há empatia intensa e profunda. Mesmo então ela existe em relação aos poucos, e durante um curto período de tempo. Somente quando o fluxo de empatia se estende além de um pequeno círculo é que leva a pessoa a esquecer totalmente de si mesma, abandonar seus pensamentos e suas próprias vontades e confortos, e fazer sacrifícios. A experiência da liberdade interior surge quando o coração não é restringido e se expande universalmente para a alegria do amor e da amizade imparciais.

A segunda forma de limitação diz respeito ao conhecimento. O homem moderno orgulha-se do que aprendeu do Universo. Ele sonda galáxias distantes, e tem até mesmo vislumbres de eventos do passado trazidos pela luz viajando durante milhões de anos. Contudo esse conhecimento é muito limitado, porque é somente no nível factual e porque o Universo é tão misterioso que parece ser incognoscível. O conhecimento do propósito e significado da existência, de leis e de princípios básicos, está fora da esfera de interesse e investigação do homem moderno. Assim, o conhecimento não avança verdadeiramente. Mas quando nossa empatia e conhecimento não são limitados, o amor e a sabedoria ilimitada e que tudo permeiam, inerentes à vida universal, são capazes de fluir através da consciência individual. A *Bhagavad-Gitā* começa com declarações a respeito da vida divina que perpassa todas as coisas finitas. Essa vida não tem início nem fim. Está em você, em mim e em todos os outros seres. Uma vez conhecida, ou mesmo levemente sentida, ela rompe as divisões na mente e imediatamente aumenta a capacidade para o amor e o conhecimento. Ser religioso é estar consciente, em crescente medida, desta outra dimensão da energia vital onipresente. Quando a consciência a sente, experiencia poder que é beneficente, beleza além da forma e paz profunda. Estamos na verdade submersos em toda esta consciência onipenetrante, mas inconscientes dela. Portanto, nossa vida permanece obsoleta, mundana, carente de significado.

Num lugar como o nosso campus de Adyar, santificado pela presença de muitas pessoas espiritualmente evoluídas e pelo surgimento periódico de alguns dos Mahatmas, pode-se sentir a presença dessa vida além de nossas personalidades. Ao caminharmos solitários, livres da companhia não apenas de outras pessoas, mas das imagens e dos pensamentos psíquicos com os quais nos cercamos, em relativa quietude e silêncio, podemos nos abrir à outra dimensão. A qualidade da consciência muda. Tornamo-nos capazes, pelo menos de vez em quando na vida diária, de nos sentir mais abençoados, mesmo se houver impedimentos ou dificuldades de natureza prática. Então não vivemos no estilo mundano, e nossos pensamentos, intenções e ações não são egoístas. Mesmo uns poucos momentos na "atmosfera do eterno" faz o eu perder seu controle sobre a mente.

A sensibilidade ao elemento divino, que não pode ser conhecida pelos nossos limitados instrumentos de conhecimento, induz um senso de humildade e um sentimento de profundo respeito por cada forma de existência. A acentuada divisão entre o que eu chamo de eu mesmo e o resto da vida começa a ruir. Quanto mais nossos corações se enchem da glória e da beleza dessa dimensão invisível, menos pensamos de forma limitada, sectária e conflitante. Sri Krishna, como o sabem muitos estudantes, diz que o que quer que seja glorioso, bom, belo e poderoso – sai de um fragmento de seu esplendor. Tal como os olhos abertos à bondade e à beleza que residem em toda parte na vida, a mente rompe sua condição finita e começa a se unir à vida infinita.

Como podemos nos tornar religiosos neste sentido? O *Jivanmuktiviveka* dá uma ilustração esclarecedora. Uma mãe com um filho pequeno não pode abandonar todos os seus deveres normais e sentar-se com ele no colo o tempo todo. (Também não podemos fugir das obrigações necessárias). Ela deixa o filho no berço enquanto está cozinhando, lavando louça ou roupas, recebendo visitas ou lendo um livro. Mas, no nível subconsciente, ela está constantemente consciente da criança e ouve o seu mais leve gemido. Assim deve nossa mente subconsciente estar perceptiva da subjacente realidade sem divisões. Gradualmente, a unidade global se tornará um fato quando os indivíduos romperem as paredes da prisão construídas pela egoísta mente do desejo.

5. O Ordálio das Mulheres (Jul. 1981)

Em vastas partes do mundo, o pensamento convencional pressupõe que o "sexo mais fraco" deve ser dominado, controlado e usado pelo mais forte. Existem países onde o estado e os líderes religiosos estão aliados para manter as mulheres na prisão da ortodoxia: elas são forçadas a se cobrir pesadamente da cabeça aos pés se e quando lhes for permitido sair de casa; são proibidas de ir a qualquer local público, escola ou faculdade não escoltada por um membro do sexo masculino da família; são proibidas de assumir um emprego sem permissão de pai, marido ou outra autoridade masculina; não lhes é permitido dirigir automóvel – na realidade elas estão engaioladas, grampeadas, confinadas. Em outras partes do mundo que se supõe serem mais avançadas, a atitude prevalecente é, em grande medida, considerar as mulheres como objetos de prazer, divertimento e sexo, como evidenciado, por exemplo, pelo modo como a figura feminina é usada como sedução em todo tipo de anúncio. Embora se diga que a idade da iluminação despontou com o desenvolvimento da ciência e da razão, a idade da selvageria não terminou, pois as mulheres ainda são compradas, vendidas e subjugadas em grande número em muitos lugares. Elas são mutiladas com circuncisão e infibulação para satisfazer a vaidade masculina; são maltratadas, insultadas e às vezes queimadas até a morte por não conseguir prover dotes proporcionais à ganância do marido e de sua família. A ausência de um "filho e herdeiro" é considerada uma falha da esposa, e a morte do marido é atribuída a pecados passados dela. Indignidades e sofrimentos acumulados sobre o "sexo mais fraco" durante séculos, em todas as partes do mundo, é não apenas um problema social. É, principalmente, uma questão de tanto homens quanto mulheres recusarem-se a mudar suas atitudes e aceitarem o pensamento convencional por mais iníquo e desumano que possa ser.

6. Exploração de Mulheres (Dez. 1990)

Entre os sintomas de grave doença que afligem o mundo moderno estão os ultrajes às mulheres. Embora em certas áreas as mulheres sejam tradicionalmente suprimidas e colocadas no plano de fundo e em outras elas tenham plena oportunidade para iniciativa e progresso, sua posição é basicamente de indignidade em todo o mundo. Em toda parte, elas são vítimas da brutalidade e arrogância masculinas, e as incapacitações que sofrem são cada vez maiores.

A Arábia Saudita recentemente promulgou um édito religioso proibindo as mulheres de dirigir automóveis, como reação a um *rally* de quinze carros dirigidos por mulheres no dia 6 de novembro em protesto contra as restrições a elas impostas. A tradição, dominada pelo autointeresse masculino, exige que as mulheres devam permanecer dependentes em questões pequenas e grandes. Qualquer pequena revolta parece uma ameaça perigosa demais para a ordem estabelecida. Em muitas partes do mundo, as mulheres não são livres para escolher o que vestir, quando e com quem casar e assim por diante. Nos países economicamente subdesenvolvidos as mulheres trabalham como escravas de manhã à noite, em busca de combustível, caminhando longas distâncias para buscar água, criando inúmeros filhos e muitas vezes morrendo por falta de repouso e de nutrição. Mas essa não é a pior parte de suas vidas, pois muito frequentemente essas escravas domésticas mal pagas são intimidadas e espancadas como recompensa por seu sofrimento.

Será a situação diferente nas partes mais ricas do mundo? Segundo o Departamento de Justiça dos Estados Unidos, três em cada quatro mulheres no país podem esperar ser vítimas de pelo menos um ataque violento em suas vidas. O estupro está aumentando a uma taxa alarmante, e segundo pesquisadores, esta é uma expressão da crescente atitude de violência para com as mulheres. Em outros assim chamados países avançados, embora o estado e a lei proclamem liberdade e igualdade para as mulheres, elas ainda não têm proteção contra agressões e indignidades senão através da restrição de suas atividades, temerosas de dar um passeio ou usar uma biblioteca salvo durante as horas de trabalho.

Frequentemente as mulheres são alvos de comportamento indecente ou agressão sexual, não recebem auxílio ou simpatia de autoridades policiais. O mau comportamento do homem é ignorado e desculpado, porque se presume que as mulheres são mais culpadas do que os homens, e que os homens devem ter sido provocados. Argumentando sobre estas mesmas premissas um ladrão pode ser desculpado por roubar uma bolsa, porque se considera que ele é provocado pela pessoa de quem está arrebatando a bolsa.

Desde tenra idade os jovens estão agora se acostumando a cenas de violência contra as mulheres mostradas em filmes e pela televisão. Para eles, a agressão às mulheres começa a parecer normal, e se pensa que as mulheres, como os animais, existem para uso dos homens.

Este problema, como vários outros, depende do moderno conceito de vida humana. O relacionamento entre homens e mulheres está propenso a dar errado enquanto prevalecer o conceito materialista do ser humano. O *Ātmā*, que não tem sexo, sendo pura inteligência, desabrochando suas qualidades divinas em meio às cambiantes circunstâncias materiais, deve ser reconhecido como o indivíduo verdadeiro. Como aprenderemos a ver os outros seres vivos como o *Ātmā* imortal e não como essa estrutura física transitória? É trágico que a educação secular contorne tais questões vitais e desse modo torne a vida moderna tão bárbara.

7. As Mais Pobres dos Pobres (Jun. 1988)

No seu livro *Inside the Third World*, Paul Harrison descreve as mulheres nos países em desenvolvimento como “as mais pobres dos pobres”. Elas são, diz ele, “duplamente oprimidas por injustiças nacionais e internacionais, e por sistemas familiares que dão a faca e o queijo nas mãos de maridos, pais e irmãos. . . . Os homens desfrutam de maiores privilégios, as mulheres carregam os maiores fardos. A injusta distribuição sexual de poder, recursos e responsabilidades é legitimada pela tradição antiga, socializada nas atitudes das próprias mulheres, muitas vezes consagradas em lei, e podem ser aplicadas, onde quer que necessário, pela violência masculina. Em vários continentes as mulheres são quase como burros de carga. Elas fazem grande parte do trabalho nas fazendas das quais raramente têm o título da terra em que trabalham. Mas não é apenas nos países do terceiro mundo que a lei é pesada contra as mulheres. Direitos iguais não são garantidos pela constituição mesmo de algumas das nações mais ricas que alegam ser defensoras dos direitos humanos e de normas democráticas.

O lado positivo do quadro é que mesmo nos países onde a tradição sempre colocou as mulheres numa posição dependente, existe uma nova consciência que está levando a ações de vários tipos. Na Índia, por exemplo, inúmeras agências voluntárias surgiram para inquirir quanto à condição das mulheres, defender seus direitos e organizar apoio. Uma dessas organizações recentemente fez uma pesquisa por amostragem de uma pequena área no Estado de Maharashtra no oeste da Índia. Neste distrito, que consiste de cerca de 130 aldeias, descobriu-se cerca de duas mil esposas descartadas. Estes não são casos de divórcios resultantes de incompatibilidade ou causas judiciais, mas de mulheres sem meios de suporte sendo abandonadas por seus maridos. Num estudo mais aprofundado de 63 aldeias, foram encontradas 621 mulheres em dificuldades. Como os processos legais são excessivamente longos e muitas daquelas que são vítimas de crueldade não têm condições de pagar por recursos legais, sua situação é verdadeiramente lastimável. Nas favelas o problema das mulheres são agravados pela embriaguez entre os homens; espancamento de esposas é uma prática comum. Inúmeras mulheres são extremamente inseguras, não apenas por causa do modo como seus maridos ou parentes se comportam, mas pelo público ser indiferente à sua situação. Não se pode depender dos tribunais para aplicação da justiça, e a intervenção policial é difícil de assegurar. Os legisladores são na maioria homens; também os juízes. Quando uma mulher é assediada ou mesmo estuprada não é incomum que a polícia, juízes e mesmo o público considerem a mulher responsável, presumindo que é ela que atrai o problema por sua conduta.

Recentemente houve um clamor na Índia sobre o assédio e a tortura de noivas recém-casadas para extrair dinheiro de seus pais. Houve até mesmo um caso assombroso de uma jovem que se imolou na pira de seu marido morto. Embora tenha havido uma ampla reação do público contra estes eventos, houve também alguns reacionários prontos para glorificar os acontecimentos, pois tradicionalmente o papel da mulher é visto como de inquestionável obediência ao marido e predisposição para aceitar qualquer tipo de tratamento.

Estes exemplos dramáticos excitam a mente do público, mas não se deve permitir que ofusquem o contexto total, que é a condição das mulheres como um todo. A pesquisa que mencionamos apresenta apenas um pequeno vislumbre quanto às dificuldades das mulheres.

Como já foi assinalado, a atitude das mulheres muitas vezes permanece tão tradicional que elas aceitam ou mesmo defendem costumes e leis que são contra seus próprios interesses e dignidade. Isso é inevitável porque foram privadas de educação. A educação é essencial para as mulheres ganharem autoconfiança, independência econômica e as habilidades necessárias para lutar por seus direitos. Aqui também progresso, embora lento, está sendo feito. A educação de meninas recebeu prioridade especial em vários países onde até recentemente mal havia algumas mulheres alfabetizadas. As pessoas estão começando a compreender que a educação de meninas é de algum modo de maior importância do que a de meninos. Pois a negligência das mulheres afeta seriamente o progresso mental das crianças e também sua saúde, atitudes sociais e desenvolvimento cultural. O conhecimento das mulheres sobre nutrição e saneamento, o tipo de conversa que são capazes de ter com seus filhos, sua influência geral sobre as atitudes morais e sociais dos jovens têm um papel crucial no desenvolvimento. Por não se levar isto em consideração antes, mais de metade de todas as mulheres adultas nos países em desenvolvimento são analfabetas.

O fator mais importante para mudar a condição das mulheres é a opinião pública esclarecida e a percepção do papel e lugar da mulher na sociedade. A atual apatia deve ser substituída por pensamento e ação progressivos. Os teósofos devem estar na vanguarda daqueles que defendem a dignidade e o *status* das mulheres. Dizem que o ser humano tem um lado feminino e um lado masculino. O equilíbrio entre os dois é necessário para o convívio inteligente. A natureza receptiva, intuitiva é tão importante quanto o lado positivo, intelectual. Do ponto de vista teosófico a encarnação em corpos femininos e masculinos é necessária, uma vez que cada qual dá oportunidade para desenvolver certos tipos de qualidades. Ao maltratar ou desconsiderar as almas que encarnam em corpos femininos o progresso da humanidade como um todo é retardado.

8. As Mulheres e os Direitos Humanos (Maio 1996)

Por razões políticas, os líderes de inúmeros países alegam ser defensores dos direitos humanos, mas sua defesa desses direitos é muitas vezes para sua própria conveniência. Na maioria dos países, quando as pessoas falam a respeito de direitos humanos elas excluem as mulheres. Mesmo nas partes democráticas do mundo e em países onde se supõe que sua igualdade seja mantida, o *status* das mulheres na sociedade é incerto e elas sofrem de inconvenientes de um tipo ou de outro. Por exemplo, embora a história dos Estados Unidos remonte a uma época quando liberdade, igualdade e fraternidade eram ideais retumbantes, a igualdade não era estendida em sua Constituição à população feminina. Aliás, ela omite conspicuamente qualquer referência à discriminação baseada no sexo como violação da Constituição, e só a proíbe com base na religião, cor, etc. Até os dias de hoje o Movimento de Direitos Iguais não obteve êxito em vencer a batalha para introduzir esta nova palavra na Constituição sem a qual todas as mulheres do país estão tecnicamente ou de fato em séria desvantagem. As forças obscurantistas são tão fortes que são capazes de zombar publicamente daqueles que desejam estabelecer a igualdade, chamando-os de abortistas[86], defensores da permissividade e coisas assim. Embora os Estados Unidos lutem por direitos humanos em países comunistas, ignora os direitos constitucionais de suas próprias mulheres, e têm tolerado violações de direitos humanos sob os regimes ultrajantes de certos ditadores aliados.

Este tipo de ambivalência está longe de ser a característica exclusiva de um país. O mundo comunista, também, alega defender a liberdade de todos os povos, mas impiedosamente suprime os dissidentes dentro de suas próprias fronteiras. Na maioria desses países as pessoas podem não ter como recorrer à justiça, cláusulas protetoras na Constituição, nem são beneficiárias de uma tradição de liberdade de expressão e livre pensamento, como são outras pessoas nas democracias.

Em inúmeros países, a desigualdade no *status* das mulheres é justificada por conveniente referência à autoridade e à escritura religiosa. Um caso recente na Índia suscitou vigoroso debate sobre os méritos das sanções religiosas *versus* justiça secular. É prática comum entre os muçulmanos que o marido pronuncie a palavra *talaq* três vezes e assim se livre de sua esposa sem ter de aceitar responsabilidade de a sustentar e a seus filhos [dele] por mais do que um período muito curto de tempo. A Corte Suprema da Índia, em um julgamento recente, decidiu que a esposa divorciada tem direito ao sustento, e isso está encontrando oposição. Toda a situação traz à tona a questão de se os direitos humanos são válidos em si mesmos o tempo todo e em todos

86 Vale considerar que a expressão destas forças obscurantistas, obviamente é reducionista e depreciativa, uma vez que nem toda a mulher que defende a igualdade de direitos é abortista ou permissiva. (Nota Ed. Bras.)

os países com relação a todas as pessoas sem distinção de raça, religião, sexo, etc., e se podem ser postos de lado por razões tradicionais, políticas e outras.

Um novo modo de pensar deve surgir em todo o mundo com relação aos direitos humanos em geral e à posição das mulheres em particular. Será que o estado e o clero têm o direito de pôr as mulheres atrás de um véu, privando-as de liberdade de movimento, negando--lhes emprego e oportunidades de educação e a alegria de estarem em contato com a Natureza e as experiências que a vida oferece? Aquelas mulheres que são privadas de escolha referente aos filhos que querem ou não ter estão também sujeitas à coação de uma outra forma. Em grande parte do mundo, as mulheres não recebem salários iguais para igual trabalho realizado, nem têm direitos iguais aos homens quanto à propriedade e herança. Atitudes medievais em relação às mulheres ainda prevalecem em muitos lugares. Nenhuma sociedade pode ser considerada civilizada se não provê condições que permitam às mulheres desfrutar de igualdade, liberdade e dignidade ao mesmo tempo. Proteger a dignidade das mulheres restringindo sua liberdade e direitos é fácil demais. Também é fácil permitir às mulheres liberdade, mas criar condições de insegurança tratando-as como objetos sexuais exploráveis.

No terceiro mundo, além de outras desvantagens, o principal ônus do trabalho recai sobre as mulheres. Elas frequentemente têm de trabalhar fora de casa e ganhar salários insignificantes e ao mesmo tempo criar e educar inúmeros filhos, trabalhando de manhã à noite para conseguir combustível, carregando água de locais distantes e realizando outros trabalhos extenuantes. Os filhos dessas mulheres possivelmente não podem crescer para se tornarem bens ativos para a sociedade por falta de nutrição, educação, amor e cuidado. Ao privar as mulheres de direitos e oportunidades econômicas para emprego adequado, a sociedade comete uma forma de suicídio. É hora de o conceito de direitos humanos estar relacionado a toda posição das mulheres na sociedade, com *status* econômico e social, político e humano em seus próprios países e comunidades. Todas as declarações a respeito dos direitos humanos são falsas enquanto for o destino de milhões de mulheres serem excluídas de todo conceito de tais direitos.

9. Unidos ou Divididos (Jul. 2003)

É um truísmo dizer que a tecnologia unificou a Terra e criou uma aldeia global. Ao mesmo tempo, a população humana continua numa rotina, guiada por velhos hábitos, atitudes bitoladas e indiferença à Terra e a seus habitantes como um todo. Como resultado do desenvolvimento tecnológico os eventos acontecem agora muito mais rapidamente e em maior escala. Por exemplo, os seres humanos sempre cortaram árvores, mataram outras criaturas, queimaram madeira e assim por diante durante séculos e milênios. O impacto não era muito grande até agora, mas essas atividades aumentaram muitíssimo por causa da capacidade tecnológica e do crescimento populacional. O clima e as vidas das criaturas, humanas e não humanas, estão sendo gravemente afetados. As descobertas de uma organização de pesquisa científica e industrial da Commonwealth, com sede na Austrália, indicam que as emissões das indústrias da América do Norte e Europa são responsáveis pela seca prolongada e severa no Sahel e na enorme faixa árida ao sul do Saara, desde a Guiné no Oeste até a Etiópia no Leste. Parece ter havido uma redução na severidade da seca nos anos 1990, quando leis para o "ar limpo" foram introduzidas na América do Norte e Europa, o que pode provar a ligação. Partículas de aerossol são encontradas viajando longas distâncias, e o alto estilo de vida nos países ricos está continuamente reduzindo os parcos recursos de várias partes do mundo em desenvolvimento.

Existe, porém, alguns *quid pro quos* inconscientes. Por exemplo, as tempestades de poeira tornaram-se mais frequentes e severas à medida que aumenta o nível de aridez. Diz-se que tais tempestades do Sahel, assolado pela seca, elevam-se a quatro quilômetros no céu e viajam através do Atlântico até a Flórida, onde depositam enorme quantidade de poeira. Elas carregam micróbios através dos oceanos, afetam as colheitas e irritam a pele humana. A queima de madeira e outros artigos combustíveis, que continua nos países pobres, produz de vez em quando uma névoa sobre extensas áreas com as quais as pessoas se tornaram familiarizadas. Este é apenas um exemplo do dano sendo causado por diferentes seções da população da Terra, involuntária, insensível ou mesmo inevitavelmente: milhões de pessoas pobres não têm combustível, exceto o que conseguem obter da madeira que coletam ou do carvão, que queimam para sobreviver.

Débeis esforços estão sendo feitos por organizações internacionais para coordenar e integrar políticas globalmente importantes que beneficiariam todas as pessoas imparcialmente. Organizações internacionais não estão livre do interesse de poder, como atestado por sua abordagem ao patenteamento, exportação e importação de biomateriais e questões semelhantes com amplas ramificações. O mundo está dividido, e a humanidade funciona no todo ao longo de padrões de pensamento. A cooperação ainda está distante. É preciso uma perspectiva global para acompanhar a evolução das situações que mudaram no nosso mundo tecnológico.

10. O Vírus Racista (Dez. 1999)

Tendo sido obtido um sucesso temporário na batalha contra a malária, a tuberculose e outras doenças, o público foi informado de que elas tinham sido erradicadas. Mas elas estão de volta. A malária está se espalhando não apenas em áreas tropicais, mas está fazendo incursões em zonas temperadas onde as temperaturas parecem estar se elevando irregularmente por causa do aquecimento global. A tuberculose também está causando danos em muitas partes do mundo.

Há um outro vírus que alguns acreditam estar morto, mas que ainda está perigosamente vivo, ou seja, o vírus do racismo. Supõe-se que a animosidade racial foi extinta porque certos cientistas e antropólogos reconhecem que geneticamente todos os seres humanos pertencem a uma raça. Os cientistas dizem também que nós humanos somos muito parecidos com alguns dos outros primatas, o que não impede os seres humanos de os torturar. Esses pronunciamentos dos acadêmicos não produzem o mínimo efeito sobre as mentes das pessoas que estão cheias de ódio. O ódio exige objetos, e as pessoas usam a existência de distinções raciais, religiosas e outras apenas para justificar suas próprias frustrações e paixões profundamente enraizadas que surgem de uma psicologia de autointeresse. É por isso que a animosidade racial, a intolerância religiosa, a desconfiança nacional e coisas assim estão desenfreadas. Elas só terminarão quando a intensidade do autointeresse na consciência humana diminuir e for finalmente erradicada. Caso contrário, permanecerão adormecidas e surgirão quando o clima e as circunstâncias forem favoráveis.

Felizmente, um fim oficial foi colocado no *apartheid* na África do Sul. Isso, porém, não pôs fim ao ódio racial e à desconfiança mútua entre os brancos e as comunidades brancas e pretas. Fazendeiros brancos que possuem grandes extensões de terra ocupadas quando eram os colonizadores estão com medo de perder suas vantagens. Eles estão prontos para atirar e aterrorizar os pobres trabalhadores que são dependentes deles para sobrevivência. Segundo uma reportagem recente no *The Guardian* de setembro de 1999:

> Cinco anos após o fim do *apartheid* os abusos do domínio branco continuam nas fazendas sul-africanas que proveem uma existência precária para cinco milhões de negros. As deploráveis condições de trabalho e os salários irrisórios em troca de longas horas de trabalho permanecem a norma. Alguns trabalhadores ainda dormem nas pocilgas e baias dos animais que eles cuidam.
>
> Para muitos trabalhadores, porém, o pior é a impunidade com que os fazendeiros brancos abusam, espancam e até mesmo matam seus trabalhadores e outros negros, e depois saem livres por causa da polícia e de juízes amigos indiferentes ou incompetentes.

Esta reportagem torna claro o quão bárbaro o ser humano pode ser ao proteger ou promover seus próprios interesses. Os fazendeiros brancos consideram o povo negro, que pode reivindicar a terra da qual foram expulsos, como uma grande ameaça. Os negros, por outro lado, também atiram indiscriminadamente e matam pessoas brancas, mesmo aqueles antigos residentes com forte simpatia por seus concidadãos de pele escura. Não há uma maneira fácil de mudar esta situação, pois nenhuma lei nem as autoridades, políticas ou científicas, conseguem reduzir as paixões humanas ou impor disciplina à mente humana.

Na Rússia, sinagogas foram incendiadas e há quantidade considerável de apoio a grupos antissemitas. Em algumas áreas são permitidas propaganda e procissões abertas de homens usando símbolos semelhantes à suástica. Um êxodo dos judeus, certamente, não é improvável. Os imigrantes de cor das antigas colônias e refugiados fugindo de perseguição e que receberam asilo na Espanha e na França estão sendo atacados nas ruas por grupos racistas e ameaçados de várias maneiras. Não existe espaço suficiente aqui para fazer uma ampla pesquisa das atrocidades cometidas em muitas partes do mundo por razões raciais.

A cura está agora, como sempre esteve, em libertar a mente de seus temores, preconceitos e condicionamento. O Dalai Lama diz frequentemente que os seres humanos são por natureza bons e gentis. Mas nossas respostas naturais são suprimidas e corrompidas pelas exigências da sociedade que nós mesmos criamos - uma sociedade baseada em produção e consumo sempre crescentes, onde o autointeresse é defendido como virtude primordial.

Paciente e perseverantemente, a Sociedade Teosófica deve permanecer engajada em demolir a crença neste modo de vida. Ela deve prover uma filosofia que dotará as pessoas de coragem para mudar e desabrochar sua bondade inata. As distinções raciais e de outros tipos não as induzirão a entrar em conflito logo que conheçam sua própria natureza verdadeira e seu lugar no resto da criação.

11. O Espírito de Cooperação (Nov. 1999)

A chegada de uma nova era ou civilização não dependerá de datas do calendário, mas de seres humanos mudando seu comportamento e aprendendo, entre outras coisas, a cooperar. A era atual é de confrontação e conflito, no nível global entre nações, e no nível menor entre indivíduos. Na nova civilização os relacionamentos serão diferentes, baseados na cooperação, a respeito da qual membros eminentes da Sociedade Teosófica têm falado tantas vezes.

Os conflitos entre seres humanos são piores do que no reino animal. Foi publicado um novo livro sobre matança, baseado em pesquisa detalhada quanto à atitude das pessoas que lutam, particularmente soldados e policiais. Ele descreve como os soldados conseguem achar "maravilhosamente satisfatório" até mesmo o anto sangrento de enviar a baioneta. Ao lembrar como os corpos dos inimigos explodiam e como eles gritavam, um combatente pensou "este é um dos momentos mais felizes da minha vida". Tal brutalidade e prazer pela dor alheia são cultivados em todas as nações, e são considerados heroicos, não vergonhosos. Vangloriar-se de tais eventos é um traço peculiarmente humano; o animal simplesmente luta e depois esquece tudo a respeito.

Numa série de palestras simples e belas que C. Jinarajadasa, ex-presidente da ST, ministrou (publicadas como livro sob o título *Eu Prometo*[87]), ele disse que cada jovem deve aprender a fazer as coisas juntos com outros. A educação dos jovens deve ensinar-lhes a cooperar, e não colocar pressão sobre competição e confrontação. Annie Besant incentivava os jogos de equipe nas escolas que ela criou. Ganhar ou perder da maneira correta era importante. Os estudantes aprendiam a ficar felizes se o time contrário ganhasse, e a não se vangloriar quando eles mesmos ganhavam.

Há várias situações nas quais as pessoas aprendem a cooperar de maneira limitada – em grandes projetos como, por exemplo, sondar

---

87 JINARAJADASA, C., Brasília: Editora Teosófica, 2015. (Nota Ed. Bras.)

o espaço sideral. Algumas empresas são bem-sucedidas através do esforço cooperativo. As assim chamadas pessoas religiosas praticam a fraternidade dentro da crença, mas não têm escrúpulos a respeito de matar aqueles que estão fora do páreo. Tudo isso não é fraternidade nem cooperação, mas uma forma de interesse próprio. Numa nova civilização, o espírito de cooperação será universal, expresso em todos os relacionamentos, e as atitudes ligadas ao "eu" e "meu" estarão subordinadas.

Como mostram estudos ecológicos, mesmo criaturas insignificantes contribuem para o progresso, mas nossa cegueira nos torna inconscientes deste fato. Em todos os reinos da Natureza e em cada forma de vida, são desenvolvidas certas qualidades que podem florescer no ser humano, mas somente porque criaram raízes numa etapa anterior. Se nada vemos de valor num indivíduo particular é porque nossa percepção não é clara. Quando a intuição está mesmo um pouco desperta, nossa abordagem aos outros é de respeito profundo. A nova humanidade será marcada pela capacidade de conhecimento e cooperação intuitivos.

Não devemos cooperar apenas com outros indivíduos, mas com a Natureza como um todo. Muitos processos da Natureza são inescrutáveis às nossas mentes atualmente, e jamais penetraremos os seus mistérios a não ser que dela nos aproximemos com respeito. Em algumas culturas antigas personificava-se a Natureza e a consideravam como uma deusa digna de adoração. Isto não era superstição, mas um reconhecimento de sua grandeza. Ao nutrir o espírito de cooperação com a Natureza em todas as suas atividades, aprendemos a nos tornar *unos* com o Grande Plano.

12. O Eu em Toda Parte (Maio 1999)

Os estudantes de Teosofia podem estar familiarizados com trechos da *Bhagavad-Gitā*[88] que indicam que para a consciência iluminada o Eu está em toda parte: "O eu, harmonizado pelo *Yoga*, vê o SER que habita em todos os seres, e todos os seres no SER; em toda a parte vê o mesmo". A percepção espiritual reconhece claramente a unidade de toda a existência. Esta compreensão, que é a quintessência da espiritualidade, está refletida, nos níveis materiais mais grosseiros, na tendência universal de possuir e pertencer, que é desejo, atração e apego.

As verdades dos níveis espirituais lançam sua sombra, por assim dizer, sobre o mundo externo da matéria, existindo assim correspondências e paralelos. Por exemplo, preso na ilusão, o eu aqui embaixo vê imagens de si mesmo em toda parte, refletindo a seu próprio modo o Eu espiritual que vê a Mônada divina no coração de todos os seres, como acima mencionado.

Nos mundos da forma, funcionando através de veículos materiais, a pessoa comum só vê o Universo objetivo conforme refletido no espelho de sua própria mente ou consciência. Dependendo do conteúdo distorcido dessa consciência, às vezes descrito como a "poeira" que se acumula no espelho da mente, o Universo parece assustador ou atraente, um campo para conquista e para renúncia abjeta. *A Voz do Silêncio*[89] refere-se aos relacionamentos que surgem quando a consciência está iludida ou impura:

> . . . quando à voz clamorosa da grande ilusão a tua Alma responde; quando se assusta ao ver as lágrimas quentes da dor, quando a ensurdecem os gemidos da angústia; quando a alma se retira, como

88 Brasília: Editora Teosófica, 2ª edição, 2014, p. 130 [VI-29]. (Nota Ed. Bras.)

89 Brasília: Editora Teosófica, 6ª Ed. de Bolso, 2023, p. 93-94 [aforismo 15]. (Nota Ed. Bras.)

a tímida tartaruga, para dentro da concha do egocentrismo, sabe, ó discípulo, que do seu Deus silencioso a tua Alma é um sacrário indigno.

Quando, já mais forte, a tua Alma sai do seu retiro seguro; quando, deixando o sacrário protetor, estende o seu fio de prata e avança; quando, ao contemplar a sua imagem nas ondas do espaço, ela murmura, "Isto sou eu" - declara, ó discípulo, que a tua Alma está presa nas teias da ilusão.

Nossas atitudes não são respostas claras ao que verdadeiramente existe, mas reações ao mundo conforme refletido na consciência quando a observação se dá através do véu de imagens mentais e impressões passadas.

Compreendendo isto, aqueles que estudam a vida com seriedade suspendem o julgamento e não chegam a conclusões, senão por propósitos puramente empíricos. Eles não consideram como certo que o Universo objetivo seja o que suas mentes verdadeiramente apresentam, e estão constantemente perceptivos de que vivem e agem num mundo de sombra criado pela mente, "a assassina do real". Até que a consciência se torne completamente pura e livre de seus condicionamentos (*vāsanās*) ela não consegue ver a verdade. Consequentemente, a sabedoria jaz em não desperdiçar energia procurando o argueiro nos olhos de outras pessoas, mas, por outro lado, removendo as impurezas que obstruem sua própria visão.

A mente não apenas tinge e remodela os objetos com os quais entra em contato, ela também projeta no mundo externo seu próprio caráter e cor. Para o olho orgulhoso as outras pessoas parecem inferiores; a mente lasciva compara o que ela tem ou o que não tem com o que os outros possuem, e é atormentada pela inveja; para a mente não refinada a beleza não é visível, pois ela vê os outros envoltos em sua própria grosseria. Assim, cada um vê reflexos no mundo externo das formas e tonalidades que compõem o conteúdo de sua própria consciência. O mundo externo nos reflete, e nossa consciência converte em imagens por ela mesma criadas o que é percebido do mundo; e age como um espelho para os outros.

O mundo de ilusão é um mundo de inúmeros reflexos e sombras. No épico *Mahābhārata*, um dos principais personagens é retratado como ficando totalmente perplexo numa determinada ocasião quando foi levado a um palácio com espelhos de todos os lados lançando inúmeros reflexos aqui e ali. Esta é a experiência da alma no mundo de *māyā*. Para emergir do mundo de sombra para a luz e conseguir ver, não a natureza falsa e transitórias do eu pessoal refletido de volta de todos os cantos, mas o único Eu verdadeiro em todas as coisas, o que é preciso é uma purificação total, tão completa que é chamada *tapas*, o "calcinar" das imagens e impressões externas para que não consigam ser ressuscitadas; então, a mente se torna um instrumento sem falhas, "uma caneta nas mãos de Deus", o deus dentro de cada um.

Capítulo 19

Desumanidade e Violência

1. Infantil, mas Não Pueril

Um estado interior de pureza e inocência foi comparado por muitos instrutores à condição de uma criancinha. Jesus ensinou aos seus discípulos: "A não ser que sejais convertidos, e vos torneis como criancinhas, não entrareis no Reino dos Céus". Em *A Voz do Silêncio*[90] encontramos as palavras inspiradoras, "A rosa deve voltar a ser o botão . . . antes que o parasita lhe tenha roído o coração e bebido a seiva vital . . . O discípulo deve recobrar o estado infantil que perdeu, antes que o primeiro som lhe possa soar ao ouvido. Também no conhecido texto do Vedanta, o *Yoga-Vāsistha*, recomenda-se a redescoberta do estado infantil. Wordsworth compreendeu intuitivamente que a consciência de uma criança leva consigo a atmosfera e a pureza das regiões celestes. "O céu está à nossa volta na nossa infância", escreveu ele.

Numa edição recente de *The Guardian Weekly*, havia um artigo e a fotografia de um bebê de vinte dias de vida com uma expressão feliz em seu rosto, deitado nos braços protetores de uma pessoa desconhecida na Tailândia. O seu pai e sua mãe foram levados pelas ondas e ele foi varrido pelas ondas do tsunami. Ele passou por mais de um perigo que poderiam ter posto fim à sua curta existência, mas sobreviveu às aventuras que lhe sobrevieram com feliz inocência, intocado pelos acontecimentos externos, talvez ainda experimentando a paz e

---

90 Brasília: Editora Teosófica, 6ª Ed. de Bolso, 2023, p. 123 [aforismo 77-79]. (Nota Ed. Bras.)

o bem-estar dos mundos superiores. "Bebê das Ondas", como veio a ser chamado, sabia, como somente as crianças podem saber, que as circunstâncias externas têm pouca ou nenhuma importância.

As criancinhas sabem instintivamente como ser felizes e como dormir tranquilamente, ou seja, ser o seu verdadeiro Eu. Em cidades superlotadas como Bombaim, as crianças podem ser vistas em frente a seus casebres miseráveis improvisados como residências, brincando alegremente na poeira e na areia, nos pequenos espaços à beira da estrada congestionada. Elas não precisam de brinquedos, confortos ou acessórios para ser felizes, porque a ambição e os objetivos humanos ainda não as alcançou. Somente uma mente inocente pode experienciar a pura alegria de viver sem quaisquer necessidades psicológicas. Como os pássaros voando no céu aberto, jamais se sentindo solitários, sem buscar entretenimento, as criancinhas são livres de desejos e do estresse de buscar realização pessoal.

Infelizmente, logo as ideias ilusórias e as pressões do mundo as capturam, quando adultos tentam transformá-las em réplicas de si mesmos, e elas se tornam ambiciosas, espertas e mundanas. A corrupção se estabelece muito mais facilmente por causa da inocência e da impotência do estado infantil. Portanto, "voltar a ser o botão antes que o parasita tenha roído o coração e bebido a seiva vital", antes de ser condicionada e endurecida pelos caminhos do mundo.

A mente inocente de uma criança não tem preconceitos de raça, religião, cor de pele ou posição social. As criancinhas brincam entre si sem barreiras na mente. Mesmo que tenham uma rusga, a coisa é logo esquecida. Suas mentes são incapazes de considerar os outros com suspeição. Um bebê pode instintivamente se agarrar à sua mãe e se sentir desconfortável com um estranho porque a Natureza inculcou esse reflexo em todas as criaturas para sua segurança. Mas quando as crianças crescem, a consciência cerebral começa a usar memória e reflexos antigos embutidos em sua constituição para lutar ao longo da vida.

Ser como uma criancinha significa libertar a mente tanto das compulsões das memórias interiores, imagens e conclusões oriundas do passado quanto das pressões exercidas por uma sociedade corrupta. Então a natureza pode ser confrontada de duas maneiras, dependendo de se é a verdade ou *māyā* que seja dominante. Superada por *māyā*, a mente busca explorar, possuir e utilizar tudo que a Natureza oferece. Livre de ilusões, ela é infantil e inspirada pela Natureza, que é a revelação da Força Divina e sua Grande Obra criativa e espiritual.

2. O Ser Humano Desumano (Jun. 2005)

Uma notícia chocante publicada numa edição recente de *The Guardian Weekly* de 22-28 de abril informa-nos a respeito do comércio de fetos humanos, que estão sendo utilizados para produzir loções, cremes e injeções para enganar a maioria das mulheres fazendo-as acreditar que rejuvenescerão e adquirirão um novo charme e *glamour*. Já há muito tempo, fêmeas grávidas de animais foram abatidas para promover a superstição de que seus fetos produzem material - sem dúvida feitos para ter odor agradável e serem atrativamente embalados - que darão beleza e brilho à pele. Agora fetos humanos estão também no mercado. Anuncia-se que as células-tronco nos fetos humanos são material superior para "injeções de juventude" e terapia fetal, porque podem melhor se adaptar e se transformar nos tipos certos de tecido do que células extraídas de fetos animais.

Este comércio de fetos encoraja vários tipos de transações obscuras. Existe um sistema dissimulado para transportar fetos congelados para países onde eles são banidos pela lei. Noticia-se que a maioria deles vão para a Rússia atualmente, e cada feto alcança quase U$10,000. Médicos inescrupulosos querem ganhar dinheiro realizando abortos após as doze semanas permitidas de gravidez, porque quanto mais velhos os fetos, mais eficazes supõe-se que sejam. Clínicos gerais fraudulentos não são avessos a afirmar que razões médicas exigem que o aborto seja feito em um estágio posterior. Mulheres pobres ou gananciosas estão desejosas de esperar e permitir que o aborto seja feito mais tarde – tudo por dinheiro. Provavelmente, nenhuma das clientes nessas clínicas de beleza sabe o que lhes é injetado; ansiosas por admiração elas se arriscam permitindo que células doentes que transportam vírus mortais penetrem seus corpos. A maioria das pessoas que compra cosméticos também ignora o que estão esfregando em seus rostos e quais carnificinas e operações ilegais estão envolvidas na restauração de sua vaidade. Talvez elas não se incomodem.

Não podemos esperar que um urso ou um macaco ajam de maneira diferente da de um urso ou de um macaco. Tudo na Natureza, mesmo segundo alguns biólogos renomados, parece ter uma fraca percepção, talvez construída nos genes, a respeito do que deve ser. Portanto, somente um pombo é que surge do ovo de uma pomba e um pinheiro a partir de uma bolota. Infelizmente, o ser humano invariavelmente não permanece fiel à sua natureza, o que mesmo um urso ou um macaco é capaz de fazer. O ser *humano* é frequentemente *desumano*. Ambas as palavras "humano" e "desumano" surgiram do mesmo cérebro humano, sugerindo que em sua consciência existe verdadeiramente a percepção de uma distinção, mas que é mantida em segundo plano.

Crueldade deliberada, sentir prazer com o sofrimento dos outros e aberrações morais de vários tipos são considerados por muitos seres humanos como repugnantes e vergonhosos. Contudo, no mundo moderno novas maneiras estão sendo constantemente inventadas para produzir um declínio do estágio humano para uma condição moralmente distorcida na qual não existe nem a inocência do animal nem a compaixão da natureza humana.

Até que ponto podem os seres humanos degenerar-se? Um artigo no *The New York Times* mostra as possibilidades. Foi criado um *site* na Internet para se caçar e atirar por controle remoto. Pessoas em locais distantes do mundo se inscreveram e estão pagando para caçar no conforto do ar condicionado, sem serem perturbadas por mosquitos e moscas, escapando das inconveniências de viajar para as florestas e áreas selvagens. Com o clique de um *mouse* podem tirar a vida de um veado ou de uma zebra e assistir na tela à sua frente. Um rifle no local, apontando para um lugar para onde o animal é atraído, atira, e a pessoa com o mouse em sua mão desfruta da satisfação de derramar sangue e toda a emoção da "perseguição"!

Além desses meios sofisticados e artificiais para satisfazer a vontade pessoal ou derivar divertimento, a assim chamada pesquisa prossegue para provar que muitos da variada progênie da Natureza não sentem dor e não desfrutam do direito de ser tratados com gentileza e respeito. Caranguejos e lagostas são lançados vivo na água fervente, e um "erudito" professor declarou recentemente que ser cozido vivo não compromete o bem-estar desses seres! Que a pesquisa científica possa ser feita para produzir resultados predeterminados tornou-se conhecimento comum desde que as gigantescas companhias de tabaco empregaram cientistas inteligentes para provar, por meio de suas pesquisas, que o fumo é inofensivo. Do mesmo modo, países onde se pensa que a pesca é importante acham conveniente empregar pesquisadores para declarar que os invertebrados não sentem dor. Eles podem se mexer e contorcer seus corpos, mas isso é apenas um reflexo e não indica dor!

Como pode alguém saber que dor ou prazer a outra pessoa experimenta? Aquele que sofre pode falar a respeito, mas o ouvinte pode apenas imaginar a dor, e não a sentir. Mas quando o sofrimento é de criaturas vivas que não podem falar uma linguagem inteligível para nós, e os humanos são insensíveis demais para tentar compreender o que elas sentem e expressam, eles podem imaginar qualquer coisa, mesmo que o bem-estar do animal esteja ligado a seu sofrimento.

Haverá profundezas maiores de degradação a que descerá o ser humano esperto, na busca de prazer e lucro? O que podemos fazer para deter o declínio?

3. Agravando a Doença (Ago. 1983)

Competição e luta caminham juntas, um fato que pode ser visto facilmente mesmo por aqueles cuja visão careça de perspicácia. A causa da luta entre nações, grupos e indivíduos deve-se em grande medida ao desejo de superar os outros política e economicamente. O aumento da violência no mundo é sintomático de um acelerado espírito de competição, comumente chamado de luta pela vida. Milhões de pessoas sentem medo e insegurança nos dias de hoje por causa da violência no ambiente. Os terríveis atos de ódio que são parte das guerras sendo travadas no Oriente Médio, na América Central, no Sudeste da Ásia e outros lugares formam apenas parte da história. Terrorismo, gangsterismo, rapto, assassinato, assalto, espancamento – as formas de violência são inúmeras.

Ninguém gosta de viver em meio a tal desordem e insegurança. Contudo, dificilmente alguém deseja admitir que se engajar numa luta competitiva, consumista acentua a violência, e quanto mais agressiva a competição, mais violento e inseguro o mundo deve se tornar. Por outro lado, cada nova geração é deliberadamente "educada" na crença de que o que importa é avançar independentemente das deploráveis consequências físicas e mentais daí decorrentes.

Há mais de um século a Senhora Blavatsky escreveu em *Ocultismo Prático*[91]:

> Toda a educação ocidental, e especialmente a inglesa, traz instintivamente o princípio da competição e disputa, cada criança é instada a aprender mais rapidamente, a ultrapassar seus companheiros e a suplantá-los de todo o modo possível. Cultiva-se continuamente a assim chamada "rivalidade amistosa", e o mesmo espírito é cultivado e fortalecido em cada detalhe da vida.

91 Brasília: Editora Teosófica, 5ª Ed. de Bolso, 2020, p. 137-138. (Nota Ed. Bras.)

Ela destacou a impossibilidade de se reconciliar tal educação com o viver a vida espiritual ou uma vida de ocultismo prático. Deixando por enquanto de lado a questão do ocultismo ou espiritualidade, pode-se bem questionar se é possível haver sanidade e segurança para os seres humanos enquanto estiverem na luta pela vida.

As crianças são obrigadas a sentir a pressão da competição muito cedo. Como noticiado na *Newsweek* de 28 de março de 1983, existe a noção de que os pais devem "começar com elas e continuar a pressioná-las". Pais ansiosos, determinados a obter vantagem para seus filhos, podem colocar cartões de leitura piscantes diante de bebês com apenas poucos meses de vida. Os brinquedos são fornecidos com vistas a desenvolver poder cerebral precoce. O cérebro do bebê, antes dos três anos de idade, segundo alguns educadores esperançosos, é uma esponja e pode ser obrigado a absorver os impulsos, ideais e as ambições dos pais. Porém, alguns bebês, dizem, resistem ser esponjas e desenvolvem sintomas de ansiedade e estresse. Outras crianças não levam a educação muito a sério e tentam mascar ou sugar os cartões de leitura piscantes! Apesar de tais amortecedores aos esforços dos pais, o trabalho de pressurizar as crianças para as transformar em modelos de habilidade e sucesso ganha popularidade.

Alguns especialistas em cuidados infantis opõem-se fortemente a se acostumar as crianças a realizarem as vaidades e os ímpetos competitivos dos pais. Eles ressaltam que respostas emocionais naturais correm perigo de ser suprimidas. O estresse impede o aprendizado e o que lhes é empurrado em tão tenra idade resulta em imitação e não numa mente criativa, investigadora. E o que é mais importante, a criança precisa ser amada pelo que ela é e não por aquilo que possa ser moldada. O desenvolvimento de um ser humano envolve o crescimento de qualidades tais como amor e gentileza. A habilidade agressiva para competir com sucesso não pode ser tomada como critério de desenvolvimento, sem o perigo de produzir mentalidades distorcidas e violentas, seres humanos desequilibrados.

A educação é um empreendimento para toda a vida, que começa na infância e continua através de muitas experiências, grandes e pequenas, que são enfrentadas por cada pessoa. Se a vida, deliberadamente ou de outra maneira, é vivida numa competição febril, ocorre a destruição externa da boa ordem e do progresso na sociedade, e internamente, existe supressão daquelas faculdades que são capazes de sentir o profundo significado da vida e do relacionamento. Uma inteligência assim faz-se agora necessária de parte de todos aqueles que desejem viver numa boa sociedade, que resultará numa total recusa de participar de atividade competitiva e que se colocarão firmemente contra os esforços para agravar esta doença humana.

4. A Brutalidade Dará o Contragolpe (Ago. 1984)

A brutalidade sistemática é um sinal de decadência. Igualmente o são os entretenimentos que para entusiasmar dependem de atos de crueldade. A Roma decadente assistia os cristãos servirem de alimento aos leões e se deleitava nos sangrentos combates entre gladiadores. Quanto menos bem-sucedido o império se tornava, mais de tais estimulantes oferecia a seus cidadãos.

Supõe-se que a opinião pública de hoje em dia seja mais civilizada. Contudo, não faz muito tempo que mulheres pobres eram perseguidas como bruxas e queimadas para satisfação de espectadores desumanos. A memória da Revolução Francesa com as multidões ansiosamente esperando em torno da guilhotina para ver as cabeças rolarem não se apagou totalmente. Em anos mais recentes, "a justiça popular", organizada pelos assim chamados líderes revolucionários de certos países, perpetuou a tradição de incitar as massas à violência encorajando-as a testemunhar execuções e castigos públicos.

Supõe-se que a publicação da execução de criminosos, oponentes políticos e outras pessoas indesejadas instile o medo na opinião pública. Mas não há prova de que isto aja como dissuasão. Pelo contrário, endurece as mentes de um grande número de pessoas, tornando-as insensíveis e indiferentes ao sofrimento.

Escrevendo em *The Guardian Weekly* de 1º de abril de 1984, Ellen Goodman menciona a possibilidade de que "repórteres de televisão logo terão permissão para levar suas ferramentas de trabalho - as câmeras - para a câmara de morte, assim como os repórteres da mídia impressa levam lápis . . . uma estranha coalisão se formou para apoiar a noção de que devemos transmitir as execuções". Um assassino, James David Autry, pediu que sua execução fosse televisionada na esperança de que, após assistirem à execução, os espectadores elevariam suas vozes contra "um crime com aprovação do estado".

As execuções e os castigos televisionados podem produzir um efeito mais sombrio do que as cenas bárbaras que se tornaram tão comuns nesses países onde se pensa que a obediência cega aos códigos legal e religioso, dragados da idade das trevas, superem em virtude quaisquer considerações humanitárias. *The Daily Telegraph* (Londres, 15 de junho de 1984) noticiou que naquele dia haveria a primeira execução pública no Sudão desde que o país introduziu a lei islâmica. A vítima deveria ser enforcada e seu corpo crucificado. Um de seus cúmplices deveria ter uma mão e uma perna decepadas. Em vários países, a flagelação pública, a mutilação e o apedrejamento até a morte são praticados como parte de um sistema de "justiça divina", porque têm a sanção do sacerdote e da escritura.

Longe de sentir repugnância e medo, as plateias em tais ocasiões se comprazem e se emocionam tanto quanto outras pessoas o fazem com filmes de terror. Os espectadores são conhecidos por competirem entre si na coleta de lembranças destes eventos. Em certa época, lembranças de vítimas dos campos de concentração eram compradas por ávidos caçadores de raridades.

O hábito tranquiliza a mente. A participação em cenas de violência torna a mente fria e, na pior das hipóteses, a torna uma máquina diabólica. O ato de televisionar e publicar castigos terríveis tornaria milhões de pessoas piores do que brutos, pois nenhum bruto, a não ser o homem, age com crueldade calculada ou busca se divertir testemunhando castigo a ser infligido.

O impacto causado à mente pela crueldade praticada contra um número incontável de animais em laboratórios de pesquisa e fazendas pecuárias, mesmo agora, salta aos olhos. Homens e mulheres, treinados a serem indiferentes à agonia dos animais, estão também lidando com outros seres humanos. Supõe-se que infligir sofrimento aos animais beneficia o homem aumentando seu conhecimento e lucro. Mas a desumanização de sua mente privando-a de piedade e de todas as sensibilidades mais refinadas não pode senão produzir consequências terríveis a longo prazo. A cada ano, a Anistia Internacional pública evidência bem documentada da violação disseminada dos Direitos Humanos. Ela nos diz que há um aumento contínuo da crueldade no tratamento de prisioneiros e dissidentes. Mas seus relatórios devem, necessariamente, ficar aquém da história completa de horror que o homem perpetra contra ele mesmo.

Ellen Goodman cita a visão de Hugo Bedau, Professor de Filosofia na Universidade Tufts, que estudou a pena capital: "A televisão consegue nos tornar relativamente insensíveis com relação ao horror e à violência humanos. Ela desperta o interesse, gratifica a curiosidade e destrói completamente o nosso julgamento". Ela mesma comenta: "Não há modo científico de provar de antemão o efeito das execuções televisionadas sobre crimes". Talvez algum psicopata literalmente matasse para conseguir vinte minutos de tempo no ar. Mas sabemos algo a respeito dos efeitos sobre a "plateia". Sabemos algo a respeito dos espectadores antigos. Como escreveu Will Rogers em 1925, "Qualquer um cujo prazer seja observar uma outra pessoa morrer é tão pouco útil à humanidade quanto a pessoa sendo eletrocutada".

O protesto do público contra a pena capital existe há muito tempo, baseado na visão de que a violência não pode pôr fim à violência. A opinião civilizada deve agir com força redobrada contra cenas de violência de todo tipo publicamente encenadas; caso contrário, a história humana passará para uma idade de mais trevas do que jamais conheceu.

5. A Heresia Contínua (Jun. 1995)

Do ponto de vista teosófico, crença e opinião não podem substituir a fé e, portanto, a verdadeira religião não é uma questão de impor dogmas que o fiel deve aceitar e obedecer. A crença põe fim à investigação e à busca séria, cegando as pessoas em vez de as ajudar a compreender a verdade.

Normalmente, o que é chamado de heresia é a manutenção de opiniões e crenças contrárias às doutrinas e aos dogmas ortodoxos. Uma vez que não há dogmas e crenças a ser impostos na Teosofia, também não pode haver heresia. Contudo, podemos dizer que existe um modo de pensar que é um tipo de heresia – o pensamento que é baseado na crença de que todas as coisas são separadas, o que leva à ação egoísta, com esquecimento do bem comum. O *Kathopanishad* declara que esse modo de pensar equivale a estar morto. A recusa para ver que tudo que existe é parte de um todo indivisível não é religiosa, e se torna "herética" porque é uma negação da própria vida.

O embrião no interior do ventre da mãe não pode se dar ao luxo de chutar e gritar e alegar que deve permanecer separado. Também não pode nenhuma criatura viva, nutrida enquanto está no ventre da terra, conseguir viver e crescer espiritualmente enquanto luta para ser separada. A única verdadeira heresia é lutar contra a Natureza, que é a principal causa de dor para os seres humanos e de caos na sociedade humana. Todos os problemas cruciais de hoje em dia advêm de a humanidade não reconhecer a totalidade da existência. Nos dias atuais, o nível de violência no mundo supera eras prévias e todos sofrem, porque o espírito de violência está desenfreado. As pessoas estão sendo mortas não apenas em guerras, expurgos e conflitos, mas nas ruas, nas prisões e nos lares. Muitos milhões estão morrendo de privação, doença e poluição.

Nessas circunstâncias, é justo e natural que as pessoas religiosas se pronunciem contra a crueldade e a matança, com exortações para que a vida seja respeitada. O Dalai Lama está constantemente reiterando a necessidade da compaixão. O Papa João Paulo II, em sua última encíclica, o "Evangelho da Vida", faz um forte apelo pela preservação da vida. Há citação dele dizendo: "Quem quer que ataque a vida humana de alguma maneira, ataca o próprio Deus". Ele se posicionou firmemente contra o aborto, a eutanásia, o uso de embriões humanos para pesquisa e a pena capital. Ele também condena a inação de países que não promulgam leis para punir essas práticas contra a vida, e diz que este é um "sintoma perturbador e uma causa significativa de grave declínio moral".

A genuína preocupação pela vida humana pode bem ser apreciada, de qualquer que seja a fonte que venha, mesmo se a pessoa não concordar sobre os detalhes de aplicação. Mas o argumento de que o homem é feito à imagem de Deus e que, portanto, um ataque ao ser humano é uma ação hedionda, é um tanto falho, porque a preocupação pela vida aqui, e no geral, restringe-se à vida no corpo humano. Não compreende que toda a vida é uma única vida, e perpetua a "heresia da separatividade", tendo como certo que a vida humana pode ser separada do resto. Este é, como dissemos, um grande erro conceitual, responsável por uma pletora de misérias e problemas. A vida humana não está separada da vida da terra, do mineral, do vegetal e do animal: são todas partes de uma única vida. Pelo fato de milhões de pessoas tácita e abertamente tolerarem a matança e a lesão a outras formas de vida, e esta atitude, que muitas vezes equivale à extrema insensibilidade e à falta de piedade, ser considera normal ou necessária, graves repercussões *kármicas* estão sendo atraídas o tempo todo.

Enquanto a humanidade estiver inculcando a violência em si mesma quase como uma política, seguindo esta linha errada de raciocínio e crença de que agressões a outras formas de vida são justificáveis, o consequente e "grave declínio moral" não pode ser evitado. As religiões orientais eram lógicas no ensinamento de que *toda* a vida é sagrada, e que a presença divina está em tudo. A glória de Deus se manifesta não apenas no homem, mas através de cada criatura viva, mesmo através da rocha e da pedra. A escritura cristã também declara: "Em verdade vos digo, na medida em que o fizestes a um dos menores destes meus irmãos, a mim o fizestes" (Mateus 40). É impossível acreditar que a consciência de Cristo tenha excluído todas as criaturas vivas menos a humanidade, enquanto ensina misericórdia e amor ao mundo.

Religiosos devotos de todas as denominações - tanto quanto os não crentes, materialistas e ateus - estão obscurecidos pela "heresia da separatividade". O pensamento divisor não apenas separa a vida em segmentos, tais como humano e não humano: divorcia os eventos das ações, os meios dos fins e as causas dos efeitos. Notícia recente enfatiza o explosivo aparecimento de vírus raros no Zaire. As pessoas não relacionam o surto de doenças fatais naquele país e em outras partes, ao problema da propagação da Aids, e à recrudescência de outras doenças graves que supostamente deveriam estar erradicadas, às atitudes de exploração e ganância promovidas no mundo moderno; considera-se que todos são eventos isolados. A voz da Senhora Blavatsky precisa ser ouvida:

> Como muitas doenças físicas devem-se à presença de parasitas, atraídos ou produzidos por imundice e outras causas, igualmente os espíritos parasitas são atraídos pela imoralidade ou a sujeira espiritual, induzindo assim doenças espirituais e consequentes enfermidades físicas. (*Modern Panarion*, p. 79).

Pode a humanidade esperar ser livre da existência de perigos e de novas fontes de miséria, abstendo-se da violência apenas aos seres humanos, enquanto usa de crueldade para tratar outras formas de vida, e não deixa de aplicar os meios mais vis para satisfazer o desejo de lucro? Embora não haja dogma humano a ser imposto a ninguém, e a crença no dogma não servir a nenhum propósito, esta heresia é perigosa, pois a verdade da unidade da vida e sua totalidade não pode ser ignorada ou intencionalmente violada com impunidade. A ignorância não isenta ninguém, e a negação da unidade traz suas próprias penalidades.

Considerando que se possa acreditar em alguns relatórios, existe aumento no número de crianças nascidas com sérias incapacidades, físicas e mentais. As causas externas podem ser muitas. O propósito interno pode ser que, através de almas aprisionadas em corpos aleijados ou cérebro que funcionem mal, as lições devam ser aprendidas: talvez toda a humanidade deva tornar-se perceptiva através da mente subconsciente, se não de outro modo, da dor e da falta de oportunidade que outras criaturas sofrem quando são forçosamente confinadas. Annie Besant falou sobre isto em 1919:

> Toda dor age como um registro contra a humanidade e afrouxa e retarda todo o crescimento humano: pois você não pode se separar do mundo desta maneira, você não pode se isolar e continuar evoluindo enquanto está pisoteando os outros. Aqueles que você pisoteia retardam seu próprio progresso. A miséria que você causa é, por assim dizer, lama que se agarra aos seus pés quando você tenta se elevar; pois temos de nos elevar juntos ou cair juntos, e toda miséria que infligimos a seres sencientes afrouxa nossa evolução humana e torna mais lento o progresso da humanidade em direção ao ideal que ela está buscando realizar.

6. Uma Raça Lunática (Abr. 1996)

O que alguém considere como demência ou loucura depende do que essa pessoa perceba como realidade. Na estrutura de uma realidade particular, acredita-se que certos tipos de pensamentos e ações são sadios. Para pessoas com uma experiência de realidade diferente, esses pensamentos e ações podem parecer loucos. As visões do neurótico parecem irreais e anormais para todos que não compartilhem de sua experiência interna. E certamente, enquanto são rotulados de "maluco", "neurótico", e assim por diante, o que a maioria das pessoas experimenta é considerado fato provado. Portanto, não apenas o neurótico e o psicologicamente perturbado, mas todos que são mais sensíveis e capazes de responder às vibrações mais sutis são apelidados de loucos. Aqueles que conseguem comprovar a realidade dos planos mais sutis de existência são tão poucos que suas palavras ou não têm peso, ou são todos considerados dementes.

A palavra "loucura" é às vezes definida nos dicionários como irracionalidade, presumivelmente de um tipo extremo, havendo um elemento de irracionalidade em quase todos que se supõe sejam lúcidos. Mas quando, dentro da mente, as ligações entre uma coisa e outra são por demais tênues, a irracionalidade produz efeitos tangíveis, sendo classificada como anormalidade ou loucura.

Como indicado acima, o padrão de comportamento aceito é a "normalidade", e o comportamento que visivelmente não esteja em conformidade com o padrão é suspeito. Assim, o gênio, o reformador ousado e o não conformista poderiam ser, e muitas vezes são loucos aos olhos dos medíocres. A palavra "loucura" é relativa.

Muita coisa foi dita recentemente a respeito da doença da vaca louca, causada pela alimentação animal com miúdos e outras substâncias não naturais. O comportamento estranho das vacas é induzido pela alimentação artificial, e então as pessoas que comem a carne dessas pobres criaturas também apresentam sintomas de comportamento louco. "Loucura" aqui é um subproduto das espertas transações de seres humanos ávidos por lucros.

Infelizmente, se um número suficiente de pessoas se comporta de um modo atrozmente irracional, porque representam a norma, sua irracionalidade não é mais identificada como loucura. Os números tornam normais as atitudes irracionais e irrealistas. Como exemplo, podemos citar a mentalidade belicista. Conversações estão em curso há décadas sobre banir as armas nucleares, desde que Einstein e Bertrand Russel perguntaram: "Poremos um fim à raça humana, ou a raça humana renunciará à guerra?" Durante todo esse tempo, miraculosamente, a destruição em larga escala ainda não desceu sobre a Terra. Em várias ocasiões diferentes a tentação para dar início a uma guerra nuclear foi muito grande, mas não aconteceu. Consequentemente, o mundo em geral escolhe não notar que existe um problema ameaçador. Todos estão num estado de indiferença hipnótica, ou satisfeitos na crença de que uma política de dissuasão evitará o desastre final. Dissuasão significa elas por elas, ter tanto poder quanto os outros, ou mais. Assim, a corrida armamentista continua, testes nucleares envenenam o ar e a terra, e todas as nações estão disputando entre si para conseguir o melhor da barganha.

Sabendo que quanto mais armas a humanidade tiver mais próximo estará da autodestruição, se as pessoas continuarem acreditando nas armas como fonte de seu bem-estar, que sanidade é essa? Conversações sobre a redução de armas nucleares são sempre irracionais e contraditórias, porque todas as nações querem reter uma posição de poder. Aqueles que se colocam totalmente a favor da paz, desejosos de renunciar não apenas ao poderio nuclear, mas também à guerra sob qualquer forma, com meios nucleares, químicos, biológicos, laser, psicológico ou outros – os pacifistas totalmente comprometidos no mundo de hoje – são considerados excêntricos. Podem ser colocados na cadeia numa emergência, porque são as únicas pessoas sãs. A fé absoluta na paz, que surge da experiência de um tipo diferente de realidade – a realidade de uma inquebrantável uniformidade de origem, destino e interesse – é considerada não prática, desprezível ou punível de acordo com a conveniência.

7. Compartimentos Mentais (Fev. 2005)

A tendência humana de pôr as próprias experiências em compartimentos é a causa tanto de problemas sérios quanto de impotência ao lidar com elas. Quando há compartimentos mentais, cada problema parece estar separado, como se existindo por si mesmo, não ligado a outras questões igualmente importantes. Recentemente um crítico, aparentemente num estado de frustração e ira, questionou por que a Sociedade Teosófica não mobiliza seus recursos para trabalhar contra o terrorismo, que, segundo ele, é o principal problema do mundo atualmente. Por que ela promove atividades sem relevância prática, tais como organizar conferências, encorajar o estudo e assim por diante?

Obviamente esse correspondente não considerou com seriedade o que é o terrorismo. Terrorismo é definido como o uso de intimidação para criar medo extremo, e também como o uso de métodos para coagir governos, comunidades e outros grupos. O terrorismo, portanto, não pode ser comparado a simplesmente jogar uma bomba ou uma granada num local cheio de gente, raptar uma criança ou um avião. O terrorismo sob muitos disfarces está sendo praticado à nossa volta impunemente, porque se pensa que somente certos modos de causar medo e lesões extremas são repreensíveis.

Inúmeras pessoas, se inocentes ou culpadas de um crime, são aterrorizadas diariamente pela polícia ou o pessoal do exército em todo o mundo para forçar confissões de culpa, fabricar falsa evidência e reforçar seus propósitos imorais. Isto é terrorismo institucionalizado, praticado continuamente por aqueles que têm autoridade para atingir seus próprios meios. De igual modo, numa grande quantidade de escolas em todo o mundo, professores tiranizam os alunos, alunos mais velhos intimidam cruelmente os mais jovens, até que em alguns casos jovens sensíveis são levados mesmo a cometer suicídio por causa de dor, medo e humilhação insuportáveis. Às vezes o mais novo por sua vez, tendo aprendido a lição, tortura outros que são vulneráveis. As mulheres que são economicamente dependentes, empregadas domésticas em países estrangeiros, e outras que têm pouco ou nenhum meio de defesa são sistematicamente obrigadas a obedecer aqueles que têm poder sobre elas, e são forçadas a realizar exigências irracionais, suportar violência física e agressões sexuais. Esta é também uma forma crônica de terrorismo a respeito da qual muito pouco pode ser feito por alguém, porque o problema é por demais generalizado e complexo.

Depois, há o terrorismo praticado contra milhões de animais indefesos. Tendo dominado mesmo animais grandes e ferozes, o homem imagina que tem o direito de os tratar com brutalidade, obrigá-los a realizar atos não naturais em circos, aceitar tortura por toda a vida em fazendas intensivas, ou participar de corridas para diversão de seres humanos ociosos, até que se estropiem.

O assim chamado terrorismo é apenas uma exibição do mal generalizado por um sentimento de poder. Infelizmente, a maioria dos seres humanos sucumbe a tal maldade quando se acha capaz de exercer mesmo um pequeno poder sobre um animal, um ser humano mais fraco ou uma comunidade. Existe uma compulsão psicológica de se usar o poder para humilhar e degradar os outros, que é quase irresistível para pessoas moralmente fracas, mas de resto poderosas. Este senso de poder é meramente satisfação egoísta que advém de vantagem econômica, habilidade tecnológica, posse de um cérebro inteligente, ou de posições políticas, administrativas, governamentais e outras posições superiores com a possibilidade de mandar nos outros.

É ilógico pensar que os modos sensacionais em que o poder é mal usado nos dias de hoje seja mais hediondo e danoso do que a subjugação contínua pelo terrorismo de pessoas em lares, prisões, fábricas não regulamentadas, animais em circos e assim por diante. Ao compartimentalizar e fragmentar tudo, o terrorismo praticado brutalmente sobre milhões de seres vivos – animais como também humanos – é convenientemente ignorado, e um modo particular de criar medo é considerado de imensa importância. O terrorismo, seja praticado por governos poderosos ou indivíduos insignificantes que sabem como danificar uma linha férrea ou obter uma bomba e lançá-la numa escola, é a manifestação da corrupção que distorce a mente humana quando há poder. O ditado de que o poder corrompe é relevante para uma ampla variedade de situações que não são normalmente vistas por aquilo que são.

Compartimentos mentais são também convenientes como um dispositivo para esquecer outras questões que poderiam, se seriamente consideradas, produzir uma revolução do mundo. Não estaremos pondo em compartimentos os objetos que exigem compaixão e empatia? O recente terremoto em Sumatra e o tsunami que causou devastação em vários países naturalmente evocou empatia mundial e ação compassiva. Eventos incomuns tais como estes põem a mente num estado de alerta. Ao mesmo tempo, o fato de que ano após ano milhões de crianças vão para a cama famintas e pessoas morrem de subnutrição provoca muito pouca resposta. Quantas pessoas se dão o trabalho de se familiarizar com as persistentes tragédias no mundo, e são suficientemente tocadas para sacrificar alguns de seus próprios prazeres e confortos? O tsunami produz excitação; a fome crônica e a morte causadas pela subnutrição não. Devemos notar também que o número de pessoas que morrem como resultado do quc é chamado "terrorismo" é muito menor do que o número que suporta medo extremo em todas as suas vidas, vivendo com um marido brutal, um patrão cruel ou autoridades violentas.

O trabalho da Sociedade Teosófica definitivamente não é lidar com problemas que alguém possa pôr num compartimento rotulado "importante", mas esclarecer o problema mais profundo de um novo tipo de relacionamento no qual o poder não tenha papel a desempenhar – senão para servir outros que estejam aflitos ou oprimidos – e consequentemente empatia e compaixão tenham um campo de ação abrangente.

A mente séria, voltada para a erradicação do uso do medo para dominar, explorar e ferir os outros na sociedade humana, deve investigar por que busca o poder e sente prazer em desfrutá-lo. O amor pelo poder é o grande problema, e não o terrorismo; e o poder intoxica à medida que é cada vez mais usado.

Talvez, basicamente, o ser humano seja fraco, e em algum nível subconsciente haja o desejo para compensar ou anular o senso de impotência. Isto é cada vez mais visto na sociedade moderna, que é de tal modo assustadoramente organizada, complexa e opressiva que o indivíduo é levado a se sentir impotente. Será esta talvez a razão por que a violência sob todas as formas – estupro de mulheres, abuso de crianças, crueldade generalizada praticada contra os animais e insensibilidade na resposta à Natureza – está em alta?

8. Violência *versus* Sanidade (Nov. 1981)

The San Francisco Chronicle, de 25 de agosto de 1981, reportou sobre um estudo apresentado na 87ª convenção anual da Associação Americana de Psicologia por um professor da Califórnia School of Professional Psychology e um aluno graduado que preparava a sua dissertação de doutorado. Eles confirmam, como resultado de experimentos e pesquisas, o que o bom senso apontaria a qualquer um, que "existe um relacionamento importante entre a quantidade e o tipo de violência em filmes e reações estressantes".

Sintomas de estresse tais como depressão, pesadelos, insônia e imagens mentais de brutalidade surgem por se assistir filmes de violência. Esses estresses continuam durante um período de tempo considerável e não estão relacionados tanto às diferenças individuais nos espectadores quanto ao tipo dos filmes. O número de atos violentos, o realismo da apresentação e, acima de tudo, a representação dos personagens centrais como indivíduos impotentes e sem controle sobre os eventos diz-se ser crucial no agravamento da ansiedade dos espectadores.

Outros psicólogos ressaltaram que o senso de total impotência tem um efeito devastador – às vezes mesmo letal – sobre os seres humanos. O estudo reforça a ideia de que o estresse agudo resulta de impactos de uma natureza pessimista e cínica. Possivelmente destroem o conhecimento intuitivo que está brotando e que todas as pessoas parecem ter de seu futuro como um futuro onde os potenciais florescerão num estado de paz e liberdade.

A atração pelo dinheiro motiva a produção de cenas e histórias excitantes, violentas e degradantes nas telas do cinema e da televisão e às vezes mesmo no palco. Pais e professores que estão perceptivos do perigo de suas crianças se tornarem "videotas" expressaram suas objeções. Mas o caso é mais do que uma questão de agradar os pais ou a opinião pública. É uma forma de criminalidade deliberadamente criada para criar condições e sintomas de estresse nos espectadores, aumentando assim sua agressividade. A liberdade dos poucos gananciosos para disseminar ansiedade e tensão deve ser restringida para o bem público e da sanidade. Não foi sem razão que a tradição estética na antiga Índia proibia a representação tanto de violência quanto de lascívia no palco. O progresso do mundo moderno às vezes fica atrás da sabedoria dos antigos.

9. A Raiz da Violência (Maio 1990)

É o forte sentimento do "outro" e do "eu". O outro é o agressor, o outro é a pessoa ou a nação com o ponto de vista injusto contra quem eu devo me defender. É importante questionar se uma mente instilada com este senso de separatividade pode saber o que é verdadeiramente certo. Ela pode pensar que sabe e dizer que Jesus está errado, Lao-Tzé e Krishnamurti estão errados, que todos eles não são práticos. O que eu devo fazer quando a minha família é atacada? Devo deixar que sejam mortos? Surge a pergunta, mas a resposta não pode ser encontrada por uma mente que vive em diferenças. Qualquer que seja a resposta que ela encontre será errada, consequentemente, *Luz no Caminho*[92] declara:

> Mantém-te apartado da batalha que se aproxima, e embora lutes, não sejas tu o guerreiro. Procura o guerreiro e deixa-o combater em ti . . . pois ele é tu mesmo, ainda que infinitamente mais sábio e forte que tu . . . Ele é tu mesmo; no entanto, tu és finito e sujeito ao erro. Ele é eterno e firme. Ele é a eterna verdade.

O Guerreiro é a inteligência divina interior, que não conhece separação. O ensinamento da *Bhagavad-Gitā* é de fato a respeito da batalha que o Guerreiro deve travar contra as coortes da mente inferior. Somente quando você compreende que a "outra" pessoa é você mesmo, que é o estado de compaixão, você sabe qual é a coisa certa a fazer. Mas enquanto você pensar que o agressor é o "outro" e o defensor é você mesmo, a resposta não pode ser certa. A resposta correta do ponto de vista espiritual não pode fazer sentido para a mente não regenerada.

10. Pode a Violência Pôr Fim à Violência (Maio 1990)

Porque as pessoas acreditam que pode, vivemos num mundo cada vez mais violento. As estatísticas relacionadas ao crime e à posse de armas de fogo mostram que as armas são possuídas não apenas por criminosos e traficantes de drogas, mas por pessoas que dizem "Eu devo me defender e à minha família". Mas a violência não diminuiu como resultado da crença aumentada nas armas. Por outro lado, quanto mais as pessoas se armam, maior a possibilidade de violência, pois toda a atmosfera torna-se densa com a prontidão para matar.

A questão que se nos apresenta é: O risco de ser vítima de violência diminui por estar a própria pessoa mental ou fisicamente preparada para causar violência? Ou, estarão as outras pessoas liberando emoções e pensamentos violentos no mundo psíquico, que é muito mais

92 COLLINS, Mabel. Brasília: Editora Teosófica, 7ª Ed. de Bolso, 2020, p. 75-78. (Nota Ed. Bras.)

potente, seja para o bem ou para o mal, do que o mundo físico? As ações começam no nível do pensamento ou da psique. Quando as pessoas pensam em termos de violência, elas estão preparando a psique da humanidade para a violência continuada.

Na Índia, a ideia de uma guerra justa ou *dharma yuddha* foi popularmente aceita, reforçada pelo aparente ensinamento de Krishna em favor da guerra. Mas como dissemos, cada lado está apto a pensar que tem o direito do seu lado. Porém, a brutalidade envolvida não é menor quando a guerra é justa. As pessoas que jamais travaram uma guerra teriam dificuldades em fazer o que é "preciso" numa guerra. Mas os homens passam por treinamentos e são levados ao ponto de se engajar em atos violentos. A primeira vez que uma pessoa tem que matar, isso é revoltante para ela, mas ela se acostuma, e posteriormente pode até mesmo fazer isso com prazer. Não importa se a causa é justa ou não, o que acontece é a mesma coisa. Toda guerra gera brutalidade generalizada; os instintos naturais de gentileza são suprimidos ou destruídos.

Algo semelhante acontece com crianças pequenas. Muitas delas não gostam de machucar. Se um animal está ferido, as crianças e os jovens geralmente começam a chorar, porque a mente da criança ainda não está condicionada a aceitar a violência e a dor. Ela pode ter sido condicionada em encarnações prévias, mas a entidade reencarnante, um agregado de *samskāras* e *skandhas*, ainda não tomou plena posse do cérebro da criança, e assim existe nela uma sintonia instintiva com a vida. Quando elas crescem em circunstâncias muito angustiantes, numa favela, por exemplo, onde estão cercadas de violência, elas podem se condicionar em tenra idade. Mas uma criança criada numa família normal chora naturalmente quando vê um ato que fere, mas é obrigada a perder este sentimento logo.

11. A Violência é Loucura (Abr. 1996)

Mesmo aqueles que são contra a guerra não necessariamente veem a insanidade da violência sob outras formas, porque ela pertence à mentalidade contemporânea. A venda indiscriminada de armas, juntamente com o conhecimento tecnológico à disposição de grande número de pessoas, põe o poder nas mãos das massas, sem que elas tenham bom senso para saber como utilizá-lo. Isto é agravado pelo cultivo da violência através da televisão e outras mídias, pelo louvor de esportes brutais, tais como, caçar e boxear, e o encorajamento à competição impiedosa.

Numa chocante descrição de "uma nação entretendo-se na barbárie", George F. Will cita as observações de espectadores que desfrutam de uma luta de boxe: "O dente dele voou para fora do ringue", "Ele vai quebrar o braço do outro – ele também fez isso!", e assim por diante. É dito que seis estados, nos Estados Unidos, permitem tais espetáculos, onde os rostos são esmagados, e o fluxo de sangue alegra os espectadores estúpidos. A justificativa é que a disputa é entre adultos que consentiram. Na multidão, há até mesmo crianças, que são trazidas, pode-se pensar, para garantir um futuro para a violência.

Há outros países do mundo onde adultos com consentimento decepam as mãos ou as cabeças de delinquentes, também provendo diversão para uma multidão de homens, mulheres e crianças. Terroristas, plateia para esses espetáculos, e milhões de adultos e crianças engajados no manuseio sistemático e cruel de animais, são parte de uma cultura que amortece a mente até que ela se torne totalmente incapaz de ver os fatos.

Uma reportagem no *The Washington Post* sobre o abuso de crianças órfãs na China é indicativo do que está gradualmente se tornando lugar-comum. A fotografia mostra uma criança presa a uma cadeira, as pernas escancaradas com uma bacia sob ela. Isto não é muito diferente, para olhos acostumados à brutalidade, de manter animais presos com aço para a conveniência de interesses comerciais. Basta apenas um pouco de poder de raciocínio para compreender que nutrir a violência em qualquer área resultará em enormes repercussões no mundo em geral e sobre cada aspecto da atividade humana. Serão sãs pessoas que friamente transformam porcos em sacas de carne tão pesadas que mal conseguem manter-se de pé? Tem-se como certo que elas são sãs porque a tecnologia de transferência de genes é agora comumente usada. A verdade é que uma mente cruel, propensa à violência, é mais perigosa do que armas nucleares, biológicas e outras. Aqueles que não conseguem ver este fato podem fingir que são sãos, mas são parte de uma cultura voltada para enlouquecer o mundo.

12. Violência é Violência (Abr. 1998)

A execução da Karla Faye Tucker no Texas despertou muita simpatia do público dentro e fora dos Estados Unidos, e também fez surgir várias questões, incluindo mais uma vez a moralidade da pena de morte. Um editorial no *The Guardian Weekly* diz corretamente que "toda execução é degradante e desumana". Por outro lado, parte da multidão de várias centenas de pessoas que se reuniu em torno do lugar onde Karla Tucker foi executada gritava por um método menos humano de pôr fim à vida dela do que uma injeção letal, pois a própria Tucker confessara ter cortado sua vítima até a morte. Eles estavam exigindo o olho por olho.

Uma parte dos simpatizantes e pessoas importantes implorando por misericórdia fez apelos em seu nome porque ela era mulher. Noticiou-se que ela foi a primeira mulher a sofrer a pena de morte desde a Guerra Civil, e a segunda nos Estados Unidos após a pena de morte ter sido restabelecida em 1976. Outros que buscaram clemência e insistiam em dizer que ela se tornara uma cristã renascida. Será que eles estariam a favor da clemência se ela tivesse se tornado bahai ou budista? Certamente não há maneira de calcular como muitas pessoas entenderam a ligação entre o terrível assassinato, sua história prévia de viciada em drogas e outros problemas, e os valores ou falta de valores da sociedade moderna.

Por se dizer que a injeção letal aplicada é para facilitar uma passagem fácil para fora do corpo, a Anistia Internacional emitiu um aviso de que a pena de morte provavelmente será mais livremente imposta. A ideia de que esta forma de execução é mais humana aparentemente está ganhando terreno, e outros países estão começando a adotar este método. *The Guardian* comenta que "a busca por um modo 'ideal' de matar alguém não é sinal de uma sociedade humana".

A questão mais importante a ser enfrentada é: matar pode ser alguma vez humano? Faria diferença se a pessoa executada fosse um homem ou uma mulher, cristão ou não cristão, e mesmo se o crime fosse mais brutal do que outro? Numa era e numa sociedade onde há tão pouco respeito pela vida, e há preparação constante para outras formas de matar oficialmente, tal como a guerra, estas distinções parecem triviais. Pessoas seriamente preocupadas tiveram a atenção atraída quanto à existência não apenas de "violência quente", que é assassinar pessoas diretamente com armas ou por agressão física ou quaisquer outros meios, mas também de "violência fria" praticada por tomadores de decisão, fabricantes de armas e pessoas tais cujas atividades de diretoria resultam na morte e no sofrimento de um enorme número de pessoas distantes.

Noticiou-se que às vezes setenta por cento da venda de arma dos Estados Unidos seguiu para o terceiro mundo. Outros países chegam perto. Quando a Turquia recebeu seis bilhões de dólares em auxílio militar em uma década para devastar as vidas de vários milhões de Curdos, o *Karma* tanto é dos executivos ricos e bem vestidos e burocratas distantes, quanto daqueles que usaram as armas. Será a "violência fria" oficial menos imoral do que a "violência quente" de indivíduos como Tucker com histórico de problemas, ou soldados que devem obedecer ordens cegamente?

A questão básica é se a violência pode alguma vez se humana, justa, justificável. Ela se torna mais ou menos hedionda quando o Estado ou um grupo poderoso está por detrás, ou porque a vítima por acaso é um cristão ou uma mulher ou o que quer com que os simpatizantes sejam parciais, ou porque se pratica a forma mais eficiente de execução? Violência é violência. Tirar a vida é deplorável, e enquanto isso não for visto como a questão moral básica, as controvérsias e divisões continuarão.

13. Alimentando a Violência Futura (Fev. 2000)

O século XX foi descrito como sendo, "sem dúvida, o mais sanguinário dos quais temos registro pela escala, frequência e extensão da guerra que o ocupou". Grande sofrimento generalizado foi infligido a civis e não apenas a combatentes. Um efeito desses conflitos terríveis é que grande número de crianças ficaram órfãs, foram mutiladas e traumatizadas; algumas delas tornaram-se arredias, outras violentas e muitas que nasceram durante períodos de conflito não tiveram qualquer educação formal. A única coisa que aprenderam é que devem lutar para comer e sobreviver. É fato aceito agora que a educação é a chave tanto para o controle populacional quanto para a erradicação da pobreza. Milhões de crianças na África não frequentam a escola primária, e a situação é apenas ligeiramente melhor no mundo subdesenvolvido como um todo.

Crianças estão se tornando órfãs não apenas por causa das guerras, mas pela rápida disseminação da Aids. Segundo o Unicef, trinta e três milhões de crianças ficarão órfãs por volta do final do ano 2000. Muitas delas estão em países atingidos pela pobreza, e os avós que vivem à beira da fome têm pouco poder para lidar com a situação. As crianças se defendem sozinhas desde tenra idade e assumem responsabilidade pelos irmãos até onde possível. Largadas nas ruas, elas são ameaçadas, exploradas e abusadas por vizinhos e transeuntes lascivos. O relatório do Unicef diz: "Muitas vezes emocionalmente vulneráveis e financeiramente desesperadas, as crianças órfãs têm maior probabilidade de ser sexualmente abusadas e forçadas a situações de exploração, como a prostituição como meio de sobrevivência". Noticia-se que a Zâmbia tem a mais elevada proporção de crianças órfãs no mundo, que ficaram desamparadas após seus pais terem morrido de Aids; somente na capital Lusaka há mais de trinta e sete mil nas ruas.

Em meio à euforia a respeito do novo século e do novo milênio, façamos uma pausa para pensar a respeito de quão poucos das futuras gerações crescerão em condições que tornarão o novo século melhor do que o século passado. O futuro certamente será uma continuidade do presente, no qual cada vez mais jovens e mesmo crianças estão sendo usados como soldados em áreas de combate. Desde tenra idade aprendem a matar e se tornar imunes à visão do derramamento de sangue e do sofrimento. Será que estes futuros cidadãos do mundo, que estão se tornando adultos com a ideia de que a selvageria é normal à vida humana, não tornarão o mundo mais violento?

Mesmo em situações de não combate, quando armas estão prontamente disponíveis, as crianças estão matando outras pessoas e enfrentando julgamento em tribunais e aprisionamento, como se fossem adultos criminosos. O mais novo a ser julgado como adulto em (Michigan, Estados Unidos), com a idade de 11 anos, tivera problemas com a polícia vinte vezes. Com a idade de 13 anos, quando foi julgado por assassinato, ele mal conseguia entender os processos judiciais. Segundo relatórios, entre 1992 e 1995, quarenta e um estados nos Estados Unidos aprovaram legislação para se deter crianças e julgá-las como adultas quando cometerem "crimes adultos". Em 24 desses estados jovens podem ser executados. Quando aprisionados com adultos, existe a chance de que se tornarão embrutecidos. Somente na Flórida sete mil menores foram julgados em tribunais adultos em um ano. Os centros de detenção estão se enchendo de jovens ofensores, não apenas nos Estados Unidos, mas também em outras partes. Alguns em "campos de treinamento", que são locais onde são disciplinados para obedecer por meio de castigo severo, embora se esteja lentamente compreendendo que o duro controle de menores é contraproducente, resultando somente em eles se tornarem criminosos endurecidos.

Uma notícia recente, no jornal do *The Hindu* em Chennai (Índia), descreve como as crianças são usadas em matadouros como mão de obra barata. Elas recolhem o sangue dos animais que estão morrendo, carregam as carcaças e a sujeira, e fazem outras tarefas que os membros adultos da equipe desejam transferir para elas. As condições são abomináveis, mas as crianças se acostumam. Elas aprendem a fumar e a beber em idade precoce e adquirem doenças. Segundo pediatras, o dano psicológico é pior do que a doença física. "Elas estão tão acostumadas à tortura e à violência que logo não verão diferença entre sangue animal e humano, dizem".

No caso dos dois meninos ingleses com onze anos de idade, que sequestraram uma criança de 2 anos em um *shopping center,* torturaram-na e a mataram, a Corte Europeia de Direitos Humanos decidiu que eles não tiveram julgamento adequado. Multidões furiosas gritavam para eles quando foram levados a julgamento, e os espectadores na corte não escondiam sua hostilidade. O que ocorreu foi certamente chocante, mas os "criminosos" eram crianças. Quando uma tentativa foi aparentemente feita para os levar a participar nos processos judiciais e consultar seus advogados, eles não conseguiram cooperar. Como é verdadeiramente estranho esperar que crianças pequenas ajam com maturidade! O que as fez agir como agiram? O que está errado com o mundo atual que incita os muitos jovens a cometer crimes?

Não apenas as crianças nos matadouros e nas fazendas industriais, mesmo aquelas que veem os pais pegarem em armas para atirar em esquilos, pássaros e veados não aprendem a diferenciar entre animais e humanos. Matar lhes parece normal. Será que o século vindouro será civilizado, quando milhões desses jovens que aprendem a ser brutais e homicidas forem parte da população adulta? Crianças são como plantas jovens e tenras que não podem crescer e se tornar boas árvores quando são constantemente fustigadas e maltratadas. Elas precisam de uma atmosfera afetuosa, de oportunidade para crescerem e se tornarem perceptíveis dos valores humanos. Aqueles que se preocupam com o futuro devem, portanto, colocar-se inequivocamente a favor de um mundo sem guerras e sem crueldade praticada a seres humanos ou animais. O terreno deve estar preparado para a compaixão universal.

14. Como Termina a Violência? (Set. 2001)

Em 1937, o exército japonês entrou em Nanquim, então a capital da China, e cometeu atrocidades inacreditáveis. A história chocante deste holocausto foi relatada por Iris Chan no seu livro *The Rape of Nanking*, publicado em 1997. Ela discute rapidamente o que pode ter degradado e brutalizado as mentes dos soldados a tal ponto que eles não mereçam ser classificados de humanos. Ela escreve:

> Alguns eruditos japoneses acreditam que os horrores da violação de Nanquim e de outros ultrajes da guerra Sino-Japonesa foram causados por um fenômeno chamado "transferência de opressão": o tratamento arbitrário e cruel que os militares infligiam a seus próprios oficiais e soldados, e a natureza hierárquica da sociedade japonesa, na qual o *status* era ditado pela proximidade ao Imperador. Antes da invasão de Nanquim, os militares japoneses tinham submetido seus próprios soldados à humilhação interminável. . . . Muitas vezes se sugeriu que aqueles com menos poder são frequentemente os mais sádicos, se tiverem o poder de vida e morte sobre pessoas mesmo inferiores na hierarquia. . . . Na China, mesmo o japonês mais inferior era considerado superior ao nativo mais poderoso e distinto, e é fácil de ver como anos de ira, ódio suprimidos e medo da autoridade puderam ter irrompido em incontrolável violência em Nanquim.

Em poucas semanas mais de três milhões de chineses foram sistematicamente isolados, torturados e mortos – uma tragédia não menos horrível do que a destruição que ocorreu em Hiroshima e Nagasaki.

Em graus variados todos os exércitos geram violência e insensibilidade ao sofrimento, que mais cedo ou mais tarde causará dano enorme. Uma reportagem recente em *The Guardian Weekly* (7-13 de janeiro de 2001) relata que a violência é generalizada no exército russo de hoje em dia. Jovens conscritos e novos recrutas apanham e são sistematicamente brutalizados, e muitos morrem como consequência, mas estes são considerados casos de suicídio. O que os jovens conseguem secretamente comunicar é aflitivo. Um jovem de dezoito anos de Moscou, por exemplo, escreveu para sua mãe:

> Eu agora mal consigo escrever. Dói em toda parte . . . Quando cheguei aqui fui imediatamente espancado. Quebraram meu nariz várias vezes. Jogaram-me contra a parede, e bateram minha cabeça contra uma mesa . . . Mamãe, faça algo por favor! Não consigo mais suportar.

Somente agora o mundo está sendo informado, através de algumas publicações, que uma verdadeira cultura de tortura existiu no exército francês durante sua operação na Argélia – e onde mais? Num livro sobre conscritos na Argélia, de Claire Mauss-Copeaux, a autora diz que a abertura de vários arquivos em anos recentes trouxe à luz "todo um arsenal de legislação que autorizava atrocidades e torturas desde o início da guerra". Quase todos os oficiais comandantes tinham lutado na Indochina e viram outros praticarem tortura. Alguns oficiais superiores admitem que se uma situação semelhante ocorresse hoje, fariam a mesma coisa.

A psicologia da "transferência de opressão" é um fenômeno conhecido. Estudantes que foram severamente castigados por seus professores na escola descontam em seus alunos se eles mesmos se tornarem professores. A nora, nas sociedades tradicionais, que é humilhada e maltratada, força sua própria nora a ser sua escrava e a obedecê-la. Se os relatórios estiverem corretos, os homens do exército russo desabafaram sua fúria sobre os chechenos. Mas suponhamos que não haja outra raça, nação ou grupo sobre quem se possa dar vazão à ira reprimida, o que acontece? Ela deve permanecer reprimida até a próxima encarnação. De que outra maneira se pode explicar os atos inacreditavelmente desumanos de uma parte da humanidade – mesmo aqueles membros que se supõe serem altamente educados?

Contam que no século XVII marinheiros escreveram sobre uma grande quantidade de tartarugas verdes no oceano em torno das ilhas da Indonésia que parecia como se uma pessoa pudesse atravessar de uma ilha a outra sobre suas costas. Essas tartarugas existiam antes dos dinossauros, talvez há duzentos e cinquenta milhões de anos. Elas sobreviveram a muitas mudanças, mas podem não sobreviver à atual era de violência, porque estão sendo massacradas em grandes números; e elas não estão apenas sendo mortas, mas estão sendo retalhadas ainda vivas! Diz uma testemunha ocular:

> Barbárie é uma palavra excessivamente gentil para o processo de carnificina que eu presenciei . . . A tartaruga pode viver mais de duzentos anos, é um dos poucos animais que choram, e em mais de uma ocasião eu vi lágrimas escorrendo das faces destes animais.

Também no noroeste da Índia tais atrocidades são cometidas com tartarugas. Aparentemente a carne tem melhor sabor se o esfolamento e o entalhe forem feitos antes da matança. No distante Canadá, onde grande número de focas são mortas, o mesmo tratamento impiedoso lhes é aplicado. Um painel internacional de veterinários, sob a égide do Fundo Internacional para o Bem-estar Animal, descobriu que uma grande porcentagem das focas são esfoladas enquanto ainda estão conscientes.

Não há fim para os horrores perpetrados pelo homem, supostamente a espécie inteligente, mas alguns atos parecem superar outros em perversidade. Em certas partes da Índia, a superstição de que a relação sexual com virgens impede que o homem adquira doença venérea leva a abomináveis assaltos sexuais a meninas pequenas. Na África existe a prática hedionda da circuncisão de mulheres. Serão os perpetradores de tais crimes pessoas que trouxeram a síndrome da "transferência de opressão" de vidas passadas, se não desta?

O que acontece a inúmeras crianças que sofrem traumas e abusos terríveis? Segundo uma notícia no jornal *The Hindu* de Chennai, Índia, dois pesquisadores da Universidade da Califórnia encontraram ligações entre o abuso em idade precoce e condições adversas de saúde na velhice. Eles certamente não levaram em consideração as condições ambientais adversas resultantes do sofrimento das crianças. O relatório do Unicef de 2001 diz que cerca de vinte milhões de crianças foram deslocados por conflitos e mais de dez milhões ficaram órfãs por causa da Aids. Em um caso relatado de dois meninos de seis e oito anos de idade, que assistiram seus pais morrerem no Burundi, o mais jovem corre para debaixo de um banco sempre que um adulto se aproxima, e não fala com ninguém senão com o irmão, e o mais velho recua sempre que encontra alguém.

No futuro todas essas vítimas, ou a maioria delas, podem tornar-se opressores e tiranos, e o mundo será mais sombrio, a não ser que um número suficiente de pessoas esteja determinado a neutralizar o mal pela prática da bondade *sob todas as circunstâncias.* A violência não pode terminar a não ser que ocorra uma reversão deliberada. Não foi sem boa razão que a humanidade foi informada:

> Amai vossos inimigos, abençoai os que vos amaldiçoam, fazei o bem àqueles que vos odeiam e orai por aqueles que maliciosamente vos usam e vos perseguem, para que possais ser os filhos de vosso Pai que está no céu.

Este não é um ensinamento utópico, mas a única maneira de estabelecer sanidade e paz na Terra.

15. Arma por Arma (Jul. 1981)

Estagnação mental de um tipo incrível é também mostrada ao se continuar a pensar que maior segurança pode ser obtida retaliando-se com maior poder e capacidade de agressão. A frase "dente por dente" representava a psicologia humana "normal". Embora Jesus Cristo recusasse seguir este princípio, e embora o Buda ensinasse que o ódio não cessava com o ódio, a humanidade continuou a pensar de maneira diferente. Não apenas estão as grandes potências mundiais perseguindo um rumo que é suicida para a humanidade ao aumentar continuamente seu poder de matar, como os países pobres e subdesenvolvidos estão também engajados em adquirir o máximo poder de retaliação. Uma enorme proporção do "auxílio" dado por países ricos aos países pobres é sob a forma de armas - às vezes obsoletas - que torna cada área propensa à guerra.

O Sr. George Kennan, enquanto recebia o Prêmio Albert Einstein da Paz, fez um apelo impressionante por sanidade neste mundo. Ele destacou que a paz jamais pode ser produzida a não ser que haja uma mudança radical com relação a este problema. Ele diz (reportagem do *The Guardian*, de 31 de maio de 1981): "Nós continuamos a empilhar armas sobre armas, mísseis sobre mísseis, novos níveis de destruição sobre velhos níveis. Temos feito isso sem ajuda, quase involuntariamente: como as vítimas de algum tipo de hipnotismo, como homens num sonho, como lêmures seguindo para o mar, como as crianças de Hamelin marchando cegamente atrás do flautista . . .

"Para mim, a bomba nuclear é a arma mais inútil já inventada. Ela não pode ser empregada para fins racionais. Ela sequer é uma defesa eficaz contra ela própria. É apenas algo com o que, num momento de petulância ou de pânico, comete-se atos de destruição tão temerosos como nenhuma pessoa em sã consciência jamais teria.

"Outros, em décadas anteriores, podiam se espantar com sonhos de algo chamado 'vitória'. A nós, talvez felizmente, é negada esta perspectiva sedutora. Temos de sair do círculo. Não temos outra escolha...

'Não consigo ver saída para este dilema senão por uma saída ousada e arrebatadora – uma saída que cortaria cirurgicamente as ansiedades exageradas, os pesadelos autoengendrados, e as matemáticas sofisticadas da destruição, nas quais estivemos enredados nestes últimos anos, e que nos permitiria mudar, com coragem e decisão, para o âmago do problema".

16. Uma Saída Ousada (Jul. 1981)

É preciso grande coragem para adotar "a não violência e a não guerra" como um princípio guia absoluto tanto no nível individual quanto nacional. Quando movido pelo preconceito e o autointeresse, tanto para o indivíduo quanto para a nação, parece como se houvesse justificativa para a guerra e causa para a violência. Uma partida ousada exige estar-se totalmente livre de preconceito em favor de si próprio e da extensão do eu, que é a própria comunidade ou a nação. Uma perspectiva nova é essencial não apenas sobre as duas questões acima mencionadas, mas sobre todas as questões que têm resultado na inabilidade de o homem se relacionar de modo não egoísta com o restante da vida.

17. Massacre, Massacre em Toda Parte (Abr. 2006)

O século XX testemunhou duas guerras mundiais, nas quais milhões de pessoas morreram e, certamente, muitas mais foram feridas, sofreram e experimentaram as dores da perda. Em cada época houve um choque mundial, induzindo várias nações a iniciar medidas para pôr fim a tais conflitos horrendos; mas na verdade, descobriu-se que muito mais pessoas foram capturadas ou mortas ou experimentaram a miséria das condições de guerra em conflitos menores em diferentes partes do mundo. Quase parece como se os seres humanos de hoje em dia se acostumaram a matar em larga escala. Massacrar grande número de animais, não porque as pessoas famintas precisem comer carne, mas apenas como uma metodologia eficiente a adotar, é uma forma de matar que torna as pessoas imunes a considerações éticas. Em todo o mundo existe uma prontidão para atirar, lançar uma bomba numa multidão ou abater animais como se não houvesse questões morais envolvidas no massacre.

Em setembro de 2005 *The Hindu*, um dos principais jornais da Índia, trouxe um artigo sob o título "Milhões de Animais Enfrentam a Sentença de Morte na Austrália". Noticia-se que um comitê parlamentar recomendou que animais exóticos importados da Europa e de outras partes para o novo continente da Austrália por razões variadas e a que se permitiu tornar-se selvagens (ou seja, reverter ao estado selvagem) aumentaram em número e se tornaram ameaças para a fauna e a agricultura nativas. Os números relacionados aos animais condenados à morte eram 500 mil camelos, 300 mil cavalos, 5 milhões de jumentos, até 23 milhões de porcos e inúmeros coelhos selvagens, raposas vermelhas, gatos, cabras e mesmo sapos. Um número enorme de cangurus e outras criaturas nativas também foram mortos, embora não houvesse tal desculpa para os massacrar, como no caso dos animais selvagens.

Não faz muito tempo que ocorreu o massacre do gado infectado com a doença da "vaca louca" em grande escala, e um número terrível de suínos e talvez outras criaturas indefesas em países europeus foram brutalmente transportados e massacrados, certamente porque foram acometidos pelas doenças que se desenvolveram devido às condições não naturais que tinham de suportar.

Agora aves estão sendo massacradas aos milhões para evitar que a gripe aviária se torne endêmica e afete os seres humanos. As pessoas que estão envolvidas nesses programas de massacres coletivos aparentemente não sofrem nem são mentalmente atormentadas ao ver tantas criaturas vivas lutarem e morrerem. Dificilmente se pensa no fato de que todos esses problemas se originaram por causa de seres humanos gananciosos, irresponsáveis ou simplesmente cruéis e sanguinários. As raposas vermelhas foram levadas à Austrália para "caça recreativa", e sem dúvida outros animais foram igualmente considerados como meros objetos de exploração.

Numa edição anterior de *The Theosophist* abordamos a causa da doença da "vaca louca": miúdos oriundos de matadouros foram misturados ao alimento dado a animais herbívoros. *The Guardian*, na época, citara na manchete de um artigo sobre este assunto as palavras do Dr. Rudolf Steiner profetizando que uma nova doença irromperia quando herbívoros fossem forçados a comer carne. As condições terrivelmente artificiais em que aves, porcos e outras criaturas são mantidos por seres humanos não podem ser senão a causa de mais infortúnio para o homem, porque estão violando a Lei da Compaixão, que é a Lei do *Karma*, e impiedosamente interferindo na ordem que a Natureza estabeleceu.

"Como tu semeias, assim colherás" é um ditado conhecido em países cristãos tanto quanto a doutrina do *Karma* é familiar mesmo às pessoas simples no Oriente. Em vez de seguir estas palavras antigas dos Sábios Seres, a humanidade está degenerando ao adotar o abate como meio legítimo para alcançar vários fins. O terrorista que lança bombas numa multidão, o jovem estudante que usa uma arma para matar um professor e todas as pessoas assim estão seguindo cegamente o princípio geral prevalecente no mundo moderno de considerar o massacre uma ferramenta legítima para promover objetivos. Há muita diferença entre o assassinato em massa que é chamado guerra, e a enorme violência em levar a cabo programas de abate e organizar revoltas recorrendo-se ao terrorismo.

A Senhora Blavatsky afirmou em suas "Conversas Sobre Ocultismo", originalmente impresso em *The Path*: "Nesta era há grandes triunfos da ciência, mas são quase todos direcionados aos *efeitos* e não removem as causas dos males. Grandes estudos foram feitos nas artes e na cura de doenças. Mas no futuro, quando a flor de nossa civilização desabrochar, novas doenças surgirão e desordens mais estranhas serão conhecidas, emanando de causas que estão no fundo da mente humana e que só podem ser erradicadas pela vida espiritual". Compaixão e não prontidão para massacrar é essencial à vida espiritual. A falta de compaixão levará a humanidade à retribuição da "infalível Lei do *Karma*". A compaixão exige que nós não *usemos* os animais simplesmente para nossa satisfação, mas deixemo-los viver naturalmente e felizes, nem recorramos a ataques a outros seres humanos.

Capítulo 20

Natureza

1. O Grande Mistério (Dez. 1994)

Por mais que tenha sido estudada até agora, a Natureza permanece um grande mistério. Tudo que o homem é capaz de descobrir é uma mínima parte de seus tesouros e magnificência intermináveis. O mistério pode jamais ser verdadeiramente examinado enquanto a busca da humanidade for motivada pelo desejo de obter vantagens. As bênçãos da Natureza só cairão sobre os seres humanos quando eles tentarem reverente e humildemente se tornar seus discípulos e cooperar com o seu plano, em vez de cumprir seus próprios objetivos. Falhando isto, a humanidade só se atrapalha e passa de uma forma de miséria a outra, imaginando que a próxima solução para os problemas será a melhor.

Diz *A Voz do Silêncio*[93]:

> Auxilia a Natureza e trabalha com ela... Não maculada pela mão da matéria, ela revela os seus tesouros apenas aos olhos do Espírito – os olhos que nunca se fecham, os olhos para os quais não há véu em todos os seus reinos.

O futuro transcurso dos eventos sobre esta Terra sairá conforme planejado pela mente universal da Natureza, e não como o homem o projeta. Após as duas guerras mundiais, descobriu-se que nasciam mais crianças do sexo masculino, como se para compensar a perda

93 Brasília: Editora Teosófica, 6ª Ed. de Bolso, 2023, p. 116-117 [aforismo 66-67]. (Nota Ed. Bras.)

de homens. Tais fenômenos, dos quais existem muitos, servem para provar que a Natureza ajuda sempre que quer, deixando à humanidade o restante do tempo para aprender se debatendo, como uma criança tentando caminhar e caindo repetidamente.

Contra este plano de fundo, podemos visualizar o esforço para salvar a diminuição dos tesouros da terra fazendo a condução do planejamento familiar. Algumas pessoas atentas estão ressaltando que a ameaça à Natureza não vem dos pobres que estão se multiplicando rapidamente. Os recursos são desperdiçados muito mais rapidamente pelos ricos. Os Estados Unidos, país que tem apenas seis por cento da população mundial, consome um terço dos recursos da terra. Uma pequena família num país rico como o Japão pode causar mais dano do que uma família grande em áreas pobres. Se o perigo da superpopulação for eliminado e um padrão de vida mais elevado for atingido, será que a humanidade se beneficiará? A Natureza responderá.

Até onde interferimos nos processos naturais? Que fim será alcançado pela tecnologia usada para prolongar a vida, dar à luz bebês prematuros, permitir às mulheres idosas parir, e "melhorar" as técnicas da Natureza? Morte e renovação são uma parte essencial da vida. A evolução prossegue através de mudança e mutação constantes. Manter a morte afastada a todo custo pode terminar em mais um desastre para o homem, já que o esforço é baseado em ignorância profunda. O projeto de genoma humano, com o qual as nações do mundo estão cooperando, pode também ser um enorme fiasco. Advertências já estão sendo feitas a respeito dos perigos: um artigo publicado na revista *Nature* sinaliza, "de repente a injustiça racial será um fato".

O homem está procedendo na presunção de que sua manipulação de tudo – genes, tempo de vida, população, etc. – é sempre para melhor. É preciso uma abordagem mais humilde, pois a Natureza ainda permanece inescrutável, e a investigação quanto aos seus mistérios só pode ser profícua quando espiritualmente inspirada.

2. A Mãe Terra e Nós (Jun. 1992)

A Mãe Terra obviamente desaprova as atividades maliciosas de seus filhos humanos. O prestigiado Clube de Roma, do qual fazem parte muitos cientistas e pensadores eminentes de todas as partes do mundo, advertiu sobre o iminente perigo que a humanidade enfrenta, a não ser que ações sejam tomadas sem demora para reverter os desastres causados ao meio ambiente. O Clube atribui o problema à miopia na busca impensada de vantagens materiais e dos valores dominantes do pensamento dos dias atuais.

A Cúpula da Terra, que deve ocorrer no início de junho no Brasil, foca sobre estas questões. Embora desempenhe um papel importante em aumentar a conscientização do perigo que a humanidade enfrenta, já está claro que grandes abismos se abrem entre os diferentes grupos, pois cada um está buscando reter e promover seus próprios interesses.

Os distintos participantes presentes no recente encontro do Clube de Roma no Japão enfatizaram a necessidade de um plano de cooperação de longo prazo num espírito de solidariedade global, para que o desenvolvimento ocorra de uma maneira equilibrada e benéfica. Exortaram todos os países a cortar gastos militares por volta de 1995. O enorme desperdício de recursos envolvido em preparações militares e na manutenção de estabelecimentos militares é totalmente incompatível com uma percepção sensata da situação ambiental global.

Também fizeram um chamado a todos os povos do mundo para tomarem iniciativa no nível local. A ação conjunta e inteligente de grandes multidões de pessoas pode mesmo ser mais eficaz do que projetos no nível governamental. Neste contexto, o Príncipe Charles chamou a atenção, com razão, para a importância vital de conter a população humana num nível sustentável, para o que é crucial a educação do tipo correto.

A Mãe Terra, por mais maltratada que seja por sua progênie, provavelmente tem o poder de salvar a si própria se quiser, mas sem dúvida ela o fará segundo o seu próprio tempo. O calendário dos deuses não coincide com o da humanidade; o tempo tem um ritmo diferente em seus planos. Mas a humanidade não pode esperar para a Mãe Terra retificar seus erros. Como assinalou o presidente do Clube de Roma, Dr. Ricardo Diez-Hochleitner, a escassez de tempo torna o futuro humano precário. A avidez com que temos estado a destruir outras formas de vida reduziu o tempo disponível para ação restauradora a um mínimo temível.

3. Trabalhar com a Natureza (Maio 1992)

No mundo antigo, quando as pessoas tinham mais contato com a Natureza, elas obtinham um conhecimento íntimo da conduta de pássaros e feras, o que deixaram de fazer depois de se ver presas no modo urbanizado de vida, e os ambientes artificiais tornaram-se a ordem do dia. Pela observação do comportamento das criaturas selvagens, os índios americanos, por exemplo, aprendiam muito; o comportamento padrão dos animais ensinava-lhes a melhorar a qualidade de suas vidas, e lhes mostrava que certas ervas, cascas de árvores e produtos naturais podiam curar doenças. Na Índia, todo um sistema médico foi desenvolvido, em grande parte baseado nas propriedades medicinais de ervas e minerais encontrados nas florestas e nos morros. Este sistema é tão eficaz que mesmo hoje o sistema indiano de assistência médica permanece superior à moderna medicina alopática e sua aliada, a cirurgia.

Com o avanço da ciência chegou uma era de extremo ceticismo sobre tais fontes antigas de conhecimento. Mas depois de ter zombado ao máximo da suposta charlatanice, o mundo moderno está mais uma vez aprendendo a respeitar os sistemas antigos e os meios pelos quais o conhecimento era obtido. Um novo olhar está sendo lançado sobre as propriedades médicas e nas substâncias naturais incorporadas nos sistemas orientais de medicina, não apenas no indiano, mas no tibetano, no chinês e possivelmente em outras formas.

Como esses povos antigos descobriram as propriedades de todas as substâncias que usavam, algumas das quais eram preparadas de uma maneira complicada? Fórmulas complexas com muitos ingredientes foram desenvolvidas para a fabricação de remédios eficazes para curar doenças como artrite e alergias, para as quais, mesmo hoje em dia, os médicos alopatas não têm uma resposta verdadeira. Será que esses povos antigos se beneficiavam de sua proximidade com a Natureza e aprendiam com outros habitantes da Terra, porque eles não afirmavam que apenas o homem é o repositório de conhecimento e, portanto, todo conhecimento só surge da mente humana?

Com o desenvolvimento da ciência no século XIX e o gradual divórcio da sociedade humana do contato com a Natureza, em sua vaidade os seres humanos imaginavam que o restante da criação era destinado somente a ser explorado e que as outras criaturas nada tinham a contribuir para o nosso bem-estar, exceto com carne e comodidades como peles. Esta atitude está finalmente começando a mudar, e parte da humanidade está aprendendo a reconhecer a interdependência e o parentesco de toda a vida, implicando em que existe um constante dar e receber entre as diferentes espécies, não apenas no nível físico, mas mesmo no Plano Mental.

Os animais parecem ter formas de conhecimento e modos de saber que não estão abertos aos seres humanos. Observação e pesquisa que estão sendo agora realizadas mostram que macacos, ursos e outras criaturas sabem como ajustar a dieta quando estão doentes, e que remédios tomar. Descobriu-se que os chimpanzés, que normalmente vivem de frutas, evitam-nas e passam um longo tempo procurando um tipo particular de planta para se livrar de parasitas e incômodos. Inspirados por tais observações, cientistas estão conduzindo testes para descobrir fontes vegetais para matar células cancerígenas. Noticia-se que o primeiro de todos os simpósios foi realizado pela Associação Americana para o Progresso da Ciência sobre "zoofarmacologia", ou seja, o conhecimento a respeito de plantas medicinais e o seu uso pelos animais.

Longe de sermos céticos a respeito do conhecimento que nossos irmãos animais podem transmitir, investigações estão em andamento para descobrir o segredo de alguns aspectos surpreendentes do conhecimento animal para prevenção da gravidez, e mesmo regulação do gênero das crias. Descobriu-se que as macacas às vezes se alimentam, antes de copular, com plantas que jamais comem em outros momentos. O elo entre o que consomem e o processo reprodutivo não é tão tênue a ponto de não interessar aos pesquisadores.

À medida que o homem se torna menos orgulhoso de seu conhecimento e superioridade, ele pode aprender com toda a Natureza, do voo dos pássaros ao conhecimento da vida terrestre, bem como da vida aquática, mais a respeito do clima, terremotos e outros fenômenos naturais. Haverá também mais respeito pelo conhecimento que foi transmitido desde a antiguidade. Eles mostraram-se eficazes e precisam ser restaurados. Um início está sendo feito. As pessoas estão agora estudando as propriedades da árvore neem, por exemplo, cujas folhas, frutos, sementes etc. sempre foram considerados na Índia como de especial valor por suas propriedades antissépticas e medicinais. Durante séculos a neem foi usada para combater infecções por vermes, doenças contagiosas e inúmeras outras doenças. O óleo obtido das sementes trituradas é muitas vezes mais eficaz para adubar e proteger jardins contra pestes do que o são os produtos químicos, já que não ocorrem efeitos colaterais perniciosos. Outro ponto a ser considerado é que este tipo de conhecimento, que não é adquirido através de experimentos cruéis em laboratórios, mas através da observação da Natureza e da percepção intuitiva, não produz consequências *kármicas* danosas.

E esta nossa vida . . .
Encontra línguas nas árvores, livros nos riachos que correm
Sermões nas pedras, e o bem em tudo.

4. A Natureza se Comunica (Set. 1991)

Os seres humanos orgulham-se do uso da linguagem, que sem dúvida ajudou a criar, num ritmo acelerado, o que chamamos de "progresso". A linguagem permitiu à humanidade acumular informação, aumentar o conhecimento e transmiti-los às gerações sucessivas. Porém, pode não haver justificativa para concluir que somente os seres humanos, entre os filhos da Natureza, desfrutem da capacidade de se comunicar e que as linguagens que desenvolvemos sejam os únicos meios de intercâmbio mútuo.

Na Índia antiga, considerava-se a comunicação verbal apenas como um modo de linguagem. A linguagem existe sob diferentes modos em diferentes níveis de sutilezas. Exatamente como se presumia que se há vida em algum lugar senão no nosso planeta, só pode ser em corpos semelhantes aos nossos em composição e natureza, e também se tem como certo que linguagem significa apenas o que seja parte do nosso vocabulário e linguagem.

Estudos biológicos recentes estão o tempo todo tornando mais claro que existe comunicação de uma categoria diferente entre vegetais e animais e talvez mesmo nas formas inferiores de vida. Os vegetais são capazes de se comunicar não apenas entre si, mas também com outras espécies. Há relatos de que plantações tais como as de soja e alfafa, que têm um relacionamento simbiótico com um tipo particular de bactéria, conseguem produzir seus próprios fertilizantes. As bactérias vivem nos nódulos das raízes das plantas e extraem nitrogênio do ar para a planta, fornecendo-lhe a amônia de que necessita. A planta não pode fazer isso por si mesma. Por sua vez, ela oferece um lugar de residência e nutrição para as bactérias.

Certamente que tais relacionamentos simbióticos não são incomuns na Natureza. Mas a maravilha está em como a planta e as bactérias entram em contato entre si. Os cientistas dizem que isto envolve comunicação química. Estudo cuidadoso dá a impressão de que existe um tipo de conversação entre as duas. Aparentemente um sinal da planta dá início ao diálogo ao qual as bactérias respondem enviando sinal químico. Parece que a totalidade da conversa não foi decodificada, mas pesquisas suficientes foram realizadas para mostrar que por um processo de intercâmbio as duas que formam o par simbiótico descobrem a localização uma da outra e se unem para vantagem mútua.

Em áreas onde água e nutrientes são escassos, cada planta deve decidir quantas raízes estender e até onde elas devem ser espalhadas, dizem os biólogos. Cada raiz deve manter um equilíbrio e não privar as raízes irmãs da mesma planta de atrair nutrientes, pois todas elas têm um trabalho comum a realizar. Então surge a pergunta: se não houver uma raiz irmã, mas uma que pertença a outra planta do mesmo tipo ou de outra variedade, pode a planta distinguir entre o eu e o não eu? Aparentemente pode. Qual deve ser a sua atitude para com as outras plantas? Deve superá-las espalhando-se rapidamente ou fazer ajustes? Aqui a atitude parece variar. Algumas estão desejosas de viver e deixar viver, compartilhando os escassos recursos. Outras são "egoístas" e se engajam em competição para eliminar as rivais.

Também aqui há comunicação por uma variedade de meios. As plantas não têm sistema nervoso ou cérebros e, portanto, a comunicação ocorre através de um sistema de sinais que inclui mudança na pressão, temperatura, potencial elétrico ou liberação de produtos químicos. Quando esses estudos avançarem, talvez os seres humanos descobrirão que não apenas ocorre comunicação entre outras espécies, mas há também interação inteligente. Toda a Natureza pode ser uma rede de comunicação mesmo onde para a mente humana limitada pareça como se houvesse apenas incapacidade inerte. O conhecimento aprofundado da Natureza deve tender a diminuir a presunção humana a respeito de muitas coisas, incluindo o nosso suposto dom particular de comunicação.

5. União na Diversidade (Jun. 1990)

A Unidade não se opõe à diversidade, pois toda unidade contém diversidade dentro de si, e todas as diversidades são expressões da riqueza inerente à unidade.

Uma flor é uma entidade completa, única. É composta de vários elementos diferentes: as pétalas, sépalas, estame, pistilos e assim por diante. Existe variedade na cor, forma e textura. Juntos revelam a beleza e o ser essencial da flor. Sem os muitos elementos que a compõem, a flor não seria seu eu singular.

Uma obra-prima de música é um todo. Sua beleza e poder são realçados pelas muitas variações sobre o tema, as diversidades de tonalidade, melodia e ritmo. Sem a diversidade ela nada seria; não haveria música; nossos ouvidos não receberiam o esplendor do som.

A pequenina semente de figueira é como o germe de um Universo, pois dela emana uma grande forma de vida com inúmeros galhos e raízes, abrigando muitos pássaros e criaturas. A árvore é um todo. Sua multiplicidade é uma parte integrante da unidade. A semente e a árvore representam o um e os muitos, que não são diferentes entre si.

Não está em poder do homem abolir as prodigiosas e variadas formas de vida. Embora os seres humanos tenham estado a reduzir a multiplicidade da Terra, e várias espécies de plantas e animais extinguiram-se por causa da atividade humana, certamente que a infinita criatividade da Mãe Natureza produzirá uma nova progênie, embora do nosso ponto de vista isto posso levar muito tempo. Os filhos da Natureza que cometem erros, que são a humanidade, não toleram as diferenças com facilidade, mesmo dentro de seu próprio rebanho. Portanto, a humanidade tem sido como um corpo cujos órgãos estão em guerra entre si. Muito lentamente, a consciência de que a variedade é necessária para o bem-estar está se infiltrando na mente humana. Pouco a pouco as pessoas estão compreendendo que não podemos viver sem a teia de vida interconectada de que somos parte.

As circunstâncias estão obrigando pelo menos algumas das nações do nosso mundo a se unirem em cooperação. Isso está acontecendo agora na Europa ocidental e o processo pode, ao longo do tempo, tornar tanto a Europa oriental quanto a ocidental uma zona federativa. Uma forma judiciosa de interesse próprio está forçando diversos povos a se unirem. Eles só têm a ganhar política e economicamente ao construírem uma esfera de interesse compartilhado.

Nos dias de hoje, é uma anomalia agir em prol da fragmentação, enquanto o desenvolvimento da tecnologia e a interligação de economias estão levando rumo à unificação. Tribalismo, nacionalismo e o estresse sobre identidade étnica são obsoletos à luz do grande processo histórico que está levando a sociedade humana de um sistema de cidades-estado e pequenos principados a nações mais amplas, e mais recentemente rumo a uma integração federal de nações formando uma comunidade maior.

Os seres humanos devem elevar-se acima da mera compulsão das circunstâncias e avançar à frente do lento processo histórico. Para isto, é preciso uma percepção inteligente do fato de que unidade e diversidade são complementares e não contraditórias. A riqueza e a alegria da vida são expressas pela manifestação das diversidades. Todas elas são partes de um todo abrangente. Devemos nos esforçar para ver que existe não apenas unidade na diversidade, mas que a unidade contém a riqueza que é a diversidade. Aliás, o Universo multifacetado é a manifestação de uma única Vida e Realidade.

6. Não há Ervas Daninhas (Jul. 1985)

The Queen's Hidden Garden é o título de um livro lindamente escrito e ilustrado de David Bellamy, botânico e autoridade internacional em vida vegetal e meio ambiente. O "jardim oculto" referido é composto de uma multiplicidade de plantas que normalmente teriam sido descartadas como "ervas daninhas". Mas mesmo um olhar superficial no livro basta para fazer o leitor compreender que existe uma riqueza de beleza nessas assim chamadas ervas daninhas. Embora as "ervas daninhas" sejam tanto parte da vida vegetal quanto as outras plantas que encontram maior favor aos olhos dos homens, elas são chamadas "ervas daninhas", seja porque crescem sem ser cultivadas ou porque aparecem no lugar errado. Uma roseira no meio de um milharal é uma erva daninha; o capim num canteiro é uma erva daninha, mas não o é num gramado. Em outras palavras, uma erva daninha é assim chamada porque interfere com os planos do homem. Não existem ervas daninhas numa região selvagem ou num bosque onde os propósitos e métodos da Natureza prevalecem sem a interferência do homem.

As descrições e ilustrações do livro mostram que as ervas daninhas são tão belas quanto as plantas cultivadas. Contudo, são rejeitadas como um tipo de material residual quando consideradas com olhos utilitários. O prazer da beleza é distorcido total ou parcialmente quando ligado a fatores externos como tamanho, possibilidade de venda e coisas assim. Consequentemente, uma rosa grande evoca maior admiração do que uma rosa pequena; e uma nova variedade, embora se mostre de um colorido bizarro, é mais apreciada do que uma há muito estabelecida. A beleza das "ervas daninhas" não tem lugar num esquema de coisas comerciais ou artificiais.

As "ervas daninhas" são abundantes também no reino humano. Os tipos "cultivados" não são necessariamente os mais belos, porque o cultivo implica muitas vezes polidez exterior, que se desgasta facilmente sob resistência; muito frequentemente, esconde a artificialidade e a astúcia que permite o sucesso na competição. Estes são os tipos que provavelmente desprezam as "ervas daninhas", especialmente quando estas tendem a surgir nos lugares errados em momentos inconvenientes. Os pobres aparecem onde não são desejados, e às vezes têm mesmo a temeridade de tornar suas necessidades conhecidas, como mostram os contos gráficos de Charles Dickens. A situação não é muito diferente mesmo agora no Terceiro Mundo e talvez em outras partes. Os "grandes" do mundo são na maioria das vezes assim rotulados, não por causa de suas virtudes ou da doçura de suas vidas, mas por causa de suas realizações e poder.

É hora de se investigar o valor das "ervas daninhas" da terra. Talvez não haja ervas daninhas, somente "jardins secretos".

7. A Inteligência Penetrante (Jul. 1982)

Novos fatos a respeito das intermináveis maravilhas da Natureza estão sendo descobertos diariamente. Parece, por exemplo, que as formigas e as abelhas sabem muito a respeito dos movimentos do sol. Sua inexplicável percepção da posição sempre cambiante do sol lhes permite orientar-se e manter um senso constante de direção. Como criaturas tão pequenas realizam façanhas tão extraordinárias? Elas não possuem calculadoras de bolso, bússola ou almanaques astronômicos e, contudo, seus cálculos são notadamente acurados. Certamente, os insetos, diferentemente dos astrônomos, não realizam trigonometria esférica no céu, dizem os zoólogos da Universidade de Zurique, conforme relatado no *The Christian Science Monitor* de 4 de janeiro de 1982.

Este é apenas um dos inúmeros exemplos da misteriosa inteligência que perpassa os processos da vida. O ensinamento esotérico é de que a Realidade última é Inteligência, incomparável e absoluta. Mesmo nas criaturas inferiores tais como as formigas e as abelhas, ela funciona de maneira extraordinária. O que o homem considera ser o brilhantismo de sua mente ainda é, sem que ele saiba, a Inteligência Universal atuando através dele. A tragédia do homem é que ele não consegue ver o simples fato de que ele não é nada e Ela é Tudo.

8. Direito dos Animais (Mar. 1993)

Em janeiro deste ano, o Congresso Vegetariano Mundial, que foi realizado em Chennai (antiga Madras), reuniu pessoas que seguem o modo de vida vegetariano por uma variedade de razões. Inúmeros palestrantes enfatizaram a importância do vegetarianismo para a manutenção da boa saúde. É verdade que um número crescente de pessoas em todo o mundo compreende agora que o consumo de alimento à base de carne não é necessário para a saúde. Pelo contrário, muitos problemas corporais advêm diretamente do fato de se comer carne, especialmente porque nos dias de hoje o gado é mantido nas condições mais antinaturais e manipulado para satisfazer a ganância do homem por maiores lucros.

A dieta vegetariana é também defendida por razões que não a saúde, mas estas são menos comumente conhecidas. Poucas pessoas estão conscientes, por exemplo, de que transformando a pecuária numa indústria, os animais são criados a tal velocidade que superam o número de seres humanos de três para um, o que causa graves ameaças ambientais. Referindo-se a isto, The World Watch Institute ressalta o perigo não apenas do aumento da desertificação causado pelo sobrepastoreio, quc torna o solo duro e impermeável à chuva, mas também à ameaça mais grave causada pelo confinamento de milhões de animais em fazendas industriais. Os resíduos de tais fazendas animais poluem a água do subsolo, poços, rios e lagos. O nitrogênio que escapa do esterco transforma-se em amônia e contribui para a chuva ácida. Dizem que a maior fonte de ácido depositado sobre o solo holandês vem da amônia do esterco, causando mais danos do que os carros e as fábricas do país. O relatório menciona também que milhões de toneladas de gás metano, que é um fator importante que contribui para o efeito estufa, são produzidos por animais que são vítimas indefesas de programas de criação artificial de gado.

Jeremy Rifkin no seu livro *Beyond Beef: The Rise and Fall of the Cattle Culture*, assinala que a predileção do Ocidente por carne dá origem a desertos, destrói a atmosfera, envenena os sistemas aquíferos, e causa danos de outras maneiras. Mas não é apenas o amor à carne bovina, mas o gosto por alimentação carnívora que está causando danos. Cada vez mais grãos estão sendo usados para alimentação dos rebanhos nos países ricos, que poderiam ser usados para nutrir grande número de pessoas pobres que necessitam de alimento em outros países. The World Watch Institute estima que para manter a atual população mundial com uma dieta estilo ocidental seria preciso duas vezes e meia a quantidade de grãos que é agora produzida.

Embora as razões acima de saúde e ecologia tenham peso e atrativo e sejam muito mais discutidas, a razão primordial para se renunciar à alimentação com carne diz respeito às vidas dos animais. Do ponto de vista teosófico, os animais têm direito de viver tanto quanto os seres humanos, segundo sua própria natureza, em condições que lhes sejam naturais e agradáveis. Os direitos dos animais não podem ser descartados como uma preocupação de excêntricos ou como uma ameaça ao bem-estar humano. Como escreveu Tolstoi:

> Somos orgulhosos do progresso de nossa civilização, examinamos com satisfação o que consideramos os sucessos em cada ramo da vida social, e não notamos que nossa existência está muitas vezes baseada em princípios os mais injustos e cruéis, e que a humanidade do futuro falará sobre isso com a mesma repulsa que sentimos hoje pela escravidão e pela tortura, por exemplo.

Não é raro se argumentar que as plantas também têm vida. Porém, o esforço de todos que reconhecem o princípio teosófico da unidade é reduzir o dano que causam ao mínimo absoluto. A planta de fato tem vida, mas não tem um cérebro nem um sistema nervoso que a faça sentir dor na mesma maneira lastimosa que os animais. A tradição diz que os homens sagrados do passado se alimentavam apenas de frutos, observando assim o mesmo princípio de causar a mínima dor possível. Devemos certamente causar o mínimo dano mesmo às plantas, o que de modo algum é razão para tratarmos os animais como objetos inertes e abatê-los como se existissem somente para satisfazer o homem.

Embora defendamos o vegetarianismo por meio de congressos, publicações ou o que quer que seja, insistimos em que a ênfase deve ser sobre o direito dos animais à vida com saúde, felicidade e liberdade. Enquanto maior ênfase é colocada sobre os benefícios que advêm ao homem pela adoção de uma dieta vegetariana, o espírito de compaixão, que Tolstoi descreve como "uma das faculdades mais preciosas do coração humano", é relegado ao segundo plano. A razão egoísta não deve substituir a razão humanitária, uma vez que o egoísmo é a principal causa da dor e do sofrimento humano. O homem egoísta e de coração endurecido, muito embora seja vegetariano, pode ser autor de muitos males, enquanto o homem compassivo dá origem apenas ao bem. O vegetarianismo, portanto, deve ser baseado fundamentalmente na preocupação pelo bem-estar de outras criaturas, não na preocupação com a própria saúde e o futuro.

9. Quem é o Preferido? (Maio 1986)

Foi noticiado no programa de televisão "Our World" da Oxford Films Production, que certa vez perguntaram a um grande biólogo o que ele aprendera com o estudo de toda uma vida da mente atuando na criação, e ele respondeu, "um gosto desordenado por besouros". Existem, parece, trezentas mil espécies de besouros, e um em cada quatro animais no mundo é um besouro. Eles estão adaptados para viver em qualquer parte do mundo ou com qualquer tipo de alimento.

O professor Lewis Thomaz menciona, num dos seus ensaios, que se estima que haja bilhões de insetos sobre a terra a qualquer momento, e que cerca de vinte e cinco milhões de insetos variados estão sobrevoando cada quilômetro em clima temperado. A população humana está crescendo continuamente, porém jamais conseguirá competir com os preferidos de Deus. Sendo mais inteligente e mais poderoso, o ser humano pode sentir que somente ele é o escolhido.

Pode também negar a existência de um Poder além do escopo de seu conhecimento. Mas será ele de fato o preferido? Se for, porque "o desordenado gosto por besouros" e outros tipos de criaturas? Pode ser que a Natureza não tenha escala de valores e o humilde inseto, o belo besouro dourado, a joaninha e o homem sejam igualmente cuidados, amados e protegidos. Os homens sempre sobrepuseram suas próprias atitudes e emoções a seus conceitos de Deus e Natureza, e a crença de que a vida humana é mais preciosa do que qualquer outra de suas inúmeras expressões é parte dessa ilusão de superioridade. Esta atitude é que é responsável pela crueldade do homem ao destruir a maravilhosa diversidade da criação. Talvez depois de haver dizimado toda a vida selvagem, ele pode ser dominado pelos besouros e outros insetos, se, nesse ínterim, não cometer suicídio com o uso de armas nucleares e outras em relação às quais é parcial.

10. Nossa Terra Ameaçada de Extinção (Out. 1986)

Apesar dos avisos e protestos de pessoas preocupadas com o meio ambiente, uma destruição tremenda está ocorrendo o tempo todo em todo o mundo. A pressão da população, o desejo por novas terras agrícolas e a ganância estão dizimando milhões de acres de florestas a cada ano. O Instituto de Recursos Mundiais e outras agências estão tão preocupados com a magnitude do perigo ambiental que constituíram uma força-tarefa internacional que emitiu um volumoso relatório intitulado "Florestas Tropicais: Um Chamado à Ação". O relatório exorta, entre outras coisas, uma mudança nas políticas governamentais. A humanidade, com a destruição, está pondo seu próprio futuro em sério risco de extinção. Perda massiva de vegetação leva a um grande aumento do dióxido de carbono na atmosfera, além de causar erosão do solo, enchentes e escassez de alimentos. Este sério problema deve ser abordado de vários ângulos e a cooperação da indústria, consumidores e, na verdade, de todas as pessoas, é necessária. Veículos motorizados devem ser redesenhados para assegurar que suas emissões não sejam prejudiciais. Combustíveis alternativos devem ser fornecidos para os pobres que agora derrubam árvores e florestas por causa de sua necessidade desesperada.

Nesta edição estão impressos artigos que apareceram em *The Theosophist* há cem anos, pois mesmo então avisos foram dados quanto às graves consequências da destruição de florestas; mas as lições não são facilmente aprendidas. Há pessoas em todo o mundo que, embora razoavelmente informadas e capazes de entender a ameaça à população da Terra, ainda agem por ganância cega, destruindo inescrupulosamente as florestas.

A ganância está também pondo fim à maravilhosa diversidade da Natureza e ameaçando de extinção várias espécies de animais. Segundo a revista *Newsweek* de 11 de agosto de 1986, "os pessimistas preveem que a África selvagem logo se tornará pouco mais do que uma série de parques de safári glorificados, enquanto a verdadeira Natureza selvagem diminui e os animais desaparecerem". A caça de animais de grande porte - um *hobby* cruel das classes ricas - e a caça furtiva por comerciantes avarentos, provavelmente transformará toda a África e outras partes do mundo onde os animais são abundantes num tipo de terra devoluta. Alguns animais constituem um tesouro mais precioso do que as antiguidades e lembranças extravagantes que alcançam preços tão fabulosos. O rinoceronte negro, que está quase extinto pelo fato de chifre de rinoceronte ser cobiçado por suas assim chamadas propriedades afrodisíacas e outras, sobreviveu durante setenta milhões de anos. Agora as chances são de que em poucos anos a espécie seja dizimada. Citemos mais uma vez a *Newsweek*:

> Por pura curiosidade, os caçadores furtivos de elefantes nas remotas planícies da República Centro Africana conhecem seus pares. Embora pesadamente armados com armas automáticas, as quadrilhas de assalto preferem perseguir os elefantes a cavalo e coxeiam as feras cortando suas patas traseiras com lanças longas e planas. Os animais

incapacitados são então abatidos. Os caçadores furtivos mataram quase oito mil elefantes de uma população regional de onze mil.

Em muitas partes do mundo existe cumplicidade por parte daqueles que supostamente protegem os animais. Ministros, administradores e guardas florestais são muito frequentemente tentados pelo lucro e fecham os olhos ao que acontece ou mesmo incentivam ativamente a destruição.

Uma parte da raça humana está descobrindo muito lentamente que seu próprio destino depende do delicado equilíbrio que somente a Natureza é suficientemente inteligente para organizar e manter. Mesmo criaturas aparentemente insignificantes podem ter um papel importante a desempenhar na manutenção da saúde da terra. Existe uma consciência crescente de que a monocultura em termos de vida vegetal é calamitosa, mas há pouca conscientização ou conhecimento do que pode acontecer se o homem destruir a vasta variedade de fauna sobre a terra, mantendo espécies apenas em zoológicos em áreas confinadas. Tanto isto quanto a destruição das florestas pode colocar a humanidade à beira do desastre. A retrospectiva não pode oferecer remédio para problemas desta magnitude.

O homem tem agido com terrível negligência e mesmo agora está relutante em admitir sua ignorância e seus erros. Já é hora de admitirmos que a Natureza e os poderes evolutivos têm uma sabedoria inerente, e que a perversidade humana em escala maciça, seja por ignorância ou vaidade, acabará por se revelar suicida.

11. Qual o Preço do Desenvolvimento? (Fev. 1989)

A Academia Polonesa de Ciência noticiou que mais de doze milhões de pessoas, ou seja, um terço da população da Polônia, estão vivendo em áreas onde o nível de poluição é tão elevado que as doenças podem se tornar endêmicas e pode até mesmo ocorrer mutação genética. Esta não é, porém, a única parte do mundo onde o crescimento econômico, e o assim chamado desenvolvimento resultou em redução na qualidade de vida após um certo período de prosperidade. Há alguns anos, quando as primeiras perguntas foram feitas a respeito de que limites devem ser estabelecidos ao crescimento, e foram apresentadas ideias como "pequeno é belo" , de Schumacher, o que os pensadores vanguardistas previram não foi tanto o desastre no campo ecológico, mas o perigo de se exaurirem os recursos naturais disponíveis. Agora está ficando mais claro que antes que isso aconteça, os elementos de terra, água e ar podem ser tão terrivelmente envenenados que, muito embora essas pessoas vivam em meio a todo tipo de conforto e conveniência, a saúde e a sobrevivência dos seres humanos será incerta.

Projetos de pesquisas estão começando a mostrar que o homem sabe muito pouco a respeito da Terra. Ele tem cometido erros com grande arrogância, acreditando que está assegurando o progresso para si próprio enquanto, na verdade, esteve organizando o desastre. Posturas rígidas derivam de ações erradas de progresso bem como de interesses particulares. Alguns acreditam, por exemplo, que rios devem ser canalizados, grandes represas construídas e vias navegáveis redirecionadas. Outros estão convencidos de que esses projetos causam mais males do que bem, e assim aumenta a controvérsia sobre o represamento do Danúbio e do Narmada.

O dano causado pela poluição da água e do ar é agora reconhecido pelo menos até certo ponto, porque é suficientemente palpável para ser negado. Mas o que acontece ao solo não é tão visível. A Sociedade Suíça para a Proteção do Meio Ambiente adverte que, o que não é notado pode representar um problema mais sério: "a água pode ser purificada, o ar filtrado, mas como podemos limpar o nosso solo envenenado?" Eles ressaltam que cada pedaço de terreno está repleto de vida e que a condição dos organismos vivos no solo é parte essencial do equilíbrio ecológico e, portanto, da saúde de todos.

Nos países economicamente avançados existe o problema de um crescente acúmulo de resíduos. Segundo o relatório suíço, sua taxa anual de lixo doméstico por pessoa é por volta de 400 kg, que é três vezes maior do que nos anos (19)50. Isso não inclui material escavado, esgoto e assim por diante. O lixo agora produzido é muito menos inócuo do que antes por causa do crescente uso de materiais e substâncias sintéticas que não se desintegram facilmente. Além do lixo doméstico, resíduos tóxicos produzidos em grandes quantidades pela indústria acumulam-se em "montanhas de resíduos". É digno de nota que um novo modo de pensar favorece não apenas a reciclagem de substâncias e o uso de materiais degradáveis, mas também recomenda enfaticamente evitar a produção de dejetos. Isto nos leva de volta à questão do consumo desnecessário, pois onde há consumo deve haver lixo.

As florestas de inúmeros países foram morrendo lentamente durante as últimas poucas décadas por causa da poluição do ar. Apesar dos esforços para controlar, o venenoso dióxido de nitrogênio ainda está sendo emitido em quantidades crescentes. O ar é poluído não apenas pelas chaminés fumegantes, mas por venenos invisíveis como, por exemplo, a evaporação de solventes usados para diluir tinta ou limpeza a seco. A condição do ar era provavelmente melhor quando as pessoas conseguiam passar sem o luxo da limpeza a seco, e lavavam suas roupas de uma maneira simples. Restaurar a pureza do ar agora pode significar usar somente têxteis que são facilmente laváveis. Combater o desastre ecológico envolve uma séria reformulação a respeito das substâncias que desejamos usar. Sabe-se agora que o uso intensivo de fertilizantes não apenas compromete o solo, mas, pelo fato de eles se infiltrarem no solo, afetam lagos, rios e riachos. Do mesmo modo, pesticidas e herbicidas estão causando danos não somente no nível visível, mas em extensas áreas não percebidas.

Todo o problema deve ser visto como uma questão internacional e global. A construção de uma fábrica num país pode resultar no sofrimento para as pessoas de um país vizinho, pois os rios do mundo não estão confinados ao território de um único país. O represamento de um rio num local pode converter um outro num pântano. O desenvolvimento não pode mais ser levado a cabo unilateralmente, e é hora de a humanidade reconsiderar sua definição de desenvolvimento. As Scyla e Charybdis de hoje são desastres ecológicos por um lado e subdesenvolvimento por outro.

12. A Profanação dos Elementos (Set. 1987)

Até a era industrial, o homem permanecia próximo aos cinco elementos - terra, água, fogo ar e éter (*ākāsha*) - que a tradição dizia serem os componentes básicos do Universo material. O Universo era uma fonte perpétua de admiração e mistério para os povos da Terra antes de a faculdade de raciocínio alegar monopólio sobre o conhecimento. A razão tem sido prolífica com explicações que esclarecem de maneira intensa e brilhante os fenômenos naturais. Assim, o mistério da Natureza deixou de transportar o homem para o reino onde sua mente se mescla em harmonia com a Natureza. Enamorada de suas próprias ideias e programas, a mente humana exilou-se da vastidão, da poesia e da profundeza da Natureza. Os elementos que pareciam ser divinos em tempos antigos tornaram-se simples substâncias químicas.

Os antigos videntes dos *Vedas*, que compuseram inúmeros hinos em louvor dos cinco grandes elementos, consideravam-nos como mais do que substâncias materiais, pois eles entendiam sua qualidade primordial de sustentação da vida. A tradição oculta diz que os elementos físicos têm suas contrapartes nos mundos mais sutis até o mundo espiritual. Deuses como Varuna, Senhor das Águas, e Agni, Senhor do Fogo, eram personificações da essência espiritual dos elementos e do poder que eles exerciam sobre a vida. Reconhecendo isso, em ocasiões importantes eram feitas oferendas simbólicas a eles como expressões da gratidão e adoração do homem.

A água sob qualquer forma - chuva ou neve, rio ou oceano - desempenha um papel extraordinário na vida do homem. Seu corpo, bem como todos os corpos das outras criaturas, é composto em sua maior parte de água. A água purifica e limpa; ela é necessária para cozinhar; ela transporta e realiza milhares de funções diferentes sobre a terra. Um distinto estudioso muçulmano, comentando sobre o primeiro *sura* clássico, ou hino, do *Alcorão,* assinala que apenas a existência da água sobre a terra é o suficiente para provar que um poder inexplicável opera em toda parte. Pois, o que nós e todas as outras criaturas faríamos sem água? Um famoso mantra vedantino diz:

Ó águas, vós sois as fontes de Bem-aventurança . . .

A essência mais bem-aventurada que existe está em vós,

O que nos torna participantes, como mães amorosas.

Diziam igualmente do fogo:

Ó fogo, guia-nos à abundância através dos bons caminhos,

Ó Deus, conhecendo todos os caminhos . . .

Para vós, o Uno Verdadeiro, oferecemos esta oblação.

Para os zoroastrianos, o fogo era o mais puro de todos os elementos, o inspirador de boas ações, bons pensamentos e boa linguagem.

Atitudes semelhantes para com os elementos podem também ser encontradas entre outros povos. Na China, a chuva, o trovão, o relâmpago, etc., eram chamados de deuses. Inúmeras lendas a respeito deles ensinavam às pessoas comuns um senso de respeito. A chuva, por exemplo, não era um evento corriqueiro, meramente para ser explicado em termos científicos; é a expressão e ação de um grande espírito ou dragão fecundador. Tanto na Índia quanto na China, as montanhas eram consideradas as moradas dos deuses. A própria terra era considerada uma deusa, cujo corpo físico não deve ser profanado e cujos produtos não devem ser desperdiçados. Os rios eram sagrados e sua beleza era descrita com eloquência.

Um paralelo com tudo isso pode ser encontrado nas mitologias nórdica, grega e outras. Thor, o rei dos deuses, com seu relâmpago, é a expressão nórdica do deus indiano dos céus, Indra, que empunha um arco-íris e golpeia com o trovão. Estes grandes deuses eram auxiliados por inúmeros semideuses e seguidores invisíveis, representando talvez as diferentes funções desempenhadas pelos elementos.

Respeito para com tudo pertinente à Natureza surgia espontaneamente nas pessoas que a consideravam com admiração. O índio americano amava a terra na qual vivia e não pensava nem em possuí-la ou explorá-la, embora retirasse dela segundo suas necessidades de maneira modesta. Sabe-se de exemplos de aborígenes australianos que, sentindo-se parte da terra e seus elementos, instintivamente sabiam onde a água podia ser encontrada sob as areias do deserto.

A atitude moderna para com os elementos naturais é, pelo contrário, profana. A ideia de conquista e utilidade substituiu o profundo senso de admiração e adoração que existiam em relação à terra, às águas, às montanhas e aos fenômenos naturais de todo tipo. O resultado é que o homem está causando danos infinitos a si próprio. Em vez de adorar os rios e usar suas águas para purificar a si próprio, ele os polui com produtos químicos, esgoto, resíduos nucleares, etc. Palavras como Chernobyl, Bhopal e Reno adquiriram uma nova conotação, indicando desastres de diferentes tipos. Esforços para desviar rios, minar a terra e fazer uso ganancioso dos diferentes elementos produziram novos problemas e causaram sérios danos. A destruição indiscriminada de florestas é a causa da desastrosa escassez de alimentos.

Para o homem moderno, a abordagem dos antigos e das pessoas simples da terra pode parecer supersticiosa. Textos antigos aconselhavam o homem a jamais cortar uma árvore a não ser que fosse absolutamente necessário, e mesmo então pedir perdão ao *deva* que guarda a árvore. O homem moderno não acredita em tais guardiões dos filhos da Natureza. Mas é hora de repensar essas questões. Pode haver muito mais sabedoria em considerar a Natureza com admiração e respeito e adorar seus elementos do que em a considerar com olhos profanos que veem somente objetos para exploração em toda parte. Poderá essa tendência se reverter por meio de uma nova educação dos sentidos e um diferente tipo de sensibilidade?

13. Quem Inventa? (Fev. 1994)

O desenvolvimento das invenções está ligado ao que as pessoas acreditam ser o progresso da civilização. Isto demonstra a ingenuidade do cérebro humano. Desde o tempo em que a roda foi inventada, produzindo uma mudança crucial no transporte etc., o ritmo das invenções acelerou, cobrindo uma ampla gama de interesses humanos – de rodas a aviões de combate, adagas para armas nucleares, remédios simples para sondas sofisticadas no corpo. Toda esta prova da sagacidade humana é a base de autossatisfação e uma autoglorificação de si próprio pelo homem como um extraordinário prodígio da criação.

Felizmente, o progresso da pesquisa moderna dá a esperança de que o homem possa ainda aprender a podar sua autoimagem, pois isto mostra que o talento para a invenção não é prerrogativa do animal humano. Todo cérebro pequeno que é parte da progênie espetacularmente variada da Natureza parece exercitar seus extraordinários modos de modificar o ambiente próximo, produzindo materiais e organizando amenidades para si próprio.

O exemplo da aranha é prova suficiente. Os cientistas dizem que a aranha "não tem córtex de que se possa falar, e se tivesse e o usasse, o animal poderia pensar, decidir ou criar". Contudo, suas invenções e conquistas são impressionantes. O material da teia da aranha deve ser produzido de tal modo que traga a presa a um ponto morto onde ela permaneça na teia. "A teia não pode ser suficientemente elástica, uma vez que nesse caso o recuo lançaria o inseto para fora da armadilha. A energia do impacto deve ser dissipada". Caso contrário, arrebentaria a rede, e a criatura fugiria. Como uma pequenina aranha inventou os meios para construir uma soberba rede que soluciona esses problemas particulares? Os detalhes são impressionantes.

O fio da aranha tem uma gama tão impressionante de qualidades que os cientistas estão trabalhando duro para imitar o seu segredo. O fio é descrito como um material fascinante que deixa para trás a fibra do algodão ou a celulose, a borracha, o aço de alta resistência à atração ou o super-resistente material polímero Kevlar. Pesquisadores esperam que quando souberem mais a respeito do talento da aranha, o conhecimento poderá ser usado para fabricar uma grande variedade de materiais. Mas eles têm de responder a perguntas tais como: de que modo a aranha converte proteínas, que são solúveis, em fibras insolúveis.

Muitas outras criaturas que não conseguem competir com o ser humano em tamanho ou conteúdo cerebral realizam proezas semelhantes em engenhosidade. Existem conchas que têm mais força do que a melhor das cerâmicas produzidas pelo homem. Em algum momento o ocupante da concha inventou um método de prover para si próprio um escudo de blindagem. Provavelmente miríades de exemplos de tais invenções por criaturas não humanas podem ser encontrados, servindo aos mesmos propósitos que o homem tem em mente quando uma onda cerebral agita a sua cabeça: eles melhoram os métodos de defesa, os meios de procurar alimento, e geralmente organizam o ambiente imediato de uma maneira mais conveniente.

Como o poder de invenção se manifesta em toda parte, mesmo numa aranha que não tem "córtex de que se possa falar", e a habilidade humana parece ser apenas uma versão aumentada de uma característica inata da vida, a quem cabe o crédito da invenção? A mente humana, certamente, gosta de se apropriar do mérito para si própria, como se fosse independente da Natureza, e cada indivíduo acredita que existe alguma chama especial nele quando tem uma ideia. Mas, ajudados pelos resultados das pesquisas quanto aos mistérios bioquímicos ocorrendo em muitas universidades em todo o mundo, podemos reconsiderar nossas ideias a respeito da fonte de nossas invenções. Pode não estar no cérebro humano mais do que no da aranha, se ela tiver um cérebro, mas no fértil centro de energia da própria Natureza. O cérebro, seja grande ou pequeno, é um produto da Natureza, e seu tamanho e desenvolvimento são apenas para prover um canal para o fluxo das águas da criatividade, que não pertencem ao "dono" do cérebro, mas à consciência universal.

15. Mistérios do Céu e da Terra (Dez. 1998)

A mente prática do dia a dia é compelida pelas "realidades" sempre presentes do mundo físico a decidir e concluir. Toda pessoa deve fazer uma escolha diante de uma encruzilhada e decidir que caminho seguir. Os pais estão sob a compulsão de circunstâncias para decidir em que escola colocar seus filhos. Milhares de decisões e conclusões são necessárias para o viver prático e, portanto, subconscientemente, as mentes das pessoas adaptam-se a um padrão de conclusões e decisões. Automaticamente, se assume uma posição de "sim" ou "não", mesmo com relação a questões que exigem suspensão de opinião.

Hamlet disse sabiamente, "Há mais coisas entre o céu e a terra, Horácio, do que podes sonhar em tua filosofia", ao longo de uma discussão a respeito "do fantasma". Mas para a maioria das pessoas é difícil aceitar a existência não apenas de fantasmas, mas de profundezas e sutilezas sem encantamentos nessa coisa misteriosa que chamamos de "vida". Consequentemente, são numerosas as reações e opiniões contraditórias com relação a questões metafísicas e filosóficas, a respeito das quais a maioria das pessoas geralmente não está em condições de assegurar coisa alguma. Dogmatismo e calor considerável são gerados, porque o hábito força a mente a se conformar com as conclusões.

Por exemplo, existem meios seguros de se saber quão reais são os fenômenos descritos com relação ao Festival de Wesak (Vaishākha), que alegadamente ocorre numa área remota do Tibete próximo da montanha Sagrada Kailāsa? Diz-se que a sombra ou reflexo do Senhor

Buda aparece nos céus naquele local a cada ano no exato momento da lua cheia do mês lunar de Vaishākha (Wesak, em páli). Os céticos estão convencidos de que isto é fantasia, e acreditam que os muitos peregrinos tibetanos que se dirigem à montanha e se prostam em profunda veneração são enganados e levados pela tradição à fé cega, que é tudo superstição. Os tibetanos cultos que se dedicaram à vida religiosa durante anos, porém, dizem que na hora auspiciosa da lua cheia de Wesak, profundos *insights* chegam àqueles que meditam.

Os estudantes da literatura teosófica devem estar familiarizados com uma descrição que C. W. Leadbeater faz do evento. As pessoas que não fazem caso do que quer que ele disse são inclinadas a se juntar aos zombadores para lançar fora toda a lenda. Outras, que são dadas à fé, tentaram ligar-se internamente ao evento através da meditação, ou colocando o corpo para dormir com forte aspiração. A Sociedade Teosófica deixa cada membro totalmente livre para adotar atitudes de ceticismo, fé ou dúvida.

Os comentários de Sangarakshita (David Unwood) no seu livro *A Survey of Buddhism* sobre o poder criativo do pensamento (*kriyāshakti*) são interessantes e merecem ser ponderados:

> Alguém que tenha obtido a quarta *dhyāna* é capaz não apenas de produzir réplicas de seu corpo físico que são, para aqueles menos proficientes em concentração, indistinguíveis do original, e também materializar objetos aparentemente naturais de todo tipo.

Certamente isto não implica que todos que materializam objetos tenham alcançado a quarta *dhyāna*, pois a mente pode manifestar seu poder criativo em muitos níveis.

Após a morte do corpo físico, a consciência penetrando o estado conhecido como *Devachan* ou *Sukhāvati* cria para si um mundo de bem-aventurança. Segundo H.P.B., todo homem tem seu paraíso em torno de si, criado por sua consciência. No ambiente do *Devachan,* criado pela mente, cada pessoa encontra a si própria – "sendo ela mesma" sem gênero, uma vez que o corpo físico foi descartado – cercada de todas as pessoas e condições que lhe proporcionaram pura alegria. Daí o nome *Sukhāvati*. H.P.B. diz também que esta condição mental, que pode durar por um longo período de tempo pelas medidas terrenas, é "análoga, mas muito mais vívida e real do que o mais vívido sonho".

Durante a primeira visita que fizeram à Índia e a Varanasi em1879, os Fundadores conheceram o prof. G. Thibaut, um bem conhecido estudioso de sânscrito e diretor da Faculdade Benares. *Old Diary Leaves (Folhas de um Velho Diário)*[94] relata como numa ocasião o professor Thibaut lamentou o fato de que os iogues que tinham verdadeiramente desenvolvido os *siddhis* ou poderes, descritos nos textos antigos, não mais existiam – assim lhe disseram os *pandits*. H.P.B. desdenhosamente desatou a rir: "Bem, eu vou lhes mostrar", e imperiosamente sacudiu a mão direita, "e *bang*! Sobre as cabeças dos convivas caiu cerca de uma dúzia de rosas". O poder criativo da mente estava atuando.

Sangharakshita menciona também que os mais notáveis exemplos em tempos recentes dos fenômenos criados pelo poder do pensamento foram produzidos por um bem conhecido instrutor e iogue tibetano, Geshe Rinpoche:

> Certa vez enquanto viajava pelo Tibete com uma grande comitiva, ele fez aparecer no céu uma fantasmagoria maravilhosa do Buda Maitreya e dos *Bodisattvas* que o acompanhavam. Este fenômeno, que foi visível por muitas milhas, durou várias horas. Não somente toda a zona rural foi banhada em brilho celestial, mas flores que pareciam lótus choviam sobre a terra. Estas, embora pudessem ser apanhadas e manuseadas, pareciam derreter no ar depois de cerca de meia hora.

94 Brasília: Editora Teosófica, *A História da Sociedade Teosófica*, 2020. Vol. I, 2019 e Vol. II, 2017. (Nota Ed. Bras.)

Diz-se que centenas de pessoas testemunharam este evento e o autor conheceu e conversou com várias delas enquanto ainda estavam vivas, incluindo o Lama Anāgārika Govinda, discípulo do Rinpoche.

Se uma visão assim pode ser manifestada pelo poder do pensamento de um iogue, pode-se bem imaginar o onisciente Buda produzindo um reflexo de si próprio para inspirar e elevar devotos segundo o grau de sua receptividade. Em *A Chave para a Teosofia*[95], H.P.B. diz: "A centelha divina no homem, sendo una e idêntica em essência com o Espírito Universal, é praticamente onisciente". Neste nível de Existência, não há impedimentos ao poder criativo da consciência. O poder mental de um Buda pode criar um campo de Budas. A pitoresca imaginação poética, frequentemente encontrada nos textos antigos, retrata os pássaros cantando nos bosques de Sukhāvati como sendo feitos de propósito pelo Tathāgata Amitāyus para entoarem a canção da Lei.

O que é real, e o que é irreal? Assim como os eventos de um sonho são irreais após o despertar, a experiência e o conhecimento da assim chamada consciência de "vigília" são irreais após um novo despertar. Por fim, tudo no Universo fenomenal ou manifestado é irreal; somente o númeno Absoluto é Real. Será real a felicidade do *Devachan*? Será o fenômeno de Wesak real ou irreal? Talvez, "sim" e "não". Nos mundos de Existência manifestada, as "irrealidades" que inspiram o coração a viver de maneira pura e compassiva podem ser boas, enquanto aquelas que incitam a mente ao egoísmo podem não ser.

16. A Natureza Está Intervindo? (Dez. 1999)

Enquanto a humanidade continua errando, cometendo inúmeros equívocos, a Natureza pode estar intervindo para neutralizar os desequilíbrios criados. A cupidez da humanidade reduziu as populações animais e a magnífica diversidade da vida neste planeta. Nem mesmo as grandes feras estão isentas da investida de caçadores furtivos, e ou-

95 Brasília: Editora Teosófica, 7ª edição, 2020, p. 36. (Nota Ed. Bras.)

tros tipos de pessoas gananciosas por terras. Os ataques aos elefantes têm se concentrado, particularmente na África, sobre animais com as maiores presas. Em apenas um Parque Nacional, em Uganda, as pesquisas mostraram um declínio no número de elefantes de 3500 para 200 entre 1963 em 1992. Mas em anos recentes um número cada vez maior de elefantes nasceu com presas menores ou sem presas, talvez porque tantos elefantes com presas grandes tenham sido mortos que os genes que produzem tais animais sejam agora raros. Este mesmo fenômeno pode ser encontrado em grande parte da África. Embora estar sem presas seja uma desvantagem para os elefantes, que as usam como ferramentas para necessidades tais como cavar o solo em busca de água, no todo a mudança parece estar assegurando vida mais longa para eles.

Outro fenômeno intrigante é a redução da fertilidade nos homens. Segundo o *British Medical Journal*, durante toda uma década, quando foram feitos testes, uma queda notável ocorreu na produção de espermas de corpos masculinos funcionando normalmente na Finlândia. Resultados semelhantes também foram obtidos em outros países europeus. Os pesquisadores não conseguem explicar isso levando em conta o consumo de álcool, a poluição e outras causas possíveis. Daí, existe especulação quanto se, à sua própria maneira inescrutável, a Natureza não estará fazendo ajustes para salvar a Terra de superpopulação pela humanidade.

A população humana em vários países está seriamente afetada pela Aids. Nos países em desenvolvimento, a doença se espalhou tão rapidamente que indústrias, agricultura, escolas, etc., são prejudicadas pelos empregados que morrem ou que tiram licença. Mais uma vez, surge a questão sobre se a Natureza está realizando o seu próprio programa. Os seus modos de agir às vezes alarmam os seres humanos, ou os torna rebeldes como bebês petulantes aborrecidos com suas mães. Sendo míope a nossa visão, a longo prazo jamais poderemos exceder a sabedoria da Natureza.

O Grande Plano segue em frente para produzir a perfeição da alma. O que quer que aconteça às atividades da Natureza para consumar esse Plano é certamente benéfico, e deve ser encarado sem medo ou desalento.

17. Avisos Não Atendidos (Ago.2000)

A história mostra que os seres humanos não aprendem a não ser que sejam obrigados, e mesmo assim aprendemos somente lenta e dolorosamente. A mente tem uma forte tendência de repetir padrões, ignorando ligações entre causas e efeitos. As guerras seguem em frente, causando miséria indescritível, mas a mente não se liberta de sua rotina de ódio. A ação habitual, que significa ação impensada, é a maior e mais constante ameaça ao nosso bem-estar.

O primeiro volume da *The Theosophist* continha, já em 1879, um artigo sobre "A Questão Florestal Indiana", de Forester, que fazia um apelo apaixonado pela preservação das florestas, particularmente nos morros e nas encostas das montanhas. Há mais de um século o desmatamento florestal estava causando estragos, inundando as planícies e erodindo o solo necessário para a agricultura. Pertinentemente, Forester ressaltava que "a restauração da vegetação nos nossos morros causaria uma transformação mágica". Ele mencionava que a questão florestal estava atraindo atenção mundial. Chegavam relatórios de vários países da Europa, da Rússia, do Brasil, dos Estados Unidos, de Cuba e assim por diante, mostrando que a destruição de terras florestais produzia efeito climático grave e nefasto. Longas estações de seca, ventos fortes varrendo as planícies sem entraves e cobrindo tudo com nuvens de poeira, e a erosão do solo afetavam seriamente o cultivo, resultando em recorrente escassez de alimento de proporções trágicas.

As áreas florestais do mundo diminuíram de modo alarmante desde 1879. Ao dano aparentemente incontrolável causado pela derrubada e queima de madeira, acompanhada pela destruição do matagal, acrescenta-se agora a ameaça representada pela poluição e os buracos na camada de ozônio. Áreas e populações extensas estão sofrendo com a seca no oeste da Índia, na Península Somali da África e em outras partes, uma vez que as condições climáticas estão se tornando erráticas e incomuns. As vozes solitárias de hoje em dia, como a de Forester, no século passado, estão emitindo avisos que governos e pessoas famintas por terras e lucros imediatos estão ignorando. No Brasil, na Indonésia e em outros locais, as florestas estão sendo destruídas a uma velocidade sem precedentes. Embora a violação siga em frente sem controle, a vida selvagem abrigada pelas florestas e a magnífica diversidade da vida que a Natureza produziu ao longo de milênios estão rapidamente diminuindo. Aviso ou não aviso, a mente humana está voltada à destruição. A última prova disso é que um relatório elaborado por peritos em silvicultura sobre a devastação causada às florestas tropicais por companhias multinacionais foi suprimido por três anos pela Comissão Europeia e o World Wide Fund for Nature. Após diluir críticas e eliminar nomes, uma terceira versão do relatório foi publicada. Porém, *The Guardian* viu todas as três versões bem como os nomes das companhias e dos indivíduos envolvidos em escândalos de suborno (edição 1-7 de junho).

Um perigo maior surge agora com o mapeamento do genoma humano, uma realização científica que foi comparadas às de Newton e Darwin e à invenção da roda. Embora pessoas atentas estejam expressando suas sérias apreensões, será que a prudência prevalecerá e os avisos serão atendidos? Algumas pessoas estão jubilosas com os benefícios que se espera essas descobertas venham conferir à humanidade através da aplicação em campos tais como medicina, cultura e meio ambiente. Por outro lado, há sinais de perigos e consequências desconhecidas; por exemplo, descobriu-se que as abelhas são afetadas por vegetações geneticamente modificadas. Muito mais precisa ser aprendido a respeito dos efeitos imprevistos da transferência de genes; mas há uma correria de pedidos para patentes de genes. Como assinala um colunista em *The Guardian*:

> O que os últimos poucos anos mostrou indubitavelmente é quão perniciosa é a descoberta nas mãos de corporações inescrupulosas

com intuito de máxima comercialização. A questão é que nossa capacidade institucional e governamental para regular a exploração da descoberta científica parece ser terrivelmente inadequada.

Quando governos são incapazes ou não querem controlar a destruição de florestas, como podem eles assegurar moralidade no emprego do novo conhecimento? Embora os perigos que a humanidade agora enfrente sejam enormemente maiores do que antes, as decisões são muito mais difíceis de tomar e fazer valer. Por exemplo, que tipo de eugenia é desejável e moral? É essencialmente uma visão de metas humanas - material e espiritual - de longo prazo. As considerações atuais, muito menos a conveniência, não devem ofuscar o futuro bem-estar da vida sobre a Terra. O entusiasmo do momento é dirigido a modificar o material básico, as formas de comportamento de plantas, animais e mesmo de seres humanos. Se os avisos não forem atendidos e o cuidado exercido, quem sabe o que acontecerá?

18. A Crise Climática (Jun. 2006)

Em Adyar a temperatura elevou-se acima dos 40 graus Celsius neste verão. Estamos experimentando o impacto da Agni Nakshatram (Estrela de Fogo) que tradicionalmente se diz trazer tempo quente nesta época do ano. Mas a Estrela de Fogo era muito mais gentil antigamente.

Apresentando um livro de fotografias de Adyar tiradas por Krishnamurti quando era menino, C. W. Leadbeater questionou por que as pessoas subiam os morros quando o verão era tão agradável em Adyar, com temperaturas que raramente se elevavam acima dos 38 graus centígrados:

> O clima em Adyar não tem nenhum dos extremos do norte da Índia. Às vezes quando nossa presidente está em Benares ela escreve cartas comoventes descrevendo suas sensações após o termômetro ter chegado a 47 graus centígrados por mais de três semanas; e nós, divertindo-nos na forte brisa marinha, regozijamo-nos de que o *Karma*

> uniu-se a nós na parte sul desta poderosa península. Estamos, na verdade, excepcional e favoravelmente situados, pois em muitas ocasiões no verão, descobrimos que nossa temperatura aqui em Adyar é 10 a 12 graus menos do que no centro de Chennai (antiga Madras) . . .
>
> A Estação das chuvas dura dois meses, de meados de outubro a meados de dezembro; durante o resto do ano geralmente não há chuva, exceto às vezes uns poucos aguaceiros em abril. Durante todos os meses de inverno os termômetros jamais passam dos 24 graus e é bastante frio pela manhã . . . Como regra geral, nossa temperatura de verão jamais se eleva a mais de 34 graus, e muitas vezes é consideravelmente abaixo disso.

Temperaturas mais elevadas e monções mais fracas têm sido o padrão durante alguns anos em Adyar. A mudança afetou nosso suprimento de água tanto qualitativa quanto quantitativamente. A escassez de água para a irrigação certamente afeta a vegetação. Os veteranos sabem quão consistentemente o tempo tem mudado; outros acham difícil acreditar que Adyar tinha clima moderado durante todo o ano!

O aquecimento global parece um fato, e novos relatórios dizem que as geleiras dos Himalaias estão derretendo, e a capa de gelo ártico está se tornando mais fina. Ano passado no auge do verão no hemisfério sul, Sidney registrou 45 graus Celsius. A violência dos furacões Rita e Katrina, segundo alguns cientistas bem conhecidos, deveria ter despertado as pessoas para o perigo da mudança climática. Mas há aqueles que se recusam a acreditar que a atividade humana possa mudar o clima, e gostariam de atribuir os fenômenos a altos e baixos cíclicos, o que poderia ser como a proverbial atitude do avestruz.

Porém, a Comissão Europeia está deixando os países que violam a legislação de mudança climática da União Europeia e o Protocolo de Kyoto. O *Telegraph* de Londres cita o prof. *Sir* John Locke, presidente da Royal Commission sobre Poluição Ambiental:

> É uma conclusão justa a se chegar que o aquecimento global causado em grande parte por um número substancial de pessoas – sabe-

mos disso – está aumentando a temperatura da superfície do mar e, portanto, aumentando a violência dos furacões. Parece uma arma fumegante.

Noticia-se que a intensidade dos furacões aumentou ao longo dos últimos trinta e cinco anos segundo pesquisa realizada e publicada na revista *Science*. Outras pessoas além de *Sir* John Lawton, que se uniram a ele na emissão de um aviso exortando à ação sem demora, estão *Lord* May, presidente da Royal Society, e o prof. David King, o principal conselheiro científico do primeiro ministro. Do outro lado do mundo, também, o aviso é que se não fizermos o suficiente para neutralizar a tendência atual, estaremos pairando na beira do abismo: os recifes de coral estão sendo danificados e a vida animal dependente dos corais está diminuindo. Visitantes viajando para Queensland por volta de 2050 poderão ver o "Grande Recife Pedregoso", diz o Dr. Tim Flannery, diretor do South Australian Museum. Acredita-se que metade das florestas tropicais da Austrália estarão destruídas, se as temperaturas globais aumentarem em apenas um grau.

Deter esta tendência alarmante significa reduzir o nosso desejo por confortos – enormes automóveis a gasolina, mais viagens turísticas aéreas, detestáveis emissões das fábricas, e assim por diante. Simplicidade e sacrifício não são chiques. Sempre há elementos inescrupulosos ansiosos por obter lucro de qualquer maneira. Enquanto um grande número de pessoas sofria com o furacão que inundou Nova Orleans, alguns caçadores apressavam-se a matar jacarés presos na área para abastecer as casas da moda contando com uma recompensa de peles. Especuladores podem ansiar por aumentar seus saldos bancários quando grave desastre climático atinge o mundo.

Capítulo 21

Tópicos Correntes

1. A Difícil Situação do Tibete (Out. 1994)

Durante o período em que o Sr. Sri Ram foi presidente (da ST) ocorreu a destruição do Tibete, após o que ele escreveu não menos do que oito vezes na *The Theosophist* sobre o Tibete. (Ver *On the Watch Tower*, Theosophical Publishing House, Adyar, 1966). A razão para esta preocupação especial será óbvia aos membros da Sociedade Teosófica. Escrevendo sobre o assunto Tibete, ele citou a carta do Mahatma de 1880:[96]

> Durante séculos tivemos no Tibete um povo digno e de coração puro, simples, sem a benção da civilização e, portanto, livre dos seus vícios. Durante eras inteiras o Tibete tem sido o último canto do mundo não corrompido tão completamente a ponto de tornar impossível a mistura das duas atmosferas – a física e a espiritual. E contudo ele [o Sr. Hume] gostaria que nós trocássemos isto pelo *seu* ideal de civilização e governo!

Mencionou-se também nesta nota que H.P.B., que era bem familiarizada com o Tibete, testemunhou o fato de que o povo do Tibete era feliz sob (tradições) que outros povos podem ter chamado de condições primitivas, e com o sistema de governo que teve durante séculos, um sistema no qual a autoridade secular e a religiosa estavam combinadas na pessoa do Dalai Lama. Embora algumas característi-

---

96 Brasília: Editora Teosófica, *Cartas dos Mahatmas para A. P. Sinnett*, 3ª Ed. , 2021, Vol I, Carta nº 9, p. 66. (Nota Ed. Bras.)

cas da vida nacional, e algumas de suas instituições possam ter ficado aquém da perfeição, H.P.B. fez eco aos sentimentos de seus Instrutores quando escreveu, "Possa o destino proteger o Tibete . . . do Deus do 'Progresso' como ele se manifesta na Europa e América".

O Tibete não está mais próximo da emancipação agora do que estava quando as notas acima foram escritas, mas grandes mudanças ocorreram no mapa político do mundo, com repercussões no comércio internacional e nos relacionamentos econômicos. Mais do assim chamado progresso foi imposto ao Tibete: indústrias se estabeleceram, principalmente indústrias tóxicas, os portões do país foram abertos aos turistas como também aos imigrantes chineses, e a educação ideológica foi impingida ao povo como substituta para o estudo religioso e o modo tradicional de pensar. A colonização continua a tal ritmo que se alguma mudança providencial não ocorrer para salvar a nação, a população logo será mais de chineses do que tibetanos.

Entrevistado pela *Newsweek* em maio de 1984, o Dalai Lama teria dito:

> O novo secretário do partido é chinês. Agora todos os chefes de departamento nas regiões autônomas, todos os líderes de partidos e tomadores de decisões devem ser chineses. Antes havia encorajamento para os tibetanos assumirem responsabilidade. A população chinesa em áreas como Lhasa e Xigatze está aumentando dia a dia. Em algumas áreas remotas, há dois anos não havia colonizadores chineses, e agora há um número crescente de chineses.

O Dalai Lama e seus aliados próximos, que são todos pessoas religiosas, mostram notável contenção na fala e na ação. Eles praticam a paciência, a gentileza, a equanimidade, o perdão e outras virtudes recomendadas, e parecem levar a devastação de seu país com a calma confiança que traz o conhecimento do *Karma*, embora compartilhem do sofrimento de seu povo, e trabalhem constantemente pelo seu bem-estar.

Quando perguntado, "O que lhe dá motivo para ter esperança?", a resposta do Dalai Lama ao repórter acima foi:

> A verdade. Nosso objetivo é democracia e liberdade. Muitos chineses nos estão apoiando, porque a nossa causa é justa . . . Nenhum governo no passado que dependia de força militar durou muito tempo. Esta é a minha verdadeira fonte externa de esperança e inspiração.

O mundo como um todo será perdedor se permitir que todo um povo com uma cultura espiritual tão avançada seja sufocado por uma ideologia estranha. Os legalistas a respeito da suserania ou soberania da China suscitam a questão. Argumentos semelhantes poderiam ter sido apresentados contra os americanos quando eles declararam o direito de ser livres do domínio inglês, e contra os europeus quando buscaram afastar as hordas nazistas. Todo povo que tenha tradição e cultura próprias naturalmente deseja governar a si próprio e se desenvolver à sua própria e singular maneira, cultural e espiritualmente.

Citando ainda Sri Ram:

> Se as pessoas do Tibete não fossem de mente tão pacífica, com uma cultura baseada exclusivamente na religião – que é a razão por que eles não se preocuparam em se tornar formalmente independentes nos momentos quando era possível – eles estariam numa posição muito mais forte para se fazer ouvir nos conselhos das nações . . .
>
> Poder não significa direito eterno, e espera-se, como o Dalai Lama aparentemente espera, que no vasto ajustamento dos destinos dos povos que ocorre através do atual tumulto no mundo, o Tibete venha a encontrar seu lugar próprio, contribuindo com sua própria cultura para o futuro.

O Dalai Lama não economiza esforços para despertar a conscientização dos países do mundo para a difícil situação de seu povo. Ele chegou a declarar que está preparado para renunciar ao cargo de chefe secular de país se isso assegurar ao seu povo a liberdade que eles tão ardentemente desejam. Embora pouco possamos fazer politicamente, como teósofos podemos continuar a estender apoio moral ao Tibete e orar pela sobrevivência e sustentação do conhecimento espiritual e da tradição religiosa que o Tibete abrigou em seu seio.

Um desdobramento positivo de toda esta história é que o pensamento e o ensinamento budistas foram levados a um grande número de pessoas pelos Lamas, mosteiros e comunidades agora encontrados em várias partes do mundo.

2. De Pernas para o Ar? (Out. 1994)

Brutalis, um raro rinoceronte branco, foi diagnosticado como psicótico, porque causou pequenas destruições em dois zoológicos dinamarqueses após quinze anos de cativeiro, noticiou o *The Guardian* em janeiro deste ano. Se ele estivesse normal, teria dito: "O homem é o senhor da terra. Se ele me captura eu devo ser extremamente grato pelo favor prestado. Quinze anos de aprisionamento é uma alegria injustificada. Que maior privilégio pode haver do que ser objeto de diversão para o *homo sapiens*, macho, fêmea ou criança?" Mas Brutalis não era normal, e foi liberado como psicótico incurável, numa reserva de caça na Namíbia. A quem devemos parabenizar, Brutalis ou o homem brutal?

Aparentemente os rinocerontes não são as únicas espécies desequilibradas no mundo animal. Segundo relatórios de um jornal indiano um leão de circo matou sua treinadora, que sem dúvida o espetava, o deixava com fome, lhe queimava e lhe batia para realizar seus atos. Mas com total remorso, ele se prostrou próximo a ela, recusou-se a comer e morreu, incapaz de viver com o erro que cometera contra alguém que lhe mantinha sob os holofotes e o persuadia a se apresentar para seus superiores. Será que uma espetadela a mais com o aguilhão ou o espeto penetrou suas entranhas e o enfureceu a ponto de matar, ou será que ele também, sendo esquizofrênico, matou uma benfeitora?

3. Jovens Mensageiros (Dez. 1999)

As divisões nacionais, raciais, religiosas e outras dificilmente causam qualquer impacto nas mentes jovens, pois elas não estão carregadas com o peso das memórias ou endurecidas por anos de reações emocionais. Após a guerra na Europa muitos jovens recusaram-se a herdar os preconceitos e o ódio das partes conflitantes. Quando tiveram a oportunidade para viajar e conhecer outros jovens pertencentes às terras anteriormente "inimigas", descobriram que não eram muito diferentes deles mesmos. Lamentavelmente, eles logo "superaram" a sabedoria deles.

Não faz muito tempo teve início um projeto para derrubar preconceitos indianos e paquistaneses por meio da amizade por correspondência entre crianças em idade escolar nos dois países. Um relato publicado em *The Hindu*, um importante jornal indiano, atesta a maturidade que acompanha a juventude não desperdiçada. Uma criança de doze anos escreveu para seu amigo, "Não achas ridículo o modo como lutamos?" Outra criança declarou, "Eu não sabia muito a respeito do Paquistão. Era apenas um país do qual nos tínhamos separado. Agora sinto que o Paquistão é a mesma coisa que a Índia . . . Eu não gostaria que os dois países entrassem em guerra". E ainda uma outra criança escreveu, "De qualquer maneira o que aconteceu no passado deve ser deixado no passado, e agora é nosso dever criar um futuro melhor".

Porém, dizem que muitas dessas crianças que mostravam tão bom senso eram inseguras, ou ansiosas a respeito do comportamento dos adultos. Seus sentimentos naturais tinham de ser contidos ou disfarçados por causa da pressão exercida pelas pessoas mais velhas. Com tristeza, cada geração tenta carimbar a próxima com a sua própria falta de sabedoria, em vez de deixar que novos *insights* e sentimentos mais puros se desenvolvam. Talvez os adultos tenham muito a aprender com os jovens, como nos lembra Wordsworth:

A juventude, que diariamente deve viajar para
Mais longe do Oriente, ainda é o sacerdote da Natureza,
E pela visão esplêndida,
É assistida em seu caminho.

A idade do corpo nada indica a respeito da maturidade e do habitante do corpo, e não devemos nos afastar do que dizem as crianças. Elas têm conhecimento espontâneo de sua unidade com outras formas de vida. É fácil para elas amar os animais e aqueles que, como elas mesmas, não são condicionados, ou seja, outras crianças que apenas recentemente desceram dos mundos dos *devas*. Elas respondem a vibrações puras porque suas mentes são inocentes até que sejam corrompidas por abrigar preconceitos e praticar insensibilidade.

As atividades educativas, que ajudam as crianças a crescer sem imitar seus pais, e por outro lado nutrem sua bondade e sensibilidade naturais, são de extremo valor, pois esta pode ser a única maneira de se evitar que novas gerações perpetuem preconceitos e atitudes de violência.

4. Superdiversão e Entretenimento (Jun. 1995)

Há alguns anos o jornalista Carl Bernstein, que desempenhou papel considerável em trazer à luz os negócios sombrios do regime de Nixon, expressou consternação sobre "a nova cultura da estimulação jornalística" (*Guardian Weekly*, 14 de junho de 1992). Ele ressaltou que os jornalistas tinham a responsabilidade de tornar a verdade conhecida por meio de comunicação séria e atenta, e deplorou a tendência contínua da mídia para prover aos leitores e espectadores o trivial, o sensacionalista e de quinta categoria. Ele escreveu:

> Nós não servimos aos nossos leitores e espectadores, nós condescendemos com seus piores gostos . . . Estamos no processo de criar o que merece ser chamado de cultura idiota. Não uma subcultura idiota, que toda sociedade tem borbulhando abaixo da superfície,

e que pode prover diversão inofensiva, mas a própria cultura. Pela primeira vez, o estranho, o estúpido e o grosseiro estão se tornando nossa norma cultural, mesmo o nosso ideal cultural.

Bernstein fez uma distinção válida entre cultura popular e a cultura idiota. Aquela atende à grande maioria das pessoas que gostam de informação num nível fácil, e expressões do pensamento e sentimento que possam assimilar sem esforço. A cultura popular pode ser decente, e mesmo atraente, por causa de sua própria simplicidade. Mas a cultura idiota lida com o "lixo dos negócios".

A mídia de informação sempre exerceu forte influência sobre a mente do público. Ela não apenas tem sido condescendente com o público provendo o lixo e as trivialidades exigidos pelos clientes, mas tem firmemente encorajado o consumo de pseudoinformação ou pior, apelando para o "sempre descendente mínimo denominador comum". Os problemas maritais de um casal real ou as birras de uma estrela de cinema têm precedência sobre notícias a respeito da difícil situação dos habitantes de Ruanda, ou um sério problema de relações internacionais.

Um número crescente de pessoas está agora sendo fisgada pela Internet, agregando ao impacto de outras mídias. Isso trouxe uma nova dimensão à "diversão e ao entretenimento" de uma natureza vulgar e bizarra, como pessoas avidamente tentando agarrar os poucos detalhes do julgamento de O. J. Simpson. Parece não haver limites para a cupidez da mente buscando o soturno e o banal.

Cada passo dado à frente em tecnologia traz vantagens que a humanidade pode usar para criar progresso extraordinário. A supervia da informação elimina distâncias de um modo mágico. Mas pode também ser o meio para espalhar a "cultura idiota" mais amplamente e encher as cabeças com cada vez mais lixo. Formas saudáveis de entretenimento estão cada vez mais sendo substituídas pelo sensacionalista e o vulgar. Como o rabo abanando o cachorro, será que as invenções vão controlar as mentes de seus donos? Será a gratificação da mente inferior e dos sentidos o objetivo supremo?

H.P.B. advertiu[97]:

> A autogratificação sensual ou mesmo mental, envolve a perda imediata dos poderes de discernimento espiritual; a voz do MESTRE não pode mais ser distinguida daquela voz das paixões pessoais...

5. Temas Atuais e a ST (Jul. 1993)

No contexto das questões controversas que estão agora sendo discutidas publicamente, algumas pessoas se perguntam por que a ST não se envolve. Devemos notar que tais questões surgem de tempos em tempos, mas a importância que lhes é dada varia, pois as reações diferem de cultura para cultura.

Uma controvérsia recente é a respeito do aborto, que tem provocado fortes paixões entre defensores bem como oponentes. H.P.B. foi citada por dizer que a destruição intencional da vida, do pretenso ser humano, é interferência com as operações da natureza e do *Karma*. Aqueles que são contra o aborto independentemente das circunstâncias que o acompanham argumentam que não há justificativa para se pôr fim à vida; mesmo um embrião no estágio inicial é sacrossanto. Este argumento pode certamente não convencer a todos, porque os mesmos antiabortistas podem juntar-se às forças armadas, caçar animais por esporte e amar o derramamento de sangue, e ainda consumir a carne de criaturas que são criadas exclusivamente para abate.

Outro ponto de vista é que a violência deve ser totalmente evitada; a inofensividade não pode ser seletiva. Os defensores do aborto também defendem o direito de escolha das mulheres. Eles podem acreditar que a agonia psicológica das mulheres e meninas que dão à luz após um estupro ou estupro múltiplo é tão grande que devem

---

97 Brasília: Editora Teosófica, 5ª Ed. de Bolso, 2020, p. 197. (Nota Ed. Bras.)

ser poupadas desta dor. Podem também duvidar do benefício para a sociedade de impor a jovens em idade escolar que engravidaram a responsabilidade de uma maternidade para qual não estão preparadas. Se a saúde e a vida da mãe estão em risco, deverão estas coisas ser levadas em consideração pelo bem do embrião? Há países onde esta questão não adquiriu a agudeza da controvérsia, mas o aborto tem sido tradicionalmente praticado não através de cirurgia, mas com o auxílio de ervas, por mulheres que estão totalmente cansadas de engravidar inúmeras vezes e com frequência.

Quando todos os prós e contras são examinados com calma, a complexidade da questão torna-se clara. É fácil demais para as pessoas que estão distantes da verdadeira experiência serem dogmáticas, mas para as mulheres ou famílias num dilema o problema é real.

Outro tema de agitação no momento é a ordenação de mulheres sacerdotisas em igrejas cristãs. Sobre isso também existem argumentos acrimoniosos de ambos os lados. Uma questão semelhante não elevou a sua cabeça para fora do rebanho cristão, talvez porque haja pouca ou nenhuma hierarquia na estrutura religiosa, e a perspectiva do rebanho é muito mais flexível. Existem templos para uma variedade de deusas onde o serviço é realizado exclusivamente por padres do sexo masculino. Contudo, elas atraem multidões de devotos que jamais questionam porque a deusa não denuncia essa reserva masculina.

Os ativistas dos direitos dos animais têm sido condenados por se voltarem para táticas ilegais e agressivas para libertar animais de laboratório, e obstruir caçadas. Todos aqueles que acreditam na promoção do conhecimento a todo custo justificam ou admitem a tortura a que milhões de criaturas são submetidas. Em sua opinião os ativistas são reacionários, enquanto eles mesmos são pelo progresso, porque em suas mentes a vida humana supera tudo mais em valor. Os amantes dos animais, por outro lado, estão convencidos de que a crueldade não pode progredir, que meios errados de se obter conhecimento serão contraproducentes e somente abalarão a civilização, porque não existe civilização sem compaixão.

Muitas outras questões além dessas mencionadas – pena capital, eutanásia, transplante de órgãos – são controversas. A pena capital ainda está em voga em toda parte, embora durante longo tempo tenha havido questionamento profundo a respeito de sua eficácia e moralidade.

Os membros da Sociedade Teosófica podem ficar seriamente preocupados com os acertos e erros destas questões. Como indivíduos e em grupos eles podem se tornar protagonistas ativos ou oponentes. Mas a Sociedade Teosófica em si não pode tomar posição (que para cada parte significará tomar partido a seu lado) ou emitir instruções a respeito do que os membros devem pensar. A política da Sociedade Teosófica é prover as oportunidades e os meios para investigar os problemas e as verdades, apontar a direção da evolução, encorajar o estudo das leis que governam todos os processos e relacionamentos naturais, e deixar o estudante progredir no desenvolvimento de seu próprio discernimento e inteligência espiritual, e assim aprender a aplicar seu conhecimento corretamente nas complexas situações e incidentes da vida diária.

O lema da Sociedade, "Não há religião superior à verdade" é um lembrete constante aos seus membros de que a verdade transcende todas as visões temporárias e pessoais, estejam elas revestidas de linguagem sociológica, religiosa ou qualquer outra. Portanto, a investigação livre e sem medo, não a crença, o dogmatismo ou o conformismo, é o que a nossa Sociedade representa, pois somente através dessa liberdade podem ser superadas as compulsões de tradição, religião, política, etc., e a busca da verdade torna-se frutífera.

Por mais importante que seja a verdade para o progresso humano, a Sociedade não diz aos seus membros como devem praticá-la. Deve um convidado dizer à anfitriã que não gostou de modo algum da comida, se ela lhe pergunta se gostou, com o fundamento de que deve sempre dizer a verdade? Se uma mulher que é espancada se esconde, deve-se dizer a verdade ao opressor que está atrás dela e lhe causar danos, ou deve a gentileza assumir prioridade sobre a verdade nesta circunstância?

Continuamente a vida traz à tona situações complexas onde a interpretação de princípios morais deve ser deixada à compreensão individual. Não há resposta simples para um grande número de perguntas importantes, porque a vida é sutil e complexa. A sociedade humana não melhorará simplesmente porque a Sociedade Teosófica emite uma opinião oficial que os membros são obrigados a aceitar. As instituições religiosas assim o fazem e contribuem para o conflito.

O verdadeiro progresso envolve percepção criteriosa, e consciência do certo e do errado a partir de um ponto de vista mais sublime, abrangente. Uma resposta final só pode ser dada com a aquisição da sabedoria. Enquanto isso, os indivíduos devem lutar para aprender o que é certo e errado por um processo de enfrentar situações, cometer erros, ponderar e discutir. Os membros da ST podem ajudar nesse processo porque têm o inestimável histórico do estudo teosófico e da visão de mundo teosófica. A Sociedade Teosófica em si tem como função somente prover as oportunidades e meios para as pessoas alcançarem um estado de sabedoria.

6. Os Deserdados (Nov. 1981)

A entrega do Prêmio Nobel da Paz, pela segunda vez, ao Alto Comissariado das Nações Unidas para Refugiados, chama a atenção do mundo para um dos graves problemas que assolam este século. Estima-se que haja atualmente dez milhões de refugiados forçosamente deserdados do país onde nasceram. Alguns deles, incluindo muitas crianças, são vítimas de extrema subnutrição que é, na maioria das vezes, um termo eufemístico para velar o espectro da fome. Todos eles passaram por experiências inimaginavelmente angustiantes, resumidas pelas perigosas jornadas do "povo do barco" fugindo do Vietnã, que muitas vezes no decorrer da fuga são impiedosamente pilhados e massacrados por piratas.

A definição oficial de refugiado não inclui aqueles que se tornam desabrigados por enchentes, fome, terremotos e outros desastres naturais. A interminável corrente de refugiados, cujo bem-estar e reabilitação é preocupação da United Nations Agency, deve seu sofrimento à família humana à qual também pertencem, mas que nem sempre os reconhece. A história é longa e repleta de tragédias. Fala dos judeus vitimados por preconceito sem fim, árabes que tudo perderam na batalha por uma "pátria", milhões que morrem de fome na África, esmagados por inimizades tribais e lutas pelo poder, cambojanos, vietnamitas, salvadorenhos, afegãos . . . A lista é longa demais para enumerar. Mas uma lista parcial basta para mostrar o quão disseminados são a intolerância e o ódio, a que ponto a mente tristemente é capaz de ir quando cega por preconceito racial, nacional e ideológico.

Toda época testemunha o fluxo e contrafluxo de forças. Cada movimento importante desencadeia um contramovimento; uma reforma produz uma contrarreforma. A era atual pode ser lembrada como uma era de triunfo para a lógica e a razão. A ciência deve seu progresso não apenas ao poder da observação objetiva, mas também à ausência de preconceito e paixão pessoal no uso da razão. Porém, as paixões brutas e irracionais e a intensa intolerância também caracterizam o mundo moderno.

Algumas nações do mundo lideradas por Estados Unidos, Japão, Alemanha Ocidental, Suécia e Inglaterra amenizaram a situação dos refugiados pelo apoio que dão ao Alto Comissariado das Nações Unidas. A Rússia e os países do leste europeu não participam no trabalho de assistência que declaram ser responsabilidade dos "colonialistas". A discussão política pode oferecer as explicações que lhe agradar. O ser humano não pode permanecer indiferente ao destino de milhões de desalojados e deserdados, nem fechar os olhos à urgente necessidade de se erradicar todo tipo de preconceito. Somente uma crescente universalidade de perspectiva e um senso de cidadania mundial, independentemente de raça, cor, religião, nacionalidade e outras distinções podem evitar que o mundo perpetue suas próprias dores.

7. A Tragédia Africana (Dez. 1984)

Embora vastas áreas da África tenham sido assoladas pela seca durante vários anos, o mundo em geral não deu muita importância. As razões para a seca são o desmatamento e o sobrepastoreio, problemas que não são fáceis de resolver porque todo um modo de vida está envolvido neste processo de desnudar a terra. Mas quaisquer que possam ser as razões, o povo da Etiópia, do Sahel e de outras regiões da África tem tido, ao longo dos anos, cada vez menos para comer. Raramente a fome assola um país subitamente. Geralmente os sinais são claros durante um longo tempo antes que o desastre ocorra. Mas quando não há ninguém para ver e ninguém para tomar medidas preventivas, a tragédia torna-se inevitável. Uma prolongada guerra civil na Etiópia cegou os olhos das autoridades e as tornou indiferentes aos problemas da população. A ganância pelo poder político, aqui e em outras partes, ignorou a necessidade das pessoas.

O mundo finalmente despertou para a enormidade do desastre. Diz-se que seis milhões de pessoas correm risco somente na Etiópia. A real distribuição de alimento e de outras necessidades representa problemas enormes, pois as preocupações políticas e os fracassos administrativos geralmente tornam o auxílio ineficaz mesmo quando está disponível. As tragédias são de diferentes dimensões. Existe uma pungência no súbito assassinato a tiros de um líder mundial a quem milhões de pessoas admiravam. Muita emoção naturalmente está centrada em torno de uma perda assim, mas existe uma dimensão diferente para a agonia que aflige milhões de pessoas, morrendo de fome, morrendo desconhecidas e sem serem pranteadas. Quando uma grande árvore desaba na floresta, a floresta treme e é deixado um vazio que pode demorar para ser preenchido. Quando o mato e a grama murcham sobre uma área extensa, não há impacto dramático, mas a terra em si se torna estéril.

8. Confrontando a Ilegalidade Legalizada (Out. 1986)

Os ativistas pela libertação dos animais tornaram-se motivo de crítica por causa dos métodos que usam para salvar indefesos animais de laboratório submetidos a experimentos desumanos. Sua política de invadir as instalações daqueles que "possuem" os animais e os resgatar, sem dúvida, é tecnicamente contra a lei.

Isto faz surgir a questão de se as leis em vigor num país devam invariavelmente ser o único critério para ação. Em certas circunstâncias, as mesmas pessoas que se opõem a desobedecer mesmo leis injustas que ameaçam o bem-estar de parcelas vulneráveis, aceitam que haja leis de uma ordem superior cujos ditames sejam mais importantes do que as leis humanas que são inevitavelmente unilaterais.

Regimes iníquos tais como os nazistas e os protagonistas do *apartheid* promulgaram leis que violavam todos os princípios de justiça natural. Obviamente, não era ilegal, exceto no sentido técnico, ajudar os judeus a quem o regime nazista perseguia e enviava para a morte. Felizmente, para a humanidade sempre há os poucos que defendem a lei da compaixão e o respeito pela vida e agem sem medo ou hesitação.

Se a "lei" permite aos seres humanos perpetrar crueldade atroz à vida não humana, deve essa lei ser literalmente obedecida, ou devem aqueles cujos corações respondem à lei da compaixão agir de acordo com sua consciência? Tempo vai chegar quando o mundo se tornará mais humano, e então as pessoas compreenderão que os ativistas pela libertação dos animais eram heróis do mesmo tipo que as bravas pessoas que, com grande perigo para si próprias, resgataram os seres humanos perseguidos por regimes cruéis. Na Índia antiga, os legisladores reconheciam que, embora não se possa impor responsabilidades aos animais, eles, contudo, têm direitos. Uma sociedade que não respeita os direitos dos fracos e indefesos, incluindo animais e crianças, não pode ser considerada civilizada.

9. Racismo (Out. 1987)

Cientificamente foi provado que a cor da pele e outras características particulares de grupos étnicos ou raciais não indicam superioridade ou inferioridade, contudo o preconceito racial continua em ação em todo o mundo. As pessoas aceitam a ciência quando ela lhes agrada, mas ignoram-na se o interesse próprio dita o contrário.

O racismo da África do Sul é notório. Todo membro da Sociedade Teosófica que for sério a respeito da fraternidade universal deve ler o relatório do grupo de pessoas eminentes (incluindo Malcom Fraser), delegado da Commonwealth Nations para estudar a situação naquele país. O relatório mostra não apenas as trágicas desigualdades do sistema, mas como uma injustiça grosseira pode se mascarar de benevolência.

No Parlamento do Zimbabwe até bem recentemente, 20 assentos eram reservados para os 100.000 brancos no país, enquanto 8.5 milhões de negros tinham 80 assentos. A representação separada tinha por objetivo proteger os interesses de uma minoria que não se preocupava com o bem-estar na maioria negra enquanto pudesse reter o poder.

O preconceito, porém, não está confinado a uma única área. Na Austrália, os aborígenes ainda não recebem o mesmo tratamento que as pessoas brancas. O desemprego entre eles é muito maior do que entre os australianos brancos mais privilegiados. Muitos deles são pobres demais para desfrutar mesmo de amenidades básicas. Sua condição torna-os mais suscetíveis às tentações do álcool, etc. e, portanto, há um grande número de aborígenes em prisões policiais. Uma Comissão Real foi criada para examinar o tratamento dado aos aborígenes na prisão. O ressurgimento do neonazismo é causa para preocupação em vários países da Europa. Nos Estados Unidos, a Ku Klux Klan continua ativa clandestinamente.

Muitas pessoas tendem a fechar os olhos ao racismo que existe próximo delas e ignoram formas familiares de exploração. Mas deve-se reconhecer que tanto o racismo quanto a exploração existem em toda parte. Muitos grupos de pessoas em todo o mundo não têm o tipo de educação, saneamento ou outras amenidades que os mais privilegiados do mundo têm como certo. Continuamente mantidos abaixo dos padrões normais de vida, eles são criticados por não se comportarem como as pessoas mais avançadas se comportam. Os teósofos do mundo devem estar unidos sobre questões tais como racismo, exploração e a perpetuação da pobreza. Devoção à fraternidade universal exige atitudes objetivas e apoio intransigente ao princípio de igualdade. Atitudes raciais não podem ser justificadas com base na teoria da evolução. Seria um mau uso de ideias teosóficas. A Teosofia exige que uma atitude de compaixão e auxílio deva invariavelmente prevalecer.

10. Realismo na Tela, Desastre na Vida (Out. 1987)

O público inglês ficou muitíssimo chocado no mês de agosto quando dezesseis pessoas foram massacradas e inúmeras outras feridas por um jovem portando arma de fogo que teve um acesso de raiva numa pequena cidade em Berkshire. Ele se vestia segundo um dos personagens violentos de uma série popular de TV e, de acordo com *The Guardian*, "estava claramente tentando reencenar episódios" que assistira. Subsequentemente a essa tragédia um tipo de "trégua" temporária foi declarada à violência na TV, e o Secretário Britânico do Interior ordenou uma revisão urgente das leis que governam o licenciamento e uso de armas de fogo. O assassino, neste caso, possuía uma gama de armas mortíferas, incluindo rifles de assalto semiautomáticos.

Embora tenha havido discussão durante os últimos poucos anos a respeito da violência nas telas e sua influência sobre a mente do público, não houve modificação no tipo de programas oferecidos em nenhum lugar. Obviamente, o que está constantemente diante dos olhos afeta o cérebro; caso contrário, não haveria razão em se gastar quantias fenomenais que vão para a publicidade. Mas temos de estar preocupados não apenas com a estimulação da violência, mas também a respeito da intensificação de outras paixões elementais através de apresentações públicas irrestritas de um tipo desafortunado. Vulgaridade e perversão sexual, bem como agressão a mulheres e crianças estão em alta. O que acontece na vida real é o que as pessoas querem ver como "entretenimento", apenas tornado mais sensacionalista ou horripilante.

Existe na sociedade moderna uma busca constante para melhorar os padrões de vida. Onde o padrão de vida está abaixo da norma, é indubitavelmente necessário atualizá-lo, mas frequentemente o desejo por um padrão diferente não está baseado em necessidades reais, mas nas necessidades criadas pela propaganda. No terceiro mundo, muitos jovens pobres sonham em se vestir como um herói de cinema. Os anúncios nas revistas constantemente incitam os de mente fraca a adotar formas elegantes e possuir mais. O dinheiro necessário para seguir em frente tem que ser encontrado de algum modo, e assim, muitas vezes, o crime é o caminho.

Muita literatura moderna, cinema e televisão têm como marca registrada a mistura peculiar de sexo, violência e ganância que é familiar a todas as pessoas. Detalhes tenebrosos e vulgares são fornecidos em nome do "realismo", cujo objetivo é superar as realidades da vida diária.

A tradição clássica da Grécia e da Índia proibia a representação de violência e vulgaridade no palco, mas os grandes dramas clássicos do mundo não eram de modo algum criações insípidas. Eles retratam o caráter humano em grande profundeza e variedade e evocam a compreensão da mente humana. Pelo fato de elevarem a plateia à percepção dos valores tinham papel e influência duradouros. Na Índia, um filósofo estético comparou a arte dramática a uma esposa que gentilmente persuade o marido para um modo de vida mais sublime, enquanto a religião é como um instrutor, a quem os estudantes podem ser tentados a obedecer! Qualquer que possa ser a verdade disso, é fato que grandes obras da literatura e arte frequentemente apresentavam personalidades nobres ou ideais, e sua influência elevava milhões de mentes através dos séculos a percepções superiores. Elas não eram "realistas" no sentido moderno, embora levassem *insights* à natureza humana. As sementes tanto do bem quanto do mal estão presentes na mente. Se a literatura, a arte e a mídia de informação devem energizar um ou outro é uma questão a ser enfrentada de forma direta num momento em que a grosseria e a fúria encontram instrumentos e pontos de venda fáceis. O assim chamado realismo enfatiza a vertente sórdida e o lado menos agradável do homem e o arrasta para níveis ulteriores de violência e degradação. Essa tendência deve ser resolutamente combatida antes que os valores sejam erodidos a ponto de não mais poderem ser reparados.

11. Castigando Crianças (Out. 1986)

Durante séculos a superstição a respeito de "criança que não é castigada é mimada" condicionou o comportamento de professores e pais. Mas a opinião esclarecida a respeito da educação e da criação de crianças recusou-se a aceitá-la, sustentando que o afeto e o exemplo são os únicos meios de ajudar as crianças a se desenvolverem da maneira correta. A crença de que o castigo corporal é para o bem da criança está perdendo terreno. Finalmente a Câmara dos Comuns britânica decidiu por maioria de apenas um voto abolir o castigo corporal nas escolas. A Câmara dos Lordes, considerada mais conservadora, votara a favor muito antes.

Estudos sociais provaram que a abordagem punitiva é contraproducente e mostra que, tanto no lar quanto na escola, as crianças tornam-se recalcitrantes na proporção do uso de métodos severos. Muitos professores têm estado perceptivos disto, mas obviamente aqueles Membros do Parlamento que se opunham à abolição de tal castigo nas escolas estavam fora de contato com a realidade do relacionamento criança-adulto. Uma corte europeia também decidiu recentemente que os pais que se opunham ao castigo corporal tinham o direito de ter sua opinião respeitada. Porém, houve abstenção da denúncia em termos inequívocos.

A educação teosófica sempre teve uma orientação clara: nem medo nem castigo tem lugar no ensino de crianças. G. S. Arundale afirma a posição claramente:

> O castigo não tem espaço na verdadeira educação. O castigo somente endurece, jamais consegue ensinar. A melhor maneira de evitar cometer o mesmo erro (não se pode evitar de cometer erros) é remediá-lo tão rapidamente quanto possível após ter sido cometido, e isto só pode ser feito sendo ajudado e jamais sendo magoado: somente pelo afeto, jamais e de modo algum pela fria severidade, muitas vezes manchada como desejo de infringir lesões... A verdadeira educação afasta o medo. O seu propósito é ajudar os alunos a se tornarem destemidos. É uma blasfêmia a educação que de alguma forma permite que o medo penetre o coração de uma criança.

12. Vislumbres de Compaixão (Ago. 2004)

O modo de vida compassivo dificilmente parece ser o ideal no mundo moderno, porque atrapalha a obtenção de grandes e rápidos lucros comerciais, e também porque entra em conflito com o desejo de encontrar novos prazeres e satisfações. As pessoas estão buscando introduzir em suas dietas novos paladares, comer a carne de animais e criaturas selvagens que anteriormente não eram considerados como fontes de alimento. Comer os cérebros de macacos vivos, por exemplo, considerando-os uma iguaria culinária é um novo prazer aberto aos turistas que viajam ao redor do mundo e entram em contato com costumes estranhos. Muitos animais, incluindo criaturas grandes como tigres, e mesmo espécies raras estão sendo criados em cativeiro unicamente para serem explorados. Em meio à horrível desumanidade sendo praticada, há um vislumbre aqui e ali de um tipo diferente de mentalidade e abordagem à vida. Isto mantém viva a esperança de que a humanidade não está totalmente deixando de ser humana.

The Guardian Weekly (4-10 de junho) faz um breve comentário a respeito de uma nova lei que foi aprovada na Áustria que começa a vigorar no próximo ano. A lei bane a criação industrial de frangos, proíbe usar animais selvagens em circos e assegura ao gado pelo menos noventa dias de movimento livre por ano, o que não é muito, mas é melhor do que nada. A nova lei entra em vigor plenamente somente em 2020. Por mais tardia e inadequada que seja esta legislação, nossa esperança é que ela possa abrir caminho para legislação semelhante ou melhor em outros países.

Já tomamos conhecimento em edições anteriores da *The Theosophist* de algumas outras melhorias propostas no tratamento de animais pelos seres humanos: o banimento pelo governo inglês da criação de animais para usar a pele (nov. 2003), a decisão da União Europeia de eliminar gradualmente as características mais brutais da pecuária industrial (ago. 2003) e a legislação na Escócia para pôr fim à caça de criaturas selvagens (maio 2002).

A barbárie do homem contra criaturas menores é horrível e a atividade para os proteger deve continuar. Antes de tudo os seres humanos devem compreender que quando seus corações secam e se tornam incapazes de piedade, existe perigo para toda a Terra. As muitas atrocidades que nos foram comunicadas – tortura de prisioneiros, agressão a mulheres, crianças e outros que são indefesos, e coisas assim – indicam que a falta de compaixão é perigosa, pois transforma a sociedade humana num instrumento maléfico para paixões desumanas e egoístas.

Editora Teosófica

Livros para Viver Melhor

Leia também:

Aprendendo a Viver a Teosofia

Radha Burnier

A felicidade surge quando enfrentamos com sabedoria os desafios da vida. A Teosofia ou Sabedoria-Divina pode ser encontrada a partir do estudo de religião comparada, filosofia e ciência, num espírito de liberdade de pensamento.

Esta obra investiga tanto os fundamentos da meditação, quanto a consciência e seus poderes, visando despertar a auto-observação para expandir nossa percepção dessa sabedoria da vida. Assim, ela nos leva a aprender como vivenciá-la para encontrar a harmonia e a felicidade que o nosso coração procura.

Editora Teosófica

Livros para Viver Melhor

Leia também:

O Caminho do Autoconhecimento

Radha Burnier

A Fonte da felicidade é a própria consciência. Sabedoria, amor, liberdade e inteligência são alguns dos dons naturais da consciência.

Todos que têm por meta redescobrir este estado, que desejam trilhar o caminho do autoconhecimento, poderão encontrar neste texto ferramentas úteis para uma compreensão maior da vida e de si mesmos.

Editora Teosófica

Livros para Viver Melhor

Leia também:

Não há outro Caminho a seguir

Radha Burnier

Radha Burnier, filha de Sri Ram, foi autora de vários livros e presidente internacional da Sociedade Teosófica no período de 1960 a 2013, tendo se dedicado integralmente ao trabalho teosófico. Neste livro, são elucidados muitos pontos sobre a Senda ou Caminho Espiritual, a partir dos ensinamentos do livro *Luz no Caminho*, de uma forma didática e clara. Dentre os temas abordados, encontram-se: A Libertação do Sofrimento, A Pureza das Ações, O Caminho para o Real, em direção a uma Nova Perspectiva, etc.

É importante que o leitor leve em conta que a resolução pela vida espiritual deve começar com uma profunda preocupação com os outros e um desejo genuíno pelo bem de todos, não como uma forma de autopromoção ou realização pessoal. A clareza, que é a luz do discernimento, surge quando a pessoa se dá ao trabalho de estudar a vida profundamente por si mesma.

gráfika
papel&cores
Fone:61 3344.3101